铸剑集

许浩明 主编

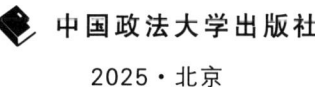中国政法大学出版社

2025·北京

声　明　　1. 版权所有，侵权必究。
　　　　　2. 如有缺页、倒装问题，由出版社负责退换。

图书在版编目（ＣＩＰ）数据

铸剑集 / 许浩明主编. -- 北京：中国政法大学出版社, 2025. 6. -- ISBN 978-7-5764-2193-4

Ⅰ. D9-53

中国国家版本馆 CIP 数据核字第 2025NR0305 号

出 版 者	中国政法大学出版社
地　　址	北京市海淀区西土城路 25 号
邮寄地址	北京 100088 信箱 8034 分箱　邮编 100088
网　　址	http://www.cuplpress.com（网络实名：中国政法大学出版社）
电　　话	010-58908586（编辑部）58908334（邮购部）
编辑邮箱	zhengfadch@126.com
承　　印	保定市中画美凯印刷有限公司
开　　本	720mm×960mm　　1/16
印　　张	29.75
字　　数	520 千字
版　　次	2025 年 6 月第 1 版
印　　次	2025 年 6 月第 1 次印刷
定　　价	130.00 元

序

在这个挑战与机遇并存的时代,法学作为一门研究法律、正义与社会秩序的学科,其重要性日益凸显;一群怀揣梦想与激情的学术新人,以笔为剑,以法为纲,编撰了这部汇聚了众人智慧与洞见的法学论文集,并在其中充分体现出作者们维护法律与社会公平正义的"亮剑精神",所以这本论文集顺理成章,称之为《铸剑集》。

我认为,《铸剑集》中"铸剑"二字,既象征法学研究者如工匠一般,精心打磨每一把法律之剑,以维护社会公平与正义;又隐喻这些学术新人如初出茅庐的剑客,怀揣对法律的敬畏与热爱,勇敢地面对各种挑战与考验。他们的一篇篇论文,就像是一柄柄锋利无比的剑,直击法学研究的核心问题,展现出独特的学术魅力和深邃的思考力度。

首先,《铸剑集》所收录的论文,是对法学理论的探索。在《铸剑集》中,我们可以看到作者们对法学理论的深刻剖析与独到见解。他们不仅对传统法学理论进行了深入的梳理与总结,更在此基础上提出了许多富有创新性的观点。这些理论探索不仅拓宽了法学研究的视野,更为我们理解法律、运用法律提供了新的思路与方法。

与此同时,《铸剑集》中所收集的论文,更是对法律实践问题的深刻反思。《铸剑集》的作者们十分关注法律实践中的现实问题,并从社会热点、典型案例入手,运用法学理论对其进行了深入的剖析与解读。《铸剑集》中的论文不仅揭示了法律实践中的矛盾与冲突,更提出了许多具有建设性的解决方案与建议。这些研究成果不仅对推动法律实践的发展具有重要意义,更为我们在以习近平法治思想治理国家、努力构建更加公正、更加和谐的社会秩序提供了有力的支持。

作为一部由学术新人撰写的法学论文汇编，《铸剑集》的一个显著特点，就是展现了年轻一代法学研究者的风采与担当。他们敢于亮剑、善于质疑、勇于创新的精神，以及对于法学事业的无限热爱与执着追求，值得我们每一个人学习与尊敬。在此，我衷心希望《铸剑集》的出版，能够激发更多法学研究者的热情与灵感，推动法学研究的深入发展；同时，我也期待参与《铸剑集》中论文撰写的学术新人们能够在未来的道路上勇往直前，以更加精湛的学术造诣和更加坚定的法治信念，为构建更加公正、更加和谐的社会秩序贡献自己的力量。

最后，我要向所有促成《铸剑集》编辑出版的人们表示最诚挚的感谢与祝福。愿大家共同努力，让我们的法学学术新人们在人生旅途中更加精彩纷呈、在学术道路上精益求精，成就一番辉煌的事业！

许浩明

2024年12月于北京-明斯特

目 录

"走出去"背景下兽药企业专利管理研究 / 张　雪 …………………… 001

论图书有声推广中 AI 合成声音著作权侵权认定
及其责任承担 / 王涟漪 …………………………………………………… 006

商业秘密在刑事诉讼中的司法鉴定之检视 / 吴　尧 …………………… 010

论专利权利要求解释之"符合发明目的原则"的适用 / 吴　菊 ……… 015

论专利侵权等同原则的适用 / 袁晓玲 …………………………………… 020

技术发展视角下"惯用手段的直接置换"再审视 / 王　宁 …………… 025

探索"老赖"隐瞒巨额负债缔结婚姻的效力问题 / 冀田野 …………… 030

建设工程施工企业视角下商业承兑汇票的常见法律风险
及防范措施 / 曹玉菲 ……………………………………………………… 034

破产语境下企业经营者担保责任的实践解决路径 / 李梦霞 …………… 039

浅析我国《民法典》中的建设工程价款优先受偿权 / 高　尔 ………… 044

数字人民币流通法律治理机制研究 / 张静雯 …………………………… 049

论《公司法》董事外部责任中的主观过错 / 张笑林 …………………… 054

建设工程施工合同纠纷中的法律适用探析 / 王一理 …………………… 059

我国有限公司股东清算责任研究 / 赵麒焱 ……………………………… 064

浅析我国《民法典》侵权编中的公平责任规则 / 张　栋 ……………… 069

经济法在数字经济时代下的适应与重构 / 张姗姗 ……………………… 074

数字经济下的经济法转型方向探究 / 马子瑄 …………………………… 078

论离婚法定情形的司法实践 / 张卫国 …………………………… 082

论我国拾得遗失物拒不归还的维权机制 / 赵一萧 …………………………… 087

医药行业《反垄断法》适用问题研究 / 张 波 …………………………… 092

浅析破产债权确认诉讼制度 / 张 璐 …………………………… 097

浅析公司归入权 / 郅晓辉 …………………………… 102

直播带货中不正当竞争行为的法律规制 / 王 康 …………………………… 107

《商标法》与《反不正当竞争法》对于仿冒商标规定：
竞合、冲突与协调之思 / 郭欣然 …………………………… 112

医疗美容适用《消费者权益保护法》的逻辑论证 / 李心田 …………………………… 117

论公司归入权制度适用对象的主体范围与"所得的收入" / 钟秀娟 …… 122

水泥行业反垄断政策的影响与策略研究 / 米益民 …………………………… 127

纵向垄断协议的规制原则与识别 / 孙 尧 …………………………… 132

董事对第三人的责任之解读 / 毕 琳 …………………………… 137

债权出资的学理分析及其实践运用 / 孙 萌 …………………………… 142

城市更新中老旧公房退租的合法路径研究 / 薛 涵 …………………………… 147

累计投票制度对上市公司中小股东的权益保护 / 赵旻原 …………………………… 152

论公司并购中对赌协议的规制逻辑与法律适用 / 李正荣 …………………………… 157

论遗产分配之酌定分配请求权与第二顺位继承冲突 / 方新杰 …………………………… 162

法官在司法案件中的价值判断准则探究 / 王 蕊 …………………………… 166

论量刑协商的被害人参与 / 朱丽盈 …………………………… 171

认罪认罚案件中律师参与机制探析 / 阿布力克穆·阿克穆 …………………………… 175

涉企刑事案件的办理难点和纾解路径 / 程海兵 …………………………… 180

轻罪附随后果的限缩与规范 / 程一帆 …………………………… 185

合同诈骗罪与民事合同欺诈之界分 / 方 磊 …………………………… 189

刑事速裁制度"一站式"办理模式浅析 / 林　也 …………… 194

非法经营同类营业罪的责任主体研究 / 刘柏伶 …………… 199

网络谣言的刑法治理 / 卢政伟 …………… 203

论合同诈骗罪与诈骗罪 / 马冰冰 …………… 208

国企高管职务犯罪的预防对策 / 孙定勇 …………… 212

防御商标制度的使用困境和完善路径 / 王玲鸽 …………… 217

浅议串通投标犯罪的刑法规制 / 徐　鑫 …………… 222

民营企业刑事法律风险防控 / 薛传飞 …………… 226

论共犯关系脱离失败可罚性的例外 / 薛达源 …………… 230

性侵未成年人案件上升的原因及纾解路径 / 杨柳莺 …………… 234

股东优先购买权的行使与救济 / 杨敏辉 …………… 239

自首中如实供述的时间节点认定探析 / 俞诗煜 …………… 244

"受贿行贿一起查"之实践阻碍及破解对策 / 张兴文 …………… 248

体育活动自甘风险规则适用问题的研究 / 李明徽 …………… 253

同人作品的保护路径研究 / 黎　琦 …………… 258

表见代理中被代理人可归责性研究 / 秦　淼 …………… 262

浅析网络隐私权的法律保障 / 于靖雯 …………… 266

论忠诚协议的法律效力 / 纪文晋 …………… 271

微信公众平台作品的著作权法定许可研究 / 郭介之 …………… 276

论学校在未成年在校人身损害时的职责认定 / 薛　明 …………… 281

论预告登记的效力

　　——"相对无效说"比较优势的证成 / 刘　慧 …………… 286

企业招聘与背景调查中个人信息保护的制度构建与完善 / 章晓迪 …… 291

论新《公司法》的股东出资加速到期制度 / 陈　玲 …………… 296

现行法律框架下关联交易的类型、规制与完善 / 冯彦茹 …………… 301

民营房企施工承包人撤销权构成适用之探讨 / 顾　建 …………… 307

股权代持中的股东资格认定 / 刘兴廷 …………… 312

论股东出资加速到期制度 / 王　哲 …………… 317

浅析数字经济时代下反垄断法的挑战与应对 / 司　政 …………… 322

未经破产清算注销的有限公司债务追偿问题研究 / 杨隽溪 …………… 326

我国行政法法典化的研究 / 周逸豪 …………… 331

《民法典》物业服务合同相关问题研究 / 陈　辉 …………… 336

诚实信用原则的适用研究 / 吴　琳 …………… 340

论行政复议与行政诉讼合法性审查的协调统一 / 许倩倩 …………… 344

诚实信用原则与公序良俗原则的对比适用研究 / 陈旭娜 …………… 348

精神损害赔偿制度研究 / 冯　阳 …………… 353

不安抗辩权与预期违约的比较研究 / 黄昱栋 …………… 358

公司实际控制人认定研究 / 李　瑞 …………… 363

居住权与抵押权并存的权利实现问题研究 / 苏　洋 …………… 368

浅析《民法典》公平责任原则 / 杜亚红 …………… 373

公司证照返还之诉实证研究 / 陈戟宇 …………… 377

论网络服务格式合同的法律规制及完善 / 杨安琪 …………… 382

现行婚姻无效制度研究 / 周玉洁 …………… 386

未成年人网络隐私保护研究 / 赵凤美 …………… 390

委托合同任意解除权排除条款的解释学研究

　　——以有偿委托和无偿委托的区分适用为视角 / 庄　重 …………… 395

企业商标侵权风险及防范策略 / 何敏仪 …………… 400

彩礼返还的酌定事由和适用困境 / 崔恒伟 …………… 405

专利恶意诉讼的法律规制 / 吴瑞芳 …………… 410

董事会中心主义下的董事会权力构造 / 李　倩 …………… 414

建立著作权及商标权交叉保护壁垒的实操方法 / 廖　欢 …………… 419

论中小股东知情权之查账权 / 张建岳 …………………………… 425

民法典时代忠诚协议效力认定的二元进路
　　——契约自由与公序良俗的动态衡平 / 方　冬 …………… 430

农村留守老人养老法律问题研究 / 宁雅君 ……………………… 436

浅谈知识产权侵权的行政、刑事救济之必要性 / 吕悦然 ……… 440

浅析新《公司法》第 20 条的理论及实践发展 / 吕文清 ………… 444

滥用股东权利在审判实务中认定的相关问题 / 宋　燕 ………… 448

医药购销领域商业贿赂行为认定分析 / 唐建科 ………………… 453

论建设工程居间合同的给付义务认定 / 徐清雪 ………………… 458

专利法上捐献原则的适用 / 张思宇 ……………………………… 463

"走出去"背景下兽药企业专利管理研究

张 雪*

(中国政法大学 北京 100088)

摘　要：随着全球化趋势的不断加深，越来越多的中国兽药企业开始将目光投向国际市场。本文通过对企业专利管理的成功与失败案例分析，探讨了"走出去"背景下兽药企业专利管理的现状，强调兽药企业进行有效专利管理的重要性，并提出了针对性的建议，以帮助兽药企业更好地应对国际化过程中可能遇到的挑战。

关键词：兽药企业；国际化；专利管理

专利管理是一种涵盖专利创造、运用、管理和保护的综合性制度执行与经营活动。在专利管理过程中，需综合考虑专利保护类型、申请时间、申请地域、申请数量等多种因素。兽药领域因其研究内容丰富、基础投入大、科技成果转化周期长等特殊性，使得专利管理尤为重要。好的专利管理能够同时达到保护自身产品或技术并对抗竞争对手的作用，而专利管理出现失误，则可能导致很大损失。

一、兽药企业专利管理案例引介

（一）替诺福韦酯片

替诺福韦是吉利德开发的首个被 FDA 批准用于治疗 HIV 感染的核苷酸类似物。20 世纪 90 年代初期，吉利德在阿德福韦和阿德福韦酯的基础上，通过化合物的结构改造和修饰，最终得到替诺福韦。因替诺福韦不稳定，口服吸

---

* 作者简介：张雪（1987 年— ），女，汉族，辽宁锦州人，中国政法大学同等学力研修班 2024 级学员，研究方向为知识产权法学。

收差,吉利德将其酯化成盐,以提高生物利用度和稳定性。吉利德在 1997 年 7 月提交替诺福韦和替诺福韦酯两个核心化合物的 PCT 申请,指定国为包括中国在内的多个国家。通过核心专利保护,吉利德确保了替诺福韦酯化合物的独家生产和销售权利,从而在市场中占据领先地位。[1]

2001 年 12 月和 2002 年 2 月,替诺福韦酯片分别在美国、法国以及其他欧洲国家上市,用于治疗 HIV 感染。2004 年 4 月,该药物在日本上市。之后,吉利德围绕着替诺福韦酯研发出多个复方制剂,逐步统治了抗 HIV 感染药物市场。2008 年 4 月和 8 月,欧盟委员会和美国 FDA 根据大量的临床试验结果,又分别批准其用于治疗乙型肝炎。2015 年—2018 年间,作为替代替诺福韦酯的另一个基础药物替诺福韦艾拉酚胺分别在美国、日本、欧盟国家以及中国上市,用于乙型肝炎的治疗。[2]

1998 年—2010 年间,吉利德围绕着替诺福韦的新药研发,通过全面覆盖化合物、制剂、生产工艺、适应症以及联合用药等多个方面,在全球范围内构建了一个强大的专利组合。之后,为了应对专利悬崖,吉利德又布局了替诺福韦艾拉酚胺(TAF)替代品的专利,最终形成了自己的专利保护壁垒。吉利德围绕着替诺福韦的新药研发和市场布局,通过有效的专利管理,确定了其在全球抗 HIV 感染药物市场的统治地位,也为其带来了巨大的商业价值。

这一案例提醒我们,专利管理在药品企业中具有核心地位,企业可以通过有效的专利管理,确保在市场中的竞争力和可持续发展。

(二)艾拉莫德

艾拉莫德作为一种新型免疫抑制剂,是用于治疗类风湿性关节炎的抗风湿类药物。艾拉莫德是由日本富山化学研发,并在 1988 年申请该化合物专利 JP1990049778A 并获得授权。之后,富山化学与卫材药业合作开发艾拉莫德治疗类风湿性关节炎应用,并于 1994 年 4 月提交了该应用专利的 PCT 申请 WO1994023714A1,指定国包含除中国以外的美国、德国、比利时以及芬兰等多个国家。2001 年—2003 年间,富山化学又申请了制剂专利 JP2001240540A 与化合物制备专利 JP2003171375A,这两项专利同样也没有进入中国市场。2012

---

[1] 王博、韩雅婷、张伟波:《专利悬崖边缘的替诺福韦酯专利现状》,载《药学进展》2017 年第 11 期。

[2] 马永涛等:《替诺福韦专利技术发展分析》,载《江西化工》2019 年第 3 期。

年，卫材药业的艾拉莫德片在日本上市。[1]

反观在国内，天津药物研究院在 2003 年 3 月申请了艾拉莫德片的制剂专利 CN100387231C 并获得授权，之后，天津药物研究院与先声药业合作。2011 年 8 月，先声药业的艾拉莫德片早于原研制剂在中国获批上市。而富山化学第一项涉及艾拉莫德的中国专利 CN103826624A 直到 2013 年才申请。

这一案例提醒我们，尽管富山化学进行了专利管理，布局了涵盖化合物、制剂以及应用等专利，但在全球化的今天，任何希望在国际市场上取得成功的制药公司都必须重视专利的申请地域、申请时间等方面，任何一个因素都不能忽视，只有通过全面的专利管理，才能确保产品在全球范围内的市场独占权和竞争优势。

二、兽药企业"走出去"的必要性和专利管理的现状

我国兽药行业自 20 世纪 80 年代经历了初期粗放式增长后，逐渐向规模化、标准化方向转变。截止到 2024 年 11 月，获得兽药 GMP 的企业已有 1700 多家。本土企业数量众多且竞争激烈，加之外企的不断涌入，使得单一企业很难在短时间内获得较大份额。相比之下，全球范围内尤其是发展中国家对于高效安全兽药的需求正在迅速上升。近年来，在国家政策支持下，一批具备较强研发能力和生产能力的兽药企业已经意识到"走出去"是企业应对全球化挑战、实现转型升级的必然选择，是实现快速增长的有效途径之一。

然而，随着兽药企业"走出去"的步伐加快，我国兽药企业在专利管理方面仍存在一些问题。尽管专利申请的数量上呈现出显著的增长态势，但有的企业在专利申请过程中存在盲目追求数量而忽视质量的现象，申请的专利质量不高。目前，国内仅有欧博方和格格巫两家兽药企业获得兽用化学药品 1.1 类新兽药证书，并申请了估值较高的化合物、制剂以及用途等发明专利。此外，国内兽药企业还普遍存在专利保护意识薄弱的现象。[2]《兽药管理条例》及农业农村部有关部令和公告中增加了兽药知识产权保护有关条款，其中农业部办公厅于 2012 年 5 月 23 日发布的《关于兽药产品专利有关问题的

---

[1] 杨晓蓉等：《艾拉莫德应用于结缔组织病的作用机制与临床研究进展》，载《中国药房》2024 年第 5 期。

[2] 杨大伟等：《兽药注册法规中的知识产权保护》，载《中国兽药杂志》2012 年第 6 期。

函》(农办医函 [2012] 12号) 中指出"在国内拥有专利且需兽医管理部门履行保护的兽药,专利权属人应……在中国兽药信息网发布专利声明"。自2012年以来,中国兽药信息网仅公布了52项兽药专利。尽管存在兽药企业已获得专利授权但未在该网站公示的情况,但这"52项"也恰恰反映出现阶段许多兽药企业对专利的重要性认识不足,缺乏系统的专利管理机制。

三、兽药企业进行专利管理的重要性

在全球化的今天,有效的专利管理对于兽药企业而言不仅是保护自身技术创新成果的重要手段,更是提升国际竞争力、拓展海外市场的关键因素。

首先,新兽药的监测期最长为5年。然而,对于兽药企业而言,在这短短的五年内很难充分开拓市场,因此仅依靠监测期来保护科技成果并实现市场的独占是不够的。企业通过专利管理、有效布局,可以全方位保护其技术创新和研发成果,防止被竞争对手模仿或盗用,确保了企业在市场中的独特竞争优势,并为其提供了独占市场的机会,提高经济效益。

其次,专利制度鼓励企业进行更多的研发投入和技术创新。[1]专利是兽药企业新药研发活动核心商业价值的主要承载者,具有经济性、技术性和法律性的特点,是兽药企业重要的无形资产之一。企业可以通过专利许可、转让或合作等方式,与其他企业建立战略伙伴关系,进一步扩大市场份额和影响力。

此外,专利管理还有助于提高企业的品牌形象和知名度。在国际市场上,拥有自主知识产权的兽药产品更容易获得消费者的认可和信任。通过加强专利管理,企业可以树立良好的品牌形象,提高产品的市场竞争力。同时,有效的专利管理可以帮助企业在全球范围内保护其知识产权,应对跨国侵权和不正当竞争行为,确保企业的国际市场份额和利益不受损害。

四、兽药企业专利管理的建议

鉴于专利管理的重要性及现阶段兽药企业专利管理的现状,提出几点意见,以帮助兽药企业更好地应对国际化过程中可能遇到的挑战。

---

[1] 张全红、滕文静:《专利价值评估促进兽药企业的创新与发展》,载《中国发明与专利》2016年第10期。

首先，兽药企业要高度重视专利管理工作，加强专利意识，认识到专利是保护创新成果、提升市场竞争力的关键。其次，建立专门的专利管理部门，负责专利申请、维护及监控工作，确保知识产权得到有效保护。同时，专利管理部门与研发部门、市场部门紧密配合，围绕新药研发与市场布局，进行有效的专利管理。兽药企业应积极推动专利技术转化与应用，将研发成果转化为实际生产力，为企业带来经济效益。布局核心专利的同时，优化专利组合与布局，聚焦核心技术和产品，形成有竞争力的专利体系。此外，还应关注国际专利布局，积极申请海外专利，拓展国际市场，提升品牌影响力。

论图书有声推广中AI合成声音著作权侵权认定及其责任承担

王涟漪*

（中国政法大学 北京 100088）

摘　要：AI合成技术的应用为图书有声推广带来了创新与便利，但同时也给著作权保护带来了新挑战。在未经授权的情况下，通过AI技术将图书合成有声书，可能侵犯了图书文字作品的著作权。明确AI有声书侵权认定标准以及侵权责任的承担，对AI合成技术在图书推广领域的应用中具有积极意义。采取合理的法律措施，既能促进文化创新，又能保障著作权人的合法权益，从而实现兼顾保护知识产权以及推动AI技术发展之目的。

关键词：AI合成声音；著作权侵权；责任承担；图书有声推广

在人工智能技术（Artifical Intelligence，AI）迅速发展的背景下，AI有声书作为一种新兴的文化传播方式，其著作权问题也受到越来越多的关注。

一、AI有声书推广简介及其版权侵权风险

AI有声书推广是指运用AI技术，特别是文本到语音转换技术，将书面文字内容转换成数字化的音频格式，并通过网络或其他渠道进行分发和宣传，以提升图书的可及性和吸引力。这种推广方式不仅拓宽了阅读的边界，使得图书能够以声音的形式到达听众，而且通过智能化的语音合成，实现了对图书内容的动态表达。AI有声书推广通过模拟或增强真人朗读的效果，为用户提供了一种新的、更为便捷的"阅读"体验，同时也为出版业带来了新的商

---

* 作者简介：王涟漪（1986年—），女，汉族，湖北孝感人，中国政法大学同等学力研修班2024级学员，研究方向为知识产权法学。

业模式和市场机遇。它代表了传统出版与现代科技的融合，为图书的传播和阅读体验带来了颠覆性的变化。

AI 有声书推广在提升阅读便捷性和可及性的同时，也带来了版权侵权的潜在风险。这些风险主要涉及未经授权或超出授权范围对图书作品进行有声化、进行 AI 加工等情形。具体而言，侵权行为可能包括未经图书著作权人许可，对其作品进行有声化演绎，这种情形主要是对图书内容的侵权，同时还可能涉及对图书著作权人享有的复制权、传播权、表演权的侵权。除此之外，侵权行为还有可能表现为利用 AI 工具将自然人的声音元素进行合成，或对其声音进行模仿，以达到使有声书与自然人（通常是具有一定社会影响力的名人）具备高度关联性和可识别性的目的，这还有可能构成对自然人人格权的侵权。

二、AI 有声书推广中的版权侵权司法认定

有声书制作与传播过程中，一般先有文字作品，而后再经过人工/机械朗读录制后制作成有声书，这一过程涉及文字作品著作权人的复制权、改编权、表演权等。[1]

在 AI 有声书推广中，涉及的著作权侵权问题的司法认定需要综合考量多个维度。自 2010 年至 2021 年年底，有 115 个案件是未经著作权人许可擅自录制或传播有声书的行为，占比 81.5%，可见作品侵权是有声书著作权侵权的主要类型，权利人胜诉率达 97.4%。[2] AI 有声书的制作不仅需要获得文字作品著作权人的授权，还涉及声音的采集、处理和合成等多个环节。这些环节可能会涉及不同主体，各主体承担何种责任，取决于其在此过程中提供的服务或者产品是否得到了授权，以及在该侵权行为中发挥了什么作用。

具体而言，侵权行为的认定主要涉及未经许可的声音使用、公开等行为，包括未经自然人许可且不构成合理使用的声音合成、声音模仿等。在北京互联网法院审理的全国首例 AI 生成声音人格权侵权案中，法院明确认定在具备可识别性的前提下，对自然人声音权益的保护范围可及于 AI 生成声音。[3] 这

---

〔1〕 郝明英：《人工智能语音合成有声书著作权保护研究》，载《中国出版》2023 年第 1 期。

〔2〕 郝明英：《人工智能语音合成有声书著作权保护研究》，载《中国出版》2023 年第 1 期。

〔3〕 北京互联网法院课题组：《AI 生成声音侵害声音权益的法律认定——以殷某某诉北京某智能科技公司等人格权侵权案为例》，载《法律适用》2024 年第 9 期。

意味着，如果 AI 合成的声音未经授权且能被识别为特定自然人的声音，可能侵犯了该自然人的声音权益，而非单纯的著作权侵权，两者有可能结合。

需要指出的是，AI 有声书的推广中声音权益与著作权具有显著区别。根据《民法典》[1]的规定，自然人的声音权益是参照肖像权保护的，属于人格权的范畴。因此，著作权的授权并不包括对声音人格权的授权。在实践中，这代表着如果 AI 有声书的制作和推广未经权利人的明确授权，可能侵犯原作者的著作权，同时也可能侵犯声音所有者的人格权。[2]

三、AI 有声书推广中的版权侵权责任分配

（一）有声书制作者侵权责任的承担。

在 AI 有声书推广中，涉及的版权侵权责任承担的问题，其底层逻辑和基本法理主要围绕《民法典》的相关规定展开。《侵权责任法》的底层逻辑在于通过归责原则、责任构成要件和免责事由等核心要素，确立行为人因过错或其他法定情形侵害他人权益时应承担的民事责任，旨在保护合法权益、预防和制裁侵权行为，实现对公平正义和社会秩序的维护。[3]

《民法典》第 998 条规定："认定行为人承担侵害除生命权、身体权和健康权外的人格权的民事责任，应当考虑行为人和受害人的职业、影响范围、过错程度，以及行为的目的、方式、后果等因素。"在北京互联网法院审理的案件中，法院判决被告向原告赔礼道歉，并赔偿经济损失 25 万元人民币，正是体现了对侵权行为的法律制裁和对受害者权益的保护。

（二）AI 工具提供者承担责任的问题。

AI 工具提供者可能同时具备网络服务提供者和技术提供者的双重身份。这意味着，如果 AI 工具提供者参与了侵权内容的生成、传播或存储，可能需要承担相应的侵权责任。侵权责任的承担通常基于过错责任原则，即行为人因过错侵害他人民事权益时，应当承担侵权责任。在 AI 有声书的背景下，如果 AI 工具提供者知道或应当知道其工具被用于侵权活动，但未采取

---

[1]《民法典》，即《中华人民共和国民法典》。为表述方便，本书中涉及我国法律文件，均使用简称，省去"中华人民共和国"字样，全书统一，后不赘述。

[2] 北京互联网法院课题组：《AI 生成声音侵害声音权益的法律认定——以殷某某诉北京某智能科技公司等人格权侵权案为例》，载《法律适用》2024 年第 9 期。

[3] 参见王利明：《论声音权益的法律保护模式》，载《财经法学》2024 年第 1 期。

措施防止侵权行为的发生，可能被认定为存在过错，从而需要承担侵权责任。

尽管技术本身具有中立性，但 AI 工具提供者在开发和应用 AI 技术时，应负有确保其不侵犯他人著作权的注意义务。如果 AI 工具提供者未能履行这一义务，可能需要对由此产生的侵权行为承担责任。AI 工具提供者应建立完善的合规风控体系，防范著作权侵权风险，同时保障被侵权人的合法权益。这包括对 AI 工具的使用进行监控，确保用户不利用 AI 工具进行侵权活动，以及在发现侵权行为时及时采取措施。

在 AI 有声书推广中，侵权责任的划分需要考虑多个因素，包括侵权行为的直接性和间接性、行为人的控制力以及行为人对侵权行为的认知程度。例如，如果 AI 工具提供者仅提供技术服务，而不直接参与内容的生成或传播，可能只需承担较小的责任或无须承担责任，特别是如果他们已经采取了合理的预防措施的情况下。

因此，AI 有声书推广中的著作权侵权司法认定需要综合考虑声音权益与著作权的区别、侵权主体的认定、侵权行为的认定、AI 生成声音的可识别性以及责任承担等多个方面，以确保合法合规地使用 AI 技术进行有声书的推广和传播。这些判决和法律规定为 AI 有声书推广中的著作权保护提供了法律依据和指导。

四、结语

在深入探讨了 AI 有声书推广中的著作权侵权问题后，我们可以得出结论，这一领域是著作权法律实践的前沿，它不仅涉及传统的著作权问题，还涉及人格权、技术伦理等多个层面。AI 有声书的推广，作为一种文化创新的产物，其发展势头迅猛，但同时也暴露出法律保护的不足和挑战。司法实践中的判例和法律规定为 AI 有声书推广中的著作权保护提供了法律依据和指导，确保我们在使用 AI 技术进行有声书的推广和传播时，能够合法合规地进行，保护创作者的合法权益，同时也尊重和保护了消费者的听觉体验。未来，随着技术的进步和法律的完善，我们期待 AI 有声书领域能够实现著作权保护与文化创新的和谐共生，为推动数字文化产业的繁荣发展贡献力量。

商业秘密在刑事诉讼中的司法鉴定之检视

吴 尧[*]

（中国政法大学 北京 100088）

摘 要：在侵犯商业秘密刑事案件中，对商业秘密的认定是构罪的先决条件。对商业秘密的鉴定在刑事诉讼伊始就存在各种问题。商业秘密在刑事司法鉴定中既有程序上的阻碍，也有实体上的缺陷，在实践上的认识也未统一。因此，需要在程序上寻求自洽解决，在实体上侧重公允性和可靠性，在实践中对核心问题达成共识，以期更好发挥刑事诉讼法对商业秘密的实质保护作用。

关键词：商业秘密；刑事诉讼；司法鉴定

对商业秘密的认定对是否构成侵犯商业秘密罪有着至关重要的作用。但是，因证明某一商业信息是否满足商业秘密的构成要件，特别是是否满足非公知性，具有极强的专业性，所以司法鉴定或专家意见就不可避免地成为认定商业秘密的重要依据。

一、商业秘密在刑事诉讼中司法鉴定的现实价值

我国《刑事诉讼法》中规定的鉴定意见、专门知识人意见均属于意见证据。本质上都是运用专门知识和技能进行的判断，往往是借助科学仪器和专业经验，按照科学的方法得出结论，一般可靠性较大。[1]因此，鉴定意见能够弥补刑事办案人员对专门性问题判断能力的不足，对查明案件事实、界定案件性质有着举足轻重的作用，同时也是审查其他证据的一种手段。

---

[*] 作者简介：吴尧（1992年—），男，汉族，陕西白河人，中国政法大学同等学力研修班2022级学员，研究方向为知识产权法学。

[1] 张建伟：《证据法要义》，北京大学出版社2014年版，第273页。

商业秘密在刑事诉讼中的司法鉴定，主要是对待检信息是否构成商业秘密的鉴定。从权利人主张商业秘密被侵犯并向侦查机关报案时，权利人就应该对被侵犯信息属于商业秘密进行证明。在实务中，侦查机关往往要求权利人（报案人）拿到相关鉴定意见才予以立案。[1]特别是公安机关立案时抬高门槛，要求权利人至少提供涉密性及损失的鉴定意见[2]。导致鉴定意见成为刑事立案的先决条件，进一步提高了鉴定意见在商业秘密侵权的刑事案件中的地位。

然而，在刑事立案后，鉴定意见应该由法定机关委托，这必然会导致重复鉴定的问题。2024年最高人民检察院提出"高质效办好每一个案件"，商业秘密侵权刑事案件因抬高立案条件引发的重复鉴定问题属于一个影响高质效办案的问题。这也凸显出侦查机关在立案时对商业秘密侵权刑事案件的谨慎态度及对商业秘密相关鉴定的高度依赖性。据统计，对商业秘密的司法鉴定意见法官采纳率达97.2%，足以影响刑事案件的审判结果。[3]在涉及商业秘密侵权的民事案件中，北京知识产权法院截至2021年10月共审结涉及商业秘密的民事案件120件，判决原告败诉的案件占判决结案的60%，举证难是导致原告败诉的主要原因。[4]"举证难"的主要原因就是对商业秘密的"证明难"，证明不了待检信息属于商业秘密，商业秘密的侵权就无从谈起。

无论是从刑事还是从民事角度，商业秘密的证明都是一个核心问题。在证明标准相对宽松的民事诉讼中，证明商业秘密尚且困难，更何况要求证据确实充分的刑事诉讼。商业秘密的核心要素，一般认为是非公知性，即待检信息的秘密性。而非公知性鉴定是围绕商业信息是否不为公众所知悉而开展的鉴定活动，[5]是判定商业秘密是否成立的主要条件。因此，商业秘密在刑事诉讼中的司法鉴定的现实价值就是对非公知性的证明，从而达到对商业秘密的证明目的。

---

[1] 宋建立：《商业秘密案件办理的若干热点与难点》，载《人民司法》2022年第34期。

[2] 史乃兴：《商业秘密刑事保护的中庸之道》，载《人民司法》2024年第7期。

[3] 冯润森、刘存青、吴娜：《侵犯商业秘密刑事案件司法鉴定审查要点》，载《中国检察官》2024年第11期。

[4] 冯润森、刘存青、吴娜：《侵犯商业秘密刑事案件司法鉴定审查要点》，载《中国检察官》2024年第11期。

[5] 孙秀丽、张婷婷：《商业秘密非公知性鉴定审查要点——以侵犯机械设计技术秘密为例》，载《中国检察官》2022年第18期。

二、商业秘密在刑事诉讼中的司法鉴定的实务现状

从刑事实务的角度来看,商业秘密刑事诉讼中,如果涉案信息是经营信息,一般不需要借助司法鉴定,当案涉信息为技术信息时,司法鉴定的使用率高达96%。据统计,所有涉及商业秘密的刑事案件中,运用司法鉴定的比例约为85%。[1]司法机关对商业秘密相关鉴定的高度依赖性,多少会导致对相关鉴定意见的审查流于形式。

第一,鉴定机构和鉴定人资质在制度上存在空白点,公正性容易受到质疑。不同机关可选择的鉴定机构具有倾向性,特别是在2005年全国人民代表大会常务委员会颁布的《关于司法鉴定管理问题的决定》未明确界定"非公知性鉴定"这一类别时候,难免会让人感觉司法机关在审查上级机关入围鉴定机构的鉴定意见时不会与之相左,特别是人民法院诉讼资产网中的专业机构及中国知识产权研究会知识产权鉴定专业委员会推荐名单中的机构。

第二,鉴定的方法上没有科学的方法论。有的鉴定方法与专利新颖性的检索已达到实质相同的程度,而鉴定机构在实践中往往参照专利"新颖性"的审查标准来判断"非公知性"。[2]虽然相对苛刻的方法会令得出的意见都有利于被告人,但是并不当然有利于对商业秘密的保护。这种鉴定方法并没有准确界定"新颖性"与"非公知性"的区别,其本质就是在理论上定义的不够彻底,并没有最大程度发挥刑事法律对商业秘密的保护作用。

第三,诉讼效率不高。重复鉴定率高、附带民事诉讼率低,鉴定机构缺乏有效监管,鉴定费用高,权利人维权成本高等,综合造成维权周期过长。有的案件先经刑事判决,再提起民事诉讼,先后长达10年。[3]

三、商业秘密在刑事诉讼中的司法鉴定的困境与应对

司法实务反映出商业秘密在刑事诉讼中的司法鉴定在程序制度方面的不

---

[1] 何金洋:《司法鉴定在侵犯商业秘密刑事案件中的应用》,载《广西警察学院学报》2022年第4期。

[2] 唐震:《知识产权刑事诉讼相关鉴定问题之审视》,载《科技与法律(中英文)》2023年第6期。

[3] 唐震:《知识产权刑事诉讼相关鉴定问题之审视》,载《科技与法律(中英文)》2023年第6期。

健全，鉴定方法上也没有形成完备且通用的理论指引，多因素叠加导致诉讼效率不高，商业秘密权利人维权成本高。以下进一步分析，对商业秘密刑事诉讼中司法鉴定存在的问题进行分类。

(一) 程序上存在梗阻

一方面，对商业秘密的司法鉴定不在司法行政部门登记管理的鉴定业务范围内，一定程度上丧失了"法定"资质，这给指控犯罪造成一定困扰。另一方面，由于商业秘密侵权刑事案件的特殊性，权利人未能拿到可以证明相关信息是商业秘密的鉴定意见时，刑事侦查程序就难以启动。而权利人自行委托的鉴定在《刑事诉讼法》意义上欠缺合法性，如果权利人委托的鉴定意见有利于证明是商业秘密，而侦查机关委托的鉴定意见不利于证明是商业秘密，就会进一步让权利人感到困惑，造成司法不公的观感。实际上，权利人委托的鉴定机构，往往不会出具不利于权利人的鉴定意见。也正是因为商业秘密相关鉴定的复杂性，其鉴定费用很高，加上缺乏上位法的规制，行业相对不够成熟，刑事诉讼程序因鉴定意见而造成梗阻和两难的局面就难以避免。而回归意见证据这一根本属性，就可以自洽。

(二) 实体上存在缺陷

商业秘密相关鉴定的实体问题，主要体现在商业秘密相关鉴定方法论的缺失。以"非公知性鉴定"为例，这个待鉴定的问题本身就是一个消极事实，但是消极事实很难证明。而实务中用"新颖性"标准来体现"非公知性鉴定"的严格性。事实上通过技术查新的方式来说明"新颖性"问题，本质上和"非公知性"不同。"新颖性"的标准显然比"非公知性"要严苛。用"新颖性"来衡量"非公知性"，至少是不贴切的。本质来看，就是在对"非公知性"的证明问题上欠缺理论支撑，或者说缺乏方法论。换个角度来讲，"非公知性"的反面就是公知性，是信息进入公有领域，人们容易获得，至少是低成本可以获得。从这个角度通过系统集成分析，把待检信息类化为信息扩散模型，从而寻求数学解，以衡量获取信息的难易程度或许可以解决商业秘密"非公知性"的鉴定问题。

(三) 实践上欠缺共识

法律的生命在于实践。在商业秘密刑事诉讼中，鉴定意见常常能够左右判决结果。而当事人的鉴定参与权和救济权、鉴定人的选择权、鉴定人出庭

制度、鉴定人回避、刑事附带民事诉讼等问题,[1]在实务上都没有达成相当程度的共识。在司法实践层面没有达成统一的共识,必然会导致法律的保护作用大打折扣。这些问题,无论是从法学基本原理的角度或是合理解释的角度均可以解决,然而这需要通过司法指导案例加以固化和引导。

---

[1] 何金洋:《司法鉴定在侵犯商业秘密刑事案件中的应用》,载《广西警察学院学报》2022年第4期。

论专利权利要求解释之"符合发明目的原则"的适用

吴 菊*

(中国政法大学 北京 100088)

摘 要：在专利权利要求解释中，"符合发明目的原则"是指在理解和确定专利权利要求的真实含义时，应当考虑专利发明所追求的目的。发明目的通常记载在专利说明书中，在运用符合发明目的原则解释权利要求时，需要整体考虑专利说明书和附图，说明书中的背景技术部分可以帮助理解发明目的的产生原因，具体实施方式部分可以体现如何通过技术方案来实现发明目的，同时也要参考本领域技术人员的认知，深入理解本领域技术人员对于技术术语、技术方案与发明目的之间的关系。

关键词：专利权利要求解释；符合发明目的；等同原则；本领域普通技术人员

一、符合发明目的原则在我国的发展

符合发明目的原则为解释权利要求提供了方向，帮助确定权利要求的真实含义，是连接专利技术方案和发明目的的桥梁，可以弥补专利权利要求的文字表达的局限性，防止不合理扩张保护范围，确保解释符合专利制度初衷。

（一）规范层面

我国在制定和修订专利法律法规及相关司法解释的过程中，吸收和体现

---

* 作者简介：吴菊（1994年—），女，汉族，河南信阳人，中国政法大学同等学力研修班2024级学员，研究方向为知识产权法学。

了符合发明目的原则。《专利法》第 64 条第 1 款，[1]是符合发明目的原则在司法实践中应用的重要基础。该条虽然未明确提及该原则，但为从发明目的角度解释权利要求提供了依据，使得在确定专利权保护范围时，可以借助说明书及附图中体现的发明目的来准确理解权利要求的含义。最高人民法院 2009 年发布的《关于审理侵犯专利权纠纷案件应用法律若干问题的解释》与 2016 年发布的《关于审理侵犯专利权纠纷案件应用法律若干问题的解释（二）》为专利侵权纠纷案件的审理提供了具体的指导和依据。这两部司法解释虽未明确表述符合发明目的原则，但其中一些条款体现了对发明目的和技术效果的考量，如《关于审理侵犯专利权纠纷案件应用法律若干问题的解释》第 2 条、第 3 条第 1 款、《关于审理侵犯专利权纠纷案件应用法律若干问题的解释（二）》第 6 条，在司法实践中与符合发明目的原则相互呼应，共同用于准确界定专利权的保护范围，合理判定侵权行为。北京市高级人民法院 2017 年发布的《专利侵权判定指南（2017）》明确规定了符合发明目的原则，指出在确定专利权保护范围时，不应将本领域普通技术人员在结合本领域的技术背景的基础上，阅读说明书及附图的全部内容之后，仍然认为不能解决专利的技术问题、实现专利的技术效果的技术方案解释在专利权的保护范围内。

（二）实践层面

近年来，我国法院在审理专利侵权纠纷案件时，越来越多地运用符合发明目的原则来准确界定专利权的保护范围和判定侵权行为。例如在"带优盘记事本实用新型专利侵权诉讼"[2]中，二审法院认为，结合涉案专利说明书的记载以及国家知识产权局针对涉案专利作出的第 32309 号无效宣告请求审查决定的认定，涉案专利权利要求 1 中"优盘的一端插拔式插入鼻带的另一端，优盘另一端磁吸式连接于金属扣上"这一技术特征应当作整体理解，应从发明目的的角度来确定其具体内容，不能将不能实现发明目的、效果的技术方案解释为权利要求的保护，最终认定被诉侵权产品的相应技术特征与涉案专利权利要求 1 的上述争议技术特征所采用的手段、实现的功能和达到的

---

[1] 该款规定："发明或者实用新型专利权的保护范围以其权利要求的内容为准，说明书及附图可以用于解释权利要求的内容。"

[2] 参见最高人民法院［2021］最高法知民终 2211 号民事判决书。

效果均明显不同，被诉侵权产品无法实现涉案专利的发明目的，两者既不相同也不等同，被诉侵权产品不落入涉案专利保护范围。

二、符合发明目的原则在我国的适用困境

（一）立法缺乏明确性

我国现行专利法及相关法律法规中，未对发明目的作出清晰、明确的定义和阐释，导致在实践中对发明目的的理解和认定存在一定的模糊性。此外，对于符合发明目的原则在何种具体情况下应当适用，以及适用的具体条件等，立法缺乏明确、细致的规定，这使得法官对于是否该适用这一原则拥有较大的自由裁量权，可能导致同案不同判情况的出现。

（二）司法实践的不确定性

法官专业背景差异是不确定性的重要原因之一，专利案件的审判需要法官具备扎实的技术背景和专业知识。但实践中法官的专业背景各异，对于复杂的技术问题和发明目的理解可能存在困难，进而影响符合发明目的原则进行权利要求解释和侵权判定适用的准确性和一致性。同时，不同地区或不同级别的法院在具体案件中对符合发明目的原则的理解和运用程度不同，导致裁判结果存在差异，损害了法律的确定性和可预测性。

（三）权利要求解释的主观性

发明目的通常需要从专利说明书等文件中进行归纳和提炼，而不同的人对这些文件的解读可能会受到个人主观因素的影响，具有较强的主观性，如对技术背景的熟悉程度、对专利申请人意图的揣测等，从而导致对发明目的的理解出现偏差。同时，在依据符合发明目的原则解释权利要求时，需要在专利权人的利益与社会公众利益之间进行平衡。然而，如何确定一个既能够充分保护专利权人的合法权益，又不会不合理地限制社会公众对技术的合理使用和创新的平衡点，也是一个较为复杂且主观的问题，实践中较难把握准确。

（四）技术发展的挑战

新兴技术的复杂性及技术快速地更新换代，给符合发明目的原则的适用带来更大的困难。随着科技的快速发展，新兴技术不断涌现，如人工智能、生物技术、量子技术等领域的专利申请日益增多。这些新兴技术往往具有高度的复杂性和专业性，对其发明目的可能更加难以准确地界定和把握。同时

技术的快速迭代使得专利技术的寿命缩短，在专利侵权纠纷发生时，可能原有的发明目的在新的技术环境下已经发生了变化或需要被重新审视，但相关的法律和司法实践可能无法及时跟上技术发展的步伐，导致符合发明目的原则在适用时难以适应新的技术现实。

三、对符合发明目的原则的完善建议

（一）立法层面的完善

首先，可以在《专利法》中明确规定发明目的在权利要求解释中的重要地位，将其作为与说明书、附图等同等重要的解释依据。其次，逐步构建完整的解释规则体系，制定一套系统的权利要求解释规则，其中以符合发明目的为核心原则，然后明确其他解释规则与发明目的之间的顺位关系和适用条件。例如，规定在进行权利要求解释时，首先考虑发明目的原则，若通过该原则能够清晰地确定权利要求的范围，则无须再适用其他可能导致范围扩大或缩小的规则；只有当发明目的原则无法准确解释时，再去考虑等同原则等。

（二）司法层面的完善

针对审理专利诉讼案件的法官开展专门的培训，使其深入理解发明目的在权利要求解释中的重要性以及如何准确把握发明目的。同时，最高人民法院应当加强对涉及权利要求解释符合发明目的的原则的案例指导，定期发布典型案例，并详细阐述在这些案例中如何运用发明目的原则进行解释。还应当引入技术调查官深度参与诉讼，在庭审过程中，允许技术调查官就发明目的等技术问题向当事人提问，或者在合议庭评议时，技术调查官可以直接参与讨论与发明目的相关的内容，从而使得技术调查官可以结合技术背景、现有技术状况以及专利文件整体内容，向法官提供关于发明目的的专业意见，帮助法官理解发明目的。

（三）行政审查层面的完善

进一步细化专利审查指南。在审查指南中规定，审查权利要求是否清楚时，应首先审视发明目的；强调当权利要求存在多种可能的解释时，应当以符合发明目的的解释为准。对于存在多个独立权利要求的情况，如产品权利要求和方法权利要求并存，审查指南应明确要求审查它们之间的发明目的是否相互呼应。在判断权利要求是否缺少必要技术特征时，明确应以发明目的为导向，对于复杂的专利技术，提供根据发明目的梳理必要技术特征的方法

和示例。同时对于涉及修改权利要求的情况，规定在判断修改是否超范围时，应当将发明目的的一致性作为重要审查内容，并且能为申请人提供基于发明目的进行合理修改的指南，指导申请人如何在保持发明目的一致性的情况下，优化权利要求。

在专利授权审查过程中，进一步优化专利申请人与审查员之间关于发明目的的沟通机制，当审查员对权利要求的解释可能涉及发明目的的理解问题时，应当主动要求申请人进一步解释发明目的或者提供相关证据。同时申请人也有权对审查员对发明目的理解偏差提出异议，并提供合理的解释和说明。

四、结语

专利保护的目的在于创新，而创新的本质在于专利技术解决了什么样的技术问题及带来怎样的技术效果，因此符合发明目的原则无论在专利授权程序还是专利诉讼程序中，都发挥着重要的作用。近年来，符合发明目的原则的适用案例不断提高，指导案例的发布及诉讼程序中技术调查官的引入，对该原则在司法实践中也越来越具有兼容性和权威性。随着司法立法的完善及司法实践的改进，关于"发明目的"的定义和内涵也将有望通过专利立法进一步明确，符合发明目的原则将会在专利权利要求解释中焕发独特光彩。

论专利侵权等同原则的适用

袁晓玲*

（中国政法大学 北京 100088）

摘 要：等同侵权是在专利权利要求的语义之外追求专利技术思想的实质保护，等同侵权原则的引入无疑有利于鼓励创新，保护专利权人的利益。然而专利法还承载着平衡社会公共利益和专利权人利益的作用，等同侵权原则的适用必须在两者之间寻找平衡，如何适用专利等同侵权判定原则是我国司法实践中面临的难题之一。

关键词：专利侵权；等同原则；司法适用

一、等同侵权原则的历史沿革

（一）形成与发展过程

等同原则起源和发展于美国，是法院在审理专利侵权纠纷的过程中确立的。美国联邦最高法院在1853年Winans v. Denmead案中首次适用了等同原则，[1]指出"当形式与实质密不可分时，只要看形式就可以判定是否构成侵权；但是，如二者是可以分的，他人就可用不同形式抄袭发明，不能构成侵权的抗辩理由"。而后美国联邦最高法院通过了1877年Machine Co. v. Murphy案、1929年Sanitary Refrigerator Co. v. Winters案、1950年Graver Tank & Mig. Co. v. Linde Air Products Co.案等一系列判例确立了等同原则在专利侵权判定中的重要地位。

等同原则在专利侵权判定中的适用成为常态，同时也逐渐出现了过度适

---

* 作者简介：袁晓玲（1981年—），女，汉族，山东青岛人，中国政法大学同等学力研修班2024级学员，研究方向为知识产权法学。

[1] See Winans v. Denmead, 56 U.S. 339, (1853).

用的情况，引发了人们对权利要求界定和公示作用的担忧。1997 年美国联邦最高法院在 Warner-Jenkinson 案中，否定了"整体等同"理论。[1]此案之后，美国法院对等同原则的适用趋于保守，再加上后来陆续提出的禁止反悔、捐献规则、现有技术抗辩等限制性规则，使得法院对等同原则的适用越来越谨慎。

（二）我国的引入

2001 年最高人民法院通过的《关于审理专利纠纷案件适用法律问题的若干规定》第 17 条首次规定了等同原则在侵权判定中的适用："专利法第五十六条第一款所称的'发明或者实用新型专利权的保护范围以其权利要求的内容为准，说明书及附图可以用于解释权利要求'，是指专利的保护范围应当以权利要求书中明确记载的必要技术特征所确定的范围为准，也包括与该必要技术特征相同的特征所确定的范围。"2002 年最高人民法院在"宁波市东方机芯总厂与江阴金铃五金制品公司侵犯专利权纠纷案"中首次适用了等同原则判定专利侵权成立。[2]此后，地方各级人民法院相继在专利侵权判定中适用等同原则。

为了对等同侵权的适用进行规范和引导，相关法律和最高人民法院的司法解释相继引入了一系列限制规则。2008 年修正的《专利法》第 62 条首次赋予了被诉侵权人现有技术抗辩权。2010 年最高人民法院施行的《关于审理侵犯专利权纠纷案件应用法律若干问题的解释》第 5 条确立了捐献规则，第 6 条明确了禁止反悔规则，第 7 条还首次明确了"全面覆盖原则"系专利侵权判定的基本原则。2016 年最高人民法院施行的《关于审理侵犯专利权纠纷案件应用法律若干问题的解释（二）》第 12 条确立了特意排除规则。

二、我国专利等同侵权原则适用现状与困境

（一）适用现状

第一，等同特征的认定按照"三步法"进行。第一步，将被诉侵权技术方案与权利要求记载的全部技术特征相比较，确定区别技术特征。第二步，将区别技术特征与权利要求对应的技术特征相对比，分析其是否属于"以基

---

[1] See Warner-Jenkinson Co., Inc. v Hilton Davis Chemical Co., 520U. S. 17（1997）.

[2] 参见最高人民法院［2001］民三提字第 1 号民事判决书。

本相同的手段,实现基本相同的功能,达到基本相同的效果"。第三步,分析普通技术人员是否无须经过创造性劳动就能够轻易地将权利要求中的某一技术手段替换成被诉侵权技术方案中对应的"基本相同"的技术手段。[1]最高人民法院在2010年陕西竞业玻璃钢有限公司与永昌积水复合材料有限公司专利纠纷案中强调了"三个基本相同"的判断和是否需要创造性劳动均需考虑。

第二,除上述专利法及专利相关司法解释的规定外,在学理及司法案例中还出现了可预见规则、符合发明目的规则。国内学界对后面两种规则的引入争议较大,在司法适用上也没有形成统一的标准和尺度。

(二)适用困境

第一,等同原则的引入目的是克服语言文字的局限性,保护发明创造的实质。但是,目前判定等同原则的方法无法区别专利权人所主张的等同是源自语言局限性还是撰写不当,[2]不能体现等同原则的立法本意,其客观结果是,将专利权人在申请阶段撰写不当的情况也毫无差别地纳入了扩张范围,损害了权利要求的公示作用,损害了公众利益。

第二,目前判定等同原则的"三个基本相同",引入"基本"二字对"相同"进行限定,使得"基本相同"处于一个实际上既不属于"相同"又不属于"不同"的灰色地带,这种权利灰色地带的产生,使得"手段""功能"和"效果"的衡量标准模糊,对裁判者的主观性依赖性增强。[3]现有判断体系包含诸多反向排除规则,使得司法判断更加复杂和困难。

第三,等同侵权的判断既是法律问题,也是事实问题,需要建立在对技术方案充分理解的基础上才能得出让人信服的结论。而我国地方法院审理专利侵权纠纷的法官通常不具有理工科背景,也没有经过专利方面的系统培训,因此对于技术方案的理解和判断容易出现较大偏差甚至错误,进而得出截然不同的结果,使得裁判的权威性降低。

---

〔1〕 北京市高级人民法院知识产权审判庭编:《〈专利侵权判定指南(2017)〉理解与适用》,知识产权出版社2020年版,第106页。

〔2〕 朱文广、刘犟:《专利等同侵权判断方法的完善》,载《知识产权》2023年第2期。

〔3〕 金铭:《在我国,等同原则为何至今未被引入专利法》,载https://www.163.com/dy/article/I8882J7J0538D1QQ.html,最后访问日期:2023年6月27日

三、我国专利等同侵权原则适用的完善建议

（一）立法层面

等同原则的本质是保护发明创造的本质，克服字面侵权原则产生的漏洞。在"先申请原则"下，不能苛责申请人在申请日提交的权利要求书能够将所有实现其发明构思的可相互替换的可行方式都纳入到保护范围中，因此很多国家允许申请人在申请日后有修改权利要求的机会。我国现行《专利法》不允许将申请日之后做出的发明"加塞儿"进来，防止占申请日在先的便宜。审查实践中，专利审查部门以"直接毫无疑义地确定"标准来评价权利要求的修改，使得申请人对权利要求的修改只能是文字错误的修正及保护范围的限缩，申请人无法将与发明本质相同的技术方案补充进来。而这些技术方案可能成为日后侵权判定中的需要裁判者运用等同原则及其限制原则来判定的等同特征的主要来源。

本文建议，将现行《专利法》第33条规定的"对发明和实用新型专利申请文件的修改不得超出原说明书和权利要求书记载的范围"修改为"对发明和实用新型专利申请文件的修改不得超出原说明书记载的发明的实质范围"。修改后，允许申请人将体现同样的发明实质的内容补充到说明书中，允许将说明书记载的内容提炼到权利要求书中，审查员对修改后的说明书和权利要求书进行审查，基于对发明的本质把握，判断修改后的内容是否超范围。这种判断类似于新颖性和创造性的判断，这是审查员最为擅长的。通过赋予申请人在申请日后完善申请文件的权利，将对权利人因时间仓促、表述不全面的救济提前至专利申请的行政审查阶段，相当于减少了侵权判定中裁判者要面对的等同技术方案。

该建议是可行的。一方面，审查员在技术方案的比对上更具专业性，审查员均具有理工科的专业背景，经过长期的系统专业的培训，对于技术方案的理解具有法官所不具备的优势。而且专利申请文件通常交由相同或相近技术领域的审查员进行审查，能够确保发明创造的实质能够被充分地理解和把握。另一方面，在专利申请阶段允许申请人将"等同的技术方案"写入权利要求书，有利于增加授权文本的权利要求的稳定性，维护权利要求的公示作用。

（二）司法层面

在司法程序中，应该严格适用等同侵权，以协调平衡专利权人和社会公众利益。当申请人在专利的申请阶段已经获得了充分的修改专利的机会，就没有理由在侵权诉讼中适用宽松的等同原则。由于权利要求是用文字来描述的，文字表达所固有的缺陷是一直存在的，等同原则的适用就应当限于专利权利要求表达出现语言局限性的情况。对于申请人在申请日能够预见到的等同特征技术而未将其纳入专利权的保护范围的，此时不应适用等同原则。

四、结语

现有的等同侵权的判断方法并未体现等同原则的立法本意，反向排除规则的引入使得司法判断更加复杂和困难，裁判结果的权威性受到质疑。在立法层面，建议给予发明人在申请日后完善权利要求保护范围的机会，减少侵权判定中裁判者要面对的等同技术方案。在司法层面，建议等同原则的适用应当限于专利权利要求表达出现语言局限性的情况，以协调平衡专利权人和社会公众利益。

技术发展视角下"惯用手段的直接置换"再审视

王 宁[*]

(中国政法大学 北京 100088)

摘 要：本文重新审视《专利法》中利用"惯用手段的直接置换"判断专利新颖性的问题。阐述了其概念、判断标准，探讨了技术手段的位级关系，分析技术发展对"相同位级"的影响，通过实务案例指出不应局限于传统位级判断，需综合多因素分析，为专利实务工作者提供了思考方向。

关键词：惯用手段的直接置换；技术发展；位级关系

在专利法中，是否属于"惯用手段的直接置换"是判断专利新颖性的情形之一。《专利审查指南》虽然给出了"螺栓"与"螺钉"直接置换的示例，但是实践中的情形远比这更复杂，更难以准确把握，容易成为案件的争议焦点。随着技术的持续演进与蓬勃发展，层出不穷的新技术纷至沓来，新的技术手段与已有的技术手段之间能否适用惯用手段的直接置换，已然成为亟待探究与剖析的议题。

一、"惯用手段的直接置换"概念阐释

"惯用手段"是指在某一技术领域内，经过长期实践和广泛应用，被本领域技术人员普遍知晓且经常采用的技术和方法。"手段"意味着置换的双方都是用来解决具体技术问题的具体技术手段，而非科学原理、工作机理等。在专利法的语境下，"惯用手段"属于公知常识的下位概念，其判断标准应至少

---

[*] 作者简介：王宁（1981年—），女，汉族，山东泰安人，中国政法大学同等学力研修班2021级学员，研究方向为知识产权法学。

不低于公知常识判断标准。"直接"意味着两种技术手段之间的置换是本领域技术人员可以直接作出的,而非需要经过一些逻辑分析、推理甚至试验等手段。"置换"意味着两种技术手段所能实现的功能必须能够相互替代,并且置换后与权利要求中其他技术特征的关系也不应被改变,不会对技术方案中的其他要素提出不同的要求,整体技术方案所能实现的技术效果不发生改变。〔1〕

二、适用"惯用手段的直接置换"的判断标准

一般说来,在判断专利权利要求与现有技术的区别是否属于"惯用手段的直接置换"时通常要满足以下条件:首先,判断是否存在置换基础,即权利要求与现有技术的区别是否仅在于权利要求的某技术特征与现有技术的某技术特征不同,且这两个技术特征是否能够相互对应;其次,判断该相互对应的技术特征是否均属于本领域的惯用手段;再次,判断该相互对应的技术特征在各自的技术方案中是否具有相同的作用;最后,判断在置换完成后是否还需要对现有技术做出较大的改动才能得到权利要求的技术方案,即判断置换是否具有直接性。〔2〕

上述适用条件要求,在考虑"惯用手段的直接置换"时,应当基于技术方案整体,从整体技术方案所解决的技术问题和达到的技术效果方案考虑,相互置换的两种技术方案所解决的技术问题应当相同。〔3〕置换是直接而非间接的,不会影响整体技术方案中的其他组成部分的功能或结构,无须对整体技术方案中的其他组成部分作出改变就可进行。技术方案所实现的整体技术效果也不会因置换而发生改变。

如果区别技术特征在技术方案中所解决的技术问题不同、实现的功能不同、达到的技术效果不同,则区别技术特征之间的置换对本领域技术人员而言不属于为解决相同技术问题而采取的惯用手段的直接置换。

---

〔1〕杨倩:《专利新颖性评价中"惯用手段的直接置换"概念辨析》,载《中国发明与专利》2016年第2期。

〔2〕范明瑞、路剑锋、丁秀华:《案例分析:"惯用手段直接置换"的适用》,载《中国知识产权报》2018年11月5日。

〔3〕朱金龙、于磊:《新颖性审查中惯用手段直接置换的适用》,载《中国科技信息》2020年第19期。

三、相互置换的技术手段的位级关系

有文章提出,在应用"惯用手段的直接置换"时,相互置换的两种技术手段本身应处于相同的"位级",不应当存在上下位的关系。[1]

笔者认为,相互置换的两种技术手段不应当存在上下位的关系,但是也不应当局限于相同的"位级"。《专利审查指南》中将"具体(下位)概念与一般(上位)概念"与"惯用手段的直接置换"规定为新颖性判断的两种并列的情形。说明相互置换的两种技术手段不应当存在上下位的关系,但不足以得出应当处于相同位级的结论。《专利审查指南》并未规定相互置换的技术手段之间应存在位级关系,上述判断标准中也没有限定相互置换的技术手段之间的位级关系。笔者认为,从位级的角度来看,相互置换的两种技术手段既可以处于相同位级,也可以处于不同位级。

四、技术发展对"相同位级"带来影响和挑战

随着技术的不断发展,新的技术手段持续涌现,这对相同位级的情形会产生显著影响。一些原本不太常用的技术手段,在特定领域中可能会逐渐转变为解决特定问题的常用手段,使得早期处于相同位级的技术手段发生重大变化。跨领域的技术融合使得原本清晰的技术领域边界逐渐变得模糊,技术手段的功能和效果难以依据单一领域的标准进行准确评估,位级关系也变得愈发难以清晰界定,导致基于传统的位级判断标准将不再适用。

技术的发展可能导致一些技术手段的实施或应用方式发生变化,尤其是在当前部件高度集成化与一体化设计的趋势下,不同位级的部件在全新的产品当中呈现出更为错综复杂的关系。新的技术与传统技术从表面上观察,似乎在功能方面存在较大差异,但当结合整体技术方案进行深入剖析时,却又能发现两者之间存在着紧密的关联。这种情况下,如果简单地一概而论,直接否定不同位级的技术手段适用"惯用手段的直接置换",则可能会导致专利审查的过程变得片面和不准确,对专利的新颖性作出错误认定。

---

[1] 魏冬:《浅析惯用手段的直接置换在审查实践中的应用》,载《中国发明与专利》2019年第12期。

五、实务案例分析探索

涉案专利为电动独轮车领域的实用新型专利，对比文件几乎公开了涉案专利的所有技术特征，区别仅在于没有明确公开其轮轴为"定轴"。在无效请求阶段以及行政诉讼阶段，对比文件中轮毂电机的轮轴与涉案专利的定轴是否属于本领域惯用手段直接置换，是案件的争议焦点之一。

轮毂电机是技术发展的产物，集成了电机、制动系统与轮轴等部件，它既是动力源，又承担着轮轴的支撑和转动功能。电动独轮车的车轮采用轮毂电机几乎是行业内通用的做法。本案中，虽然涉案专利的权利要求限定了车轮安装在"定轴"上，并没有限定其车轮是否采用轮毂电机，结合涉案专利的说明书可以得知，其"定轴"实际上是集成在轮毂电机内部的中心轴，它与轮毂电机形成了一个整体功能单元。对比文件中的轮轴同样也是与轮毂电机紧密结合的部件。笔者认为，涉案专利与对比文件的区别技术特征表面上是"定轴"与"轮轴"的区别，本质上是轮毂电机的区别，"定轴"与"轮轴"之间的置换，应当转化为"轮毂电机+定轴"与"轮毂电机+轮轴"之间的置换。

轮毂电机的中心轴包括定轴和转轴两种不同结构，属于本领域的公知常识，带有转轴的轮毂电机与带有定轴的轮毂电机相比，两者在整体技术方案中的作用相同，置换不需要改变独轮车的结构，具有直接性，满足上述惯用手段直接置换的条件。

如果按照传统的位级判断标准，简单地将定轴和轮毂电机视为不同位级的部件而否定其惯用技术手段直接置换的可能性，就没有考虑技术进步带来的部件功能集成的实际情况。笔者认为，在这种情况下，需要从整个轮毂电机的角度出发，重新评估定轴和轮轴在实现车辆动力传输和支撑功能方面的等效性，而不能仅仅依据传统的部件位级关系进行判断。

六、关于不同位级技术手段是否适用"惯用手段的直接置换"的思考

专利法的目的在于鼓励创新的同时，防止对已有技术的不合理垄断。如果仅仅因为技术手段位级不同就否定其可能存在的直接置换关系，可能会导致一些虽然形式上存在位级差异，但在实际技术应用中具有等效性和可替代性的技术改进被排除在惯用手段直接置换的范畴之外，这与专利法的初衷背

道而驰。

在判断位级不同的技术手段是否构成惯用手段直接置换时,需要谨慎和全面地分析。不能仅仅因为表面上的功能不相似就轻易否定,还需要深入考虑技术手段在整个技术方案中的作用细节、与其他技术特征的相互关系、技术领域的常规做法以及技术发展趋势等多方面因素。

因此,位级不同不应成为否定技术手段构成惯用手段直接置换的绝对理由,而应结合具体情况,依据判断标准进行客观分析,以适应技术发展的多样性和复杂性,维护专利制度的平衡与活力。

探索"老赖"隐瞒巨额负债缔结婚姻的效力问题

冀田野[*]

（中国政法大学 北京 100088）

摘 要：婚姻作为特殊的契约关系，兼具道德属性和法律属性，关于婚姻缔结效力的研究对于贯彻婚姻自由原则、保障婚姻缔结双方合法权益有着重要的意义。本文针对隐瞒巨额婚前负债是否构成欺诈，以及是否可将其列入可撤销婚姻的法定事由进行了可行性研究。

关键词：可撤销婚姻；欺诈行为；婚前负债

"老赖"一词在现今社会并不陌生，法律意义上的"老赖"，一般是指在民商事领域中的一类债务人，其拥有偿还到期债务的能力，但是基于某种原因拒不偿还全部或部分债务。数据显示[1]，截至2024年11月，我国公开已知的失信被执行人已突破848万人，平均165人中就有1人被列为失信被执行人。事实远不止于此，公开的失信被执行人均已经进入司法程序中的执行阶段，但仍有相当大一部分人债务未到期，或因背负"高利贷"等不合法债务而未被列入名单。婚姻缔结是出于男女双方完全自愿，基于真实的意思表示而发生的民事法律行为。虽然债权债务系法律中所调整的财产关系，但"老赖"隐瞒婚前巨额负债而与他人进行婚姻缔结，由此可能会给善意方带来巨大的不利后果。

---

[*] 作者简介：冀田野（1992年—），女，汉族，河北张家口人，中国政法大学同等学力研修班2024级学员，研究方向为民商法学。

[1] 数据来源：https://zxgk.court.gov.cn/，最后访问日期：2025年3月14日。

一、现行法律相关规定

（一）欺诈行为

《民法典》第148条规定："一方以欺诈手段，使对方在违背真实意思的情况下实施的民事法律行为，受欺诈方有权请求人民法院或者仲裁机构予以撤销。"最高人民法院《关于适用〈中华人民共和国民法典〉总则编若干问题的解释》第21条规定："故意告知虚假情况，或者负有告知义务的人故意隐瞒真实情况，致使当事人基于错误认识作出意思表示的，人民法院可以认定为民法典第一百四十八条、第一百四十九条规定的欺诈。"

（二）可撤销婚姻

在《民法典》婚姻家庭编中，第1052条、第1053条针对可撤销婚姻的情形进行了限制，将受胁迫结婚和一方患有重大疾病不如实告知两种情况列为婚姻可撤销的法定事由。按照特别法优于一般法的法律原则，欺诈行为导致行为人作出的与之结婚的意思表示不能认定为婚姻可撤销的法定事由。

因此，按照现行法律，如因对方被列为失信被执行人而导致夫妻双方婚姻破裂，无论该债务是婚前产生还是婚后产生，无论对方是否知情，均不能提起诉讼请求法院判决撤销婚姻，而是只能按照《民法典》婚姻家庭编中关于离婚的规定进行协议离婚或者调解、诉讼离婚。这在增加时间和经济成本的同时，无疑给善意方带来巨大的精神痛苦，这也与法律中的弱者利益保护精神不符。

二、需要探讨的问题

（一）婚前债务是否构成告知义务

"婚前债务"概念在《民法典》中没有提及，但第1064条对于夫妻共同债务进行了规定，并在第2款明确规定"夫妻一方在婚姻关系存续期间以个人名义超出家庭日常生活需要所负的债务，不属于夫妻共同债务……"按照法律的当然解释，在夫妻关系存续期间，一方背负的不属于家庭日常生活需要的债务，当然属于一方的个人债务。但是，在司法实际中，婚前债务利用婚后夫妻共同财产进行偿还，甚至妻儿遭受催债骚扰的案例屡见不鲜。婚前债务作为可能影响夫妻共同生活及家庭稳定的重要事项，应当构成告知义务，对方有权利选择是否继续与之缔结婚姻关系，是否帮助其偿还债务，或者采取签订婚前财产协议等方式进行财产保护。

(二) 善意方可能承担的人身不利后果

因背负巨额负债导致无法偿还,最终被列为失信被执行人后,会面临一系列惩戒措施。[1]该措施对于惩戒"老赖",迫使其主动履行债务偿还义务起到有利效果,但如对方在不知情的情况下与"准老赖"缔结婚姻,其一旦被列为失信被执行人,善意方的正常生活和相关权益必定会受到"限高令"的影响。这将导致被欺诈者在不知情的情况下承担由对方婚前债务带来的不利后果,有违法治的公平原则。

(三) 事前规避及事后救济的可能性

在中国人的传统观念中,结婚"谈钱伤感情",许多情侣基于情感选择进入婚姻时担心被扣上"拜金""物质"的帽子而羞于问及对方的财产状况。当善意方穷尽手段也无法获取真实信息,而负债方在婚后才露出"狐狸尾巴",更有甚者以结婚为手段骗取对方为其还债时,事前规避显得苍白无力。

在目前的婚姻法律体制中,无法撤销或认定为无效的婚姻关系,只能以离婚的方式结束。当负债方隐瞒巨额债务导致共同生活的目的无法达成时,离婚会给受害方带来不公和更高的诉讼成本。一方面,从立法目的上讲,受欺诈婚姻本身应当受到救济的是当事人的意思自由,离婚是对婚姻本身的不幸进行的救济,二者理论根基并不同;另一方面,在实施过程中,受欺诈婚姻的撤销权可由一方提出,而离婚需要双方合意或通过离婚诉讼,前者比后者拥有更大的自主权。[2]

三、将"婚前巨额负债"列入可撤销婚姻的可行性

(一) 立法干预婚姻缔结中财产欺诈的理由

结婚行为作为一种法律要式行为,需要基于双方完全自愿的真实意思表示。但是完全自愿必须基于对对方的充分了解,或者暗含了对潜在风险的承担意愿。如果该婚姻关系包含了可能对共同生活意愿产生重大影响因素的隐瞒或欺诈,善意方的意思表示存在瑕疵,这本身就违背了婚姻自由的本质。

---

[1] 最高人民法院《关于限制被执行人高消费的若干规定》(2010年5月17日最高人民法院审判委员会第1487次会议通过,法释 [2010] 8号)。

[2] 王小丽:《受欺诈婚姻的法律适用研究》,载《西南政法大学学报》2024年第1期。

对于欺诈方严重损害对方婚姻自由的行为,现行法律并未给予受害方充分适当的法律救济手段,因此应当立法进行调整。

(二) 财产欺诈的边界

在现实生活中,处在恋爱关系中的一方为了寻求对方的青睐,可能会在工作、财产、外貌等方面对自己进行美化,或者刻意隐藏性格上的缺点等,不可否认在婚姻缔结前可能会包含一定程度的虚假。但如果将所有此类行为均认定为欺诈而赋予对方撤销婚姻的权利,无疑是扩大了善意方的权利范围,这将导致撤销权的滥用,不利于维持婚姻状态的稳定。

因此,对于"财产欺诈"应当设定边界,必须是能够足以影响婚后共同生活可能,给善意方带来巨大生活不便的重大后果才能认定为可撤销的情形。首先,在具体立法过程中,可以对巨额负债的金额,或结合其资产负债比率、负债与收入规模的比率等进行规定;其次,司法实践中,法官应结合其还款能力、还款意愿等进行评价,可以在诉前调解过程中结合双方情感因素判定是否无继续共同生活的可能;最后,欺诈人必须存在欺诈的主观故意,是否有利用婚后财产偿还婚前负债,因而以虚假的意思表示缔结婚姻的恶意,或婚前负债是否为了购买房屋、支付彩礼等共同生活的目的,以及其他相关因素进行综合评价其是否足以构成婚姻欺诈。

(三) 救济权的限制和除斥期间

可撤销婚姻是对受害方的救济机制,同时为保证婚姻的稳定状态和法律救济手段达到平衡,对于婚姻欺诈的撤销权,也应当对善意方进行一定规制。因此,适用"巨额负债财产欺诈"撤销婚姻时,首先,是对于"善意"的判断,受欺诈方应当对自己已经尽到形式审查义务承担举证责任,如主张对方通过伪造文件等手段刻意隐瞒巨额负债,导致自己陷于错误认识的,应当承担举证责任;其次,是严格适用除斥期间,《民法典》对于受欺诈方的撤销权给予了一年的除斥期间,并且在 5 年内未行使的,撤销权消灭。因此,善意方应当在知道或应当知道受欺诈一年之内通过诉讼方式撤销婚姻,如婚姻缔结五年之内未发现对方巨额负债给共同生活带来不利影响的,撤销权应当消灭。

建设工程施工企业视角下商业承兑汇票的常见法律风险及防范措施

曹玉菲[*]

(中国政法大学 北京 100088)

摘 要：在目前的建筑工程市场发承包活动中，工程担保尤其是承建方的履约担保被广泛运用为一种风险管理工具。工程履约担保制度在20世纪80年代初被引入中国。由于一些企业缺乏对履约保函过程中的风险识别和防范能力，容易忽视其可能带来的风险。

关键词：建设工程；商业承兑汇票；法律风险及防范

在建设工程施工合同履行过程中，发包人出于缓解支付压力、自身现金流状况不佳等各种因素考虑，优先选择商业承兑汇票方式支付部分工程款。对于建设工程施工企业而言，与发包人相比处于相对弱势地位，往往无法拒绝发包人以商业承兑汇票方式支付部分工程款。在此情形下，建设工程施工企业应了解商业承兑汇票的常见法律风险并有针对性地采取相应的风险防范措施。

一、商业汇票的概念及种类

2023年1月1日起开始施行的《商业汇票承兑、贴现与再贴现管理办法》（以下简称《管理办法》）对于商业汇票的概念及种类作出了最新的规定。《管理办法》第2条规定："本办法所称商业汇票是出票人签发的，委托付款人在见票时或者在指定日期无条件支付确定的金额给收款人或者持票人的票

---

[*] 作者简介：曹玉菲（1988年—），女，汉族，山东滨州人，中国政法大学同等学力研修班2024级学员，研究方向为民商法学。

据，包括但不限于纸质或电子形式的银行承兑汇票、财务公司承兑汇票、商业承兑汇票等。"《管理办法》第2条规定，供应链票据属于电子商业汇票。由此可见，商业汇票的种类通常包括纸质或电子形式的银行承兑汇票、财务公司承兑汇票、商业承兑汇票等；财务公司承兑汇票是《管理办法》规定的新的商业汇票的种类，在《管理办法》出台前，财务公司开具的承兑汇票也称作银行承兑汇票；此外，供应链票据被明确为电子商业汇票。

二、商业承兑汇票的常见法律风险

建设工程施工企业接受发包人以商业承兑汇票方式支付的工程款，应重点关注商业承兑汇票在如下几个方面的法律风险。

（一）商业承兑汇票到期无法得以承兑的风险

商业承兑汇票作为支付款项的手段或方式，到期得以承兑才能实现其支付功能。但是，如果付款人资金状况出现严重问题、无充足资金用于支付，商业承兑汇票到期就可能无法得到承兑，持票人的票据权益亦可能无法实现。商业承兑汇票到期无法得以承兑，是建设工程施工企业在接收发包人开具的或背书转让的商业承兑汇票时应重点考虑的法律风险之一。

（二）建设工程施工企业面临丧失建设工程价款优先受偿权的风险

实践中，发包人以商业承兑汇票方式支付工程款，建设工程施工企业存在丧失建设工程价款优先受偿权的法律风险。导致此法律风险的主要原因如下：

首先，商业承兑汇票的付款期限届满时已超过建设工程价款优先受偿权的行使期限。根据最高人民法院《关于审理建设工程施工合同纠纷案件适用法律问题的解释（一）》第41条的规定："承包人应当在合理期限内行使建设工程价款优先受偿权，但最长不得超过十八个月，自发包人应当给付建设工程价款之日起算。"此外，根据《管理办法》第25条规定："商业汇票的付款期限应当与真实交易的履行期限相匹配，自出票日起至到期日止，最长不得超过6个月。"在建设工程领域，大量存在发包人不能按照约定期限支付工程款的情形，再加上发包人拖延结算周期、推迟付款时间等，如果以商业承兑汇票方式支付工程款，再加上6个月的付款期限，等商业承兑汇票付款期限届满而无法得以承兑时，可能已经超过了18个月的建设工程价款优先受偿权的行使期限，对于该部分款项，将无法行使建设工程价款优先受偿权。

其次，发包人与建设工程施工企业在施工合同中约定，建设工程施工企业同意发包人以商业承兑汇票方式作为工程款的支付方式，一旦交付商业承兑汇票，建设工程施工企业将不得向发包人主张相同金额的工程款，只能行使票据权利。在此情形下，若商业承兑汇票到期不能承兑，建设工程施工企业将不能向发包人主张相应的工程款，只能依据《票据法》行使票据权利，也就丧失了该部分建设工程价款的优先受偿权。

（三）持票人未在法定提示付款期内向承兑人提示付款，将可能丧失对前手的追索权

根据我国《票据法》的相关规定，持票人应于商业承兑汇票到期日起10日内向付款人提示付款，否则将丧失对其前手的追索权。目前，实践中大量存在的是电子商业承兑汇票，需要通过电子商业汇票系统进行付款提示操作。部分持票人财务人员缺乏操作经验，容易出现未能在付款提示期内通过电子商业汇票系统向付款人提示补款，导致持票人丧失对其前手的追索权；在此情形下，持票人虽然仍享有对于出票人和承兑人的票据权利，但丧失对前手的追索权，限制了持票人实现票据权利的途径，甚至会实质性影响持票人票据权利的实现，需要引起持票人的注意。另外，实践中也存在持票人在汇票到期日前提示付款的情况，付款人可能拒绝付款或不予应答；在此情形下，持票人最好在票据到期日后10日内再次提示付款，以确保对前手的追索权。

（四）持票人选择票据贴现的，存在自行承担贴现利息的可能

贴现是指持票人在商业汇票到期日前，贴付一定利息将票据转让至具有贷款业务资质机构的行为。持票人为了缓解资金压力，通常选择在商业承兑汇票到期日前将汇票贴现，需要支付一定的利息。对于接收商业承兑汇票的建设工程施工企业而言，如果其与发包人就贴现利息的承担没有作出约定，就该部分利息，将难以要求发包人承担，会增加建设工程施工企业的资金成本。

（五）持票人将商业承兑汇票背书转让的，存在汇票到期未能承兑而被其后手追索的法律风险

根据我国《票据法》第61条第1款规定："汇票到期被拒绝付款的，持票人可以对背书人、出票人以及汇票的其他债务人行使追索权。"据此规定，建设工程施工企业接收发包人开具或背书转让的商业承兑汇票后背书转让且汇票到期后被拒绝付款的，建设工程施工企业将可能被后手追索并因此承担

付款责任,在此情形下,建设工程施工企业只能行使持票人的权利,向其前手或出票人等追索。

三、商业承兑汇票常见法律风险的防范措施

(一) 加强源头治理,不接受以商业承兑汇票方式支付工程款或降低以商业承兑汇票方式支付工程款的比例

对于建设工程施工企业而言,在与发包人进行合同谈判时往往处于不利地位。但考虑到商业承兑汇票存在的相关法律风险,建议建设工程施工企业在与发包人签订施工合同过程中,尽量争取在施工合同中约定合理的工程款支付方式,尽量不接受以商业承兑汇票方式支付工程款,或者尽量降低以商业承兑汇票方式支付工程款的比例。

(二) 针对出票人进行必要背景调查及风险评估程序

若无法避免以商业承兑汇票方式支付工程款,建设工程施工企业在接受商业承兑汇票时,应审核出票人的资信状况及支付能力,通过被执行人信息网、失信被执行人信息网等官方途径查询票据出票人、承兑人信用信息等,只接受有良好商业信用的大型企业出具的商业汇票,或是接受有实力的企业背书转让的商业汇票,以便于出票人拒绝兑付时可以向有实力的背书人行使追索权。

(三) 明确约定由发包人承担汇票贴现利息

建设工程施工企业在接受商业承兑汇票时,建议尽量要求对方出具见票即付的承兑汇票,减少资金成本并规避贴现风险。而对于付款期限较长的商业承兑汇票,应当在施工合同中明确资金成本及贴息费用由发包人承担。在施工合同履行过程中,发包人以商业承兑汇票方式支付工程款,很大原因在于发包人无法及时支付工程款,从合同本身来说,建设工程施工企业有权要求发包人承担商业承兑汇票所产生的资金成本,并在施工合同中明确予以约定,从而平衡商票支付风险。

(四) 应避免接受商业承兑汇票即视为发包人支付相应工程款的约定,确保建设工程价款优先受偿权不丧失

在施工合同中,即使无法避免发包人以商业承兑汇票方式支付工程款的条款,也应力争不要出现建设工程施工企业收到发包人开具的或背书转让的商业承兑汇票后即视为发包人已经支付相应工程款等类似约定,否则,一旦

商业承兑汇票到期被拒绝付款，建设工程施工企业则只能选择行使票据权利，将无法依据施工合同要求发包人支付工程款，进而可能丧失相应工程价款的优先受偿权。

另外，应当加强对财务人员进行商业承兑汇票方面的知识和业务技能的培训，按要求及时提示承兑和提示付款，及时行使票据权利，以免影响票据权利的实现。

破产语境下企业经营者担保责任的实践解决路径

李梦霞*

（中国政法大学 北京 100088）

摘　要：民营企业在融资过程中，存在追加公司法定代表人、实际控制人等为公司债务承担连带担保责任的现象。企业经营者因提供担保形成的债务清理难的问题，已成为当前影响民营企业发展的重要阻力。本文以笔者经办的144件个人破产案件及43件重整案件为样本，立足温州市个人债务集中清理实践，就建立相关机制提出建议，以期解决企业破产程序中经营者担保责任问题。

关键词：担保责任；个人破产；强制性

一、温州在企业经营者担保性负债清理过程中的司法实践

（一）制度创新

2019年7月10日，温州市出台全国首个具有个人破产制度相当功能的府院联席会议纪要；同年8月13日，温州市中级人民法院出台《关于个人债务集中清理的实施意见（试行）》（以下简称《实施意见》），标志着温州法院个人债务集中清理试点工作正式起航。

《实施意见》中涉及部分企业破产和个人债务集中清理衔接的内容：一是明确个人债务清理的范围；二是明确个人债务清理的管辖；三是明确个人债务清理的管理人。

---

* 作者简介：李梦霞（1992年—），女，汉族，浙江瑞安人，中国政法大学同等学力研修班2022级学员，研究方向为经济法学。

（二）样本分析

2022年至2024年11月，瑞安法院共受理个人债务清理案件144件，清理成功24件。其中，涉及经营者为破产企业提供担保的37件，担保金额达7.78亿元。具体表现为：（1）被担保企业性质方面，均为民营企业。（2）担保人结构方面，企业经营者及配偶、股东提供担保的有19人，占比13.38%；高管提供担保的为2人，占比1.4%。（3）清理成功率方面，经营者担保案件清理成功3件，占成功清理案件总数的13.04%，涉及担保总金额678万元，实际还款金额380万元，其负债规模远低于平均值。

（三）个案尝试

在缺乏上位法的前提下，笔者所在单位积极开展个人债务集中清理试点方面的探索，尤其是对企业经营者的个人债务集中清理案件，突出其"拯救"的理念与功能。

1. 合并清理

在温州正中箱包破产清算案件中〔1〕，作为公司实际控制人的陈某积极配合破产清算工作，申请对其涉及公司有关的个人债务进行清理。因个人债务与企业的债务存在关联，故将个人债务集中清理方案作为表决事项提交债权人会议表决。但因债务规模巨大，未得到债权人表决同意。

2. 单独清理

在余某个人债务集中清理案中〔2〕，余某以个人名义为自家企业提供担保，向银行贷款400万元，因经营策略失误陷入困境，最终无力承担剩余347万余元贷款。后余某申请个债清理，最终通过了"余某分期清偿50万元，银行不再追究余某任何责任"这一清理方案。该案在主债务人企业未进入破产的情况下，单独对个人债务进行清理，为类似案件的解决提供了化解思路。

二、企业经营者担保性负债清理过程中存在的问题及域外经验

（一）缺乏法律规范

因缺乏上位法规定，温州等地区人民法院参照个人破产制度的部分功能所作的司法尝试，并无强制效力。例如，在债权人表决机制上，目前无法运

---

〔1〕 [2022] 浙0381破106号。
〔2〕 [2022] 浙0381执清3号。

用《企业破产法》中的"多数决",仍需"一致决",但对于银行金融机构而言却难以实现。

(二)机制有待完善

个债清理工作起步不久,仍主要由法院推动。一是整个社会尚未形成对诚实而不幸的债务人豁免债务的氛围,终生追债的理念盛行;二是财产调查核实难,管理人履职保障难;三是诚信监督机制尚不健全。目前,债务人履行清偿方案及行为考察期内的监督主要由管理人负责,但尚缺乏统一的信用公示平台,管理人监督手段、能力有限。

(三)程序衔接不畅

企业经营者作为被执行人,财产往往已经被执行处理完毕,无法支撑起清理方案满足足够的清偿比例或相应担保,清理方案难以表决通过。

三、构建企业破产程序中经营者担保责任处理制度的路径探索

(一)加快建立个人破产制度

2019年7月,国家发改委、最高人民法院等13部委联合发布《加快完善市场主体退出制度改革方案》(以下简称《改革方案》)。个人破产的立法目的既在于实现债权人公平清偿,更在于保障债务人的生存权和发展权。[1]但因我国欠缺个人破产制度帮助企业经营者摆脱债务困境,制约了企业家群体的健康发展,也可能令无力偿还债务的连带担保人选择逃避执行,这也使得实务方面的执行难问题得不到很好的解决。《改革方案》强调的"自然人因担保等原因而承担与生产经营活动相关的负债可依法合理免责",表明我国已经在立法层面对该问题给予高度重视。

(二)分类构建债务化解机制

1. 小规模债务免债或分期偿还

从实践来看,企业经营者债务要通过个人破产程序解决,一旦债务规模过大,债权人,尤其是金融债权人会因内部合规的原因无法直接按照破产清算程序的规则部分免除经营者的保证债务。

日本于2000年通过修订《民事再生法》引入了小规模个人、工资所得者等再生程序的特则。其中,小规模个人再生债务人为"在未来能够持续地、

---

[1] 参见殷慧芬:《个人破产立法的现实基础和基本理念》,载《法律适用》2019年第11期。

重复地取得收入"的个人,再生债权总额应"低于5000万日元"。而在工资所得者再生程序中,若债务人将部分收入用于清偿,视为能够保护债权人的权利,无须债权人进行表决。〔1〕故而,可以借鉴日本的做法,根据债务规模测试的结果,在经营者保证债务规模较小且有固定收入时,通过适当免除、分期偿还等措施,适用个人破产制度进行解决。

2. 大规模债务与破产协同

在经营者保证债务规模较大时,应特别考量通过个人重整与企业重整衔接的处理模式来解决经营者的保证责任。域外的理论与实践基于中小企业的特殊性,已经针对性地对中小企业破产重整进行理论革新与立法尝试,其改革的核心在于对原出资人权益的保留。例如,美国破产法学者白耶德教授提出了一种保留原出资人权益的相对顺位规则,出资人在一定期限内享有购入特定法律地位的一种权利。在企业重整的语境下,可以理解为对出资人获取企业的完整权益设置了相应的行权要求,出资人通过对优位债权人的清偿,达到买入期权的行权价格,从而恢复对重整企业的完整权利。

3. 引入配套机制提高通过率

在债务人财产即破产财产的构成范围上,各国破产法采取的主要有固定主义与膨胀主义两种立法主义。〔2〕在个人破产制度中也应引入膨胀主义,即将债务人企业破产重整之后新获得的财产也列入破产财产的范围,经营者则以其未来的收入对债权人进行清偿。在实操层面表现为,在普通债权人未能获得100%清偿的情况下,也对出资人权益不调整为0,保留股东的(部分)股权,这对于重构中小企业破产重整规则具有重要意义。此时,债权人的表决积极性也将提高,因为整体的债权清偿率将得到提升,而经营者也将更加努力地诚信经营使得企业和个人都能得到重生。

(三)探索建立庭外和解程序

如前所述,温州等地法院针对企业经营者开展的个人债务清理,建立在当事人自愿、协商的基础上,虽然取得了重要的成果,但因属于法庭内的司法尝试,未能发挥法庭外债务清理制度的根本优势。日本针对企业经营者保证债务整理的行业指引中,一方面鼓励经营者推动企业及时申请破产,另一

---

〔1〕 [日]山本和彦:《日本倒产处理法入门》,金春等译,法律出版社2016年版,第170页。

〔2〕 王欣新:《破产法》,中国人民大学出版社2019年版,第127页。

方面于保证债务整理时在豁免财产上予以宽待，取得了良好的成效。[1]故而，可以借鉴日本的经验，由各部委联合制定并出台适用于本土企业的中国版《企业家保证责任合规指引》，在特定情形下免除企业家保证责任，以避免企业家成为企业责任的"兜底者"，进而改善我国中小企业的营商环境。

在具体操作层面，一方面，对企业家保证的合规要素作出规定，从根本上减少企业家保证责任的产生；另一方面，对于当前已有的企业家保证责任，则是通过申请、和解、履行三个阶段进行处理，并允许企业家保留高于破产法上自由财产范围的现金和存款以给予正向激励。通过这一机制，引导企业家尽早在庭外提起债务重整，以提高中小企业重整成功的可能性，从而更早地解决企业家和企业的债务问题，并建立起积极、良性的破产文化，促进民营经济健康发展和社会信用体系的建设。

---

[1] 金春：《个人破产立法与企业经营者保证责任问题研究》，载《南大法学》2020年第2期。

浅析我国《民法典》中的建设工程价款优先受偿权

高 尔*

(中国政法大学 北京 100088)

摘 要：建设工程案件标的金额大，利益主体众多，债权债务关系错综复杂。我国关于建设工程价款优先受偿权方面的细化规定，增强了优先受偿权在实践中的操作性，但是对于此权利的行使仍有不少争议问题。本文着眼于建设工程价款优先受偿权的立法本意，对权利行使进行分析并提供完善建议。

关键词：建设工程价款；优先受偿权；权利主体；受偿范围

一、建设工程价款优先受偿权的概念与性质

（一）建设工程价款优先受偿权的概念

优先受偿权在建设工程领域体现为，承包人对建设工程进行折价或拍卖后获得的款项，拥有优先受偿的权益，且该权利相较于一般债权具有优先性。依据《民法典》第807条之规定[1]，建设工程价款优先受偿权权利主体是承包人，而优先受偿的范围是承包人所在建设工程中所实际支出的费用，但建设工程的质量必须检验合格，承包人才可优先受偿，这一权利的运用能有效

---

* 作者简介：高尔（1982年—），女，汉族，海南海口人，中国政法大学同等学力研修班2024级学员，研究方向为民商法学。

[1]《民法典》第807条规定："发包人未按照约定支付价款的，承包人可以催告发包人在合理期限内支付价款。发包人逾期不支付的，除根据建设工程的性质不宜折价、拍卖外，承包人可以与发包人协议将该工程折价，也可以请求人民法院将该工程依法拍卖。建设工程的价款就该工程折价或者拍卖的价款优先受偿。"

减少社会矛盾。

(二) 建设工程价款优先受偿权的法律特征

对于建设工程价款性质认定的学说，主要有三种观点：留置权说、法定优先权说以及法定抵押权说。留置权说存在缺陷，留置权与优先受偿权二者客体性质不一致，其次抵押权受物权法定原则限制，建设工程价款优先受偿权并未在物权编中规定，如果将其认定为法定抵押权，违背物权法定原则，故法定抵押权说也是不合理的。[1]而此项权利将其定性为法定优先权的情况下，能够最大程度保护弱势群体的利益。该权利以建筑物为担保，不依赖于物权公示或当事人双方协议约定，其实现主要依赖于对建筑物的控制或处置，权利可随建筑物所有权转移而转移。笔者认同法定优先权说，这一规定平衡了承包人与发包人之间的利益天平，对于社会稳定具有重要意义。

建设工程价款优先受偿权是一种基于法律规定产生的法定权利，具有法定性、优先性、无须登记公示性、优先权可随建筑物所有权转移以及行使时效限制等法律特征，这些特征使得承包人在面对发包人未支付价款时能够依法维护自己的合法权益。只要有关建设工程价款优先受偿的相关条件满足，该权利便自动成立，无须登记公示或当事人之间的特别约定，且优先于一般债权和抵押权。

(三) 建设工程价款优先受偿权的立法演进

此项权利最早是被规定在1999年实施的《合同法》，但这一阶段的规定相对较为笼统，并未明确界定权利行使的具体内容。最高人民法院《关于建设工程价款优先受偿权问题的批复》则在期限、效力、范围等方面对权利的行使进行了初步规范。《民法典》进一步明确承包人对建设工程价款优先受偿的权利，最高人民法院《关于审理建设工程施工合同纠纷案件适用法律问题的解释（一）》第41条规定[2]将权利的行使期限由原来的6个月延长为最久不超过18个月。

建设工程价款优先受偿权的立法演进不仅明确了建设工程价款优先受偿

---

[1] 邵西柯：《浅析建设工程合同优先受偿权》，载《华章》2024年第3期。

[2] 最高人民法院《关于审理建设工程施工合同纠纷案件适用法律问题的解释（一）》第40条规定："承包人建设工程价款优先受偿的范围依照国务院有关行政主管部门关于建设工程价款范围的规定确定。承包人就逾期支付建设工程价款的利息、违约金、损害赔偿金等主张优先受偿的，人民法院不予支持。"

权的行使期限和范围等关键问题，还体现了对承包人权利的保护和对建筑行业结算现状的务实回应。

二、建设工程价款优先受偿权的行使条件

（一）建设工程价款优先受偿权的权利主体及客体

享有建设工程价款优先受偿权的法定主体是承包人，但发包人明知或应当知晓存在资质借用的实际施工人时，这位实际施工人可能会被视为实际上的承包人，与发包人形成了实际的建设施工合同关系。不过，这一法律见解在司法实践中仍存在一定的争议，并非所有法院都支持实际施工人享有此权利。若建设工程价款的债权发生转让，受让人提出对建设工程享有优先受偿权的主张，通常情况下人民法院将不予支持这一请求。[1]

（二）建设工程价款优先受偿权的发生条件

法律条文中对于建设工程价款优先受偿权的行使条件规定如下，前提是存在合法有效的建工合同作为基础；建设工程须经过竣工验收程序并通过验收；工程价款已经确定并且债务已到期需偿还；优先受偿的范围仅仅局限于承包方在承包工程过程中所实际支付的相关费用。此权利只要满足法定条件，即可主张行使，这项优先权在一定程度上保障了承包人的合法权益。

（三）优先受偿权的期限限制

《民法典》中关于权利行使的期限规定为 6 个月，起算日期是在工程竣工或合同约定的竣工之日。司法解释进一步将承包人行使该权利的期限进行了延长，从发包人应当向承包人支付工程价款之日开始计算，最长不超过 18 个月的时间。这一规定为承包人行使权利提供了更长的期限保障。

三、建设工程价款优先受偿权的法律效力

（一）优先受偿权的效力范围

优先受偿的范围根据法律规定，仅限于承包人实际支出的费用，此费用范围限制性较强，在承包人或实际施工人维权过程中，为实现自身权利所支出的费用，例如鉴定费、审计费等，往往在认定时，并不包含在优先受偿的范围当中，费用受偿范围仅限于工程价款，但是建设工程多有质保金存在，

---

[1] 徐江：《建设工程价款优先受偿权转让问题的理解与适用》，载《中国招标》2024 年第 1 期。

对于质保金是否应包含在优先受偿范围内，也存在争议，笔者认为质保金本身就是为了确保工程质量合格而设，而建设工程价款优先受偿的条件就是工程质量合格，因此质保金应当包含在优先受偿的范围之中。[1]

（二）优先受偿权对抵押权和担保物权的效力

实务案件中存在建设工程价款优先受偿权与其他权利冲突的情况，例如购房合同中的消费者权益、建筑物上设立的抵押权等。在同一建筑物上如果同时存在抵押权与价款优先受偿权，承包人的优先受偿权是优于抵押权人的抵押权而先得到实现的，其效力优先于一般债权与抵押权，但是与购房者的权益两相冲突，若房款已全部或者大部分都已经交付过，承包人就该商品房享有的工程价款优先受偿权不得对抗买受人。[2]

（三）对发包人及其财产的影响

若发包人的财产需要清偿多项债务时，承包人的建设工程价款债权将享有优先地位，可能会使发包人的其他债权人债权清偿顺序后移。在发包人处置其涉及建设工程的财产时，需要考虑到承包人的优先受偿权。未经承包人同意，擅自处置建设工程或相关财产，损害承包人的优先受偿权，可能会引发法律纠纷。另外，优先受偿权的行使可能会使发包人面临额外的诉讼、赔偿费用，对发包人的商业信誉等产生负面影响，降低发包人未来业务发展以及工程项目融资等工作的可选择性。

四、建设工程价款优先受偿权的完善与立法建议

现今我国建设工程合同纠纷实务案件中，对于建设工程价款优先受偿权的适用仍存在不足。首先，行使权利的主体界限模糊，承包人如何认定，是否包含分包人、实际施工人等，并没有统一的裁判标准；其次，优先受偿的范围规定不明确，优先受偿的范围扩张适用，可能会加重发包人的负担。另外，对于工程价款优先受偿行使期限的认定方面，由于建工行业的特殊性，项目工程建设存在竣工交付结算与尚未竣工交付结算等各类情形，在此类案件中认定权利的行使期限就需要进行非常繁杂的时间推算，且法官自由心证所作出的裁判标准并不一致。

---

[1] 赵伟方：《建设工程价款优先受偿权理论与实践研究》，载《大陆桥视野》2024年第5期。
[2] 崔建远：《论建设工程价款优先受偿权》，载《法商研究》2022年第6期。

如何对此项权利进一步完善，笔者从以下方面提出建议：一方面，要明确权利主体包括实际施工人，如今建设工程纠纷案件所涉合同存在许多无效合同，为进一步保障实际施工人的合法权益，应当明确实际施工人具备工程价款优先受偿权的主体资格。另一方面，对于优先受偿的范围进行细化认定，工程质保金应当包含在优先受偿范围之内，而权利人的其他为实现权利而支出的费用不应作为优先受偿的部分。再者在司法实践中，对于权利行使的起算点，不能笼统地概括为应当支付之日，裁量时间注重协调各方合法权益。

建设工程价款优先受偿权制度的建设推动了建设工程案件纠纷的妥善解决，仍需对此权利的主体、优先受偿范围等问题进行规范化调整，在平衡多方主体权益的同时，不断对法律制度体系进行完善，才能更好地促进建筑行业的持续性健康发展。

数字人民币流通法律治理机制研究

张静雯*

(中国政法大学 北京 100088)

摘 要：数字人民币作为我国法定货币的数字化形态，代表了未来货币发展的重要方向。其推出不仅对货币政策、支付体系产生深远影响，更对法律治理提出新的挑战。本文在梳理数字人民币基础理论的基础上，重点分析了其流通中的隐私保护、反洗钱、技术安全和跨境使用等法律问题，探讨了现有法律法规的适用及完善路径，提出构建多层次法律治理机制的思路建议。

关键词：数字人民币；货币流通；法律治理

一、数字人民币概述

(一) 数字人民币的定义

数字人民币是由中国人民银行发行的、以数字形式存在的法定货币。它与实物人民币具有同等法律地位，是主权信用货币的延伸。与比特币等虚拟货币不同，数字人民币由央行背书，具有国家信用支撑，是真正意义上的数字法币。与电子支付工具相比，数字人民币具有价值特征，是独立的支付工具，而非商业银行存款的映射[1]。

(二) 数字人民币的法律特征

数字人民币作为法定数字货币，其法律属性备受关注。从货币法角度

---

* 作者简介：张静雯（1990年—），女，汉族，广东大埔人，中国政法大学同等学力研修班2023级学员，研究方向为经济法学。

[1] 陈燕红、于建忠、李真：《中国央行数字货币：系统架构、影响机制与治理路径》，载《浙江社会科学》2020年第10期。

看，数字人民币符合《人民币管理条例》关于人民币的定义，即由国务院授权中国人民银行统一发行，在中华人民共和国境内合法流通，任何单位和个人不得拒收。数字人民币作为法偿性货币，具有强制接受、强制流通的法律效力。

从民商事法律关系看，数字人民币作为合法支付手段，可用于履行合同债务。《民法典》规定，债务人可以采用货币方式清偿债务，数字人民币以数据代码形式表征价值，属于广义的货币。在金融法领域，数字人民币兼具现金和存款货币特点，但并非商业银行债权，其投放、管理均须符合人民银行要求。

（三）数字人民币的功能与应用场景

作为数字化的法定货币，数字人民币具备价值尺度、流通手段、支付手段、价值储藏等货币基本职能，可在多场景下发挥数字化优势。在零售领域，数字人民币可为移动支付、扫码支付等提供安全高效的支付渠道。在交通、医疗、教育等公共服务领域，数字人民币有助于提升公共资金管理效率，防范腐败风险。在跨境支付领域，数字人民币可突破 SWIFT 障碍，降低跨境交易成本，推动人民币国际化进程。

二、数字人民币流通中的法律问题

（一）隐私与数据保护

作为数字化的法定货币，数字人民币能够记录每一笔交易信息，具有很强的可追溯性。这一特性虽有利于反洗钱、反恐怖融资等监管目的，但也引发了隐私泄露风险。个人信息若被不当收集、滥用，将侵犯公民合法权益。《个人信息保护法》明确规定，个人信息处理者应当遵循最小必要原则，不得过度收集个人信息。数字人民币运营机构作为个人信息处理者，应严格限定信息收集范围，不应记录与交易无关的个人信息。

（二）反洗钱与反恐怖融资

数字人民币作为新型支付工具，可能被不法分子利用于洗钱、恐怖融资等违法犯罪活动。匿名交易、可分割转移等技术特性，为洗钱行为提供了便利。《反洗钱法》规定金融机构和特定非金融机构负有反洗钱义务，应当建立健全客户身份识别、大额和可疑交易报告等内控制度。数字人民币运营机构同样应承担反洗钱责任，通过采集 KYC（Know Your Customer）信息、设置交易限额等措施加强风险防控[1]。

(三) 技术安全与风险防控

数字人民币运行高度依赖信息系统,其技术安全直接关系货币流通秩序与金融稳定。《网络安全法》规定,关键信息基础设施的运营者应当履行网络安全保护义务,保障业务的持续稳定运行。作为金融核心基础设施,数字人民币系统理应参照最高等级网络安全等保护标准进行系统防护。人民银行应会同相关部门开展网络安全审查,严防供应链安全风险[2]。

(四) 跨境使用的法律障碍

随着人民币国际化进程加快,数字人民币参与跨境贸易和投资结算的需求日益凸显。但在跨境场景下,数字人民币会面临以下法律障碍:一是外汇管制问题。《外汇管理条例》规定,经常项目外汇收支应当具有真实、合法交易基础。数字人民币跨境使用应符合国家外汇管理政策,防范虚假贸易、逃汇等违规行为。二是国际货币政策协调问题。主权数字货币的跨境流通,可能对他国货币政策自主性形成挑战。应加强央行间政策对话,协调数字货币跨境使用规则。

三、数字人民币流通的法律监管框架

(一) 监管主体及其职责

中国人民银行作为国务院组成部门,依法对金融业实施监督管理。在数字人民币领域,人民银行负有货币发行、反洗钱、维护金融稳定等法定职责。其作为数字人民币的总设计师和运营者,统筹推进体系建设,制定业务规则和技术标准。在分布式运营框架下,商业银行、非银行支付机构等作为指定运营机构,负责数字人民币兑换、流通管理等终端业务。司法机关则通过解释适用法律,化解数字人民币交易纠纷,同时配合反洗钱、反恐等执法行动[3]。

---

[1] 夏诗园:《央行数字货币的理论内涵、影响及治理路径》,载《新金融》2021年第8期。

[2] 李苍舒、黄卓:《超主权数字货币的发展趋势及潜在风险》,载《社会科学辑刊》2021年第6期。

[3] 李智、黄琳芳:《法定数字货币跨境流通的法律问题研究》,载《武大国际法评论》2022年第2期。

（二）法律法规的制定与完善

完善数字人民币法律制度，应遵循稳妥审慎、立改废并举的原则，推动相关法律及时跟进。一方面，应通过修法完善《人民银行法》《商业银行法》等货币金融基本法，明确数字人民币法律地位，厘清人民银行与商业银行权责边界。另一方面，应抓紧制定数字人民币专门条例，就发行管理、流通业务、技术安全、法律责任等作出规范。在个人信息保护、反洗钱反恐等领域，应制定数字人民币特别规定，平衡创新发展与安全稳定。对于现行法律，应结合数字人民币特点予以重新解释。如在民商事领域，应明确数字人民币履行债务的金额认定、瑕疵条件等；在刑事领域，应将盗窃数字钱包等新型犯罪行为入罪[1]。

（三）法律责任与法律救济

数字人民币使用中，可能引发多种法律责任。对于违反货币管理规定、扰乱货币流通秩序的，人民银行可依法实施罚款、暂停业务等行政处罚。对于利用数字人民币实施违法犯罪的，司法机关应依法追究刑事责任。在民事领域，若数字人民币运营机构未尽安全保障义务、泄露个人信息的，应承担合同违约或侵权损害赔偿责任。对于数字人民币使用中的纠纷，当事人可通过调解、仲裁、诉讼等方式寻求法律救济。与此同时，数字人民币领域的法律救济应与金融消费者权益保护紧密结合。增设《金融消费者权益保护法》赋予消费者知情权、公平交易权等八项基本权利。对于数字人民币使用中的消费者权益侵害，金融消费权益保护部门可先行调解，调解不成的，消费者可依法提起诉讼。

四、数字人民币流通法律治理机制的优化路径

数字人民币涉及民商事、金融、刑事等多个法律部门，需开展系统性、专业化立法研究。应成立数字人民币立法专项小组，加强部门协调，完善配套制度。重点是抓紧制定个人金融信息保护条例，明确数字人民币运营机构在收集、存储、使用个人信息等环节的法律义务。适时制定数字人民币反洗钱反恐特别规定，强化大额可疑交易报告制度。

---

[1] 杨松、王帅：《我国央行数字货币跨境流通的法律挑战及其治理》，载《沈阳师范大学学报（社会科学版）》2024年第4期。

数字人民币是服务实体经济、惠及民生福祉的重要金融基础设施。完善数字人民币流通法律治理机制，需坚持创新引领、协同推进，统筹发展与安全、效率与公平，不断提升货币治理法治化、现代化水平。在数字经济时代，法治思维和法治方式理应成为数字人民币创新发展的内在要求。

论《公司法》董事外部责任中的主观过错

张笑林*

（中国政法大学 北京 100088）

摘　要：《公司法》第191条规定，董事在执行职务时存在故意或重大过失，给他人造成损害的应当对他人承担赔偿责任。这是我国2023年修订的《公司法》借鉴国外经验和总结国内实践，对公司董事因对内实施不当管理行为而导致债权人无法充分受偿所作的规定。本文探讨了董事外部责任中主观过错认定的障碍和需求，分析了董事主观过错的认定标准，包括守法合章义务、忠实勤勉义务、催缴义务和清算义务等方面。文章还讨论了预防董事主观过错的方法。

关键词：《公司法》；董事；第三人；法律责任

一、董事主观过错认定的障碍和需求

（一）董事外部责任的理论障碍

学理上，对于董事对债权人损失负有过错责任存在着反对意见：首先，法人机关理论认为法人机关在执行法人职务时产生的责任，应当由法人承担，而不应当由法人机关成员承担。其次，董事对债权人不承担信义义务，董事违反信义义务损害公司利益时必须由公司起诉追究相应董事责任，股东也只有在满足法定条件时才行使派生诉权以维护公司利益；而公司债权人对公司之间是平等的债权债务关系，故公司债权人只能要求公司承担赔偿责任。

（二）董事外部责任的现实需求

实际上，董事对债权人承担责任的现实需求早已有之。早在2005年《公

---

* 作者简介：张笑林（1986年—），男，汉族，山东济宁人，中国政法大学同等学力研修班2023级学员，研究方向为经济法学。

司法》修订时就有学者讨论并提出立法建议，但没有被采纳。但司法实践中，一度有债权人起诉要求公司董事承担赔偿责任。在最高人民法院［2018］最高法民再366号案件中，法院根据《公司法》（2018年修正）第147条第1款的规定判决6名董事未履行向股东催缴出资义务，而对债权人遭受的股东出资未到期的损失承担相应的赔偿责任。另外，在康美药业证券虚假陈述民事赔偿案件中，法院判决公司5名独立董事承担5%—10%的连带责任。

董事除了对公司具有信义义务外，对公司债权人也有信义义务〔1〕。当公司陷入财务困境时，公司债权人更加依赖董事善意履职来保护自身利益，进而需要通过认定董事主观过错来追究其法律责任。《公司法》第191条既扩张了董事的信义义务范围，也赋予了债权人直接追究董事责任的请求权基础。

二、董事主观过错认定标准

根据《公司法》第191条的规定，公司债权人要求董事承担责任的前提是董事执行职务时存在故意或者重大过失。从二审稿"董事执行职务存在故意或重大过失"的措辞来看，董事的主观过错只需针对履行职务的行为，不要求对自己行为给第三人造成损害的事项具有实然或应然的预见性。〔2〕故本条从董事法定的义务进行分析。

（一）董事的守法合章义务

守法合章义务是董事最基本的义务，也是认定其主观过错的首要标准。《公司法》第179条规定了董事应当遵守法律、行政法规和公司章程方面的守法合章义务。首先，董事应当遵守法律和行政法规的要求，如董事执行职务时导致公司没有履行《公司法》第19条基本义务，则可以认定董事存在故意或重大过失的主观过错。其次，董事也应当遵守公司章程，这不仅是《公司法》第5条所要求的结果，也是公司债权人的善意信任的要求。当公司面临对外担保、债的加入时，需要经过公司内部的决议程序；如董事伪造内部决议或超越职权限额则直接侵害了债权人合理信赖利益；如董事未经内部决议程序致使公司承担担保合同不成立的赔偿责任，则相应董事也因违反了法定

---

〔1〕 李建伟、岳万兵：《董事对债权人的信义义务——公司资本制度视角的考察》，载《中国政法大学学报》2022年第2期。

〔2〕 李东阳：《论董事对第三人责任——以〈公司法（修订草案）〉第190条为中心》，载《北京理工大学学报（社会科学版）》2024年第1期。

程序而应承担过错责任。

(二) 董事的忠实勤勉义务

董事的忠实勤勉义务是对公司的法定义务，也是董事的核心义务。对于董事的忠实义务，《公司法》第181条规定了忠实义务的具体情形，本文在此不再一一论述分析。

对于董事的勤勉义务，虽然《公司法》第180条规定了董事对公司负有勤勉义务，但该规定并没有细化标准。这就需要综合考量董事履行勤勉义务时所要考量的因素。具体包括信息的获取是否充分、是否经过了审慎的分析和讨论；还包括利益冲突的处理；是否充分考虑了公司经营活动中的社会责任。对于董事专业判断的合理性因素，也应当按照正常的财务会计、律师等专业人士的基本标准进行判断。

董事违反忠实勤勉义务时，直接侵害的是公司利益，如果该行为侵害了公司资本维持原则，则间接侵害了公司债权人的期待利益。此时，债权人直接要求董事承担赔偿责任的前提是公司陷于资本抵债状态。[1]虽然董事的行为没有直接损害债权人利益，但是通过损害公司利益侵害公司资本，进而损害了债权人利益。

(三) 董事的催缴义务

董事对股东出资负有催缴义务，这是保护债权人利益的重要手段。《公司法》第51条直接规定了董事的催缴义务和责任，但该条款并未涉及董事违反催缴义务要赔偿债权人损失。但是最高人民法院《关于适用〈中华人民共和国公司法〉若干问题的规定（三）》第13条进一步细化了公司债权人可以要求董事承担相应的责任。故笔者认为，出资期限届满时董事没有履行催缴义务也应向债权人承担赔偿责任。

在"斯曼特微显示科技（深圳）有限公司与胡某生等损害公司利益责任案"中，最高人民法院认为董事未履行催缴义务构成对公司的损害，应当对债权人承担赔偿责任。

在认定董事是否对履行催缴义务存在主观过错时，应当考虑出资期限的明确性、催缴的及时性和适当性，必要时也要主动提起诉讼保障公司的合法权益。同时还要考虑公司经营状况。应当考虑公司是否处于正常经营状态，

---

[1] 王琦：《董事外部责任条款的规范解构》，载《北方法学》2024年第5期。

是否迫切需要股东出资。

（四）董事的清算义务

当公司解散时，董事负有及时启动清算程序、妥善保管财产、编制资产负债表和财产清单等义务。《公司法》第232条第3款直接规定了董事未及时履行清算义务时应当对公司债权人承担赔偿责任。这为认定董事在清算过程中的主观过错提供了法律依据。

在认定董事是否对履行清算义务存在主观过错时，应当考虑清算启动的及时性和规范性。同时也要考虑信息披露的充分性和资产处置的合理性。

三、董事主观过错的预防

（一）明确董事的过错责任构成要件

董事义务的配置和责任安排也不能离开利益平衡和冲突调和。[1]存在着过错责任不明确的问题：过错责任是对公司利益的过错责任还是对公司债权人的过错责任，对公司债权人的直接过错还是间接过错。这就要求在后续的司法实践和司法解释中进行细化规定。

（二）完善公司治理结构

公司应建立健全的内部控制系统和风险管理体系，以确保董事在执行职务时能够遵守法律法规和公司章程，并有效履行其职务的职责和义务。公司应当制定完善的内部控制制度，明确各项业务的操作规程和审批权限，减少董事决策失误的风险。

强化独立董事制度，发挥独立董事的监督作用，增强董事会决策的独立性和科学性。完善信息披露机制。建立健全信息收集、整理、传递和披露的机制，确保董事能够及时、全面地获取决策所需信息。

（三）加强董事培训

董事对内实施不当管理行为导致债权人无法充分受偿，属于《公司法》第191条的规制范畴。[2]需要通过定期的法律和财务会计等方面的培训和教育，提高董事的内部管理能力，使其能够在面对复杂和具有挑战性的业务环境时，更加审慎地作出决策。还应当强化董事的风险管理培训，培养董事的

---

[1] 刘道远：《董事对第三人赔偿责任的法理基础与规范解释》，载《比较法研究》2024年第2期。
[2] 王琦：《董事外部责任条款的规范解构》，载《北方法学》2024年第5期。

风险识别和管理能力。根据公司所处行业特点，对董事进行专业的行业知识培训，提升其面对商业风险的决策能力。

（四）建立董事责任保险制度

董事责任保险可以为董事提供一定的保障和缓冲，帮助其应对可能面临的风险和责任。虽然目前董事责任保险除"一般过失"之外的过错责任不予赔付，但是随着保险制度的推进这一现象会有改变，董事责任保险合理设置保险范围和赔偿限额时，会进一步分散董事个人责任风险，鼓励董事积极地面对市场挑战和风险。

（五）完善公司内部沟通交流机制

保持董事会和管理层之间的良好沟通，确保信息的畅通，可以帮助董事更好地了解公司的运营状况和潜在风险，从而避免因信息不对称而导致的重大过失。公司需要详细记录董事会会议过程，包括各董事的发言和表决情况。建立董事尽职调查档案，记录董事在重大决策过程中的调查和分析过程。保存与董事履职相关的往来文件、邮件等资料，为日后可能的责任认定提供依据。

建设工程施工合同纠纷中的法律适用探析

王一理[*]

(中国政法大学 北京 100088)

摘 要：陈述建设工程施工合同的法律特征、主要条款、立法现状，结合实践中常见的建设工程施工合同纠纷的主要类型，分析建设工程施工合同纠纷中的典型法律问题，对合同无效情形下的法规适用及依据等进行了初步研讨。

关键词：建设工程施工合同；违约责任；法律适用；合同无效

一、建设工程施工合同的基本法律框架

（一）建设工程施工合同的定义和法律特征

《民法典》第788条规定，建设工程施工合同是承包人进行工程建设，发包人支付价款的合同。建设工程施工合同的典型特征有合同期限长、合同金额大，合同主体及法律关系复杂。

（二）建设工程施工合同的主要条款

施工合同的内容一般包括工程范围、工期、质量、计量计价、支付、结算、竣工验收、质量保修范围和缺陷责任期等条款。

（三）建设工程施工合同纠纷的立法现状

目前，我国国家层面现行有效的，规范建设工程施工合同纠纷的解决和处理的法律法规主要是"三法、三条例和二解释"，"三法"即《民法典》《建筑法》和《招标投标law》，三条例指的是《建设工程质量管理条例》《建

---

[*] 作者简介：王一理（1985年—），女，汉族，陕西咸阳人，中国政法大学同等学力研修班2022级学员，研究方向为经济法学。

设工程安全生产管理条例》《招标投标法实施条例》,"二解释"指的是《关于审理建设工程施工合同纠纷案件适用法律问题的解释(一)》《关于适用〈中华人民共和国民法典〉合同编通则若干问题的解释》等。

二、建设工程施工合同纠纷的主要类型

建设工程施工合同纠纷是一种混合了工程技术争议、合同文本争议、项目管理争议、法律争议等的纠纷集合体,纠纷形成过程复杂,纠纷事实争议多,具有依附造价、计量专业性强、鉴定期限长、审理期限无从把握等特点。〔1〕

(一) 工期纠纷

工期是指在合同中约定的承包人完成工程所需的期限,包括因施工过程中的变化产生的期限变更。一般是从开工计算到工程通过竣工验收之日。〔2〕

因为未发开工通知或办理施工许可要求总包单位进场开工的情况较为普遍,所以对是否具备开工条件往往存在争议,是否基于赶工、工期是否顺延、因何方原因顺延、工期延误的交叉责任、关键线路的认定、停工等诸多因素引起的一系列问题都是解决工期法律争议的焦点。

开工日期一般为开工通知载明的日期。如因征拆等问题尚不具备开工条件的,以条件具备的时间为开工日期。当发包人或者监理人未发出开工通知,也无相关证据证明实际开工日期的,应综合考虑行政主管部门颁发的施工许可证、竣工验收报告或者竣工验收备案表等载明的时间,并结合是否具备开工条件的事实,综合认定开工日期。

竣工日期是工程竣工验收合格之日。如承包人已经提交验收,而发包人拖延,则以承包人提交验收报告之日为竣工日期。如未经竣工验收发包人擅自使用的,以转移占有之日为工程竣工日期。

(二) 工程质量纠纷

关于工程质量纠纷是所有施工合同纠纷中最常见的问题。往往发生在项目验收环节,此类纠纷成因较为复杂,有勘察方、设计方错误,不按施工图

---

〔1〕 王春军编著:《解析建设工程施工合同纠纷要点七步法》,中国建筑工业出版社2019年版,第39页。

〔2〕 朱树英:《工程合同实务问答》,法律出版社2011版,第226页。

纸、施工规范、操作规程施工，建筑材料及施工构配件质量不合格，发包人未经验收提前使用建筑物等导致工程质量问题，往往需要通过第三方工程质量专业鉴定机构来确认工程质量问题、原因，从而进一步确定工程质量责任主体及责任大小。

（三）工程款支付纠纷

工程价款是发承包双方在建设工程施工合同中最关注的事项。在实务中，建设工程施工合同核心争议基本围绕工程价款开展。如发生设计变更，需要在原合同基础上变更与追加工程量，并进行计价支付，发生争议时还需进行造价鉴定。

三、建设工程施工合同纠纷中的法律适用问题

（一）合同效力认定的法律适用

1. 合同无效情形下的工程款支付法律适用

施工合同具有特殊性，在被确认无效后，已经履行的劳力和建筑材料已物化到工程中，该种履行内容不宜采用返还财产的方式，使当事人的利益恢复到合同签订前未施工的状态，即属于"不能返还或者没有必要返还"的情况。[1]在验收合格的情况下，可以参照施工合同中关于工程价款的约定，折价补偿承包人。施工合同无效且验收不合格的，在修复后合格的，发包人可以按照扣除修复费用后折价补偿承包人，如修复后仍不合格的，承包人无权请求支付工程价款。

参照合同的约定，需要进一步界定合同的内涵。如前后签订若干份施工合同，关于计价约定不一致，当有可确定的实际履行的施工合同的，则按照实际履行合同的计价方式折价补偿，如果不能确定实际履行合同的，按照签订时间在后的施工合同约定的计价方式折价补偿。

2. 无效施工合同的有效条款

施工合同被确认无效的，该合同中关于违约责任条款的约定无效，合同中除了关于争议管辖、结算条款外其他条款不具备任何合同效力，对合同当事人无约束力。施工合同无效时，合同中关于质量保证期和质量保证金的约

---

[1] 王军：《建设工程施工合同纠纷处理实务：1060个典型案例总梳理》，法律出版社2019年版，第159页。

定依然具有法律约束力。

3. 合同无效的折价补偿范围

合同中的工程价款,应包括直接费、间接费、税金和利润。一般认为,折价补偿的范围包含直接费,即施工企业为工程实体建设施工投入的人、材、机费用,间接费是企业为管理工程所支出的实际费用,应予支持,税金则因为有税收法律强制性保障而获得支持,对于利润是否应得到支持,现实中则存在较大分歧。部分学者和法官认为,承包人不能因无效合同而取得收益,这对发包人较不公平,对于利润获取是否适用过错原则处理仍在理论和实践中存在争议。

4. 合同无效情况下的管理费计取

在因转包或挂靠行为导致建设工程施工合同无效时,还存在合同中约定的管理费是否被支持的争议,在个案中,以承包人是否能够举证证明其实际委派人员、参与施工组织管理、投入费用,来确定是否支持管理费主张。而管理费性质是否属于因合同无效而不应取得的非法所得,在实践中有不同判例,部分法院认为合同被认定无效后未收取的管理费不予支持,已支付的管理费默认不予退还。

(二)施工合同违约责任的法律适用

1. 合同无效情形下违约赔偿的法律适用

建设工程施工合同被认定无效,违约条款则无效,一般处理的方式是当事人主张损害赔偿。法院在审理过程中会结合双方举证来具体判定损失大小。当事人可以结合合同约定的质量标准、工程价款支付的时间、工期、双方的过错程度、过错与损失之间的因果关系等主张损失金额。

从范围上讲,赔偿损失的金额相当于因违约造成的损失,含合同履行后可以获得的利益。可得利润在计算上常见的是参考当事人提交的财务审计报告、同行业同类企业的利润鉴定报告以及合同约定的价款、预算书等方式来测算预期可得利润。[1]在此基础上,通常法院还会考虑到是否可预见,双方各自过错责任、是否有减损行为、过失相抵等,所以导致各地法院对于预期可得利益的认定审判结果不同。

---

〔1〕黄见东:《建设工程施工合同纠纷案件中计算预期可得利益损失裁判分析》,载《法制博览》2023年第36期。

2. 合同解除违约责任认定

对于施工合同解除的法律适用上存在两种观点：一是按照合同约定的条款，一方因对方违约解除合同的，可依照合同中约定的违约金条款承担违约责任。因案涉工程施工合同已被解除，剩余工程款的结算无法按原施工合同的约定执行，仍应执行合同约定的应付结算款而未付的违约金条款。[1]二是非因某一方存在违约行为而解除施工合同的，则限制其主张违约责任。

3. 拒绝按中标通知书签订施工合同违约责任认定

采用招标方式订立合同，自中标通知书到达中标人时合同成立。对于合同成立后一方当事人无正当理由拒绝签订合同的违约责任认定，可以依据招标文件、投标文件和中标通知书等确定合同违约责任。

四、结语

建设工程项目面临着前所未有的挑战，而由此引发的纠纷也在逐步地增加，实践中不同法院对工程纠纷的审判存在较大的差别，深入研究分析建设工程施工合同纠纷的需求，也越加迫切，这也要求我们结合法规规定、建工实践进行重新地审视和分析，让纠纷解决能逐步走上审判规则统一、认知统一的道路。

---

[1] 贵州隆泰房地产开发有限责任公司、贵州隆泰房地产开发有限责任公司晴隆分公司建设工程施工合同纠纷二审民事判决书［2019］最高法民终 844 号。

我国有限公司股东清算责任研究

赵麒焱*

(中国政法大学 北京 100088)

摘 要：有限公司生命周期的终结伴随着清算程序，在这一过程中，股东作为公司的所有者，股东的清算责任成为公司法研究的重要议题。本文通过《公司法》及相关法律规定以及相关案例研究，探讨我国有限公司的股东在清算过程中的清算义务以及未履行或怠于履行清算义务的法律责任。

关键词：《公司法》；有限公司；股东责任；清算义务；因果关系

在市场经济的持续发展浪潮中，有限公司作为一种重要的企业组织形态，在我国经济活动中扮演着不可或缺的角色，但因国际大环境、我国政策、经济形势等的影响，我国有一定数量的有限公司面临资不抵债、长期亏损、继续经营将损害股东及债权人利益等情况。面对上述情况，有限公司多会进入破产、解散程序，而破产、解散往往伴随着清算。

一、有限公司股东清算责任的法律基础

(一) 有限公司清算责任的内涵与法律意义

有限公司清算责任，指的是清算义务人在公司出现法定情形后，应当依法、及时对公司进行清算，若未按照法定程序进行清算或未及时进行清算，对第三人或社会公共利益造成损害的，清算义务人应当承担相应的法律责任。

明确有限公司清算责任有着重要的法律意义，具体来看有以下几点：第一，明确清算义务人的义务与责任，有助于清算义务人明确自己的法定义务

---

* 作者简介：赵麒焱（1998年—），男，汉族，山东青岛人，中国政法大学同等学力研修班2024级学员，研究方向为民商法学。

与责任，保障公司有序地退出市场；第二，能够有效解决有限公司内部在清算阶段的权利与义务分配问题，规范清算责任具体内容，为股东及债权人提供法律救济的依据；第三，可以遏制清算义务人在清算过程中的随意性、独断性、自利性，有效贯彻诚实信用原则；第四，可以有效防止有限公司资产的大量流失和浪费，使有限公司的债权人债权能够在一定程度上得到清偿，保护了债权人和其他利益相关者的权益。

（二）我国《公司法》中有限公司股东怠于履行清算义务的制度内容

1. 股东的法定清算义务

在2018年修正的《公司法》当中，仅限定了有限公司清算组是由股东组成，且并未提出清算义务人的概念，到了《公司法》（2023年修订）（以下简称"新《公司法》"）颁布，新《公司法》第232条第1款[1]正式确立了清算义务人的概念，并将清算义务人规定为董事，但根据实践中判例来看，债权人起诉无法清算的责任主体一般为公司股东。

清算义务指的是在公司具有法定解散情形的情况下，应当成立清算组依法进行清算，概括来讲，清算义务就是"成立清算组、进行清算"。具体来看，根据新《公司法》第234条至第239条之规定，股东成立清算组应当履行以下义务：第一，清理有限公司财产并编制资产负债表和财产清单；第二，清理有限公司债权债务；第三，将公司清算的事项告知有限公司债权人；第四，处理有限公司尚未了结的业务，支付清算费用、职工的工资、社会保险费用和法定补偿金，缴纳所欠税款；第五，分配公司清偿债务后的剩余财产；第六，向人民法院申请破产清算；第七，代表公司参与诉讼[2]。

2. 股东怠于履行清算义务的法律后果

根据最高人民法院《关于适用〈中华人民共和国公司法〉若干问题的规定（二）》（以下简称《公司法解释二》）第18条第2款[3]，将本法律条文分解来看，有限公司的股东是责任主体；本条款本质上规定的是一种侵权

---

[1]《公司法》（2023年修订）第232条第1款："公司因本法第二百二十九条第一款第一项、第二项、第四项、第五项规定而解散的，应当清算。董事为公司清算义务人，应当在解散事由出现之日起十五日内组成清算组进行清算。"

[2] 李建伟主编：《公司法评注》，法律出版社2024年版，第931页。

[3]《公司法解释（二）》第18条第2款规定："有限责任公司的股东、股份有限公司的董事和控股股东因怠于履行义务，导致公司主要财产、账册、重要文件等灭失，无法进行清算，债权人主张其对公司债务承担连带清偿责任的，人民法院应依法予以支持。"

行为，应当符合侵权行为的三个要件，即有限公司股东怠于履行清算义务、因股东"怠于履行"行为导致公司无法清算的损害结果、"怠于履行"行为与公司无法清算之间具有因果关系；符合侵权行为要件的股东应对公司债务承担连带清偿责任。

（三）股东清算责任与公司有限责任的关系

新《公司法》第 23 条第 1 款[1]的表述，公司是企业法人，有独立的法人财产，享有法人财产权，股东与公司之间是两个不同的法律主体，有限责任公司的股东以其认缴的出资额为限对公司承担责任[2]，在具有滥用股东有限责任和法人独立地位侵害债权人时才应当对债务承担连带责任。然而从 2018 年《公司法》及《公司法解释二》的相关规定来看，表明在清算过程中，怠于履行清算义务的股东不再以出资额为限承担责任，司法实践中是将股东的责任扩大至连带责任。突破了公司独立人格与股东有限责任两大基本原则。

二、有限公司股东清算责任在法律实务中的争议

（一）股东未及时清算的责任认定争议

股东未及时清算，主要应从以下几点进行判断：第一，公司在解散事由出现之日起 15 日内是否成立清算组开始清算；第二，是否妥善保管公司财产、财会账簿等重要文件；第三，是否逾期不成立清算组进行清算或者成立清算组后不清算；第四，是否申请强制清算[3]。

实践上公司债权人应当对股东怠于履行清算义务的行为以及因无法清算导致债权受到损害承担举证责任，该因果关系适用因果关系推定原则，故由法院对二者是否存在因果关系作出最后认定。股东在抗辩不存在因果关系时有两种思路：第一，在解散事由出现之前，公司已具有大量到期债务无法清偿，且存在多起因有限公司无财产可供执行而被中止的案件，股东据此提出因果关系抗辩，一般可以推定股东怠于清算行为与"无法进行清算侵害债权人利益"的结果之间没有因果关系；第二，若该股东系小股东，其有证据证明其从未参与公司经营管理，未在有限公司董事会、监事会履职，有限公司的主要财产、

---

〔1〕《公司法》（2023 年修订）第 23 条第 1 款规定："公司股东滥用公司法人独立地位和股东有限责任，逃避债务，严重损害公司债权人利益的，应当对公司债务承担连带责任。"

〔2〕梁上上：《有限公司股东清算义务人地位质疑》，载《中国法学》2019 年第 2 期。

〔3〕李建伟主编：《公司法评注》，法律出版社 2024 年版，第 927 页。

重要文件均由有限公司大股东或大股东委派人员掌控，其已经尽到必要的清算义务，此种情况下，应当认为小股东与债权人的损害结果之间没有因果关系。

（二）清算责任主体的范围争议

原则上有限公司清算责任主体是有限公司股东，在公司股东怠于履行清算义务的前提下，该股东就应当对公司债务承担连带责任，但现实中，有限公司中部分小股东很大程度上不具有接触公司重要文件的可能性，也无能力控制公司或影响公司决策，若让该部分小股东同其他股东共同对公司债务承担连带责任，将严重侵害小股东权益，加重小股东的责任。故在实践中，持股比例较少的股东，没有证据显示该股东选派人员担任公司董事会或监事会成员，也没有证据显示该股东参与公司经营管理，且不具有能够履行清算义务而拒绝或拖延清算从而导致公司的主要财产、账册、重要文件灭失的过错行为，不应对未清算产生的债务承担连带责任。[1]

（三）清算组成员责任分配争议

新《公司法》第238条[2]直接规定了清算人的忠实、勤勉义务，在清算阶段，公司财产最终会被依法分配给各利益主体，管理清算财产的清算人与公司（以及股东、债权人等各利益方）实际上形成了一种信义关系，清算人作为受信人，需忠实履行对公司的信义义务，否则需承担违约责任[3]。

在分配清算组成员责任时，存在清算组成员与股东身份的竞合，责任主体无须进行进一步细分。在实践当中，还存在公司会委托公司董事、高管、法定代表人甚至是无关的第三人担任清算组成员的情形，清算组成员的赔偿责任是否成立，应综合清算组成员的身份、能力、履职可能性等客观情况以及是否有意拖延、拒绝履职等主观因素予以区分认定，若有限公司股东、法定代表人担任清算组成员，因其知悉并掌握公司债权债务及财产状况，应当并且能够积极、勤勉地组织进行清算，但其消极不作为，对造成债权人损失具有重大过错，应承担清算赔偿责任；若有限公司员工作为清算组成员，既

---

[1] [2020]最高法民申5659号民事裁定书。

[2] 《公司法》（2023年修订）第238条规定："清算组成员履行清算职责，负有忠实义务和勤勉义务。清算组成员怠于履行清算职责，给公司造成损失的，应当承担赔偿责任；因故意或者重大过失给债权人造成损失的，应当承担赔偿责任。"

[3] 胡改蓉：《我国公司清算主体模式的反思——由双轨制向单轨制的转换》，载《法治研究》2023年第4期。

非公司董监高,也非从事公司清算事务相关的专业人员,其仅为符合法人注销登记机关对清算组成员人数要求的需要而被指定的清算组成员,客观上不具有履行清算义务的可能性,不应承担清算赔偿责任。[1]

(四)清算报告的真实性与合法性争议

新《公司法》第239条[2]表明制作并依法确认清算报告是清算的终结,清算方案的确认是使其具备法律效力的必要条件,只有具有法律效力的清算方案才可以被清算组执行,故清算报告应当保证其真实性与合法性。根据《公司法解释二》第19条[3]的规定,有限公司未进行合法的清算程序,制作虚假的、形式上的清算报告,以该清算报告骗取公司登记机关办理注销登记,恶意谋取私利,侵害有限公司债权人权益的,其清算在程序和实质上违反了法律规定,且该清算报告不能附任何公司债务清理材料,不能产生合法清算的法律效果,股东或公司实际控制人可能需要对公司债务承担连带清偿责任,赔偿公司债权人的损失。

三、结语

我国有限公司股东在清算程序中承担的责任是多方面的,通过对股东清算责任的研究,可以进一步明确股东在清算过程中的权利与义务,为公司清算的顺利进行提供理论支持和实践指导。通过对股东责任的明确界定和严格执行,可以有效预防和减少清算过程中的不规范行为,为构建公平、透明的市场环境提供法律保障。

---

[1] [2022]沪02民终3822号。

[2]《公司法》(2023年修订)第239条规定:"公司清算结束后,清算组应当制作清算报告,报股东会或者人民法院确认,并报送公司登记机关,申请注销公司登记。"

[3]《公司法解释(二)》第19条规定:"有限责任公司的股东、股份有限公司的董事和控股股东,以及公司的实际控制人在公司解散后,恶意处置公司财产给债权人造成损失,或者未经依法清算,以虚假的清算报告骗取公司登记机关办理法人注销登记,债权人主张其对公司债务承担相应赔偿责任的,人民法院应依法予以支持。"

浅析我国《民法典》侵权编中的公平责任规则

张 栋[*]

(中国政法大学 北京 100088)

摘 要：公平责任也被称为"衡平责任"（Billigkeitshaftung），作为侵权责任能力制度的一项配套和补充措施，旨在弥补侵权责任能力制度在保护受害人方面的不足。自创设以来，就广泛应用于各类司法实践当中。2015年北京朝阳高空抛物致死案、2017年郑州老人电梯内抽烟被劝阻后猝死案、2020年山东临沂郯城共同饮酒死亡赔偿案等案件更是引发人们对民法中公平责任规则的关注。

关键词：《民法典》；侵权责任；公平责任

公平责任规则的法律内涵及法律定位是什么？什么情况下才能适用公平责任规则？公平责任规则目前适用中存在的问题和下一步的发展方向如何？无不引起法律界人士的思考和讨论。本文主要通过公平责任规则的内涵与立法目的、公平责任规则从司法实践中的典型应用场景、公平责任规则的适用困境与完善路径等三个维度进行探讨和分析，以期增进对公平责任规则的理解和认识，使其能更好地、更规范地应用于司法实践，维护社会的公平正义。

一、公平责任规则的内涵与立法目的

（一）公平责任的法律内涵

我国关于公平责任规则的条款最早规定在《民法通则》第132条，之后

---

[*] 作者简介：张栋（1984年—），男，汉族，山西晋中人，中国政法大学同等学力研修班2023级学员，研究方向为民商法学。

这一条款又经过了《侵权责任法》第24条、《民法典》第1186条的修改。《民法典》第1186条规定:"受害人和行为人对损害的发生都没有过错的,依照法律的规定由双方分担损失。"

其基本内涵是:当行为人和受害人对造成损害均无过错情况下且又无法律明确规定可适用无过错责任原则之时,由裁判机关根据公平观念,结合受害人的受损失情况和双方当事人的财产状况,判令由行为人对受害人损失适当承担责任[1]。

围绕公平责任规则的属性,理论界主要分成两派:部分学者认为,公平责任条款应当和过错责任及无过错责任并列为侵权责任的归责原则,还有一部学者认为,公平责任条款只是一种特殊的救济措施或者是损害赔偿规则,不应视为侵权责任规则的一种。

笔者支持后者,公平责任要解决的是行为人与受害人之间关于损失应如何分担的问题,而不是确认责任该由谁承担的问题,该条款的侧重点在于对受害人所受损失进行相应的补偿而非赔偿。公平责任规则只是一种损失分担规则,是民法基本原则中的公平原则在侵权责任领域中的具体体现。

在《民法典》体系架构中,公平责任规则规定在侵权责任编第二章损害赔偿项下,而过错责任原则、无过错责任原则规定在侵权责任编第一章一般规定项下,可见,立法者并不认可公平责任规则与过错责任原则、无过错责任原则具有同等地位。

(二)公平责任的立法目的

对于公平责任规则的立法目的,法律界一直存在各类讨论,随着各类侵权案件的不断涌现,为防止该规则的滥用成为随意被援引的"和稀泥条款",有必要进一步明确公平责任的立法目的,以便司法实务中能更加严格规范运用该规则,实现立法者创立该规则的立法初衷。笔者认为,公平责任规则的立法目的主要有如下几点:

1. 作为侵权法二元归责体系下补充

在现实侵权行为发生时,经常会发生过错要件欠缺或因果关系无法核实、达不到法官的内心确信等无法适用过错责任或无过错责任裁判案件的情况,受害人根据侵权法二元归责原则无法实现救济,立法者通过创设公平责任规

---

[1] 李永军主编:《中国民法学》(第3卷),中国民主法制出版社2021年版,第591页。

则作为补充性的救济手段，以应对上述情况的发生。

2. 应对国家社会保险制度、社会救济制度不完善的现状

我国目前尚处在发展中国家行列，各类社会保险制度、社会救济制度等公共制度、福利制度相比于西方发达国家尚不完善，立法者通过创设公平责任规则，为遭受不幸的人给予适当的司法救济，从而缓解社会矛盾，维护和稳定社会秩序。

3. 弥补公平责任类型化立法不足的客观情况

当前，各类侵权案件如侵害生命权、身体权、健康权案件、机动车交通事故侵权案件、提供劳务侵权案件、财产损害赔偿案件、教育机构责任侵权案件、违反安全保障义务侵权案件、义务帮工人受损害案件、医疗损害侵权案件等仍层出不穷。基于法律滞后属性，立法者无法对所有适用公平责任的案件情形进行类型化规定。通过创设公平责任规则，允许法官根据自己的信念对相关案件进行自由裁量，从而弥补公平责任类型化立法不足的客观情况。[1]

二、公平责任规则在司法实践中的典型应用场景

（一）多人致损但责任难以分割的案件情形

在某些侵权案件中，可能存在多个行为人共同作用导致损害结果的情形，但由于证据缺乏或事实复杂，难以明确划分各方的责任比例。如多人参与的斗殴案件中，受害人受到严重伤害，但由于现场混乱，无法精确查明具体行为人对损害后果的实际贡献。这时法院则可能依据公平责任规则，根据案件整体情况，综合考量各方的参与程度、受害人的过错情况等因素，在"公平分担"的原则下对损害结果作出合理划分。

（二）高度危险、自然风险等特殊情形

公平责任规则在处理涉及高度危险活动的侵权案件时，也起到了补充作用。对于事故中的损害责任归属，可能涉及受害人、行为人以及其他利益相关方的利益平衡；在自然灾害或不可抗力背景下，损害责任可能因人类活动的加剧而扩大。在这种情况下，公平责任规则也可以作为解决特殊侵权案件

---

[1] 何定洁、陈娟：《公平责任一般条款限定适用论——以〈民法典〉第1186条为分析对象》，载《四川大学法律评论》2024年第1期。

的工具。

（三）需要对双方进行利益平衡等情形

在某些侵权案件中，加害方虽无明显过错，但由于受害人利益受到明显损害，裁判者很难以无法适用过错或无过错责任归责原则对受损害方置之不理，需要利用公平责任规则裁判加害人承担适当损失，使受害人的损失得到一定的弥补，实现双方利益的平衡，妥善化解社会矛盾。在某些侵权案件中，共同侵权行为人可能存在不同程度的责任，但部分行为人缺乏赔偿能力时，公平责任规则也可发挥作用。

三、公平责任规则的适用困境与完善路径

（一）适用标准模糊

不同案件中裁判尺度的主观性可能引发不确定性。目前，司法实务中往往存在公平责任规则适用主体扩张、适用条件模糊、因果关系认定模糊、"分担损失"的处理模糊等问题，缺乏统一的适用标准。

笔者认为，公平责任的适用应当按照《民法典》关于判断行为人是否承担民事责任的成立要件，对主体、行为、结果、损害与结果的因果关系进行判断。公平责任原则的适用应该严格满足以下标准：适用主体仅限于行为人和受害人、行为人与受害人均无过错、行为与结果之间存在法律上的因果关系、具有损害赔偿的必要性。为完善该问题，建议在司法解释中进一步明确公平责任的适用标准、通过典型案例指导法官裁量权行使。

（二）责任分担比例不够明晰

目前，在审判实务中，法官对行为人及受害人双方责任分担主要采用两种方式：一种是确定比例，根据比例确定双方分担的具体数额，另一种是直接决定数额的方式。缺乏统一的司法量化标准，法官裁量空间过大。

笔者认为，确定损害赔偿的责任分担应充分考虑双方的经济情况、受害人的损失状况、行为人对损害发生的因果关系强度，及地方的经济状况、风俗习惯等因素，全盘考虑，合理利用自由裁量权。

对此，可以借助经济学和社会学工具，在特殊损害案件中建立量化损害分担的参照体系。

（三）与侵权责任的归责原则的混用

在司法实践中常见的问题是本来适用过错责任或无过错责任的侵权案件，

法官错误地适用了公平责任规则。

  笔者认为，公平责任规则的适用前提是过错责任与无过错责任都不适用的情况发生时。如果一个案件符合过错责任或者无过错责任的认定标准，裁判者不得把公平责任规则作为"兜底"条款加以适用，否则就会导致公平责任规则的滥用，违背立法者的初衷。

经济法在数字经济时代下的适应与重构

张姗姗[*]

(中国政法大学 北京 100088)

摘 要：数字经济并非单纯的产业革命，它是对价值分配过程的再定义，而数字经济领域在全球范围内的迅猛发展和颠覆式创新也深刻影响了当代经济学的研究走向。在经济形态转变过程中所产生的新现象，则会对当时的主流经济学理论形成冲击。因而，我们需要新的理论研究去应对当下数字经济时代的发展与变化，围绕数字经济展开的相关经济法学研究，更有助于回应数字经济时代的诸多新问题，并推动数字经济的发展。

关键词：数字经济；经济法；法律变革

一、数字经济时代下经济法适应与重构的发展方向

相关数据显示，近年来我国数字经济规模持续扩大，占 GDP 比重逐年提升，展现出强大的增长动能。新兴业态如电子商务、移动支付、云计算、大数据、人工智能等领域发展尤为突出，不仅创造了大量就业机会，也推动了社会生产力的显著提升。数字经济已经成为经济发展中创新最活跃、增长速度最快、影响最广泛的领域。

随着数字经济的迅猛发展，数字经济已成为全球经济的重要组成部分，深刻改变着人们的生活方式和商业模式。从而数字经济也引发了诸多法律问题，主要包括数据隐私与安全、平台经济中的责任与垄断问题、数字货币与金融科技监管以及跨境贸易的税收与数据流动等；网络侵权、不正当竞争、

---

[*] 作者简介：张姗姗（1986 年—），女，汉族，北京人，中国政法大学同等学力研修班 2024 级学员，研究方向为经济法学。

知识产权侵权等行为在网络空间更为隐蔽，影响范围更广，而数字经济的跨地域、即时性和匿名性特点加大了违法行为的查处难度，对现行法律制度构成了严峻考验。随之而来的是对法律监管与适应性调整的深入思考。新经济形态必然会给传统法规带来一系列法律挑战，数字经济的发展离不开经济法的促进与保障，为促进数字经济的健康发展，经济法在其中扮演着重要的角色。在数字经济领域，落实法律规范和适应新的技术变革是经济法应对之策的重要方向。经济法应当紧跟时代发展，不断适应数字经济的新需求，同时要强化经济法的实施，深化经济法体系改革与重构，同时要建立适应性强的数字化市场规则，以适应新经济形态的需求，保障数字经济的健康发展。

二、数字经济时代的经济法挑战

（一）数据安全与隐私保护

在数字经济时代，随着云计算、大数据和人工智能技术的广泛应用，企业和政府机构收集、存储和处理的个人及商业数据量急剧增加，全面融入经济社会发展的各个领域，由此带来的数据泄露、滥用、非法获取和处理等安全风险也随之加剧，给个人隐私和商业秘密带来了极大的威胁，对社会稳定与和谐也构成潜在威胁。

（二）新型经济业态的法律适应性

随着区块链技术的发展，数字货币和金融科技迅速崛起，共享经济、平台经济和数字货币等新型经济业态对传统法律框架提出挑战。存在平台企业的责任、数字货币的监管、虚拟资产的法律归属等问题，以及平台经济中部分企业利用庞大的用户基础和海量数据构筑市场壁垒、限制竞争、挤压中小企业的生存空间，尤其在法律法规尚未全面覆盖的领域，部分企业利用法律漏洞规避监管，损害消费者和社会公共利益。法律需要进行创新和适应，以确保新型经济业态的合法合规发展。

（三）跨境贸易的数据流动与税收风险

跨境数据流动日益频繁，不同国家和地区间法律标准的差异和监管要求的不一致，导致数据隐私保护规则的碎片化，为跨国数据犯罪提供了可乘之机。如何在保障个人数据隐私的同时，促进跨境数据流动合法有序进行，成为各国政府和国际社会面临的重要难题。

此外，跨国企业通过转移利润等方式规避税收，尤其是在数字经济中，

传统税制难以适应。国际社会虽然加强了跨国税务合作，但仍需进一步完善全球税收协调机制。

三、数字经济时代的经济法机遇

我国数字经济发展经历了三个阶段：第一，电子商务阶段，以互联网的应用为主导；第二，移动互联网阶段，侧重于数据对于各领域产生的驱动作用，带有"互联网+"的明显属性；第三，全面数字化阶段，以大数据、云计算等新一代信息技术为基础，在技术中运用了人工智能技术、智能制造理念等，全方位推动了数字经济的发展。[1]

（一）创新驱动与法治环境

新兴技术如人工智能、大数据、区块链等的广泛应用，为经济活动提供了全新的业务模式和合作方式。经济法必须与科技发展同步。数字经济的特点是高速度、高效率和高创新性，这就需要经济法不断地更新和改进，以适应数字经济的发展需求。比如，数字经济中的电子商务需要经济法的支持和规范，数字货币的出现也需要经济法的监管。

所以，数字经济与经济法的关系是相互促进的。数字经济的发展可以推动经济法的改革和进步，而经济法的规范可以促进数字经济的健康发展。

（二）电子商务与国际经济法合作

在数据流动、税务管理等领域的法律合作，例如，OECD 的 BEPS 行动计划和欧盟的 GDPR 为国际税收和隐私保护提供了合作基础。

此外，国际经济法的发展还需要加强国际合作和建立监管机制。由于跨境电子商务的特点，需要各国之间合作共享信息和资源，以确保交易的透明性和合法性。监管机制的建立可以有效管理跨境电子商务市场，避免不法分子利用电子商务进行欺诈和违法行为。

跨境电子商务与国际经济法的发展是一个相互促进并不断演进的过程。跨境电子商务为国际经济提供了更大的发展空间和机遇，同时也推动了国际经济法的发展和完善。通过国际合作和法律体系的建设，我们有信心可以应对跨境电子商务带来的挑战，并进一步促进国际经济的健康发展。

---

［1］ 薛楠、刘奥强：《数字经济对区域经济高质量发展的影响研究》，载《中国商论》2024 年第 20 期。

(三) 促进市场透明度与公平竞争

需加强平台企业的数据共享、算法透明化和平台企业之间公平、良性竞争。以数字平台经济为代表的数字经济已经超越了传统《反垄断法》的规制范畴，随着我国经济业态的不断发展，我国《反垄断法》也需要针对新挑战不断自我完善。数字平台滥用市场支配地位的行为大致可分为拒绝交易，技术性搭售，价格歧视三大类，这些行为危及了公平竞争的市场环境，损害了消费者的合法权益。经济法可通过制定反垄断法规，遏制平台企业滥用市场支配地位。

(四) 数字化税收改革与征管创新

数字经济的大力发展，使现有的税收征管制度无法适应数字经济发展的脚步，因此研究数字经济下的税收征管具有重要意义。[1]经济法可以促进税收制度的转型和创新，适应数字经济的特点和需求。数字经济带来了新的税收征管模式，如基于数字化的税收监控、电子支付和虚拟资产的征税。经济法可以借此机会推进税制改革，加强税收合规性，规范数字经济中的税收行为，促进数字经济税收制度的完善。

通过数字化升级改造征管基础设施，经济法可以助力提升税收治理能力，确保税收的及时、准确和完整。法律制度可以保障数字经济的健康发展。有助于推动数字经济的高质量发展。

四、结语

发展数字经济，需要相关的体制机制保障，其中一个非常重要的条件是数字经济立法。中国现行立法、执法在观念、体制机制、方式手段等方面都难以完全适应创新发展新要求，近年来虽然各项改革措施不断推出，但措施之间缺乏系统性、协调性，需要通过数字经济立法推动实现立法观念更新、管理流程再造、执法机制变革与执法效率提升。

在全球数字经济蓬勃发展的背景下，中国面临前所未有的机遇，推进符合中国国情的数字经济立法具有重大现实意义。数字经济发展带来的风险和挑战是全面、深刻的，数字经济立法是技术进步与法律变革良性互动的必然结果，加快数字经济立法，是发挥中国制度优势、在新一轮全球竞争中抢占有利地位的客观需要。

---

[1] 王蓉：《数字经济对税收征管的影响与对策研究》，载《中小企业管理与科技》2024年第17期。

数字经济下的经济法转型方向探究

马子瑄[*]

(中国政法大学 北京 100088)

摘 要：数字经济的概念在中国诞生已经有几十年的历史，随着经济时代的快速发展与数字技术的变革，数字经济这一新生事物逐渐呈现出市场平台化、行业分类化、数据海量化和协同多样化的特征，机遇伴随着调整，数字经济为经济法带来的问题也逐步显现。本文首先对我国数字经济时代下法治的发展特点进行分析，然后论证我国数字经济时代下经济立法转型的必要性问题，最后对数字经济立法的发展方向提出建议。

关键词：数字经济时代；经济立法；共享经济

一、我国数字经济时代的法治特点

(一) 数字经济的发展驱动了中国法律治理体系建设

近年来，我国的基础信息和数据基础设施的迅速构建，推动了数字化产业的快速发展。当前数字化技术和服务能力得到了提高和广泛应用，这些技术融入全国人民生活的方方面面，与大家的衣食住行息息相关，数字技术的发展也为数字产业的未来提供了更广阔的前景。目前，中国数字经济与数字产业在 GDP 中所占的比重越来越大，其可持续发展形态将作为数字经济的固有状态之一在未来得到不断深化与应用。[1]同时，数字经济时代下的新型消费形态与新兴数字技术的突破也在携手并进，例如网购消费的大量出现与支付宝、微信支付、云支付等方式的适应与融合，使得我国数字产业在保证质

---

[*] 作者简介：马子瑄（1995 年—），女，汉族，河北石家庄人，中国政法大学同等学力研修班 2022 级学员，研究方向为经济法学。

[1] 参见裴长洪、倪江飞、李越：《数字经济的政治经济学分析》，载《财贸经济》2018 年第 9 期。

量产出的前提下，量化能力也不断取得突破，推动了数字经济与实体经济的深度融合。上述内容使得我国《民法典》《网络安全法》《个人信息保护法》等针对数字经济的法律规范更加全面，深化了经济法在数字经济领域的作用，并不断完善了我国的法律监管体系。

（二）政府的法治建设能力与政务分层服务水平不断提升

《关于加强数字政府建设的指导意见》表明了党中央、国务院在加强数字政府建设方面的重大决策部署。法治政府的建设亦是数字政府的建设，要完善政府治理能力必须与时俱进。探索至今，我国的综合化政务服务能力和水平已取得重大进展，多地的政务服务平台逐步开设了网络办公、网上申办等业务，将居民和企业的办事成本不断降低，同时大大提升了政府服务人民的能力和水平。数字经济的发展，使得国家法律治理体系和能力更加标准化和规范化，同时大数据时代的技术革新，也提高了法治政府建设的科学应变能力，使得法治政府的建设进程不断加快。

（三）数字经济中的市场价值与经济法律价值不断融合发展

中共中央办公厅、国务院办公厅印发了《建设高标准市场体系行动方案》，体现了国家和政府明确数字经济价值的决心和举措，其表明应当加快数字经济和市场的基础制度和标准规范建设，推动数据资源开发利用。数字经济时代下的数据经济价值已不可同日而语，在大数据平台在不同区域之间构建之际，数字经济的价值已在我国经济发展中占据突出地位。与此同时，以经济法为主导，金融法、竞争法等各法律部门也在共同作用发力，有效维护了数字经济市场的稳定与发展。

二、我国数字经济时代下经济立法转型的必要性

（一）经济法是影响数字经济发展的重要部门法

经济法是我国法律体系的重要组成部分，经济立法进程涉及经济市场发展及规划的各个方面，经济法在财税、金融、垄断行为等方面也发挥着至关重要的规范和指引作用。目前，我国对于数据经济颁布了各项发展计划并出台或完善了相应的法律法规，许多省市制定了数字经济促进条例，这些实践行动都突出了数字经济时代下经济立法对于数字经济监管的重要性。数字经济的发展，离不开经济法和经济法理论这个"领头羊"。

（二）数字经济的发展需要经济法学的全面规制和监控

数字经济的飞速发展既会为中国经济以及资本市场带来机遇，亦会伴随着大量挑战，例如：在数字市场经济下的企业资本垄断与政府的垄断性执法等无序干涉现象，都是我国现有法律针对数字经济缺乏法律规范指引与制约，存在滞后性和局限性的体现。在数字经济发展中，经济法必须发挥其对数字经济发展的"双刃剑"作用，即规范作用与制约作用，借以保障数字经济健康发展。经济法需要从各个角度切入，规制数字经济所带来的不良影响，将经济法的导向指引作用发挥到最大限度。

（三）经济法应与数字经济的发展价值理念相适应

我国信息和通信技术的飞跃对于数字经济领域发展的促进作用，以及政府部门对市场经济的宏观调控监管作用，可以体现出数字经济与经济法所追求的相一致的价值关系，即经济与社会方面的统一和协调。加强经济法对数字经济的促进和保障作用，可以提升数字技术的应用与发展，将经济法理念逐步渗入数字经济发展的脉络。同时，为了促使有限市场资源的有效合理分配，保障投资与竞争关系的平衡，需要相应的经济法律制度的确立与完善，将经济法理念的价值发挥到最大化。

三、我国数字经济立法的发展方向

（一）强化各部门法与经济法之间的联系

在数字经济时代，需要加强经济法与不同法律部门之间的协同，以解决数字经济发展所带来的问题。金融法领域：数字经济滋生于金融资本大量流通的环境之中并得以发展，如今在技术革新板块，例如区块链以及人工智能等领域，均需要金融法与时俱进地作出相应调整，来为数字经济的发展保驾护航。在税收领域，《关于应对经济数字化税收挑战双支柱方案的声明》正式发布，该文件明确指出了数字经济对于全国乃至全国范围内的收税纳税以及协同发展的重要性。[1]可见，数字经济发展在税收领域所形成的新的问题，必须通过更具体的部门法律制度进行处理。在其他经济法部门，数字经济发展涉及垄断、个人信息保护等问题，亦需要从竞争法、消费者保护法等部门

---

[1] 参见 https://www.chinatax.gov.cn/chinatax/n810219/n810724/c5169582/content.html，最后访问日期：2024年1月18日。

法的维度确立规范,近年来我国法律体系中的《电子商务法》《反不正当竞争法》等不断修订与各类研讨会议的召开,都体现了各部门法对数字经济发展的最新应对。

(二) 强化政府在经济法领域对数字产业的监督指引作用

北京实施的《北京市数字经济促进条例》指出了政府对于数字经济核心产业所应有的态度和措施。同时,关于数据保护与规范的地方性法规也在各省市逐步贯彻落实。政府相关部门应采取具体措施扶持企业发展数字产业,比如在重点领域加大财政支出,在企业帮扶方面协助打破贸易壁垒等,这些民生所想的问题,也是数字经济发展过程中所必须由经济法解决的问题。同时,政府要完善数字经济的法律治理,确保商业活动合法合规地开展,对于经济违法行为需及时纠正,增加其违法成本,激发企业活力,调动全民积极性,通过政府及其他行政部门的宏观调控能力,不断完善数字经济监管内容,促进数字经济发展。

四、结语

综上所述,我国目前经济法的立法体系仍待完善,需要综合运用经济法的规范作用来对数字经济领域的各项行为进行系统且全面的调控,使其稳中有序地发展。数字经济的宏观调控和市场调控离不开经济立法的有效调整,在司法实践的过程中,经济法的理论也在各地法院的裁判文书中被法院引用为说理内容,这都是经济法不断融入数字经济发展的体现。鉴于数字经济的爆发带来诸多新问题和挑战,也需要各法律学者和立法部门通过经济法理论构建适合数字经济发展的新立法内容,解决数字经济和数字经济立法发展中的问题,促进法学研究的发展。

论离婚法定情形的司法实践

张卫国*

(中国政法大学 北京 100088)

摘 要：《民法典》婚姻家庭编的离婚章节对诉讼离婚和登记离婚，包括冷静期等均有明确规定。尤其是关于调解无效的应当判决准予离婚的情形用列举和概括的方式给予表述，但司法实践与法律的适用执行还有很大差距，并且司法实践存在滥用自由裁量权的诸多情况。作者重点对于这类问题的司法实践进行调查研究，运用理论实践方法论展开论述。

关键词：《民法典》；离婚；判决离婚

一、离婚法定情形的法律框架

(一)《民法典》及其他相关规定

我国《民法典》第1079条[1]以立法形式规定了法定离婚情形有以下几种：一是重婚或者与他人同居的；二是实施家庭暴力或者虐待、遗弃家庭成员的；三是有赌博、吸毒等恶习屡教不改的；四是因感情不和分居满2年的；五是其他导致夫妻感情破裂的情形。还有该条第3款规定的一方被宣告失踪，另一方提起离婚诉讼的情形，以及该条第4款规定的经人民法院判决不准离

---

* 作者简介：张卫国，男，汉族，河北邯郸人，中国政法大学同等学力研修班2024级学员，研究方向为民商法学。

[1]《民法典》第1079条第2~5款规定："人民法院审理离婚案件，应当进行调解；如果感情确已破裂，调解无效的，应当准予离婚。有下列情形之一，调解无效的，应当准予离婚：(一)重婚或者与他人同居；(二)实施家庭暴力或者虐待、遗弃家庭成员；(三)有赌博、吸毒等恶习屡教不改；(四)因感情不和分居满二年；(五)其他导致夫妻感情破裂的情形。一方被宣告失踪，另一方提起离婚诉讼的，应当准予离婚。经人民法院判决不准离婚后，双方又分居满一年，一方再次提起离婚诉讼的，应当准予离婚。"

婚后又分居满1年，一方再次提起离婚诉讼的情形。

其中序号列举4种情形，条款列举2种情形，序号第5项情形属于概括性表述，列举的6种情形是我国法律关于离婚法定条件的规定。概括性表述的序号第5项情形，参照的是1989年11月21日发布的最高人民法院《关于人民法院审理离婚案件如何认定夫妻感情确已破裂的若干具体意见》的规定，该意见属于司法解释范畴，目前仍在司法实践中应用。

以上规定均沿袭了婚姻案件司法判决准予或不准离婚的界限，也就是夫妻感情是否破裂的判断标准。

（二）离婚冷静期制度

最高人民法院《关于进一步深化家事审判方式和工作机制改革的意见（试行）》[1]则创设性地提出了离婚冷静期制度，在形式上为我国解除婚姻关系增设了一个程序性要求。《民法典》综合采纳了该意见，并进行了修改，具体体现在《民法典》第1077条[2]中，这一规定中的30日，即"离婚冷静期"。[3]

所谓"离婚冷静期"，就是指夫妻协议离婚时，给要求离婚的双方当事人一段时间，强制当事人暂时搁置离婚纠纷，在法定期限内冷静思考离婚问题，考虑清楚后再行决定是否离婚。其目的是对离婚进行干预，防止草率离婚，降低离婚率。有数据表明，自2001年《婚姻法》修正后，离婚率呈持续上升趋势，协议离婚比例逐渐提高。而《婚姻登记条例》的修订，又简化了离婚登记的条件和程序，导致冲动型、轻率型离婚的数量进一步增加。

（三）离婚法定情形分类的理论基础

法定离婚情形设立的法律价值主要是维护婚姻稳定与个人自由的平衡。其理论基础来源于社会伦理一夫一妻制，人格权、人身权及情感价值需求（夫妻间有忠实扶助义务）和家庭文明建设。具体来讲，是从婚姻缔结的社会基础、感情基础以及婚后感情维系、家庭管理、起诉前夫妻情感状况评估、

---

[1]《关于进一步深化家事审判方式和工作机制改革的意见（试行）》第40条规定："人民法院审理离婚案件，经双方当事人同意，可以设置不超过3个月的冷静期。在冷静期内，人民法院可以根据案件情况开展调解、家事调查、心理疏导等工作。冷静期结束，人民法院应通知双方当事人。"

[2]《民法典》第1077条规定："自婚姻登记机关收到离婚登记申请之日起三十日内，任何一方不愿意离婚的，可以向婚姻登记机关撤回离婚登记申请。前款规定期限届满后三十日内，双方应当亲自到婚姻登记机关申请发给离婚证；未申请的，视为撤回离婚登记申请。"

[3] 参见《如何正确看待离婚冷静期的立法深义》，载《法制日报》2020年12月15日。

是否存在感情修复的可能等诸多方面予以分类的。

二、司法实践中的准予离婚法定情形适用

(一) 程序上立案难、作出实体判决难

立案难是多年来，尤其是近年来随着诉讼案件的增多，法院的突出问题之一。按照《民事诉讼法》的规定，立案是形式审查，但司法实践中基本上是实质审查，并且以各种理由延长立案审查时限，致使诉讼开始就举步维艰。

离婚案件当事人向人民法院起诉，首先要申请立案，在第一步就面临阻碍，因为法院可以裁定不予受理，或者在立案之后驳回起诉。[1]不予受理或驳回起诉，都是能够阻止诉权的裁定形式。在离婚诉讼中，当事人向法院起诉的目的是解决是否离婚以及婚生子女抚养和财产分割等问题，不论胜诉与否，追求的是实质判决。但法院可能会以不予受理或驳回起诉的程序方式阻止案件进入实体审理阶段，不论法院基于何种考虑，但在当事人心里已经产生负面影响并会增加当事人的诉累。

(二) 实践情况

1. 重婚或与他人同居的认定及难点

重婚的情形是司法实践中判决准予离婚最无争议的，只要被认定重婚，可当然判决离婚，但认定重婚的程序和方式仍有难度。首先重婚为自诉刑事案件，法院在刑事自诉案件中立案难本就是通病，好在当事人可以向公安机关请求救济，公安机关利用侦查权取得重婚证据，再移送检察机关起诉到法院，法院再判决，刑事判决可以附带离婚请求，这样才能最终判决离婚。

对与他人同居的认定在司法实践中难度很大，[2]离婚诉讼不同于其他类型的民事诉讼，它是基于身份关系的一种民事诉讼，而这种身份关系，即婚姻关系，是一种具有极强私密性的社会关系。所以，与他人同居的认定有以下难点：一是取证难，现实中，同居者大都非常隐蔽，况且大部分同居为夜晚时段，不闯入居所内，基本取不到证据；二是举证难，证据如何固定，以何种形式固定等，都是难题；三是证据被认定难，当事人好不容易取到的证

---

[1] 参见李静一、张勤：《驳回起诉的合理性分析：以论离婚诉讼中的"不予受理"抑或"驳回起诉"为例》，载《民事程序法研究》2021年第1期。

[2] 参见王维隆：《论离婚诉讼中举证责任的特殊情形》，载《法制与经济》2019年第5期。

据要么不被法院采信,要么认定达不到证明目的,要么就是涉嫌强制手段取得证据而被排除。

2. 家庭暴力的认定及难点

家庭暴力的定义来自《反家庭暴力法》第2条[1],实践中家庭暴力的认定标准和证据标准严苛,主要是关于当事人举证不能及举证责任在受害人(主张人)的法律规定,以及当事人举证能力有限、举证困难和缺少程度标准的相关规定等客观问题。

此外,法定情形中的虐待、遗弃家庭成员及吸毒赌博等恶习屡教不改的情形,也同样存在程度标准的问题。司法尺度不一导致随意判决或消极认定,不做实体处理,致使当事人的权益无法或最大限度地得到司法保护。再如,夫妻感情是否破裂本需要主客观因素的综合判断,虽然现行法律和司法解释列举了几种情形,但还是会使用兜底性条款,这难免导致司法实践中法官自由裁量权的滥用或不作为。

三、离婚法定情形适用中的问题与完善

(一) 自由裁量权的滥用或不作为

自由裁量权的滥用表现为随意掌控证明效力、考量尺度、事实的认定等关系到最终裁判的主要情节,因为即使法定离婚有明确的列举情形,但实际执行也仍然依靠法官个人把控,而兜底条款的适用更是依靠法官自由裁量。滥用自由裁量权直接导致各个法院,甚至同一法院的不同法官裁判不一的问题,严重损害了司法权威。不作为主要表现为利用程序"卡脖子",要么不受理,即使受理了也不做实体处理,驳回起诉了事,更有甚者,原告起诉2次以上离婚,法院还是执意驳回,根本不顾事实。

考虑以上问题,建议在实践中加强立法,建立更细化的司法解释,增强指导案例的指导作用,最终减少裁判结果的不确定性,解决裁判的不一致性,维护司法权威和公信力。

(二) 证据规则与取证举证难点

目前离婚诉讼类案件仍然适用《民事诉讼法》关于"谁主张,谁举证"

---

[1]《反家庭暴力法》第2条规定:"本法所称家庭暴力,是指家庭成员之间以殴打、捆绑、残害、限制人身自由以及经常性谩骂、恐吓等方式实施的身体、精神等侵害行为。"

的原则，而这类诉讼的原告即受害者多为女性，相对于男性，女性基本处于弱势。首先是男女的性别差异导致总体上女性在婚姻中处于弱势地位，一方面是由于男女先天身体力量的不对等，另一方面是由于男女平等原则在社会文化、职业发展等方面落实不到位，以及女性的经济实力普遍不如男性等因素[1]。有数据显示，家庭暴力的原告多以女性为主，举证水平本就存在天然局限性，再加上家暴的私密隐蔽性，当事人往往难以取得并固定直接证据，更难以形成完整的证据链。

对于证据规则特别是举证责任，尤其是婚姻类案件，建议向弱者倾斜，必要事实可以倒置举证责任。而对于取证和举证难点，建议健全社会联动机制，强化基层调解功能（调解成功最好，调不成至少也能固定留存证据），增加律师调查取证权限，降低证明标准，简化公证和鉴定环节，切实维护每个公民，尤其是需要更多关怀的弱势群体的合法权益。

---

[1] 参见廖昀：《离婚诉讼中家庭暴力的认定研究》，南华大学 2021 年硕士学位论文。

论我国拾得遗失物拒不归还的维权机制

赵一萧*

（中国政法大学 北京 100088）

摘 要：在涉及遗失物的法律纠纷中，拾得人拒不归还遗失物的情况时有发生，在证据确凿的前提下，遗失人往往可以通过诉讼维护自己的合法权益。有些案件中存在没有直接证据证明拾得人占有遗失物或遗失物虚拟价值高、实际价值低造成维权成本过高的情形，在该种情况下遗失人往往会陷入维权困境中。遗失人在发现物品丢失时，应当及时留存证据，包括但不限于录音录像、调取监控等，便于日后进行维权，同时应当培养购买贵重物品时留存发票或购买凭证的好习惯，最大程度维护自己的合法权益。

关键词：遗失物；占有；所有权；《民法典》物权编

我国《民法典》明确规定了拾得遗失物的处理原则及拾得人与遗失人之间的权利与义务，建立了较为完善的维权机制，强调拾得人在拾得遗失物后负有及时归还的义务，旨在保护遗失人的财产权益，但拾得遗失物拒不归还的现象仍时有发生，甚至遗失人面临维权难、维权成本高等问题。拾得人拒不配合遗失人归还遗失物，故意导致遗失物损毁灭失等行为使得遗失人追回遗失物的合法权利难以得到救济。

一、拾得遗失物的定义及相关法律规定

（一）拾得遗失物的性质

拾得遗失物是指发现并占有他人的遗失物的行为。遗失物作为他人偶然

---

* 作者简介：赵一萧（1996 年— ），女，汉族，内蒙古包头人，中国政法大学同等学力研修班2023 级学员，研究方向为民商法学。

遗失的动产，须具备无人占有的特性，且区别于遗忘物，应属于有主物。拾得行为应同时具备发现与占有两个要件才构成法律层面认定的拾得行为。[1]

(二) 拾得人的义务

根据《民法典》第314条至第321条的相关规定，拾得遗失物者应当妥善保管遗失物，立即通知权利人领取，或者送交公安等有关部门。拾得人在通知权利人之前，不得使用或者处分遗失物。拾得人应当返还遗失物，包括原物及其孳息。拾得人因故意或者重大过失致使遗失物毁损、灭失的，应当承担民事责任。拾得人未履行前款规定的义务而致遗失物损害的，应当承担赔偿责任。

在我国，拾得人拾取遗失物后负有明确的法律义务，如及时归还义务、妥善保管义务等。同时拾得人应当如实说明遗失物的拾获时间、地点等情况，不得隐瞒真相，以免影响遗失人找回遗失物。若遗失人或相关部门需要核实拾得物的情况，拾得人有义务提供相关信息，配合完成遗失物的确认和归还手续。

拾得人在寻找遗失人的过程中，应对遗失物负有妥善保管义务。若遗失物本身价值昂贵或附加精神价值较高，因拾得人的原因导致遗失物损毁灭失，拾得人应承担相应的赔偿责任。

(三) 拾得人的权利

在拾得遗失物的情形下，拾得人除了承担一系列义务之外，也享有一定的权利，这些权利旨在合理回报拾得人的好意和付出，同时激励更多人参与到拾金不昧的良好社会风尚建设中。拾得人有向遗失人请求返还保管费用的权利，包括拾得人在归还遗失物的过程中产生的合理费用，例如存储费用、邮寄费用或是因归还遗失物而发生的交通费用等。

原则上讲，拾得人在归还遗失物时，不应额外获取报酬，但如果遗失物价值较大，且拾得人在寻找遗失人、归还遗失物过程中付出了显著的时间和精力，则有权请求适当报酬。具体数额可由双方协商，或参照当地法律法规的规定。需要特别说明的是，虽然《民法典》允许在特定条件下给予拾得人一定的报酬或补偿，但这并不意味着拾得人可以擅自索取不合理或超出法律规定范围的报酬，如要求遗失人支付高于拾得物市场价值数倍的报酬，或以损

---

[1] 隋彭生：《对拾得物无因管理的占有是有权占有》，载《华东政法大学学报》2010年第1期。

毁拾得物为要挟，变相向遗失人索取财物等。

若遗失人发布悬赏广告，拾得人拾得遗失物后，需以完成相应悬赏要约为前提，帮助遗失人寻回拾遗物，方可向遗失人主张给付报酬。[1]

拾得人在一定条件下有权优先取得遗失物所有权：当遗失人无法确认或长时间内未认领遗失物时，在满足一定条件和期限后，拾得人可能享有优先取得遗失物的权利。但在此之前，遗失物需先经过公示期，以给予遗失人最后的认领机会。

此外，拾得人在妥善保管遗失物并按法定程序通知遗失人或交付给有关部门之后，对于非因其故意或重大过失造成的遗失物毁损或灭失，一般不负赔偿责任，也即只要拾得人尽到了合理的注意义务，就不必承担意外损失的赔偿责任。

我国法律规定拾得人具有相关的权利义务，旨在构建一个公平、合理的遗失物归还机制，既能保护遗失人的财产安全，又能合理照顾到拾得人的贡献和牺牲，促进社会道德水平的整体提升。

二、实务中遗失人维权困境

尽管《民法典》对遗失人和拾得人的权利义务进行了较为全面的规定，但实务中仍存在不少拾得人拒绝返还、遗失人维权困难的案例。如葫芦岛市南票区人民法院曾审理的一起遗失物返还纠纷案中[2]，原告因对自己丢失的物品与被告所捡物件是否为同一物，未能提供充分证据予以证明两者在材质、重量、外形等属性上均一致，其诉讼请求未得到法院支持。类似情况还发生在杭州某地，某女士曾在某饭店卫生间遗失一部手机，并被饭店员工拾得，后拾得人联系遗失人称手机在其手中，并要求遗失人支付5000元的报酬，遗失人主张遗失手机本身市场价值不高，并要求拾得人出示拾得手机的证据，拾得人要求遗失人先行支付报酬后再将手机返还，双方未能协商一致。由于涉案遗失物标的价值不高，遗失人认为通过诉讼途径解决问题成本过高，不愿采取民事诉讼手段，最终陷入协商僵局。可以发现，在涉案遗失物本身的

---

[1] 姚明斌：《〈民法典〉第499条（悬赏广告）评注》，载《南京大学学报（哲学·人文科学·社会科学）》2021年第2期。

[2] 参见[2022]辽1404民初31号民事判决书。

物品价值较低，但附加的虚拟价值较为重要的现实情况下，遗失人维权过程中存在成本过高等问题，在不进入民事诉讼程序的前提下，双方的权利义务再平衡可能成为提高拾得人返还意愿的关键。

其次，关键证据的缺失、拾得人表述前后不一致等因素，使得遗失人无法确认遗失物是否由拾得人实际占有，在后置的诉讼环节中，遗失人又如何承担相应的举证责任也成为难题之一。

最后，在拾得人向遗失人主张金额过高的不当报酬，或以损毁遗失物相要挟等情形下，若遗失人未实际履行给付报酬的行为，没有实际损失的产生，涉案纠纷仍属于民事纠纷的范畴，难以通过《治安管理处罚法》《刑法》进行救济。

多数情况下，拾得他人财物后应当主动归还，关于遗失物的纠纷的核心仍是拾得人拒不归还遗失物，这种行为违背了社会公德和诚信原则。[1]在实务过程中，由于取证困难、诉讼成本高等原因，许多权利人往往选择放弃追究，这也在一定程度上助长了拾得遗失物拒不归还的风气，导致想要通过合法途径维护权利的遗失人面临着维权难的困境。

三、遗失人的维权困境的解决方案

根据《民法典》第314条和第316条的规定及相关司法解释，拾得人应当及时归还遗失物，否则遗失人有权要求其归还遗失物本身及其孳息。如果拾得人因故意或重大过失导致遗失物毁损、灭失的，遗失人可以要求拾得人赔偿相应的经济损失。[2]

在实务当中如果拾得人拒绝归还遗失物，遗失人可以向人民法院提起民事诉讼，要求拾得人返还遗失物。在诉讼过程中，遗失人需要提供足够的证据证明自己是遗失物的所有权人，例如购买凭证、使用记录、目击者证言等，且可以证实拾得人已实际占有遗失物。法院将依据证据判断遗失物所有权归属，并依法作出判决，要求拾得人返还遗失物，或赔偿相应损失。

在诉讼期间，为了避免遗失物被转移、隐藏或损坏，遗失人可以向法院

---

[1] 黄洁、陈露平：《论我国遗失物拾得制度》，载《齐齐哈尔师范高等专科学校学报》2022年第1期。

[2] 董学立：《遗失物拾得制度研究》，载《山东师范大学学报（人文社会科学版）》2005年第4期。

申请财产保全措施，要求法院查封、扣押或冻结拾得人持有的遗失物或其他财产，直到案件审结为止，进一步保障遗失人的合法权益。如果法院判决拾得人返还遗失物，但在判决生效后拾得人仍拒不执行，遗失人可以申请法院强制执行。法院将采取强制措施，如查封、拍卖拾得人的财产，直至遗失物得以归还或获得等值赔偿。

医药行业《反垄断法》适用问题研究

张 波*

（中国政法大学 北京 100088）

摘 要：医药行业中存在对《反垄断法》适用困难的顽疾，本文通过对医药行业中存在的垄断行为的分析，指出其具体垄断行为与相关行为的区分，阐释医药行业《反垄断法》适用困难的根源，并从三个方面针对性地提出相应的解决方案，以期为医药行业的健康发展提供一定的借鉴。

关键词：医药行业；垄断行为；法律界定；对策研究

随着我国经济的快速发展，人们在追求财富的同时对于身心健康的渴求也日益强烈，在此种情绪的驱动下，医药市场的发展日益壮大，然而区别于传统的其他消费品市场，医药市场极高的技术壁垒与专利保护导致其较之其他消费品市场垄断可能性更大，垄断情况更加严重，垄断行为成了制约医药市场健康发展的痼疾。基于此，本文立足于《反垄断法》，尝试对医药行业主要垄断行为进行分析，探究其成因并给出相应的解决方案，以期为我国医药市场的健康发展尽绵薄之力。

一、医药行业垄断行为的表现及法律界定

医治顽疾的前提是找准"病灶"后"对症下药"，对垄断行为的具体表现进行定性是后续解析其成因与探索解决方案的前置条件。

---

* 作者简介：张波，男，汉族，北京市盈科（广州）律师事务所医药法律部副主任，中国政法大学同等学力研修班2023级学员，研究方向为经济法学。

(一) 主要垄断行为

1. 价格垄断

价格垄断是医药行业中较为常见的垄断行为，价格垄断问题在医药市场上主要涉及两类主体，包括药品生产厂商和药品销售商，销售商包含零售商和批发商两类。药品价格垄断与我国《反垄断法》中规定的类型大致具有一致性。

2. 滥用市场支配地位

滥用市场支配地位是指医药企业通过不正当手段控制市场，损害其他企业或消费者的利益的行为，滥用市场支配地位与经济法理论上的类型相符，但是具有自身的一些特有特征，我国绝大多数医疗资源都汇聚于公立医院之手，在滥用市场支配地位强迫交易时，具有双向的垄断地位——对于上游厂商与下游医药产品消费者都具有实质的控制力。[1]

3. 限制竞争协议

限制竞争协议也称垄断协议，是指医药企业与其他企业达成有关协议，限制医药市场上的竞争行为，从而达到共同控制市场的目的。其可以区分为横向限制竞争协议与纵向限制竞争协议，横向限制竞争协议是指具有竞争关系的医药企业之间所达成的关于固定商品价格、限定交易对象等情形的协议；纵向限制竞争协议是指医药企业与其上下游的交易相对人之间达成的固定药品转售价格或限制转售对象的协议。[2]

4. 滥用知识产权

在医药市场中，由于医药行业本身的特殊性，一款医药产品从研发到投产运用需要经历漫长的周期与巨大的前期投入，因此出于对医药企业的保护，对于医药企业往往给予了较大的专利保护力度。但是在实践之中，企业通过延长专利保护期、恶意阻止有关仿制药上市等各种方式阻止对手进入市场从而维持自身的高利润。

(二) 法律界定

根据我国《反垄断法》的有关规定，垄断行为的界定主要包括垄断协议、

---

[1] 参见陈静:《反垄断视野下的药品价格垄断问题探究》，载《黑龙江工业学院学报（综合版）》2018年第12期。

[2] 参见范林杰:《新反垄断法对医药行业发展的规制研究》，载《商业经济》2024年第9期。

滥用市场支配地位、经营者集中三类。对于医药行业的垄断行为，法律界定需要明确其构成要素并与其他市场行为进行区分。

第一，垄断协议是指在竞争者之间所达成的，旨在排除、限制竞争的协议，包括价格固定、市场分割、产量限制等。在医药行业，常见的垄断协议包括药企之间的价格协同、市场区域划分及供应商之间的市场分割协议。例如，药品生产商可能会与分销商达成协议，固定药品价格或在不同区域进行价格差异化。根据《反垄断法》有关的规定，若协议目的或效果是限制竞争，无论其是否产生实际竞争损害，均属于违法行为。因此，价格固定和市场分割等行为在医药行业中可能被认定为非法垄断协议。

第二，滥用市场支配地位指的是占据市场主导地位的企业通过不正当手段排除、限制竞争，损害市场效率和消费者利益。法律界定"市场支配地位"时，通常通过市场份额、竞争者数量及市场进入壁垒等因素来判断。在医药行业，滥用市场支配地位的行为包括差别定价、拒绝交易、限制供应等。例如，大型药企可能通过提高药品价格或限制药品供应，迫使小型竞争者退出市场。根据《反垄断法》的规定，企业不得滥用其市场支配地位实施不公平交易行为或排除竞争行为。

第三，滥用知识产权是医药行业中特有的垄断行为，尤其是专利权的滥用。尽管知识产权设立的最初目的是更好地保护创新，但是当企业通过恶意延长专利保护期、恶意设立专利壁垒等方式阻碍竞争，便可能构成滥用，成为一种特有的垄断行为。

综上，医药行业的垄断行为既包括传统的垄断协议和滥用市场支配地位，也包括因知识产权被滥用形成的市场障碍。

二、《反垄断法》在医药行业适用的困境分析

（一）医药行业的特殊性

《反垄断法》在医药行业适用里存在困难的重要原因之一便是医药行业作为直接关系公共健康与社会福利的特殊领域，其市场运行机制与一般商品存在不同之处。表现在如下方面：

第一，医药行业本身所具有的高技术与高投入的门槛，如上文所述，一款常见的医药产品从其研发之始到最终研发成功投入市场需要经历漫长的周期，巨大的经费投入导致很多企业对此望而却步，很容易形成一种"自然垄

断"的状态。

第二，相关市场界定的复杂性，与一般商品往往存在一定的地域流通范围的情形不同，医药产品并不存在此种问题，因此在相关市场的界定上更为困难。

（二）立法与执法的局限

除去医药行业本身所具有的特殊性外，立法与执法方面也有相应的原因，主要包括：其一，对医药行业严格的专利制度保护，由于上文所述的高技术与高投入的门槛，不给予严格的法律保障将不会有医药企业愿意去投入对新药的研究，但是倘若此种保护超过了必要限度则反而违背制度设立的初衷，因此基于公众利益与医药企业利益的平衡，有必要对此进行重新审视；其二，药品市场准入制度与本国医药企业水平的不适配易致垄断。药品的质量好坏直接关系人民群众的生命健康安全。也基于此，各国监管部门对药品从研发到销售的每一环节的市场准入都设定了严格的监管制度，该制度在一定程度上能够保障药品的安全性和有效性。但是严格的市场准入制度却也导致了市场竞争不充分，[1]从侧面推动了垄断的产生。

三、完善医药行业《反垄断法》适用的对策

（一）法律体系的完善

在立法上，针对医药行业的反垄断法律体系进行完善，针对几种不同类型的垄断行为分别进行针对性立法；[2]制定专门的医药反垄断规则，明确价格垄断、滥用市场支配地位的认定标准；强化与《专利法》等其他部门法的衔接，合理界定专利保护的范围。

（二）监管机制的优化

优化监管机制是完善医药行业反垄断的关键措施之一。首先，应注重监管部门的人才专门化培养，提升执法能力；其次，要推动市场监管部门与诸如专利局等其他有关部门的合作，建立合作共享机制；最后，要引导医药企业制定更加优化的产业政策，减少经销环节，压缩产业链中的参与者层数，提

---

[1] 参见甘戈、张玉鹏、宋大平：《以反垄断推动创新药发展》，载《中国市场监管研究》2024年第8期。

[2] 参见张鹏：《医药行业垄断问题及其法律规制研究》，载《河北企业》2022年第4期。

高监管效率。[1]

(三) 域外经验的借鉴

积极借鉴域外的关于医药行业反垄断规制的先进经验,结合我国特有社会实践形成本土化的医药行业反垄断的经验体系。

---

[1] 参见张泰安:《原料药行业垄断的产生机制与〈反垄断法〉规制路径》,载《西部法学评论》2021年第5期。

浅析破产债权确认诉讼制度

张 璐*

(中国政法大学 北京 100088)

摘 要：《企业破产法》将债权确权交由法院行使并创设了破产债权确权诉讼制度。本文通过对现行破产债权确权法律法规的梳理，阐述关于破产债权确认诉讼的有关问题。

关键词：破产债权；破产债权确认诉讼；诉讼制度

我国为保护债权债务人权利，使破产案件中的各方都得到公平的清偿，确立了申报、确认债权的程序制度。破产债权确认诉讼制度的法律依据是2007年实施的《企业破产法》第48条和第58条，该制度的确定为债权人提供司法救济途径和程序保障。

一、破产债权确认诉讼制度

(一) 破产债权

破产债权是对债务人在宣告破产之前已经发生债权的统称，需要经法定程序申报、由法院确认，该债权为财产请求权，从破产财产中进行清偿，能够强制执行。我国《企业破产法》对破产债权的确认程序有着明确的规定，只有通过了申报、登记、审查和确认等环节，债权人申报的债权才能成为破产债权，破产债权的确认是债权得到清偿的前提。

破产程序需要公平与效率，故法律规定破产债权的申报期为30日至3个月，由受理破产案件的法院确定具体的时间，债权申报期从法院发布受理破产申请公告之日开始起算。申报期内债权人要向法院确定的破产管理人申报

---

* 作者简介：张璐，女，汉族，中国政法大学同等学力研修班2024级学员，研究方向为经济法学。

债权，管理人收到申报材料后，对申报的债权进行调查审核并登记造册，完成债权表的编制并提交首次债权人会议查证核实。逾期未申报的债权可以补充申报，但申报时间必须在破产财产最后分配之前。对于补充申报债权人来说，其补充申报前已经分配的，不会进行补充分配，只能参与补充申报时尚未分配的破产财产的分配。在首次债权人会议中债务人和债权人对债权表记载的内容没有异议的，法院裁定确认该债权为破产债权，有异议的可以提起破产债权确认诉讼。

（二）分类

广义的债权确认诉讼，包括在破产申请受理前已提起尚未结束的债权确认诉讼和破产申请受理后提起的债权确认诉讼；狭义的债权确认诉讼，是指破产申请受理后，债务人、债权人对管理人审核编制的债权表或债权清单记载的债权有异议而提起的诉讼。[1]我国现行法律规定仅包含狭义的债权确认诉讼程序，并根据案由的不同将该诉讼分为了普通破产债权确认之诉与职工破产债权确认之诉。

（1）普通破产债权确认之诉是指当债务人和债权人对债权表记载的债权存在异议时，向管理人请求进行更正，但管理人未予以更正地向人民法院申请确认债权的民事诉讼，诉讼主体包括债权人和债务人。债权人对自身债权或对于其他债权人的债权存在异议均可作为原告提起诉讼，但对自身债权存在异议，则被告为债务人；对他人债权存在异议，则被告为被异议的债权人，两种情况的被告不同。如果多人对同一笔债权存在异议，多位异议人可作为共同被告申请参加诉讼。

（2）职工破产债权确认之诉是指债务人的职工对债权表记载的根据法律和行政法规规定应当向职工支付的工资和补偿金、医疗费、伤残补助金、基本养老保险费、基本医疗保险费、抚恤费等存在异议时，要求管理人予以更正，管理人不予更正的，向人民法院请求确认上述费用数额及相关事项的诉讼请求。关于职工债权中的工资，笔者认为不单指工资，还应该包括加班费、奖金、补贴、津贴等；[2]补偿金则是指依据劳动合同法解除、终止劳动合同后应支付的经济补偿金。至于其他不属于职工债权，但债务人又拖欠职工的

---

〔1〕 刘子平：《破产债权确认诉讼制度研究》，载《法律适用》2007年第10期。
〔2〕 参见1990年1月1日国家统计局令第1号发布的《关于工资总额组成的规定》第4条。

费用，职工可以通过普通债权确认之诉来维护自身权益。

债务人所欠的税款、应缴纳的罚款或社会保险费用等属于国家行政机关的债权，即公法意义上的债权，债权人、债务人对债权表中记载的这些费用有异议的，亦可提起债权确认诉讼。

二、破产债权确认诉讼的提起与管辖

（一）起诉条件

从《企业破产法》第58条的规定可见，提起破产债权确认诉讼有前置条件的要求，缺少程序中的任何一环，都不能提起该诉讼，具体的条件如下：一是债权已申报，除法律规定的不需要申报的特殊债权外，债权人要行使诉讼权利，需要向管理人完成申报；二是债权登记在册，申报的债权经过了管理人审查和公示，已经编制完成了债权表；三是异议已报管理人，管理人确实收到了该异议；四是管理人对异议不认可。满足上述四个条件债务人和债权人才能向法院提起债权确认的诉讼。

（二）管辖

根据《企业破产法》及相关法律法规的规定，破产债权确认诉讼案件的管辖原则以专属管辖为主，但是也存在一些例外情况。

进入破产程序后，与破产债务人相关的纠纷采用集中管辖原则，故破产债权确认诉讼由受理破产案件的法院享有专属管辖权，即使根据诉讼标的米说不属于该法院管辖的，为了保障破产程序的进行和减少诉累，也由该法院进行管辖。但破产申请受理前约定了仲裁的，由仲裁机构确认债权债务而非法院，且破产申请受理前已提起在受理后还未结束的债权确认纠纷，由原审法院或者原仲裁机构管辖，这些都属于专属管辖原则的例外情况。《企业破产法》中规定的管辖并未排除级别管辖与指定管辖。普通破产债权确认纠纷可以根据标的金额，按级别管辖的规定本应由基层人民法院审理的案件，交基层人民法院审理；破产债权确认纠纷拟确认的债权，如果属于海事纠纷、专利纠纷、证券纠纷等须专门管辖的案件，可以由上级人民法院指定管辖。[1]

---

[1] 最高人民法院研究室编著：《最高人民法院新民事案件案由规定理解与适用》，人民法院出版社2021年版，第816页。

三、破产债权确认诉讼起诉期限相关问题探讨

按照破产程序要求,对债权人会议审查的债权表中的债权存在异议,报管人得不到认可的才能起诉,但我国现行法律并未规定异议期,这对破产债权确认诉讼的提起造成了影响。最高人民法院在《关于适用〈中华人民共和国企业破产法〉若干问题的规定(三)》中创设了 15 日破产债权确认诉讼起诉期限。为何设定的起诉期限是 15 日?有观点认为立法者是参照《企业破产法》第 64 条第 2 款规定的关于债权人请求人民法院裁定撤销债权人会议决议的时限制定了破产债权确认之诉的起诉期间。[1]笔者也同意该观点。该解释虽然规定了起诉期限,却对于逾期起诉需承担的法律后果没有规定。那么超过 15 日提起诉讼的,是否必然导致其实体权利或诉权的消失?实务中的观点不一。关于 15 日起诉期限的性质应该如何认定?众说纷纭,存在诉讼时效说、除斥期间说、起诉期限说等多种观点。有些法院认为超过 15 日未起诉的债权确定,也有法院认为超过 15 日未提起异议诉讼并不必然导致诉权丧失。

关于 15 日起诉期限性质的争议,最高人民法院虽然一直没有更明确的规定和解释,但是于 2022 年在其公报案例[2]中表述了裁判观点,最高人民法院认为这 15 日是附不利后果的引导性规定,不是起诉期限,也不是诉讼时效,更不是除斥期间,届满后异议人实体权利和诉权也仍然存在。最高人民法院为提高诉讼效率、督促异议人起诉而设立了这 15 日时限,异议人在这 15 日内不提起诉讼,视为同意债权人会议核查的结果,按照债权人会议核查并经人民法院裁定确认的结果继续推进破产程序,与财产分配和行使表决权等相关的不利后果由异议人自行承担。笔者认为最高人民法院的这份判例,是破产债权确认诉讼实务的重要指导,同样表明了《企业破产法》第 64 条第 2 款规定的 15 日撤裁期限的性质也为附不利后果的引导性规定。

四、结语

破产债权的确认诉讼制度从设立至今已经过了十多年,它是破产程序重

---

[1] 宋炜:《破产债权确认之诉适用问题探析》,载《法制博览》2021 年第 29 期。
[2] 参见最高人民法院〔2022〕最高法民再 233 号民事裁定书。

要的组成环节，涉及多项法定程序。虽然现行法律法规对破产债权确认诉讼程序有所规定，但并未形成一整套的体系，使得实务工作缺少理论指导和依据。随着经济的发展和社会的进步，破产案件也越来越多，更加需要立法者给予应有的重视，使其制度更加完善，使理论和制度的发展跟随时代的步伐，以更好地维护债权人和债务人的合法权益。

浅析公司归入权

郅晓辉*

（中国政法大学 北京 100088）

摘　要：本文通过对《公司法》（2023 年修订）中归入权制度的研究，阐释了公司归入权制度的内涵，并深刻分析了公司归入权背后的理论基础，论述了公司归入权的适用条件，并对《公司法》（2023 年修订）背景下仍然存在的问题提出针对性的完善建议。

关键词：公司法；归入权；理论基础

在公司的内部治理中，对公司的财产保护与对公司高管人员权力的限制一直是一项重要议题。伴随着现代经济的发展，公司对于其内部业务的经营逐渐迈过了传统的专一而走向了多元化，也因此，在公司的触角愈发广泛分布时，公司内的关联交易、商业机会等被股东高管利用职务便利侵吞便成了《公司法》亟待解决的难题。而 2023 年修订的《公司法》对归入权适用主体范围、具体适用情形进行了明确，使得这一制度在面对公司内部人员违反相关义务时能"游刃有余"，本文将立足于《公司法》（2023 年修订），从归入权的理论基础出发，研究归入权的定义、适用范围、适用条件等，以期为我国公司经营管理制度的完善贡献绵薄之力。

一、公司归入权的基本理论

（一）公司归入权的概念与特征

1. 归入权的法律概念

理论界一般认为，所谓公司归入权（也称"介入权"或"夺取权"）是

---

* 作者简介：郅晓辉，中国政法大学同等学力研修班 2024 级学员，研究方向为经济法学。

指法律赋予公司的对公司内部人员违反特定的法律义务而将其所获得的利益收归公司所有的权利,是一种公司对公司内部人员违法取得的溢出收益收归公司所有的权利。[1]

2. 公司归入权的特征

第一,对象的专属性,归入权以公司利益为保护对象,仅限于法定的溢出收益——违反相关法律法规规定或公司章程的有关规定。此种溢出收益既包括积极利益的增加,在特定的情况下也可以表现为消极利益的避免或减少。[2]

第二,行使的法定性,归入权的存在依赖于法律的明文规定,而非基于公司的内部章程或其他合同的约定,基于此,归入权的行使不得附带其他条件,公司本身也不得放弃对归入权的行使。

第三,性质的补偿性,归入权在本质上并非一种对相关违反法律义务人员的惩罚,而是弥补与填平公司因其违反义务行为所遭受的损失。

(二) 公司归入权的理论基础

1. 资本维持原则

资本维持原则属于公司法的柱石,公司在经营中必须保持足够的资本以保障债权人的利益,而公司内部相关人员违反义务致使公司财产受损后,公司依据归入权将相关人员因违反义务所获得的利润收归公司所有,从而维持公司资本的完整性,这也是资本维持原则的体现。

2. 信义义务原则

信义义务是指公司管理者所负有的对公司的义务,包括忠实义务与勤勉义务,忠实义务是指董事高管人员必须以公司利益为重,不得利用职务便利牟取私利;勤勉义务是指董事高管人员在履职时必须尽心尽责。当高管人员利用职务便利为自己或亲友牟利,损害本公司利益时,实质上就是违反了忠实义务,依据归入权将高管人员从公司所获得的非法利益收归公司所有也是维护信义义务的体现。

---

〔1〕 参见李宁:《公司归入权问题探究》,载《闽江学院学报》2009年第1期。

〔2〕 参见焦晓玲、刘德福:《公司归入权的法理界定》,载《甘肃政法成人教育学院学报》2005年第2期。

3. 公司利益优先原则

公司利益优先原则的基础逻辑在于，公司作为一个独立的法人主体，其运行应当以公司利益为主，而非依据个别股东或管理层人员的利益。归入权通过对违反义务的公司内部人员所获利润的追回，体现了公司利益优先的原则。

二、公司归入权在我国《公司法》中的适用

（一）公司归入权的适用情形

《公司法》（2023 年修订）扩大了归入权主体适用范围，同时更为详细的列明了归入权的适用条件，具体如下：

1. 主体条件

归入权的主体是公司本身，但是由于公司法人的身份，其属于一种人格的拟制，仍然需要相关自然人去代表公司行使该权力，在一般情况下，公司的董事会、股东会、监事会等可以代表公司行使该权力。但是由于归入权所涉及的本身便是部分高管人员违反忠实义务的行为，因此可能存在董事会监事会等与其"狼狈为奸"的情形，在此情形之下，股东也可以以自己的名义提起派生诉讼。〔1〕

2. 行为条件

行为条件是指公司内部人员违反相关义务的行为，具体而言包括如下几类：

第一，侵占公司商业机会，公司内部人员往往利用其职务之便，将原本属于公司的商业机会据为己有或交由亲友经营，致使公司利益遭受损失。

第二，利益输送、关联交易与自我交易，公司内部的董事监事等高级管理人员为公司处理事务时其性质实际上类似于代理人与被代理人的法律关系，基于此，公司内部人员在为公司处理事项时亦不得进行利益输送、自我交易与关联交易。〔2〕

第三，其他违反忠实义务的行为，包括未经公司许可擅自经营竞争性业

---

〔1〕 参见孙杰：《论我国公司法中归入权制度》，载《佳木斯职业学院学报》2017 年第 6 期。

〔2〕 参见杨振、秦美虎：《新〈公司法〉背景下公司归入权研究》，载《法制博览》2024 年第 31 期。

务等其他违反忠实义务，且对公司利益造成损失的行为。

3. 结果条件

归入权的行使要求公司内部的董事监事等高级管理人员在客观上获取了利益，倘若其并未获利，那么归入权的行使则是"无的放矢"，无利可归。

（二）公司归入权制度的意义

第一，有利于完善公司治理制度，归入权的存在有利于约束公司内部董事和其他高级管理人员的行为，推动其履行高管人员应履行的忠实义务与勤勉义务，推动公司治理结构的优化与完善。

第二，有利于保护公司财产，公司虽有法人独立人格之名，有其独立财产，然而归根到底，其只是一种人格的拟制，对公司财产的保护不能仅凭公司内部人员的内心约束，而需要实质性的制度保障。

第三，有利于保护债权人利益，对公司财产的保护不仅仅是对股东利益的保护，同时也是对公司债权人利益的保护，只有公司财产真正被运用到公司正常生产经营过程中，不被内部人员所侵占窃取，才能更好保护公司债权人的利益。

三、完善我国公司归入权制度的建议

（一）完善归入权立法与制度建设

首先，需要进一步明确适用范围与适用情形，虽然《公司法》（2023 年修订）对于公司归入权的适用范围做出了较为详细的规定，但是仍然存在一定欠缺，例如，对于侵占属于公司的商业机会的情形没有相应的具体规定，应当对于公司归入权适用范围做出更进一步的细化规定。

其次，完善对于利益认定的标准，可以以立法的形式明确公司内部人员非法利益的认定方法，以减轻公司在行使归入权时的数额计算成本。

最后，可以考虑引入超过数额的赔偿制度，现有归入权制度仅仅采用"填平规则"，行为人归还部分仅限于其所得部分，以行为人侵占公司商业机会为例，行为人获取该商业机会对于行为人可能仅产生 10% 的收益，但是以公司完善的经营管理制度，倘若该商业机会为公司所有可能会产生 20% 的收益，其中的间接损失难以计算。因此，可以考虑在直接损失较小而间接损失较大时，引入类似《消费者权益保护法》中的惩罚性赔偿制度，以此更为有效地保护公司利益。

（二）健全司法保障机制

第一，优化诉讼程序设计，在公权力机关不涉入的情况下，可以适当降低诉讼门槛，简化证据提交的要求，为中小股东提起诉讼保护公司利益提供便利。

第二，加强与其他司法机关的协调与合作，倘若公司内部人员窃取公司利益触犯了《刑法》有关规定，应当及时引入检察机关推行公诉程序。[1]

第三，在证据规则方面，可以考虑在特定情形下设立如举证责任倒置等制度，从而减轻公司方的举证责任，更有效地保护公司利益。

第四，对现实中出现的新情况、新问题及时进行总结分析，及时出台相关司法解释，以更好地指导具体案件的办理。

---

[1] 参见王建敏、石成：《公司归入权制度的建立与完善》，载《理论学刊》2014年第1期。

直播带货中不正当竞争行为的法律规制

王 康[*]

(中国政法大学 北京 100088)

摘 要: 随着直播带货行业的迅猛发展,不正当竞争行为也日益凸显。本文深入剖析直播带货中不正当竞争行为的多种表现形式,分析现有法律规制存在的不足,并提出完善相关法律规制的建议,旨在促进直播带货行业健康、有序地发展,维护公平竞争的市场秩序。

关键词: 直播带货;不正当竞争;法律规制

直播带货作为一种新兴的电子商务营销模式,在近年来呈现出爆发式增长。它借助网络直播平台,将商品展示、销售与互动融为一体,为消费者提供了更为直观和便捷的购物体验,同时也为商家开辟了新的销售渠道,对经济发展起到了积极的推动作用。然而,在其快速发展的背后,直播带货中的不正当竞争行为逐渐泛滥,严重扰乱了市场秩序,损害了其他经营者和消费者的合法权益。因此,加强对直播带货中不正当竞争行为的法律规制,已成为当前亟待解决的重要课题。

一、直播带货中不正当竞争行为的表现形式

(一) 混淆行为

在直播带货过程中,部分主播或商家为了吸引消费者,故意实施混淆行为。他们可能会采用与知名品牌相似的直播间名称、头像、背景布置等,或者在介绍商品时使用与其他有一定影响的商品名称、包装、装潢相近似的表述,使消费者在视觉或听觉上产生混淆,误认为其所推销的商品是知名品牌

---

[*] 作者简介:王康,中国政法大学同等学力研修班 2023 级学员,研究方向为经济法学。

或与知名品牌存在某种关联。[1]例如,一些小品牌的化妆品在直播中模仿大牌化妆品的包装风格和宣传话术,误导消费者购买其产品。这种混淆行为不仅损害了知名品牌的商业信誉和市场份额,也使消费者在购买商品时难以做出准确的判断,侵害了消费者的知情权和选择权。

(二)虚假宣传行为

虚假宣传是直播带货中较为常见的不正当竞争行为之一。主播为了提高商品的销量,往往会夸大商品的性能、功能、质量、销售状况、用户评价等。他们可能会宣称某种减肥产品具有神奇的减肥效果,在短时间内可以让使用者减掉大量体重,而实际上该产品并没有如此显著的功效;或者吹嘘某款电子产品采用了最先进的技术,但实际上该技术并未应用于该产品中。[2]此外,主播还可能通过制造虚假的销售数据和用户好评来营造商品畅销的假象,诱导消费者跟风购买。这种虚假宣传行为严重误导了消费者的购买决策,使消费者基于错误的信息做出购买行为,从而遭受经济损失。

(三)商业诋毁行为

商业诋毁行为在直播带货中也时有发生。一些主播为了打压竞争对手,会在直播中故意编造、传播虚假信息或误导性信息,损害竞争对手的商业信誉和商品声誉。他们可能会声称竞争对手的产品存在质量问题,如某品牌的食品存在安全隐患,或者说竞争对手的服务态度恶劣等。这种恶意诋毁行为不仅破坏了竞争对手的商业形象,使其在市场竞争中处于不利地位,也扰乱了正常的市场竞争秩序,影响了消费者对整个行业的信任。

(四)侵犯商业秘密行为

直播带货涉及众多商业环节和信息交流,其中不乏商业秘密的存在。部分主播或其背后的团队可能会通过不正当手段获取竞争对手的商业秘密,如客户名单、营销策略、产品配方等,并在直播中加以利用或披露给他人。例如,某主播曾在跳槽到新的直播带货团队后,将原团队的独家合作客户名单泄露给新团队,新团队利用该名单与客户进行联系,试图挖走原团队的客户资源。这种侵犯商业秘密的行为严重损害了商业秘密所有者的合法权益,破

---

[1] 参见周刚志、李家伟:《论网络直播产业的法律性质及其立法规制》,载《邵阳学院学报(社会科学版)》2017年第3期。

[2] 参见王欢、庞林源:《网络直播监管机制及路径研究》,载《出版广角》2017年第6期。

坏了市场竞争中的公平原则。

（五）不正当有奖销售行为

为了吸引更多观众参与购买，一些直播带货活动会设置有奖销售环节。然而，部分主播或商家却在有奖销售中实施不正当行为。他们可能会设置模糊不清的奖品种类、兑奖条件或奖金金额，使消费者在参与活动时无法明确了解自己的权益和义务；或者故意安排内定人员中奖，营造出活动火爆、中奖概率高的假象，欺骗其他消费者购买商品。例如，某直播带货活动宣传抽奖可获得高额现金红包，但在消费者完成购买后，却发现兑奖条件极为苛刻，几乎无法真正获得红包。这种不正当有奖销售行为违背了诚实信用原则，损害了消费者的利益，也破坏了市场竞争的公平性。

二、完善法律规制的建议

（一）细化法律规则

针对直播带货的特点，应进一步细化和完善《反不正当竞争法》的相关规定。明确各类不正当竞争行为在直播带货场景下的具体认定标准，减少法律适用的不确定性。[1]例如，对于直播带货中的虚假宣传行为，应详细规定何种程度的夸大宣传构成虚假宣传，以及如何判断主播的推荐性语言是否属于虚假宣传的范畴。同时，应明确主播与商家在不正当竞争行为中的责任分担原则，根据双方在直播带货活动中的实际参与程度、对不正当竞争行为的知晓程度等因素，合理确定各自应承担的责任。

（二）强化平台责任

直播平台在直播带货中具有重要的地位和作用，因此应强化平台的责任。明确直播平台在预防和制止不正当竞争行为中的责任和义务，要求平台建立健全的审核机制，对主播的资质、直播内容进行严格审核，尤其是对商品宣传信息的真实性和合法性进行把关。平台应利用大数据、人工智能等技术手段，实时监测直播带货活动，及时发现和处理不正当竞争行为。例如，当平台发现主播存在虚假宣传或商业诋毁等行为时，应立即采取措施制止，如暂停直播、删除相关视频、对主播进行处罚等。同时，对于多次出现不正当竞

---

[1] 参见许向东：《我国网络直播的发展现状、治理困境及应对策略》，载《暨南学报（哲学社会科学版）》2018年第3期。

争行为的主播或商家，平台应建立黑名单制度，限制其在平台上的活动。此外，在法律上应明确规定平台在何种情况下应对不正当竞争行为承担连带责任，如平台明知主播存在不正当竞争行为而未采取有效措施制止的，应与主播承担连带责任。

（三）提高违法成本

加大对直播带货中不正当竞争行为的处罚力度，提高违法者的违法成本，形成有效的威慑。对于实施不正当竞争行为的主播、商家或直播平台，应根据其违法行为的性质、情节和危害程度，给予相应的行政处罚，包括罚款、吊销营业执照、责令停业整顿等。同时，建立惩罚性赔偿制度，对于因不正当竞争行为遭受损失的经营者或消费者，除了给予实际损失的赔偿外，还应给予一定倍数的惩罚性赔偿，使受害者能够获得充分的赔偿，同时也对违法者起到更强的惩戒作用。[1]此外，对于情节严重构成犯罪的不正当竞争行为，应依法追究刑事责任，通过刑事制裁手段严厉打击违法犯罪行为。

（四）加强协同监管

建立市场监管部门、网信部门、公安部门等多部门协同监管机制，加强信息共享和执法协作，形成监管合力。市场监管部门应重点负责对直播带货中商品质量、价格、广告宣传等方面的监管；网信部门应加强对直播平台的网络安全监管，规范直播平台的运营行为；公安部门则应依法打击直播带货中涉及的诈骗、侵犯商业秘密等违法犯罪行为。各部门之间应建立定期的沟通协调机制，及时交流监管信息，共同研究解决监管过程中出现的新问题。同时，应加强跨地区的监管协作，对于涉及跨地区的直播带货不正当竞争案件，各地监管部门应相互配合，统一执法标准，避免出现监管空白和执法差异。

（五）增强法律意识

加强对直播带货从业者的法律培训和教育，增强其法律意识和合规经营意识。行业协会应发挥积极作用，组织开展相关法律法规的培训活动，向主播、商家等从业者普及《反不正当竞争法》《消费者权益保护法》等法律法规知识，使其了解不正当竞争行为的种类、危害及法律后果。直播平台也应

---

〔1〕 参见李梦琳：《论网络直播平台的监管机制——以看门人理论的新发展为视角》，载《行政法学研究》2019年第4期。

在主播入驻时，对其进行法律知识培训，并在平台规则中明确禁止不正当竞争行为的条款，引导主播和商家自觉遵守法律法规，合法开展直播带货活动。此外，还可以通过媒体宣传等方式，向广大消费者普及直播带货中的法律知识，提高消费者的辨别能力和维权意识，鼓励消费者对直播带货中的不正当竞争行为进行监督和举报。

三、结语

直播带货作为一种新兴的商业模式，在为经济发展带来机遇的同时，也伴随着不正当竞争行为的滋生。为了维护公平竞争的市场秩序，保护经营者和消费者的合法权益，必须加强对直播带货中不正当竞争行为的法律规制。通过细化法律规则、强化平台责任、提高违法成本、加强协同监管和增强法律意识等多方面的措施，构建完善的法律规制体系，促进直播带货行业健康、有序地发展。只有这样，才能使直播带货在合法合规的轨道上不断创新和发展，为经济社会发展作出更大的贡献。

《商标法》与《反不正当竞争法》对于仿冒商标规定：竞合、冲突与协调之思

郭欣然*

（中国政法大学 北京 100088）

摘　要：《商标法》与《反不正当竞争法》在保护商标权益方面均发挥着重要作用。本文深入探讨两法在仿冒商标规定上的竞合、冲突表现，分析其产生的根源，并提出协调二者关系的思路与建议，旨在为完善我国知识产权保护体系、促进市场公平竞争提供有益的理论参考。

关键词：《商标法》；《反不正当竞争法》；仿冒商标

商标作为企业重要的无形资产和市场竞争工具，其合法权益的保护对于维护市场秩序和促进创新发展至关重要。《商标法》通过授予商标专用权，对商标的注册、使用、转让等进行规范，为商标权人提供直接的法律保护；而《反不正当竞争法》则从维护市场竞争的公平性和正当性角度出发，对包括仿冒商标在内的各种不正当竞争行为予以制止。在实践中，两法在仿冒商标规定方面存在着复杂的关系，既有竞合之处，也有潜在的冲突，如何妥善处理二者关系成为知识产权领域研究的重要课题。

一、《商标法》与《反不正当竞争法》在仿冒商标规定上的竞合表现

（一）保护对象的重叠

《商标法》主要保护注册商标专用权，其核心在于确保商标权人对特定标识在核定商品或服务上的独占使用权。而《反不正当竞争法》所保护的商业

---

* 作者简介：郭欣然，黑龙江绥化人，中国政法大学同等学力研修班2024级学员，研究方向为经济法学。

标识范围更为广泛，不仅包括注册商标，还涵盖未注册商标以及其他具有识别性的商业标识，如企业名称、包装及装潢等。因此，当被仿冒对象为注册商标时，《商标法》与《反不正当竞争法》的保护对象出现重合。[1]例如，未经许可在相同商品上使用与他人注册商标相同的标识，这种行为既侵犯了《商标法》所规定的商标专用权，也构成了《反不正当竞争法》所禁止的不正当竞争行为。

（二）行为认定标准的相似性

《商标法》对于商标侵权行为的认定通常基于混淆可能性的标准，即判断被控侵权行为是否容易造成消费者对商品或服务的来源产生误认或混淆。《反不正当竞争法》在制止仿冒商标行为时，同样将混淆作为重要的考量因素。例如，在判断某一企业是否通过仿冒他人商标实施不正当竞争行为时，需要分析该行为是否使消费者误认为仿冒产品来源于被仿冒商标权人或与之存在特定关联关系。虽然两法在具体表述和侧重点上可能存在差异，但在本质上都围绕着消费者混淆这一核心要素确定行为认定标准。这种相似性使得在许多仿冒商标案件中，依据《商标法》和《反不正当竞争法》可能得出相同或相近的结论，体现了两法在该领域规定的竞合。

二、《商标法》与《反不正当竞争法》在仿冒商标规定上的冲突表现

（一）保护范围与强度的差异引发的冲突

《商标法》对注册商标予以严格保护，保护范围主要限定在核定使用的商品或服务类别及近似类别。保护强度与商标的知名度、显著性密切相关，通常知名度越高、显著性越强的商标，保护范围越广、强度越大。然而，《反不正当竞争法》的保护范围相对更为灵活和宽泛，它并不局限于特定的商品或服务类别，而是着眼于整个市场竞争秩序的维护。在某些情况下，对于一些具有一定知名度但尚未达到驰名商标程度的商业标识，或者虽然使用在非类似商品或服务上但仍可能导致消费者混淆或误认的仿冒行为，《商标法》可能难以提供充分的保护，而《反不正当竞争法》却可能基于其维护市场公平竞争的立法宗旨予以制止。这种保护范围与强度的差异可能导致在具体案件中，

---

[1] 王太平、袁振宗：《反不正当竞争法的商业标识保护制度之评析》，载《知识产权》2018年第5期。

适用不同法律会产生不同的结果,从而引发法律适用的冲突。

(二)法律适用优先性的争议

在仿冒商标行为的法律规制上,《商标法》与《反不正当竞争法》的适用优先性存有争议。一方认为,《商标法》作为商标保护专门法,应优先适用,因为其对商标权及侵权构成规定精细,能精准界定范围,优先遵循它利于维护法律体系稳定、统一;另一方主张,《反不正当竞争法》具有兜底、补充特性,判断仿冒行为是否为不正当竞争时,不受《商标法》适用限制,只要违背市场竞争原则,损害经营者权益与竞争秩序,就可依此法规制,凸显其维护公平竞争的宏观、全面性,不应居《商标法》从属地位。

法律适用优先性的争议在实践中导致了类似案件在不同地区或不同法院可能出现不同的判决结果,影响了司法的统一性和权威性。例如,在某些涉及仿冒商标的案件中,一些法院严格遵循商标法优先适用原则,对于商品或服务类别不近似的仿冒行为,即使存在明显的消费者混淆和市场竞争损害,也因不符合商标侵权构成要件而驳回商标权人的诉讼请求;而另一些法院则更注重《反不正当竞争法》的兜底作用,在综合考虑案件事实和市场竞争状况后,依据《反不正当竞争法》认定仿冒行为构成不正当竞争,责令侵权人承担相应的法律责任。这种差异不仅使当事人难以预测其行为的法律后果,也不利于建立公平、有序、统一的市场竞争环境。

三、《商标法》与《反不正当竞争法》在仿冒商标规定上的协调思路

(一)明确法律适用的基本原则

为了避免《商标法》与《反不正当竞争法》在仿冒商标规定上的冲突和混乱,应当明确二者法律适用的基本原则。在一般情况下,对于涉及注册商标专用权的仿冒行为,首先应当依据《商标法》进行判断和处理。《商标法》作为专门规范商标权利保护的法律,其对商标侵权行为的认定标准和法律责任规定更为具体、明确,能够为商标权人提供直接、有效的法律救济。只有当《商标法》无法涵盖或难以充分保护商标权人的合法权益时,例如在涉及非注册商标、商标使用在非类似商品或服务上但仍存在混淆可能性等特殊情形下,才考虑适用《反不正当竞争法》进行补充性保护。这种法律适用原则既体现了《商标法》在商标权利保护领域的主导地位,又充分发挥了《反不正当竞争法》的兜底作用,能够确保在不同情况下对仿冒商标行为进行全面、

合理的规制。[1]

(二) 完善法律规定与司法解释

为了更好地协调《商标法》与《反不正当竞争法》在仿冒商标规定上的关系，有必要对相关法律规定进行完善，并及时出台相应的司法解释。在《商标法》方面，可以进一步细化商标侵权行为的认定标准，特别是对于混淆可能性的判断因素进行明确和量化，使其更具可操作性。例如，综合考虑商标的知名度、显著性、商品或服务的类似程度、消费者的注意力水平、市场实际混淆情况等因素，制定具体的判断规则和指导案例，为司法实践提供更为明确的依据。

在《反不正当竞争法》方面，应当进一步完善对仿冒商标不正当竞争行为的类型化规定，明确不同情形下的行为构成要件和法律责任。例如，对于在非类似商品或服务上使用他人具有较高知名度商标的"搭便车"行为、将他人商标作为企业名称或域名使用误导消费者的行为等，制定详细的认定标准和处罚措施。此外，最高人民法院可以适时出台关于《商标法》与《反不正当竞争法》适用关系的相关司法解释，对二者在仿冒商标规定上的竞合、冲突情形及处理原则进行明确和细化，统一司法裁判尺度，解决实践中存在的法律适用难题。

(三) 加强司法与行政执法协作

《商标法》与《反不正当竞争法》的有效实施离不开司法机关和行政执法机关的密切协作。在司法实践中，法院在审理涉及仿冒商标的案件时，应当加强与商标行政管理部门的沟通与协调，充分了解商标注册、使用管理等方面的信息和政策导向，确保判决结果既符合法律规定，又有利于维护市场竞争秩序和商标管理秩序。同时，商标行政管理部门在行政执法过程中，对于涉嫌构成不正当竞争的仿冒商标行为，应当及时移送司法机关处理，避免以罚代刑或行政处罚不到位的情况发生。此外，司法机关和行政执法机关还可以通过联合发布典型案例、开展业务培训与交流等方式，提高公众对《商标法》与《反不正当竞争法》的理解和适用水平，共同打击仿冒商标的行为。

---

[1] 刘丽娟：《论知识产权法与反不正当竞争法的适用关系》，载《知识产权》2012年第1期。

四、结语

《商标法》与《反不正当竞争法》在仿冒商标规定上既存在竞合关系，又面临着一定的冲突与挑战。竞合体现了两法在保护商标权益和维护市场竞争秩序方面的共同目标和相互补充性，而冲突则反映了二者由于立法目的、调整机制等差异所导致的矛盾与不协调。为了实现两法在仿冒商标规制领域的有机协调，需要明确法律适用的基本原则，完善相关法律规定与司法解释，并加强司法与行政执法协作。通过这些措施，可以充分发挥《商标法》与《反不正当竞争法》的各自优势，构建起严密、完善的商标权益保护体系，为我国市场经济的健康、稳定发展提供有力的法律保障。在未来的知识产权立法和实践中，还应当持续关注市场竞争环境的变化和法律实施中出现的新问题，不断探索和创新两法协调机制，以适应日益复杂的商标保护和市场竞争需求。

医疗美容适用《消费者权益保护法》的逻辑论证

李心田*

(中国政法大学 北京 100088)

摘　要：随着社会经济的发展和人们审美观念的变化，医疗美容行业迅速崛起，成为现代社会不可或缺的一部分。然而，医疗美容纠纷频发，消费者权益保护问题日益凸显。本文旨在探讨医疗美容是否应适用《消费者权益保护法》，并从多个维度进行逻辑论证，提出相应的立法建议。

关键词：医疗美容；消费者权益保护法；法律适用；逻辑论证

近年来，随着经济的快速发展和人们生活水平的提高，医疗美容行业逐渐成为人们追求美丽和健康的重要途径。然而，随之而来的医疗美容纠纷也日益增多，消费者权益保护问题愈发突出。医疗美容是否应适用《消费者权益保护法》成为理论界和实务界关注的焦点。本义将从多个维度对这一问题进行深入探讨，旨在为医疗美容行业的健康发展提供法律保障。

一、医疗美容适用《消费者权益保护法》的法律层面

从消费者概念的角度来看，医疗美容服务的接受者应被视为消费者。根据《消费者权益保护法》第 2 条的规定，消费者是指为生活消费需要购买、使用商品或者接受服务的自然人。医疗美容服务作为一种满足人们追求美丽和健康需求的服务，其目的在于提升个人形象和自信，属于生活消费的范畴。

（一）医疗美容服务的性质

不同于一般的医疗服务，医疗美容服务不仅涉及医疗技术的运用，还包括对消费者心理需求的满足。因此，医疗美容服务具有双重性质：一方面，

＊ 作者简介：李心田，中国政法大学同等学力研修班2023级学员，研究方向为经济法学。

它是医疗服务的一部分,具有一定的专业性和技术性;另一方面,它又是消费行为的一部分,具有消费选择性和自主性。

(二)医疗美容服务的目的

《医疗美容服务管理办法》(2016年修订)第2条第1款规定:"本办法所称医疗美容,是指运用手术、药物、医疗器械以及其他具有创伤性或者侵入性的医学技术方法对人的容貌和人体各部位形态进行的修复与再塑"。医疗美容服务的目的在于提升消费者的外在形象和自信心,满足其审美需求。这种需求是消费者个人的生活需求,而非基于疾病治疗的需求。医疗美容服务的接受方,身体仍属于健康状态,只是为了追求自身身体更完美,才接受医疗美容消费服务的。同时提供医疗美容服务是一种经营性质的服务,以营利为目的,所以此类医疗服务关系理应属于《消费者权益保护法》调整范畴。[1]

(三)医患关系的性质

传统上,医患关系被视为一种特殊的民事法律关系,强调医生的专业性和患者的被动性。然而,在医疗美容领域,医患关系呈现出新的特点。消费者在选择医疗美容服务时,具有更高的自主性和选择性,医生则更多地扮演着服务提供者的角色。因此,医疗美容中的医患关系更接近于一般的消费关系。

(四)医疗美容服务的合同属性

医疗美容服务通常是通过签订合同来实现。这种合同关系明确了双方的权利和义务,包括服务内容、价格、风险承担等。消费者在签订合同时,有权了解服务的具体内容、可能的风险以及费用等信息,并在此基础上作出自主选择。因此,医疗美容服务具有明显的合同属性。

(五)医疗美容服务的消费属性

医疗美容服务是一种典型的消费行为。消费者通过支付费用来获得服务,以满足其审美需求。这种消费行为不仅涉及物质层面的消费(如药品、医疗器械等),还包括精神层面的消费(如心理满足、形象提升等)。因此,医疗美容服务具有消费属性。

---

[1] 参见强美英:《关于医疗服务选择适用〈消费者权益保护法〉的思考》,载《法律适用》2010年第5期。

二、医疗美容适用《消费者权益保护法》的现实意义层面

（一）保障消费者权益

医疗美容服务涉及消费者的身心健康和财产安全，一旦发生纠纷，消费者往往处于弱势地位。适用《消费者权益保护法》可以为消费者提供更加全面的法律保障，维护其合法权益。例如，《消费者权益保护法》规定的知情权、选择权、公平交易权等权利在医疗美容领域同样适用，可以有效防止消费者在信息不对称的情况下受到不公平对待。

（二）规范医疗美容市场

医疗美容市场的健康发展离不开有效的监管和规范。适用《消费者权益保护法》可以加大对医疗美容市场的监管力度，规范市场秩序。例如，《消费者权益保护法》规定的经营者义务和责任在医疗美容领域同样适用，可以促使医疗美容机构提高服务质量、诚信经营，从而推动整个行业的健康发展。

三、医疗美容适用《消费者权益保护法》的立法建议

医疗美容的最终目的是在心理上取悦就医者，获得他们的认可，努力改善就医者的形象，给他们带来心理上的益处[1]。医疗美容适用《消费者权益保护法》具有充分的法律依据、实践操作可行性和社会认可度。因此，建议在立法层面明确医疗美容服务适用《消费者权益保护法》的地位和条件，为医疗美容行业的健康发展提供法律保障。

（一）明确适用范围

在立法层面，应明确医疗美容服务适用《消费者权益保护法》的范围和条件。例如，可以规定凡是涉及消费者个人形象和心理需求的医疗美容服务均适用该法；同时，对于一些特殊类型的医疗美容服务（如涉及生命健康的手术等），可以设定特殊的法律条款进行规范。

（二）完善消费者权益保障机制

例如，可以规定医疗美容机构应当向消费者提供真实、准确、完整的服务信息；消费者有权在合理期限内无理由退货或解除合同；医疗美容机构应当对消费者的个人信息和隐私进行保护等。

---

[1] 参见赵西巨：《医疗美容服务与医疗损害责任》，载《清华法学》2013年第2期。

(三) 加强监管和自律

政府和相关行业协会应加强对医疗美容市场的监管和自律。例如，可以建立完善的投诉处理机制和纠纷解决机制，及时处理消费者的投诉和纠纷；同时，加强对医疗美容机构的资质审核和日常监管，确保其具备提供安全、有效服务的能力。

(四) 推动行业健康发展

为了推动医疗美容行业的健康发展，可以在立法中鼓励和支持技术创新和人才培养。例如，可以给予医疗美容机构在技术研发、人才培养等方面的政策支持和资金扶持；同时，鼓励医疗机构开展公益性质的医疗美容服务活动，提高公众对医疗美容行业的认知度和信任度。

四、医疗美容适用《消费者权益保护法》的具体实施路径

(一) 加强宣传教育，提高公众法律意识

为了确保医疗美容适用《消费者权益保护法》的有效实施，首先需要加强宣传教育，提高公众的法律意识。政府、媒体和相关机构应共同努力，通过各种渠道和形式向公众普及医疗美容相关法律法规和政策，让消费者了解自己的权利和义务，增强自我保护意识。

(二) 完善法律法规体系，填补法律空白

目前，我国关于医疗美容的法律法规尚不完善，存在一些法律空白和漏洞。因此，需要进一步完善相关法律法规体系，填补法律空白。例如，可以制定专门的"医疗美容服务管理条例"[1]，对医疗美容服务的定义、范围、标准、价格等进行明确规定；同时，对于医疗美容中的违法行为，如虚假宣传、非法行医等，也应制定相应的处罚措施。

(三) 加大监管力度，规范市场秩序

政府和相关监管部门应加大对医疗美容市场的监管力度，规范市场秩序。一方面，要加强对医疗美容机构的资质审核和日常监管，确保其具备提供安全、有效服务的能力；另一方面，要加大对违法行为的查处力度，对于存在违法违规行为的医疗美容机构和人员，应依法予以惩处。

---

[1] 参见周霖、周彬:《我国医疗美容服务管理现状与对策》,载《卫生经济研究》2009年第5期。

（四）建立纠纷解决机制，维护消费者权益

为了及时化解医疗美容纠纷，维护消费者权益，需要建立完善的纠纷解决机制。政府、行业协会和医疗机构应共同努力，建立包括调解、仲裁和诉讼在内的多元化纠纷解决机制。同时，要简化纠纷处理流程，降低消费者维权成本，提高维权效率。

（五）推动行业自律，提升服务质量

医疗美容行业的健康发展离不开行业自律。医疗机构应树立诚信经营的理念，加强内部管理，提高服务质量。行业协会应发挥自律作用，制定行业标准和规范，加强对会员单位的监督和管理。同时，医疗机构和行业协会还应加强行业交流和合作，共同推动医疗美容行业的健康发展。

医疗美容适用《消费者权益保护法》是一个复杂而系统的工程，涉及法律、经济、社会等多个方面。展望未来，我们有理由相信，在各方共同努力下，医疗美容适用《消费者权益保护法》将取得更加显著的成效。一方面，消费者的合法权益将得到更加全面和深入的保护，消费者将能够更加放心地享受医疗美容服务；另一方面，医疗美容市场将更加规范和有序，行业将实现更加健康和可持续的发展。同时，这也将为其他类似领域的消费者权益保护提供有益的借鉴和参考，推动整个消费者权益保护事业不断向前发展。

论公司归入权制度适用对象的主体范围与"所得的收入"

钟秀娟[*]

(中国政法大学 北京 100088)

摘　要：本文基于《公司法》(2023年修订)条文，对公司归入权制度适用对象的主体范围与"所得的收入"进行了系统性研究。公司归入权制度不能一概排除对一般工作人员的适用；公司归入权制度的适用主体范围包括隐名董事、实际控制人等；《公司法》(2023年修订)第186条中的"所得的收入"包括董事、监事、高管的直接所得与其他人的间接所得；公司的损失与"所得的收入"的关系仍然需要立法进一步完善。

关键词：公司归入权；主体范围；所得的收入

公司归入权制度是现代公司制度的基石性制度之一，也是维持公司利益，保证公司正常运转的重要保障之一。《公司法》(2023年修订)对公司归入权制度进行了修改与完善，扩大了公司归入权的适用对象的主体范围，并详细列举了公司归入权制度的适用情形。但是一些具体问题仍然存在争议：第一，公司归入权的适用对象的主体范围是否可以超出董事、监事、高管的范畴而囊括一般工作人员？董事、监事、高管是否仅限于形式标准判断？实际控制人是否可以适用公司归入权制度？第二，根据《公司法》(2023年修订)第186条的规定，公司归入权的行使条件之一是董事、监事、高管获得了收入，那么倘若其为亲友非法牟利，本人并无所得，或虽侵占了公司的商业机会但是最终因个人原因未获得收益，在此种情形下，能否适用公司归入权制度？

---

[*] 作者简介：钟秀娟，广东深圳人，中国政法大学同等学力研修班2022级学员，研究方向为经济法学。

本文将围绕上述两个问题进行分析，并给出相应的解决方案，以期为司法实践提供一定的借鉴。

一、公司归入权制度的适用对象的主体范围的确定

（一）公司归入权制度可否适用于公司内部一般工作人员

根据《公司法》（2023年修订）的明文规定，公司归入权适用于董事、监事、高级管理人员，主要针对的是公司管理层人员，据此，似乎可以得出结论，公司归入权制度自然而然不应当适用于一般工作人员。但是，笔者认为，并不可一概而论，公司归入权制度的理论基础实际上是源于英美法中的信托义务，[1]也即受他人之托为他人处理事务者不得违背他人之托而谋取私人利益。

如果认为公司内部董事、监事、高管违反信义义务谋取个人私利因而需要返还其个人所得的话，那么就无法一概排除一般工作人员的适用可能。笔者认为，当一般工作人员利用职务便利谋取个人利益而损害公司利益，以及因某些特定事项而承担特定职责拥有特定权力时，一般工作人员利用该特定权力谋取个人利益损害公司利益时，也应归还其所得。公司对此享有的权利的请求权基础可能并非第186条，而是基于不当得利等其他相关条文，但是两者之间在本质上具有相似性，因而将其纳入公司归入权制度之中是具有合理性的。

（二）董事、监事、高管的判断是否采取形式标准

对于《公司法》（2023年修订）中所规定的"董事、监事、高管"所存在的另一争议点便是是否限于形式上的判断标准？在实务之中，大量公司存在原本属于董事成员，因相关原因辞去了董事身份后仍实际控制公司，并在此前提之下实施了侵犯公司利益谋取私利的情况。对此，司法实践中法院可能会因为行为人缺乏董监高的主体资格，最终未认定其符合公司归入权的适用条件。[2]笔者认为，如同对一般工作人员的判定一般，形式标准的判断仍然应属于一种原则性的判断。基于对法律的目的解释，形式化的"标签"只是为了便利作为裁判者的法官能快速掌握案件核心的小前提，而仅凭形式标

---

[1] 参见周淳：《公司归入权的体系定位与规范构造》，载《财经法学》2021年第3期。
[2] 参见北京市第一中级人民法院［2021］京01民终5523号民事判决书。

准去认定"董监高"的身份不可避免地会带来诸多问题,因为让形式标准丧失并非一件困难的事情,同时在实践中隐名股东、隐名董事、实际控制人也并非稀罕事。

基于此,笔者认为对于"董监高"的身份判断应当同时兼采形式标准与实质标准,理由在于:其一,基于信义义务说,隐名董事、实际控制人等由于其行职位之实,因此也就具有了履行忠实义务的前提条件,在实际控制人损害公司利益谋取个人利益时,就应当受到公司归入权制度的规制;其二,基于《公司法》(2023年修订)第186条的目的解释,其保护目的是保护公司财产不受侵犯,因此在实际控制人等不符合形式标准的人员同样实施了《公司法》(2023年修订)第181条至第184条的相关行为获得了利益时,其行为同样损害了公司利益,就应当受到公司归入权制度的规制。〔1〕

二、公司归入权制度的适用中"所得的收入"的认定

(一) 亲友获利情形的认定

在实践中存在的一种情形:董事、监事、高管实施了违反忠实义务的行为,损害了公司的利益,但是本人却并未获取到利益,而是其亲友非法牟利,此种情形是否可以适用公司归入权制度?

笔者认为,在公司归入权制度中,董事、监事、高管"所得的收入"并不要求限于其本人直接所取得的利益,而是可以为其他人牟利。理由在于:其一,为本人牟利和为亲友牟利在对公司利益的损害上并无任何差异,没有理由对二者进行区分认定;其二,为本人牟利和为亲友牟利在实质上并无差异,董事、监事、高管在谋取利润后也可以将利益交给亲友;其三,倘若对二者进行差异化理解,那么可能会产生董事、监事、高管故意以此种形式去逃避公司归入权制度的适用,从而增加公司追回损失的成本。总而言之,"所得的收入"应当包含两部分:第一部分便是董事、监事、高管所直接获得的利益,即直接所得;第二部分便是为亲友的非法牟利,也即间接所得。

另外,具体而言,符合公司归入权适用要件的为亲友非法牟利的情形包括:第一,侵占公司商业机会,将本公司的盈利业务、项目等交由亲友经营

---

〔1〕参见肖武武:《公司归入权规制对象拓展:以事实董事为核心》,载《法制博览》2024年第25期。

使亲友获利的；第二，在关联交易中，董事、监事、高管通过关联交易对亲友进行利益输送为亲友非法牟利的；第三，董事、监事、高管利用职务便利挪用本公司资金为亲友牟利的。但是作为间接受益人的亲友如何返还其所得的利益，在法律中并无明文规定，还需要后续的立法完善补充。笔者认为，针对上面的问题存在的两种可能的解决路径是：其一，直接要求董监高返还；其二，通过诉讼请求亲友返还。

（二）未获利情形的认定

此外，在实践之中还存在的一种情形便是违反忠实义务的董事、监事、高管人员虽然损害了公司利益，但是其并未获得收入。例如，利用职务便利侵占了本公司的商业机会后，因为其个人原因最终未能获利。那么在此种情形下，可否适用公司归入权制度？根据《公司法》（2023 年修订）第 186 条有关规定，董事、监事、高级管理人员违反本法第 181 条至第 184 条规定所得的收入应当归公司所有。此处以收入为要件，存在两种可能的解读：第一，无论公司损失几何，只需要以董监高所得收入为基准，董监高只需要返还其实际所得的收入；另外一种可能的解读是所隐含的意思便是立法将损失与收入等同，将公司的损失与董监高的收入视为一体两面的关系。倘若采取第二种解读的话，那么实际上便将间接损失——公司的预期收益可能性纳入了收入范畴之中。

三、完善建议

（一）立法建议

第一，明确利益范围，继续完善有关立法规范，使法律条文明确化，明确董事、监事、高管的范围是否可以越过字面含义而包含隐名董事、实际控制人等；[1]第二，以法律明文规定的形式明确公司损失与董监高收入的关系，细化对"收入"的认定等。

（二）司法建议

统一裁判标准，强化证据裁判规则，完善股东代表诉讼的相关程序规则，[2]

---

[1] 参见符海斌：《公司归入权行使的法律适用与审查标准研究》，载《法制博览》2024 年第 27 期。

[2] 参见郑文兵：《有限公司归入权行使实务探讨》，载《云南社会科学》2012 年第 1 期。

简化公司举证责任。

(三) 公司内部建议

完善公司内部监督机制，合理划分公司内部董事、监事、独立董事职权，实现高管人员内部制约；加强信息披露，定期披露董事、监事、高管人员的交易行为等，防止违反忠实义务的行为的发生。

四、结语

公司归入权制度是公司经营治理制度中的一项重要制度，其制定目的是保护公司的财产权利益。本文基于对《公司法》（2023年修订）中涉及公司归入权制度的有关条文进行系统性分析，探讨了其中仍然存在的几项归入权适用过程中可能存在的问题，包括适用对象的主体范围的确定与其适用是否要以"收入"为要件，明确了作为一般工作人员也不能一概排除出公司归入权规制、董监高成员不仅限于形式上的成员，还包括实际控制人等；当董监高并未获得收入时，公司归入权能否行使仍然需要法律的完善规定。

水泥行业反垄断政策的影响与策略研究

米益民*

(中国政法大学 北京 100088)

摘 要：水泥行业因地方保护、市场需求、技术进步等因素易于形成垄断，而《反垄断法》在水泥行业中的实践应用面临执法规范性、法律适用性及利益平衡等挑战。完善法律体系，借鉴国际经验，加强行业监管，统一执行标准，能够有效促进水泥行业的健康可持续发展。

关键词：反垄断；反垄断监管；价格机制

作为维护市场经济秩序、保障公平竞争的重要基石，《反垄断法》自其诞生以来，便承载着打破行业壁垒、促进资源优化配置的重要使命。然而在某些特定行业，如水泥及其衍生品行业，如何把握管控力度，优化管理措施，真正实现对市场调控的最优解，一直是一个复杂的问题。

一、水泥行业垄断现象分析

2023 年我国共生产水泥超过 20 亿吨，占全球水泥产量的 50% 以上。与之相对应的，我国有近 3000 家水泥企业和约 20 000 家混凝土企业。通常而言，庞大的企业数量会为市场竞争带来充分的基础，然而因环保、地方保护、发运成本等原因，我国的水泥及其衍生品行业屡次被反垄断机构调查或者处罚。2008 年至 2023 年间建筑材料行业的 27 例横向垄断协议案件中，涉及水泥及水泥衍生品行业的足足有 22 起，占比超过 80%。2015 年 5 月，湖南省工商局对永州市嘉信混凝土有限公司等 6 家公司处以 18 万元处罚（该案件由于横向协议并未最终实施，因而处罚力度较小）；2020 年 6 月，广东省市场监管局对

---

* 作者简介：米益民，中国政法大学同等学力研修班 2024 级学员，研究方向为经济法学。

19家混凝土企业处罚款765万元；2021年1月，山东省市场监督管理局对淄博联和水泥企业管理有限公司及7家涉案水泥企业处以2.28亿元罚款；2021年3月，四川省市场监督管理局对四川省水泥协会因其组织6家水泥经营者达成并实施垄断协议处以6000万元罚款；2022年7月，陕西省市场监督管理局对陕西省水泥协会及13家水泥企业因其实施垄断行为罚款4.51亿元，是《反垄断法》实施以来，由省级反垄断执法机构查处的罚款金额最高的案件。

水泥行业的垄断是历史成因和行业特点共同造就的，早在改革开放初期，政府为了加强国内企业与外资企业的竞争力，鼓励水泥企业进行兼并重组，从而在国内形成了数十家较具规模的大型水泥厂家，之后在淘汰废旧产能等过程中进一步加深了区域寡头的形成。除西藏内蒙古等偏远地区以外，我国水泥行业的垄断通常以辛迪加垄断的形式呈现。

需要注意的是，企业的规模大小并不能完全决定是否构成垄断，以淄博联和案为例，处于同一市场内的水泥企业超过7家，单一企业市场份额相对较小，依旧因横向垄断协议遭受处罚。同样地，没有高额利润也不代表就不会被认定为垄断。永州案中，湖南省工商局认为"虽然获取高额利润是垄断的重要特征，但不是唯一特征"。因而在全国拥有超过20 000家混凝土厂家的情况下，水泥行业依旧屡次被罚。

虽然水泥行业的技术门槛相对较低，但在末级市场，受原材料控制、运输成本、地方税收保护等诸多因素影响，又形成了较为稳固的护城河。水泥企业为了谋取利益，达成共同涨价、互通价格、划分市场等形式的横向协议，或与交易相对人以激励或惩罚措施限定售价、转售市场等，非常容易被认定为存在垄断行为。这些做法不仅加剧了水泥市场的价格波动，更导致了资源配置的扭曲与行业发展的不均衡。茂名案中，广东省市场监督管理局认为"其他建筑材料难以对预拌混凝土形成替代，且运输距离有一定局限，形成了区域化的销售市场，其他地区的混凝土企业难以对该19家混凝土企业形成供给替代"很好地描述了这一市场特征。

二、反垄断政策国内外对比与借鉴

我国《反垄断法》的立法工作大约始于20世纪80年代末，于2007年正式颁布《反垄断法》，后于2022年进行了第一次修订，但垄断概念很早就出现了，《孟子·公孙丑》中就有垄断的内容。[1]《史记》亦有榷会[2]的概念，所谓"榷"，就是垄断专营的意思。反垄断立法也同样自古有之，如《唐律疏议·杂律》"诸卖买不和，而较固取者；及更出开闭，共限一价；……杖八十""较，谓专略其利。固，谓障固其市"。古罗马查士丁尼一世在位时编撰的《国法大全》（Corpus Juris Civilis）中也有反垄断方面的法令，"任何人不得垄断衣服、鱼、梳子、碗等生活日用品及其他用品……任何人不得密谋或者约定商品的最低价格"。[3]当然，在过去，反垄断、反不正当竞争更多是以单条法令的形式存在，而不像如今各国通常将其编纂为一部完整法律。

作为现代反垄断立法的先驱，美国国会于1890年通过了《保护贸易及商业免受非法限制及垄断法》，即《谢尔曼法》，其后还通过《克莱顿法》和《联邦贸易委员法》对《谢尔曼法》分别在实体法和程序法上予以补充。20世纪下半叶，欧洲各发达国家也都陆续颁布了自己的反垄断法案，不过各发展中国家在立法方面则因经济制度、国营垄断等因素起步较晚。

美国竞争法从其诞生之日起就以对自由竞争的竞争机制的维护和促进为己任，并锐意剪除任何对自由竞争的机制有效运行构成抑制、阻碍和破坏的因素。[4]在美国，拉法基集团（法国）（Lafarge Corp）、海德堡股份公司（德国）材料（HeidelbergCement AG）、老鹰材料公司（美国）（Boral Ltd、Eagle Materials Inc）、马斯科集团（美国）（Masco Corporation）、西麦斯（墨西哥水泥公司）股份公司（CEMEX）、GCC股份有限公司（S. A. B. de C. V.）、老城堡有限公司（爱尔兰）（CRH plc）、德州仪器公司（Texas Industries Inc）、豪瑞公司（Holcim Ltd）等多家水泥企业均曾被调查或罚款，其中海德堡、西麦斯、拉法基等还被要求剥离资产以恢复市场竞争。反而欧洲在水泥及其衍生品方面迄今尚无反垄断处罚。当然这并不代表欧洲水泥企业并无垄断行为，在美遭受处罚的拉法基、海德堡都是欧洲企业，这也一定程度上表现出了反垄断的地域保护性质。

---

[1]《孟子·公孙丑下》，"古之为市也，以其所有易其所无者，有司者治之耳。有贱丈夫焉，必求龙断而登之，以左右望，而罔市利"。龙断即"垄断"。

[2] 参见《史记集解》，"韦昭曰，平会两家买卖之贾也。榷者，禁他家，独王家得为之"。

[3] 韩鑫：《反垄断：政府要重拳出击——兼评〈契约自由的滥用与规制〉》，载《南京社会科学》2008年第1期。

[4] 张世明：《捍卫普罗米修斯：反垄断法的自由竞争品格》，载《人大法律评论》2019年第2期。

三、行业发展与反垄断政策的协调策略

我国作为世界三大反垄断司法辖区之一,近年来在反垄断配套法律立法、实施细则完善方面都有了较为丰富的成果。然而在水泥行业反垄断监管过程中,反垄断豁免的适用一直有所欠缺。美国在《谢尔曼法》通过后逐渐缩小了反垄断法的司法管辖,反垄断法的适用领域受到限制,不再指向所有商业活动。[1]日本则规定了不景气卡特尔、合理化卡特尔等豁免情形。虽然我国《反垄断法》的第20条同样规定了除外情形,但我国《反垄断法》实施十多年来,依照2007年《反垄断法》第15条(对应2022年修正的《反垄断法》第20条)的规定予以豁免而不予处罚的案件一件都没有。[2]

另一方面,我国反垄断监管中也存在执法透明度欠缺和自由裁量标准过于宽泛的问题,上文横向垄断协议处罚案中,处罚金额从数十万元到数亿元不等,跨度惊人,并没有做到过罚相当,部分案件因混同合法所得与违法所得导致罚没收入数额畸高,而另一部分案件则因处罚金额较低导致威慑力和警示效果大打折扣。

我国水泥行业占世界水泥市场份额近50%,然而2023年全行业利润总额仅约320亿元,尚不及瑞士豪瑞集团一家企业的同期利润。21家上市公司仅有6家实现营收增长,1/3企业存在亏损,销售利润率仅维持在4%上下。[3]行业上下举步维艰,水泥产品并不具备功能、特点方面的差异,地方水泥厂家试图"错峰生产""协同涨价"反而会打破自身护城河,令外部企业乘虚而入。2024年6月,东北水泥厂家集体推动水泥价格上涨,两广某企业随即调配3艘满载货轮跨越千里前往参与竞争,足见行业内部竞争的激烈程度。如果在这种情况下,监管部门挥舞反垄断大棒,将水泥厂抱团涨价求生存定义为垄断,反而不利于行业的健康发展。

反垄断的核心应当在于保护市场公平竞争,鼓励创新,提高经济运行效

---

[1] Ernest Gellhorn & William E. Kovacic, *Antitrust Law and Economics*, West Publishing Co., 1994, p. 473.

[2] 肖江平:《我国垄断协议豁免执法程序的制度设计——基于〈反垄断法〉修订的分析》,载《华东政法大学学报》2020年第2期。

[3] 李坤明:《2023年水泥行业上市公司年报综评》,载https://www.ccement.com/news/content/46445054630685001.html,最后访问日期:2025年5月23日。

率，维护消费者利益和社会公共利益，促进社会主义市场经济健康发展。如果长期亏损的东北水泥产业协同涨价求生被认为是达成横向垄断协议并加以处罚，反而会最终背离了反垄断的初衷。政策的施行应当牢牢把握其核心目的，同时充分考虑行业的发展需求，合理利用反垄断豁免，适当地保持行业发展规模与集中度，明确执法标准，限制自由裁判范围，充分发挥《反垄断法》的警示效果与引导功能，才能真正做到维护市场竞争秩序，促进行业可持续发展。

纵向垄断协议的规制原则与识别

孙 尧[*]

（中国政法大学 北京 100088）

摘 要：纵向垄断协议作为垄断协议的一种，与横向垄断协议在行为主体、协议目的及其协议存在方式等方面均存在不同。我国现行的《反垄断法》（2022年修正）也吸收和借鉴了美国及欧盟的法律，并有所不同。目前横向垄断协议、纵向垄断协议之外还有一种游离在外的新型垄断协议，叫作轴辐协议，应当引发我们对垄断协议二分法的重新认识。

关键词：竞争；反垄断法；纵向协议；轴辐协议

一、竞争与垄断的关系

在完全竞争市场上，卖家众多。每一个卖家都是"价格的接受者"。如果企业提价，消费者会转向竞争对手。如果处在垄断的市场上，绝对的"垄断者"是市场上商品的唯一供给者。它就是"价格的制定者"。垄断者必然会将价格设定在竞争水平之上，购买的消费者会减少，数量也会在竞争水平之下。消费者福利减小，导致经济效率损失。垄断还会提高竞争对手成本，会阻碍技术进步，影响创新，会抑制市场进入，排挤竞争对手，还可能造成非经济损失如政府腐败等。

《反垄断法》中垄断的本质是具有一定市场力量的企业，通过排除或限制竞争，提高价格的行为。如果一个企业具有市场支配地位了，我们就可以大致认为它是个垄断者，不需要市场份额完全达到100%。垄断性企业可能滥用

---

[*] 作者简介：孙尧，陕西咸阳人，中国政法大学同等学力研修班2023级学员，研究方向为经济法学。

市场力量，通过排除或限制竞争，直接或间接提高价格。

竞争企业是价格的接受者，一旦企业提价，客户就跑到别人家了。假设这些企业一起开会，商量都涨价，客户跑到哪里都涨价，这就叫作垄断协议，以协议的方式约定在某些方面就不竞争了。竞争者通过协议打包成一体，能够把价格涨上来。但垄断协议是一个松散的联合。

二、纵向垄断协议的含义与经济效果

《反垄断法》第二章垄断协议第 17 条规定，禁止具有竞争关系的经营者达成横向垄断协议。第 18 条规定，禁止经营者与交易相对人达成具有下列上下游关系垄断协议。

《反垄断法》第 16 条规定，本法所称垄断协议，是指排除、限制竞争的协议、决定或者其他协同行为。独立主体，不仅指法律上的独立人格，更重要的是经济独立性。

垄断的损害是排除、限制竞争，使价格提高、产量降低，选择减少。垄断者是高利少销，产品种类变少。

我国《反垄断法》第 18 条关于纵向垄断协议的规定为，禁止经营者与交易相对人达成下列垄断协议：（1）固定向第三人转售商品的价格；（2）限定向第三人转售商品的最低价格。（3）国务院反垄断执法机构认定的其他垄断协议。经营者能够证明其不具有排除、限制竞争效果的，不予禁止。

纵向垄断协议是同一产业中处于不同经济层次的经营者之间达成的限制竞争协议，又称纵向限制，供应商与购买商之间的限制竞争协议。如制造商与分销商，一级分销商和二级分销商，二级分销商与零售商之间的协议。纵向垄断协议一般体现为明示的方式，多附随于经营者和交易相对人的交易合同中；而相比之下，横向垄断协议多为默示方式。

纵向双方具有互补性，即"自我抑制"效果。上下游之间可能进行谈判，市场会解决部分限制的问题。纵向限制的损害通常比横向限制小，有时候还有好处。对垄断的态度总体虽然都严厉，但对纵向垄断协议相对会轻一些。美国是促进竞争假设，欧盟是反竞争假设。我国大部分借鉴欧盟。

三、纵向垄断协议的主要类型

（一）转售价格维持（Resale Price Maintenance，RPM）

供应商为购买商设置转售价，主要是固定价和最低价。实践中还存在限制最高转售价、推荐价/建议价，一般不违法，但在实践中可能会被利用，如引导别人涨价，把建议价作成最低价。我们在实践中要看实质。还有折扣、利润方面的要求，比如，加价不低于供货价的50%等。

扬子江药业集团有限公司案（2021年，蓝芩口服液等）是我国开出的最大的反垄断罚单——7.64亿元罚款。该企业与一级经销商、二级经销商、零售药店均参与签订协议，限定价格，还派人员乔装顾客、委托第三方数据公司去药店、线上检查价格。

美国Leegin案。2007年6月Leegin案否决了1911年的Dr. Miles案。美国认为转售价格维持及其他纵向垄断协议是有好处的。生产女性时尚饰品的被告Leegin，规定所有经销商都要遵守其产品价格政策，不能低于其规定的最低价格。原告PSKS不执行Leegin的价格政策，Leegin拒绝供货。PSKS起诉Leegin违反反托拉斯法。地区法院认可，一审法院也是认可的，但到最高法院被否决。理由是转售价格维持协议对市场竞争具有双重性影响，在特定环境下可能损害竞争（有助于达成卡特尔），但同样会具有促进竞争的效果，如促进品牌间的竞争，有利于新公司的加入等。Leegin公司的行为在"女性配饰用品市场"不具有绝对的市场力量。为有效指控一个纵向限制，原告必须可信地证明被告拥有市场力量。PSKS既未能证明被上诉人Leegin有市场力，又难以证明后者限制最低转售价会导致品牌间竞争受损或消费者福利受损，因而驳回PSKS的起诉。

（二）其他纵向限制

（1）转售地域或客户限制。A把东西卖给B，不限制价格，而是限制转售区域。例如，生产商把医疗产品交给北京的各个经销商，协议中写业务范围只能是海淀区，或某类医院是你的客户，某类医院是其他经销商的客户。造成了在地域上、客户上没有竞争从而限制同一品牌内不同经销商之间的竞争，但在某一区域可能有多家经销商。

（2）排他分销。也称独家销售协议。指在特定地域或针对特定客户群，供应商只向一家购买商（分销商）供货，导致该分销商具有排他性。很多纵向垄断协议有一系列子协议，相互支撑。

（3）其他：单一品牌限制、排他供应、选择性分销等。

（三）借纵向关系达成的横向共谋——轴辐协议

苹果电子书案。亚马逊为推广 Kindle 将电子书价一律确定为 9.99 美元。亚马逊和出版商之间采用批发模式，即便出版商将电子书批发价从 9.99 美元提高到 13 美元，亚马逊仍维持 9.99 美元亏本价。在苹果公司 2010 年推出 iPad 及 iBooks 之前，亚马逊占据电子书市场 90% 份额。苹果并没有与出版商们共同谈判，但提供给每个出版商相似的合同条款——"代理模式+MFN（最惠国）条款+最高价计划"。这既能保证电子书的售价将大幅提高，符合出版商利益，也能确保苹果 iBooks 中电子书价格最低，符合苹果的利益。出版商随后逐一向亚马逊施压，后者不得不接受代理模式。随后，出版商一致提高了电子书价格。正因为在出版商与亚马逊的谈判及后续提价中，苹果公司的合同条款起到了至关重要作用，一审法院认为，苹果公司在共谋中是知情且积极的一员。苹果公司不仅心甘情愿地参与了这场共谋，还有力地为其提供了便利。二审法院同样认为，出版商间的横向价格协议正是苹果公司精心策划的结果。轴辐协议的基本特点是，主体为一个轴心+多个辐条。轴心的作用是传递信息。轴心的身份是经营者或非经营者。苹果电子书案中的轴心就是苹果公司，多个辐条是出版商们。这个案件中，出版商们从来没有碰过头，但一致把价格提了上来，就是因为相信苹果。

在我国《反垄断法》中，轴辐协议可理解为一种"协同行为"。

在通用汽车案[1]中，通用汽车公司的多家经销商为应对折扣式经销商造成的竞争压力，共谋拒绝与折扣商进行交易，并向通用汽车公司施压，要求其协助强制执行。法院认定构成轴辐式共谋。轴辐协议具有复杂性。

四、结语

我国《反垄断法》2022 年修正时，增加"安全港"规则主要是出于执法成本的考虑，目前并没有具体标准。我国的纵向垄断协议有"安全港"制度，但是比欧盟宽松。欧盟核心限制（RPM）不适用"安全港"规则。我国核心限制（RPM）可适用"安全港"规则。纵向垄断协议认定是否有损害，首先

---

[1] United States v. Gen. Motors Corp.，384 U. S. 127（1966）.

要考虑市场份额。累积效果会放大纵向协议的危害性，累计效果越高，市场封锁越明显。垄断协议既可以是经营者自己达成的，也可能是在某些第三方的组织与帮助下达成的。我国《反垄断法》实施十几年来，执法机构查处 50 多起涉及行业协会的垄断协议案件，占所有垄断协议案件数量约 1/4，它们未必"故意违法"，多是"好心办坏事"。

董事对第三人的责任之解读

毕 琳[*]

（中国政法大学 北京 100088）

摘 要：囿于法人实在说及传统法人机关内部责任理论，我国立法缺乏董事对第三人责任的一般规则，且现有法律制度始终未为董事对第三人责任提供合适的法理基础。尽管董事对第三人责任的立法空白已被《公司法》（2023 年修订）填补，但应当对该条文整体作限缩性解释：责任对象上，"他人"应解释为除股东外的直接利益相关者；主观上以董事具有故意或重大过失为限，并引入商业判断规则作为衡量标准；责任形式上，董事对第三人的责任为补充责任。

关键词：董事责任；第三人；信义义务；《公司法》

在我国，公司董事作为公司日常经营管理的决策者，已逐步成为维系公司生产经营、促进公司稳定发展的核心角色，而董事是否应对第三人承担责任一直是公司法领域学者争论的重点。传统公司法理论对此偏向否定态度，董事对第三人责任也仅仅散见于《公司法》（2018 年修正）（下文简称 2018 年《公司法》）第 189 条、《证券法》（2019 年修订）第 85 条、最高人民法院《关于适用〈中华人民共和国公司法〉若干问题的规定（三）》（2020 年修订）第 14 条等法律条文中，并未将其扩展至一般性规定，导致第三人的利益在现有立法体系下无法得到有效保障。为防止董事滥用权力而损害第三人利益，《公司法》（2023 年修订）第 191 条对此作出回应，创造性地规定董事对于第三人的一般责任制度，有效弥补法律中董事责任追究机制失效与第三人

---

[*] 作者简介：毕琳（1995 年— ），女，回族，云南昆明人，中国政法大学同等学力研修班 2023 级学员，研究方向为民商法学。

保护措施的不足。

一、"他人"的含义为除股东外的直接利益相关者

《公司法》（2023年修订）第191条将董事责任的行权主体描述为"他人"，根据文义解释可知"他人"首先指的是公司以外的第三人。但是如果允许公司以外的所有第三人都可以突破法人要求董事直接承担赔偿责任，可能会导致所涉相关方过多过杂，难以付诸实践，而且将置公司的生产经营于极大的不确定中，对公司发展极为不利。[1]故应当将第191条中的"他人"限缩解释为除股东外的直接利益相关者，其中包括客户、公司内部劳动者，合作对象以及产品供应商等直接利益相关者。因直接利益相关者与公司存在基础法律关系，当公司由于董事的违信行为未履行相应义务时，直接利益相关者将因此转变为公司债权人并成为董事职务行为的侵害对象，此种情况下，直接利益相关者作为债权人应当受到的保护自不待言。而间接利益相关者因为并非市场交易的主体，与公司并无直接法律关系，如赋予其穿透公司直接追究董事责任的权利，易出现滥诉并会置公司的管理运营于无限的未知风险中，此为公司发展和市场经济所不允许，故间接利益相关者不应被列入董事对第三人责任制度保护之范畴。同时值得注意的是，条文中的"他人"不应包括本公司股东，因为《公司法》已为股东提供遭受董事压迫或损害合法权益后的救济途径，且对董事而言，其既可能因违法违规违章给公司或股东造成损失而被股东追责，还可能因其对第三人责任而被股东追责，此时董事就可能负双重损害赔偿责任，[2]此举无疑会大幅削弱董事的积极性，导致更多董事为明哲保身而怠于作出有效决策，股东的利益损失从另外的角度来说，也可以通过董事对公司责任进行弥补。

二、董事的主观过错为故意或重大过失

《公司法》（2023年修订）第191条条文仅规定了在故意和重大过失情形下的担责规则，但未明确在一般过失的情形下是否可以要求董事承担责任。

---

[1] 徐胜强、王萍萍：《论董事对第三人责任——兼评〈公司法（修订草案）〉第一百九十条》，载《河南社会科学》2023年第7期。
[2] 陈景善：《论董事对第三人责任的认定与适用中的问题点：以日本法规定为中心》，载《比较法研究》2013年第5期。

但如果将该规则进行扩大解释，致使董事承担责任的情形被拓宽，将会使得董事责任被不合理地加重，会打消董事积极履行职务、参与公司经营的积极性，进一步桎梏公司的发展，甚至也会影响到公司债权人的权利实现。公司作为商事主体，其主要的目的是营利，而收益很大程度上与风险正相关，公司只能要求董事作出最符合公司利益的决策，却无法要求董事保证决策一定带来正收益，所以虽然对于董事的行为进行规范和约束很重要，但是也不应当过分严格。在董事责任的认定上，应当把主观过错限缩为故意及重大过失，而不包括一般过失，以此体现《公司法》（2023年修订）第191条的谦抑性。其次，如何判断和衡量是否构成故意或重大过失应当有别于民法的一般判断标准，否则将会扩大董事的责任范围。例如，《民法典》中对"故意"的定义为明知结果而为之，但《公司法》不应以该内涵作为判断标准。例如，当董事在对各方利益相关人之间进行利益分配的决策时，其不仅明知决策的后果，而且经过深思熟虑，但董事只能作出更有利于公司利益的决策，这样必然会给部分主体造成损害，显然在这种情况下，董事的行为没有可归责性，如坚持采用民法的定义认定董事在作出决策时有损害他人利益的故意而要求董事承担责任不具有正当性。

三、董事的责任形式应为补充责任

（一）连带责任说缺失法律依据及法理支撑

有学者认为，董事对第三人的责任形式应加以区分，董事对其向第三人造成的直接损失承担不真正连带责任，而对间接损失仅承担补充责任。[1]本文对此不予认可。根据《民法典》第178条第3款的规定："连带责任，由法律规定或者当事人约定。"其中，"由法律规定"的描述应理解为由法律明文规定的2018年《公司法》的第20条第3款、第63条等，而非通过法律解释得出，而《公司法》（2023年修订）第191条仅将董事责任笼统概括为"董事也应当承担责任"，并未明确为连带责任，故将该规定通过法律解释理解为连带责任与《民法典》之规定，是为法律依据之缺失；此外，未出资股东对债权人承担的责任与董事对第三人的责任相似：前者中，未出资股东与公司

---

[1] 李东阳：《论董事对第三人责任——以〈公司法（修正草案）〉第190条为中心》，载《北京理工大学学报（社会科学版）》2024年第1期。

债权人的关系及承担责任的原因都是基于股东对公司的出资承诺；后者中，董事与第三人的关系及承担责任的原因则基于董事对第三人的信义义务，两者的共性在于均非基于侵权法律关系而引起，故将董事对第三人的责任参照未出资股东对债权人的责任，定性为在公司法人不能以自有财产清偿债务时的补充责任较为妥当，而连带责任说缺少侵权法律关系作为基础即失去其立足之本，是为法理支撑之缺失。

（二）补充责任更符合比例原则的要求

强化董事责任有利于推动董事勤勉尽责，但责任过重容易产生驱离效应并且进一步引发董事决策的"寒蝉效应"。如立法将董事对第三人的责任规定为连带责任，就意味着董事虽实施为公司之利益的职务行为，但却存在对外承担无限连带责任的风险，其积极完成决策工作所积攒的工资报酬很可能因某次无法避免的不当决策而消失殆尽，这样的风险是任何理性人均不愿意承担的，[1]其后果便是董事为规避风险及防止诉累，更倾向于消极决策并逐步使董事职位变成烫手山芋，阻碍本就不健全的职业经理人市场的发展建设。

同时，现实中获得高额报酬的董事仅占少数，即使身为上市公司董事，虽然获取的报酬相较普通公司的董事更高，但其通常也不具备超过任职公司资产的偿付能力，故指望通过董事承担责任来保护第三人的利益没有现实可能；相反，如果法院判决董事承担高额赔偿责任，还可能诱发董事个人破产，一旦如此，将不得不启动破产程序来解决这种次生问题，[2]这无疑会进一步增加司法资源的压力。鉴于此，相较着眼于弥补第三人损失的赔偿目的，更应当重点关注董事对第三人赔偿制度的惩戒目的，在制度的创设已经在一定意义上将价值衡量的天平倾向第三人时，补充责任的责任形式比连带责任更有利于在起到督促董事勤勉尽责的基础上减少赔偿责任给董事带来的负担，在关注第三人利益的同时，提升我国公司的治理水平，实现立法应有之义。

四、结论

《公司法》（2023年修订）第191条对董事第三人责任的空白进行了一定

---

[1] 王毓莹：《新公司法二十四讲——审判原理与疑难问题深度释解》，法律出版社2024年版，第518页。

[2] 叶林、叶冬影：《公司董事连带/赔偿责任的学理考察——评述〈公司法修订草案〉第190条》，载《法律适用》2022年第5期。

程度上的填补，但应当对该条文整体作限缩性解释，其中"他人"的含义应当解读为除股东以外的直接利益相关人员，包括客户、公司内部劳动者，合作对象以及产品供应商等，而股东作为直接利益相关者可以通过股东派生诉讼进行救济；另外，对于董事的主观过错要件应当解读为主观过错和重大过失，即仅为一般过失时并不应当承担责任，且需要辅以商业判断规则来进行衡量；最后，董事对第三人责任形式应当作为补充责任，因为连带责任说存在着固有缺陷，且补充责任更加符合比例原则的要求。

债权出资的学理分析及其实践运用

孙 萌*

(中国政法大学 北京 100088)

摘 要：在现代公司制度中，债权出资作为一种非货币出资方式，其合法性和操作性备受关注。立足于债权出资在增加公司注册资本、降低负债率以及优化公司融资条件中的关键作用，将债权出资形式分为三类，并逐一分析其法学意义与实践考量，强调特别债权出资需经过严格评估和验资，以确保公司资本的真实性和稳定性，有助于明确债权出资的法律地位，规范操作流程，保护公司、股东及外部债权人权益。债权出资的法律规范和操作机制需要不断完善，以适应市场发展的新需求。

关键词：债权出资；公司注册资本；股东责任；认缴制

一、债权出资的分类与法律分析

债权出资作为一种资本出资方式，其效力与债权实现程度紧密关联。本文从递进的视角，将债权出资实质上分为三个类别，并逐一分析其法学意义与实践考量。

首先，债权出资的第一类指的是债权人或股东对目标公司已投入的货币债权，常见于先前借款等形式。在法律及资本行业中，这通常被视为"债转股"的情形，与可转换公司债券有相似之处[1]。这种债权出资的法律实质是，股东对公司的出资承诺（即债务）与公司对股东的债务之间的抵消。

其次，债权出资的第二类涉及债权人或股东与目标公司的交易行为或垫

---

* 作者简介：孙萌（1981年—），男，汉族，北京人，中国政法大学同等学力研修班2023级学员，研究方向为经济法学。

[1] 施天涛：《公司法论》，法律出版社2014年版，第219~220页。

付行为形成的债权。相较于第一类，这类债权的真实性验证更为复杂，需综合考量交易合同、交易流程、财务记账凭证等因素，并在必要时辅以评估等手段。从法理上看，这类出资同样体现为股东对公司债务的抵消。

最后，第三类债权出资则更为复杂，涉及债权人或股东将其对第三方的合法有效债权让与给目标公司，从而使目标公司成为新的债权人，并以此获得股权。这种方式的法律实质是债权的转让。与前两类债权出资相比，以对第三方债权出资在真实性、诉讼时效及债务人履行能力等方面存在较大不确定性。这种出资方式能否完成实际缴付，债权是否可以实现，对目标公司的利益保护及注册资本的确定性和信用体系的维持构成了潜在风险。

债权出资的三类情形在法学上具有不同的专业考量。第一类和第二类出资主要涉及股东与公司间的债务抵消，而第三类出资则涉及债权的转让，其法律关系更为复杂，且对目标公司信用体系的影响更为深远。在实践中，应对各类债权出资的真实性、可实现性进行严格审查，以确保公司资本的真实性和稳定性。

二、债权出资的法理基础与实践审思

从法学视角剖析，债权作为可货币估价且法律允许转让的非货币资产，其用于公司出资具有合法性。这种出资方式不仅顺应了现代公司制度中对股东自治的尊重，也与市场经济中通过财产创新激发市场活力的原则相契合。债权出资的多样性表明，对于负债较高的公司，尤其是"债转股"模式，能有效减轻债务负担，提升公司估值，同时维持公司的财务安全[1]。

然而，在公司注册资本认缴制下，确保公司资本的充实与稳定是核心理论。因此，从程序和实质两方面确认债权出资的实际缴付，对于保障债权出资模式的有效性及风险控制至关重要。在债权人或股东已将货币债权投入公司的情况下，应通过审查银行入账记录、债权债务合同、债务免除及债权转股权协议等文件，确认债权出资的实际缴付，即公司实收资本的确认。

对于债权人或股东通过交易或垫付形成的债权，以及对第三方债权的出资，除了审查前述文件外，还需通过询证、审计和尽职调查等手段，进一步验证债权人义务履行情况及第三方债务的真实性和履行能力。特别是对第三

---

[1] 刘爱萍：《市场化债转股下的法律冲突与法治保障》，载《金融发展研究》2016年第10期。

方债权,只有在第三方履行偿还义务后,才能确认该部分出资额的实收资本。

通过上述程序确认债权出资的实际缴付,可防止股东通过债权出资逃避对公司的实际出资责任,保护公司资本的稳定性和充盈性,避免损害公司债权人的合法权益。从债权人利益保护的角度来看,当公司面临债务清偿困难或破产风险时,股东通过临时确认或后期追认的债权转股权出资方式,可能规避出资义务,以可能无法实现的普通债权换取免除出资责任的有利结果,这无疑会影响债权人权利的有效实现[1]。同时,从多股东认缴出资实缴义务的角度来看,这种临时或追认的债权转股权出资方式,也可能导致其他股东因承担补充义务的股东人数减少或出资额降低而承担更多的责任。此外,债权出资的确认过程中,还需关注债权的时效性、诉讼风险以及债务人的偿债能力等因素,这些因素均可能对公司的资本充实和债权人的利益产生影响。因此,在实际操作中,应严格审查债权出资的各个方面,确保其合法性、有效性,以及对公司和债权人权益的保护。

三、我国《公司法》中债权出资的演变与法律规制

在我国《公司法》的发展历程中,股东出资方式的演变尤其是债权出资行为,一直是学术界讨论的热点话题。债权出资,作为非货币出资的一种形式,其合法性与操作性在理论和实践中均呈现出复杂性。最初,债权出资主要见于金融机构将其对公司的债权转换为公司股权的情形,这种转换不仅改变了金融机构的身份,也丰富了公司的资本构成。

《破产法》进一步扩展了债权出资的适用范围,规定在公司破产重整过程中,债权人可以通过债转股的方式,转变为公司股东,持有相应的股权。这一规定为债权人在公司重整中提供了新的投资渠道,同时也为公司重整提供了新的资金来源。

2012年《公司债权转股权登记管理办法》的实施,为债权转股权提供了明确的操作框架,即债权人可以将其依法享有的对中国境内设立的有限责任公司或股份有限公司的债权转为公司股权,以此增加公司注册资本。这一办法的出台,标志着债权出资在法律层面得到了正式认可。

根据当时有效的《公司法》(2005年修订)及2014年《公司注册资本登

---

[1] 潘勇锋:《关于股东出资方式的实践思考》,载《法律适用》2024年第2期。

记管理规定》的规定，股东可以用实物、知识产权、土地使用权等非货币财产作价出资，这些财产必须可以用货币估价并依法转让。这表明，债权作为非货币出资的一种，已经得到了法律的明确允许。然而，法律同时规定，非货币财产作为出资必须经过评估作价，并由验资机构进行验资，公司登记机关据此进行实收资本登记，这一规定确保了出资的真实性和合法性。

2013年《公司法》的修正以及注册资本认缴制的实施，导致了《公司债权转股权登记管理办法》的废止。尽管如此，《公司注册资本登记管理规定》依然确认了股东可以用货币估价并依法转让的非货币财产作价出资。这表明，尽管部分管理办法有所调整，但债权转股权的基本原理和确认方式并未根本改变。

2023年新修订的《公司法》第48条进一步明确了股东可以用债权作价出资的规定，并强调对作为出资的债权应当进行评估其作价，核实财产，不得高估或低估其作价。这一规定不仅为投资人或债权人提供了明确的法律依据，也为债权出资的合法性和规范性提供了更加坚实的基础。

我国公司法对债权出资的认可和规范，体现了对市场经济活力的尊重和对股东意思自治的保护。同时，通过对债权出资实际缴付的严格审核，有利于确保公司资本的真实性和稳定性，也利于维护债权人和其他股东的合法权益。这一立法趋势，不仅促进了公司资本构成的多元化，也为公司融资提供了新的途径，对于优化公司治理结构、提高公司竞争力具有重要意义。未来，随着市场经济的发展和公司实践的深入，债权出资的法律规范和操作机制仍需不断完善，以适应市场发展的新需求。

四、债权出资方式与公司注册资本和股东责任的关联性分析

传统观点认为，债权出资直接导致公司注册资本的增加，尤其在"债转股"情形中表现明显。无论是债权人以对公司的债权出资，还是以对第三方的债权出资，均意味着无形财产权对公司资产的增加[1]，这部分增加值应转化为注册资本和相应的股东权益。然而，在实践中，存在一种特殊的债权出资情形，即股东在认缴期限内将其对公司的债权转换为出资。这种情况下，股东原本以货币形式认缴的出资额，由于已形成的有效债权，经股东与公司

---

〔1〕 施天涛：《公司法论》，法律出版社2014年版，第181页。

同意，可以以评估价值转换为出资，同时减少相应的货币认缴额。这种转换既不减少股东的出资义务，也不影响公司资本的充实与稳定。根据2023年修订的《公司法》第47条的规定，有限责任公司的股东需在5年内缴足认缴出资额。这意味着，股东以债权形式认缴的出资，必须在5年内实现，以完成实缴。若未能按期缴纳，根据第49条和第50条的规定，股东不仅要补足出资，还需对公司损失承担赔偿责任，其他股东可能需在其认缴债权出资范围内承担连带责任。债权出资在增加公司注册资本的同时，也需满足一定的法律要求和时限，以确保公司资本的真实性和稳定性，保护公司及其他股东的合法权益。

城市更新中老旧公房退租的合法路径研究

薛　涵*

（中国政法大学　北京　100088）

摘　要：在城市更新中，老旧公房常需先退租后拆除或改造，其承租权和租赁合同具有特殊法律性质，不同于普通租赁。本文分析了老旧公房的法律属性、租赁合同特点及合法解除合同的途径，并结合实际案例，探讨了在城市更新中实现老旧公房合法退租的可行路径，旨在保障承租人权益，推动城市更新的公平与可持续发展。

关键词：城市更新；老旧公房；承租权；租赁合同

一、老旧公房及其承租权的法律性质

（一）老旧公房的概念

老旧公房应定义为在特定历史时期由国家或集体所有，分配给符合条件的承租人，用于基本住房福利或经营的房屋。鉴于实践中住宅类公房退租问题突出，本文将重点分析住宅类老旧公房的合法退租路径，以明确其法律地位并解决退租中的矛盾。

（二）老旧公房承租权的法律性质分析

在我国法律体系中，老旧公房承租权的权利属性尚未有明确的界定。本文认为，老旧公房承租权是指国家、集体或单位为满足居民或职工基本住房需求，通过签订租赁合同赋予居民或职工的住房使用权。这一权利起源于我国计划经济时期的住房福利制度，旨在通过实物分配为居民和职工提供基本

---

* 作者简介：薛涵（1982年—），女，汉族，北京人，中国政法大学同等学力研修班2023级学员，研究方向为经济法学。

居住条件。因此，老旧公房承租权在权利来源、内容和目的上与传统租赁权存在显著差异。

首先，老旧公房承租权具有债权属性。承租人与出租人（通常是房屋管理部门或单位）通过签订租赁合同确立权利义务关系，承租人需按合同支付租金，出租人则负责房屋的维护管理等合同义务。其次，它还具有物权属性。由于其福利保障的特点，公房租赁合同更像是一种保障承租人基本住房权益的权利凭证。这表现在三个方面：一是承租权的可支配性，承租人对公房享有独立且排他的占有、使用权；二是承租权的永续性，只要承租人符合条件，出租人通常无权单方终止合同，即使因不可抗力等因素需要终止，出租方也需为承租方提供同等条件的公房，保障其基本住房权益；三是承租权在一定条件下的可传承性。例如，《北京市公有住宅租赁合同》（2000年版）规定，承租人死亡或外迁时，符合条件的家庭成员可继续承租公房，体现了承租权的可传承性，确保公房资源对符合条件的家庭成员的稳定延续。[1]这些特点使得老旧公房承租权成为一种特殊的法律权利，需要在城市更新和退租过程中给予特别考虑和保护。

（三）老旧公房租赁合同的法律性质分析

老旧公房租赁制度，作为一种住房福利分配机制，其核心目的在于实现住房管理的行政职能和提供公共服务的目标。因此，公房租赁合同在性质上更接近于行政协议。

首先，这种合同体现了行政主导性。合同条款是在国家或地方政府住房政策指导下制定的，其中涉及的承租条件、租金标准等均通过行政手段予以规范。出租方，通常为政府部门或其授权机构，负有审核承租资格、监督房屋使用的职责，而承租人则需遵守相应的管理规定。这种行政管理权力不受租赁合同约定的限制或剥夺，使得公房租赁关系呈现出明显的行政色彩。

其次，公房租赁合同中的行政管理与公共服务性质不容忽视。出租方在合同中承担的房屋管理、维护等义务，并不仅仅基于承租人支付的租金，而是作为行政管理者履行的职责和社会公共责任。这些义务是出租方为保障承

---

〔1〕《北京市公有住宅租赁合同》（2000年版）第7条规定，租赁期限内，乙方外迁或死亡，乙方同一户籍共同居住两年以上又无其他住房的家庭成员愿意继续履行原合同，其他家庭成员又无异议的，可以办理更名手续。

租人基本居住条件而必须承担的，不以追求民事利益交换为目的。即便在合同中有相关约定，出租方的这些特殊义务也不能被解除。

因此，公房租赁合同不仅仅是一种民事合同，其更深层次地体现了行政法上的权利与义务关系，这要求我们在法律实践中对其予以特别考量。[1]

二、解除老旧公房租赁合同的法定方式

在探讨老旧公房退租的合法途径时，可从法律角度划分为两种主要情形：双方协商解除与行使行政优益权单方解除。

首先，双方协商解除是基于《民法典》第 562 条的规定，即当事人通过协商一致，达成解除原协议的新协议。此过程需遵循原协议订立的程序，关键在于双方达成合意并订立解除协议。该解除协议在满足法律规定的成立生效条件后，即产生原公房租赁合同解除的法律效力。协商解除合同的条件通常涉及承租人同意退租及出租人提供的补偿安置方案。双方应签订明确的解除合同协议书，规定补偿安置的具体方式和标准，如货币补偿或异地安置。此协议一旦达成，即具有法律效力，承租人据此获得的补偿安置应符合相关法律法规，实践中常参照《国有土地上房屋征收与补偿条例》执行，以保障承租人的合法权益和居住水平。

其次，行使行政优益权单方解除，是指行政机关基于国家或社会公共利益的需要，单方变更或解除行政协议的权力。在城市更新过程中，若涉及社会公共利益的普遍提升，出租方可以行使行政优益权解除公房租赁合同。行使该权力时，必须遵循法定程序和条件，确保行政决策的合理性与合法性。具体而言，解除合同的决定必须基于公共利益，并有法律、法规的明确规定或社会共识的支持。解除合同应遵循法定程序，包括书面通知承租人、说明理由、提供法律救济途径，并保障承租人的陈述申辩权。若合同解除导致承租人损失，应依据合同约定或法律规定提供公平合理的补偿，以保护承租人的合法权益不受不当损害。[2]

三、实践中不同情况下的公房合法退租路径分析

在处理老旧公房退租的法律问题时，根据不同的具体情况，可以采取以

---

[1] 梁凤云：《行政协议司法解释讲义》，人民法院出版社 2020 年版，第 34、41 页。
[2] 梁凤云：《行政协议司法解释讲义》，人民法院出版社 2020 年版，第 182、211 页。

下详细的法律路径。

第一种情况：能确定承租人的身份。在此情形下，包括公房原承租人未变更且仍为现实际居住人的，还包括原承租人去世或外迁，现实际居住人是与原承租人同一户籍并共同居住两年以上且无其他住房的家庭成员，如果符合上述条件的家庭成员为多人，可以共同推举其中一位作为现承租人。[1]首先应依据公房租赁合同，明确承租人的资格、租期，并核实租金缴纳等合同履行情况。这是确保合同解除前双方权益的重要环节。随后，应综合考虑共居家庭成员的实际居住需求，制定包括安置住房、货币补偿等在内的补偿方案，以确保承租人及其家庭成员的居住条件不因退租而降低。出租方与承租人应通过平等协商解除租赁合同，并签订解除协议，明确补偿安置的具体方式和标准。若协商未能达成一致，出租方可根据行政优益权单方面解除合同，并提供相应的补偿。此行政行为允许承租人通过行政诉讼等法律途径寻求救济，以保障其合法权益。

第二种情况：家庭成员有争议，无法确定承租人。当原承租人去世或外迁后，若存在多名符合条件的家庭成员且他们之间存在争议，应首先通过人民调解等途径解决家庭内部矛盾，并推举新的承租人。在此过程中，家庭成员亦可就预期的补偿安置总额达成分割协议，确保补偿利益的公平分配。在争议解决前，出租方应暂停退租程序，避免法律纠纷的产生。待承租人确定后再进行协商解除合同。若争议长期未解，出租方有权先行解除合同，并妥善保留补偿利益，供共居家庭成员依法寻求行政救济。

第三种情况：无符合条件的承租人。在实践中，这种情况通常发生在原承租人去世或外迁后，无符合条件的居住者，或公房空置。[2]此时，出租方应通过公告方式，公布公房地址及拟进行的退租和补偿安置计划，并公布公告人的联系方式。公告期满后，若无权利人主张权利，为确保公共利益不受损，出租方可以通过行使行政优益权单方解除租赁合同，并将补偿安置利益

---

〔1〕 参见《北京市住房和城乡建设委员会关于加强直管公房承租人变更管理有关问题的通知》第1条。

〔2〕 例如，《北京市住房和城乡建设委员会关于加强公房承租人变更管理有关问题的通知》第1条规定："一、我市直管公房变更承租人必须符合以下条件：原承租人迁出本市或死亡，与原承租人同一户籍并共同居住两年以上且无其他住房的家庭成员愿意继续履行合同，符合承租条件的其他家庭成员无异议的，可按原承租面积继续承租。"

予以保留。涉及货币补偿的，可依法办理补偿款提存手续。在此过程中，出租方应特别注意保护相关人员的合法权益，确保整个退租和补偿安置过程的公正合法，避免因城市更新搬迁改造引发社会矛盾，维护社会稳定。

在上述所有情况下，出租方和承租方都应遵循法律规定的程序和条件，确保退租过程的合法性和合理性。特别是在涉及补偿安置的问题上，应充分考虑承租人及其家庭成员的实际需求和合法权益，确保他们在退租后能够得到合理的居住安排或经济补偿。同时，出租方在行使行政优益权时，必须基于公共利益的需要，并遵循法定程序，包括但不限于书面通知承租人、提供法律救济途径、保障承租人的陈述申辩权等。这样，不仅可以保护承租人的合法权益，也可以促进城市更新项目的顺利进行，实现城市发展的良性循环和社会的和谐稳定。

累计投票制度对上市公司中小股东的权益保护

赵旻原*

(中国政法大学 北京 100088)

摘 要：2023 年修订的《公司法》在保护我国中小股东权益方面发挥着至关重要的作用，特别是在知情权、表达意见权、参与选举权、表决权代理以及股东诉讼制度等方面，为中小股东提供了坚实的维权机制。在《公司法》的多次修订过程中，对中小股东的保护始终是核心议题，旨在实现控股股东与中小股东之间的权力平衡。其中，累积投票制的引入是法律修订的亮点，它赋予小股东通过集中选票选出代表自己利益的董事或监事的能力，这不仅增强了中小股东在公司治理中的影响力，而且有效限制了大股东在董事、监事选举中的绝对控制力，成为平衡公司内部权力结构、保障中小股东权益的重要机制。

关键词：中小股东权益；累积投票制度；投票征集体系；股东集体诉讼

累积投票制度是维护中小股东权益的重要方式，但由于大股东或控股股东占有公司大部分股权，对公司仍具有强势的支配地位。中小股东数量多、持股较低、股权分散等原因，使用累积投票制选出能够代表中小股东利益的董事、监事较难实现。累积投票制度的有效实施对于增强公司董事和监事选举的竞争性与透明度至关重要，它能够激发股东积极参与公司治理，进而提升公司治理的效率和水平。

一、累积投票制度对保护上市公司中小股东权益的必要性

在我国上市公司中，中小股东构成了绝大多数股东群体，形成了中国资

---

* 作者简介：赵旻原（1982 年—），女，汉族，北京人，中国政法大学同等学力研修班 2023 级学员，研究方向为经济法学。

本市场特有的散户型市场结构。[1]由于中小股东持股比例较低，而大股东、控股股东或实际控制人持股相对集中，他们通常能够主导公司董事和监事的选举，选出代表自身利益的董事、监事及独立董事。《公司法》第117条引入的"累积投票制"为中小股东提供了一种制度上的差异化安排，即股东大会在选举董事、监事时，可以根据公司章程或股东大会决议实行累积投票制。[2]这一制度突破了传统的"一股一票"限制，赋予股东的每一股都拥有数个表决权，并达到与候选人数量相等的表决权个数。通过实施"累积投票制"，中小股东可以将每一股的多个表决权集中到能够代表自身利益的一位候选人，以抗衡大股东对董事、监事选举的影响力，防止董事、监事的选任完全被大股东意愿所左右，从而在公司治理中发挥更大的作用，促使公司决策更加公平和透明。

二、累积投票制度设立的重要意义

累积投票制度是平衡公司治理中大股东影响力和中小股东权益的重要机制。通过限制这些大股东在董事、监事选举中的绝对控制力，为中小股东提供了选举代表自己利益的董事进入董事会的途径，使他们能够参与公司重大决策。[3]在董事会中，代表中小股东的董事和监事能够直接参与公司经营管理，提出既有利于公司发展又能够维护中小股东权益的策略。同时，这也进一步促使控股股东选出的董事在公司决策中更加审慎。

此外，累积投票制度体现了中小股东通过团结和智慧来弥补持股数量的不足，为自己在董事、监事的选举中争取更大的发言权。[4]同时，通过中小股东集体的团结，将每位中小股东的少量股份集合在一起，为推选出能够代表中小股东共同利益的董事、监事博取更大的权重。因此，在选任公司董事、监事过程中，不再是绝对的资本较量，大股东对公司管理层拥有绝对控制权的情况被打破。中小股东通过将股份集合起来，在股份数额与大股东的股份

---

[1] 徐明：《完善中小股东和债券持有人保护制度》，载《中国金融》2022年第9期。
[2] 李翔：《累积投票制度：困境与出路》，载《金融法苑》2006年第3期。
[3] 曾静：《我国小微股东参与上市公司治理的法律制度完善研究》，南昌大学2021年硕士学位论文。
[4] 曾静：《我国小微股东参与上市公司治理的法律制度完善研究》，南昌大学2021年硕士学位论文。

相当的情况下，可以通过集体一致的选举策略有效地对抗大股东。

三、累积投票制度的现存局限与完善建议

从制度本身看，累积投票权制度提高了中小股东选举董事、监事的有效性及直接参与公司重大决策的可能性。但实现起来仍需要中小股东合计持有的股份数量与大股东持有的股份差距不大、并通过集合中小股东股份的方式实现，否则累积投票制将难以充分地发挥其作用。

（一）集合股份面临困难

累积投票制度可以提升中小股东在选举董事、监事中所持股权的权重，但这并不意味着他们能够顺利选出自己的代表。事实上，只有在中小股东的股份集合起来并达到一定比例之后，中小股东才可能选出符合自己利益的董事或监事。因此，如何将分散的中小股东股权集合起来，是当前累积投票制度得以有效实施的关键因素。当前，对于股份有限公司，尤其是上市公司来说，中小股东数量庞大且分散，同时由于股权流通的因素，小股东的不断变化使得小股东构成了一个不特定的群体。中小股东之间没有联系和沟通的渠道，没有对于公司发展层面的最新信息，也不了解公司管理层人员的实际履职情况。这些困境的存在，使中小股东拿着小而散的股份，难以统一行动，也难以在推选董事、监事人选上达成一致。因此，建立一个整合中小股东投票权的机制，减少选举的复杂性，降低意见征集的难度和成本，是累积投票制度有效运用的关键。

（二）表决权征集缺少有效途径

我国《公司法》第118条规定了表决权的代理行使，但在法律法规层面上，对表决权征集规定尚付阙如。

自累积投票制度适用至今，中证中小投资者服务中心在中国证监会的指导下，修订了《中证中小投资者服务中心持股行权工作规则（试行）》《中证中小投资者服务中心公开征集股东权利业务规则》，通过线下委托、线上电子征集平台，投资者服务中心作为征集人，自行或者委托证券公司、证券服务机构，公开请求上市公司股东委托其代为出席股东会，并代为行使提案权、表决权等股东权利。中国证监会在2013年发布完善中小投资者投票机制，引导上市公司股东大会全面采用网络投票方式，积极推行累积投票制选举董事、监事，同时要求上市公司不得对征集投票权提出最低持股比例限制。尽管中

国证监会在推行累积投票制选举、征集并实现中小股东提案权、表决权上不断完善运行机制，但仍无法解决上市公司中小股东因个人利益不一致或者获取的信息不准确等而无法集中股份的情况，难以在推选公司董事、监事人选上达成相对一致的目标，难以推选出代表广大中小股东利益的董事、监事。由此可见，较为完善的累积投票制度应考虑同时搭配投票征集体系，用以实现累积投票的可操作性和结果有效性。

（三）等额选举存在弊端

在我国现行的累积投票制度实践中，一个突出问题是许多公司在董事会选举中采用等额选举方式。在等额选举方式下，提名程序成为决定性环节，而选举的形式对结果的影响微乎其微。这导致累积投票制度在实际操作中难以发挥其应有的平衡作用，因为董事的选举结果在提名阶段就已基本确定。

为了提升累积投票制度的有效性，需要规范提名程序，确保其公正性和透明度，让中小股东有机会参与提名，从而在公司治理中发挥更大的作用。

（四）救济机制有待完善

面对上市公司中的虚假陈述、内幕交易和市场操纵等违法行为，中小股东常面临巨额经济损失。这些违规行为往往隐蔽性强，使得中小股东缺乏获取相关信息的途径。在股东诉讼资格方面，《公司法》第189条规定，只有持有有限责任公司股份或股份有限公司1%以上股份连续180日以上的股东才有权提起代表诉讼。股东在提起代表诉讼前，必须先请求公司监事会或董事会以公司名义起诉。如果监事会或董事会在收到书面请求后30日内未提起诉讼或拒绝起诉，股东才能以个人名义提起诉讼。除非法官认定紧急情况，否则法院通常会驳回未完成前置程序的起诉。

《证券法》第94条为此提供了集体诉讼制度，允许投资者保护机构以自己名义向法院提起诉讼，不受《公司法》关于持股比例和期限的限制。目前，中证中小投资服务中心是唯一为中小股东提供法律援助和维权支持并代表提起诉讼的机构。然而，该中心也面临诉讼压力和动力不足的问题。因此，建议建立与检察机关的联合协作机制，帮助更多受害中小股东通过集体诉讼集中维权，拓宽证据收集和维权渠道。同时，建议引入律师作为中证中小投资服务中心的补充力量，参与集体诉讼，以增强中小股东的法律援助和维权能力。这样的措施将有助于提高中小股东在面对上市公司侵权行为时的法律救济效率和效果。

四、结语

尽管累积投票制度为中小股东在选举董事和监事时提供了更大的表决权权重，一些研究指出，即便中小股东通过此制度成功选举出自己的代表，这些代表在董事会中对最终决策的影响力以及推动代表中小股东利益的议案通过仍然存在不确定性。然而，累积投票制度在一定程度上仍实现了对大股东权力的制衡。通过累积投票选举出的董事，既不能单方面决定董事会的决策，也维护了资本多数决原则的完整性。对于投资者而言，累积投票制度的存在被视为公司治理结构中对中小股东权益保护的一个重要标志，这增强了投资者对公司的信任，并可能影响他们的投资决策。因此，越来越多的上市公司采用累积投票制度，以此作为提升公司治理透明度和公平性的手段，增强对潜在投资者的吸引力。在市场机制的推动下，预计会有更多的上市公司采纳累积投票制度，以此来吸引投资并增强其融资能力。这种趋势不仅有助于提升公司的市场竞争力，也促进了整个资本市场的健康发展。

论公司并购中对赌协议的规制逻辑与法律适用

李正荣*

(中国政法大学 北京 100088)

摘 要：在市场经济与全球化浪潮下，企业并购活动渐趋频繁。因被并购方收益的不确定性会给并购方带来风险，对赌协议作为估值调整机制应运而生并被广泛应用。我国目前缺乏相关法律规范，亟须弥补立法空白。本文将阐述对赌协议的概念、要素与理论，剖析其在公司并购中的规制逻辑，探究法律适用问题，并结合现状提出完善规制与法律适用的建议。

关键词：对赌协议；规制逻辑；法律适用；风险管理

公司并购对赌协议是股权性融资时的估值调整协议，有条件性、风险性、多样性、附属性等特点，能降风险、调估值、激励管理层。但签订存在难题，性质界定上股债特点难区分，影响法律适用与效力；效力审查涉及繁杂且更新的规则；履行审查中，投资方请求回购或补偿时，目标公司减资与利润条件实践较难达成。

一、公司并购中对赌协议的立法规制逻辑

(一)公司并购对赌的经济动因

从经济学视角剖析，对赌协议的应用存在多方面经济动因。在信息不对称方面，公司并购等交易里投资方与融资方信息不对等，融资方复熟知目标公司内部运营与市场前景。所以投资方借助对赌协议设定业绩指标等条件以

---

* 作者简介：李正荣（1981年—），男，汉族，江西宁都人，中国政法大学同等学力研修班2023级学员，研究方向为公司法学。

降低信息劣势风险，如私募股权投资中，投资方因不了解被投企业真实盈利能力而要求其达到业绩标准，促使融资方如实披露，否则对赌失败将担责。激励机制上，以业绩为标的的对赌协议能激励融资方管理层，如为达到净利润要求，管理层会在成本、市场、研发等多方面加大投入提升盈利能力。从代理理论出发，对赌协议可缓解委托人与代理人利益冲突，激励融资方与投资方利益趋同以提升整体经济效益。在风险分担与收益调整层面，对投资方而言是风险分担工具，如企业并购中被并购企业业绩不佳时融资方补偿可减少投资方损失，同时也是收益调整机制，业绩超预期时融资方获额外权益，投资方虽付出但长期投资收益或增，双方利益平衡。宏观上，对赌协议有助于优化资源配置，引导资金流向潜力企业，促使市场淘汰低效企业，推动经济资源从低效向高效领域流动。

（二）规制对赌协议的法律基础

契约自由与公平原则是规制对赌协议的核心基石。契约自由使并购双方能自主协商对赌内容，像以目标公司业绩指标设为对赌条件，彰显意思自治。但公平原则要求权利义务对等，业绩补偿条款设定时，计算与额度应合理，若业绩目标或补偿方式失当，显失公平致一方利益受损，受损方可行使公平原则寻求法律救济。

资本维持原则在目标公司与对赌主体的并购里极为关键。公司资本是公司担责及保障债权人利益的物质根基，对赌涉及股权回购或金钱补偿时可能导致资本减少，如违规回购股权未依法减资会损害债权人利益，所以法律要规制对赌协议，让公司遵循此原则，维护资本稳定与债权人权益。[1]

保护中小股东和债权人利益至关重要。对赌协议的签订与履行可能影响中小股东，如目标公司为履约采取不良举措会损害其权益，法律规制可阻止大股东侵权，保障中小股东合法权益。同时，对赌协议履行可能改变公司财务与资产结构，削弱偿债能力，如支付补偿款需动用大量资产，故法律需规范协议内容与履行方式，确保公司偿债能力。

诚实信用原则贯穿始终。应要求双方如实披露对赌信息，包括目标公司财务、经营与市场风险等，融资方故意隐瞒致投资方误判则违背该原则。法律规制促使双方诚信，保障对赌协议公平公正有效，推动公司并购对赌协议

---

〔1〕 赵万一：《资本三原则的功能更新与价值定位》，载《法学评论》2017年第1期。

健康发展，维护市场交易稳定有序。

二、公司并购中对赌协议的司法裁判路径

（一）对赌协议的效力认定

自"海富案"至"华工案"，法院对赌协议的态度发生转变，从审慎迈向合法性认可，且逐步明晰裁判规则，如《全国法院民商事审判工作会议纪要》便为对赌协议的效力与履行等事宜提供了明确指引。

以具体案例观之，在投资方 a 公司与目标公司、股东 b 公司的情形中，双方约定目标公司特定情形下 a 公司可要求 b 公司回购股权。法院审理时着重考量协议是否为双方真实意愿且无法律规定的无效情形，若满足则认定有效并支持依约履行，因其未涉及公司法有关股东抽逃出资与公司回购股权的强制规定。

而在湖北某投资企业与某汽车目标公司及股东案中，因目标公司未达成净利润承诺，投资公司诉请其及股东承担业绩补偿金，法院依据公司法相关规定审查。另有房某与投资方 d 公司案例，约定目标公司上市后投资方享有回购权，然因与市值挂钩的对赌协议违反证券市场监管规则，损害公众投资者权益与公共利益，被判定无效。

通过案例，可以发现依法订立的对赌协议，若无法律规定的无效事由，一般具备法律效力。其作为双方自愿达成之协议，彰显当事人意思自治，只要内容不抵触法律法规强制性要求，亦不违背公序良俗，便应予以认定有效。[1]

（二）对赌协议的履行问题

对赌协议履行中存在诸多争议与不确定因素。条件成就认定存争议，以目标公司业绩为对赌条件时，业绩指标计算方式易产生分歧，如净利润是否包含非经常性损益及会计政策变更处理等。且宏观环境与行业政策等外部因素也干扰判断，像新冠疫情下企业业绩下滑，是免责还是继续履约情况复杂。支付能力及履行有障碍，目标公司可能陷入财务困境，资金不足无法履行股权回购或金钱补偿，如中小企业对赌失败后资金链断裂。即便有资产，也可

---

[1] 华忆昕，《对赌协议之性质及效力分析——以〈合同法〉与〈公司法〉为视角》，载《福州大学学报（哲学社会科学版）》2015年第1期。

能因法规或合同限制,如已抵押资产无法变现或履行协议。协议变更与履行调整面临挑战,因情况变化双方协商变更协议时,涉及复杂利益博弈与法律程序。如变更对赌条件可能影响其他股东、债权人利益,需内部决策与外部监管审批。[1]

司法调整也具不确定性,法院依公平原则调整但标准范围不明,当事人难预判。违约责任确定方面,归责原则上,在过错责任原则下,一方能证明对方过错致协议受阻或条件受影响则过错方担责,如融资方故意隐瞒信息致协议瑕疵;在严格责任原则下,无过错但违约也可能担责,如目标公司未达业绩指标且无免责条款。损失范围界定上,直接损失有已支付投资款、股权价值减损等;间接损失包括预期利益损失与机会成本损失等,计算复杂需综合多因素。违约金调整上,过高可请求降低,过低可请求增加,法院依公平与实际损失衡量,差距大时相应调整。

三、对赌协议的制度完善建议

(一)回应立法政策

我国对赌协议立法政策应多维度回应:其一,司法解释与指导意见层面,《全国法院民商事审判工作会议纪要》秉持"区隔论"裁判思路,区分投资方与目标公司股东或实际控制人对赌以及与目标公司对赌的法律效力。前者效力一般予以肯定,后者则需遵循《公司法》相关规定,在不违背资本维持原则等强制规定时认可效力。其二,证券市场监管规定方面,证监会《上市公司重大资产重组管理办法》规范上市公司并购重组中对赌协议的应用,明确业绩承诺相关条款,后续又适度调整规范要求,保障其法律效力与实施效果。其三,《公司法》修订探讨中,有观点主张应回应对赌协议商业需求,对盈余分配与股权回购规则适用作出除外规定,但需配套制度与规则衔接,平衡融资需求与债权人保护,以释放对赌协议融资效能。

(二)厘清裁判思路

公司对赌协议裁判思路需从多方面厘清:首先,协议主体区分时,若为投资方与目标公司股东签订对赌协议,遵循意思自治原则,在双方表意真实、内容合法合规且无欺诈胁迫等情形下,通常认定有效。例如,约定业绩未达

---

[1] 田海、郭继星:《对赌协议中股权回购履行问题研究》,载《行政与法》2022年第12期。

标时股东回购股权，无其他违法因素多获法院支持，责任承担主体明确为股东个人，不涉及公司资本维持核心问题，裁判聚焦协议合法性与可执行性。其次，投资方与目标公司对赌时，裁判重点考量资本维持原则，如股权回购需审查是否经法定减资程序，防止资本不当减少损及债权人利益；对金钱补偿条款审查是否符合利润分配规则，无足够可分配利润时裁判谨慎认定有效性与履行方式。再者，对赌协议内容审查方面，条件需明确具体，如业绩指标计算、统计与考核周期等应清晰规定，避免模糊引发争议；同时判断合理性，综合行业、市场与企业规模等因素，防止业绩目标过高或过低引发不公平或不正当嫌疑。最后，补偿方式审查需兼顾合法性与可行性，如股权回购除资本维持原则外，还需审查回购价格合理性，现金补偿则评估目标公司支付能力并考量替代履行方式，确保裁判合理公正且具可操作性。[1]

---

[1] 刘燕：《"对赌协议"的裁判路径及政策选择——基于PE/VC与公司对赌场景的分析》，载《法学研究》2020年第2期。

论遗产分配之酌定分配请求权与第二顺位继承冲突

方新杰*

(中国政法大学 北京 100088)

摘 要：遗产酌定分配请求权具有现实背景和制度优势，非亲属但已尽主要扶养义务者应获得遗产分配请求权。通过案例分析，可以发现第二顺位继承人未履行扶养义务可能导致继承权受限。遗产分配应考虑实际扶养行为，以实现公平正义，减少家庭纠纷，并促进社会和谐。当遗产酌定分配请求权与第二顺位继承权产生冲突时，法院裁判对遗产酌定分配请求权人权利进行充分保护，符合公平正义的要求。

关键词：被继承人；第二顺位继承人；遗产分配

一、遗产酌定分配请求权的现实背景与制度优势

现阶段，我国已进入老龄化社会，机构化和社会化养老尚未成熟，居家养老仍是主要模式。在赡养人缺位的情况下，社会不能完全依赖个人的善良美德，特别是在缺乏利益支撑的前提下，期待无继承资格的人填补赡养人的空缺。因此，即便非继承人出于扶养目的对遗产有所期待，也不应阻碍其对遗产的酌定分配请求权。继承编对遗赠扶养协议的规定实际上认可了提供扶养者的物质期待，表明法律对此的肯定。然而，遗赠扶养协议的法律效力优于法定继承，可能导致受遗赠人与法定继承人之间的排斥关系，难以调和共同扶养被继承人的问题。因此，通过保护非继承人因提供扶养而获得遗产分

---

* 作者简介：方新杰（1992年—），男，汉族，南京人，中国政法大学同等学力研修班2024级学员，研究方向为经济法学。

配权，可以实现继承人与非继承人之间的协作与竞争，确保被继承人在需要扶养时，尤其在危困时刻，获得更好的保障。这一制度优势不仅促进了对被继承人权益的保护，也为遗产分配提供了更为灵活和公平的解决方案。[1]

二、非亲属关系但已尽主要扶养义务应获遗产分配请求权

在我国，《老年人权益保障法》为老年人的晚年生活提供了全面的法律保障，明确规定了赡养义务，包括经济供养、生活照料、精神慰藉，以及确保患病老年人得到及时治疗和妥善住房安排。这一法律文件是目前对老年人生活保障最为完备的依据，确立了养老质量的基本标准。然而，现实中孤寡老人，尤其是失能老人的生活困境依然严峻，社会和法律亟须提供更坚实的支持。老年人的情感需求同样重要，他们的内心世界需要关怀和慰藉。尽管许多城市的老年人拥有可观的资产，但物质财富并不能替代情感支持和生活照料。因此，在扶养关系的认定上，法律应更加关注实质性扶养的情况。

对于那些未办理正式收养手续形成亲子关系但在实质上履行了扶养义务的非继承人，法律应建立明确的分类和标准，以规范法官的自由裁量权。例如，当被继承人晚年与干儿女共同生活，且干儿女履行了养老送终的责任时，双方实际上已构成了赡养关系。在这种情况下，法律应认可这种实质赡养关系，并在遗产分配中给予相应的考虑。此外，最高人民法院《关于适用〈中华人民共和国民法典〉继承编的解释（一）》第19条明确指出，提供主要经济来源或劳务扶助的，应被认定为已尽主要赡养义务。这一条款为评估非继承人是否提供了较多扶养提供了最低标准，强调了实质赡养关系在遗产分配中的重要性。

三、第二顺位继承人是否履行扶养义务与其继承权之间的联系

在我国法律框架下，第一顺位继承人对被继承人负有法定的扶养义务，若未能履行该义务，可能会影响其继承遗产的份额。尽管法律未明确规定第二顺位继承人对成年被继承人具有扶养责任，但在第一顺位继承人无法履行扶养义务时，第二顺位继承人在有条件的情况下应对被继承人承担扶养义务。

---

[1] 张兴利：《继承人以外的人可以分给适当遗产的理解与适用——〈民法典〉第1131条的解读》，载《中国公证》2022年第5期。

如果第二顺位继承人有能力扶养却未提供必要支持,其继承遗产的权利应受到质疑,否则将违背公序良俗和公平正义原则。因此,当第一顺位继承人缺位时,第二顺位继承人应承担起扶养义务。根据《民法典》第1125条的规定,遗弃被继承人将导致丧失继承权。若第二顺位继承人未放弃继承权,则不得遗弃被继承人。根据《刑法》第261条的规定,遗弃的定义是指对年老、年幼、患病或其他没有独立生活能力的人,负有扶养义务而拒绝扶养的行为。符合刑法上遗弃情形的行为,必然构成民法意义上的遗弃。由此可知,第二顺位继承人要实现继承权,应当履行相应的扶养赡养义务,这也是权利与义务相一致原则的必然要求。在被继承人失去独立生活能力、第一顺位继承人缺位时,若第二顺位继承人未履行补充的扶养义务,则构成遗弃,进而丧失继承权。

第二顺位继承人可通过履行对丧失独立生活能力的被继承人的生前监护义务,阻却其他照料人获得遗产酌定分配请求权。当被继承人因年老、患病等原因失去独立生活能力时,第二顺位继承人如担任监护人,便承担了对被继承人生活的照料和保护责任,这可以通过直接扶养或其他方式实现。监护人的职责不仅包括代理被监护人实施民事法律行为,还应保护被监护人的人身权利和财产权利。在这种情况下,第二顺位继承人履行监护义务,可以有效阻止其他照料人获得遗产酌定分配权。例如,若第二顺位继承人利用被继承人的财产聘请护工或安排入住养老院,实际上已经履行了对被继承人的扶养责任。在此情形下,护工或养老院提供的照料是基于合同履约,而非继承编所规定的扶养。因此,第二顺位继承人并不因未直接提供扶养而失去继承权。[1]

然而,如果被继承人生前未失去独立生活能力,非继承人所提供的扶养行为不应被视为法律意义上的扶养。在这种情况下,即便第二顺位继承人未对被继承人提供任何扶养,其继承权也不会受到影响。此外,第二顺位继承人与其他扶养人之间的关系应当明确,确保法律对各方权益的合理保护。《民法典》第1131条确认,继承人以外的扶养人也可以通过较多扶养获得适当的遗产分配权,这旨在鼓励社会大众积极参与邻里扶养,形成良好的社会互助风俗。无论是第一顺位的继承人继承遗产还是第二顺位的继承人继承遗产,扶养较多的非继承人都可以参与遗产分配。即在被继承人有第一顺位继承人的情形下,扶养较多的非继承人的分配位阶是大于第二顺位继承人的,因为

---

[1] 房绍坤、肖朦恺:《论〈民法典〉中的事实扶养》,载《甘肃社会科学》2022年第6期。

此种情形下第二顺位继承人不能分配遗产。酌定分配请求权人与第二顺位继承人之间存在遗产分配的冲突时，第二顺位继承人如未尽扶养义务，而酌定分配请求权人尽到了较多扶养甚至主要扶养工作的，应当对第二顺位继承人不分或少分。由此可见，酌定分配请求权人适当分得遗产权利的情形发生时，第二顺位继承人的继承份额必然随之减少。

四、遗产分配中的实际扶养因素考量

在遗产分配的过程中，实际扶养行为的考量不仅是道德伦理和公平正义的体现，更是决定遗产酌定分配请求权和法定继承权能否实现以及实现程度的关键因素。遗产酌定分配请求权允许那些在被继承人生前提供较多实际扶养的人，在遗产分配中获得相应的份额，这一权利的行使直接与继承人是否履行了扶养义务以及履行的程度相关联。对于那些未能履行扶养义务的法定继承人，法律可能会减少其遗产份额或剥夺其继承权，以此作为对其未尽义务的法律后果。相反，对于那些虽然不属于法定继承人，但提供了实际扶养的人，法律可能会因其赡养行为而在遗产分配中赋予他们更多的份额，以此鼓励社会成员间的互助和支持。[1]

这种做法不仅促进了社会成员间的相互扶助，还确保了遗产分配的公正性。它确保了那些真正关心被继承人福祉的人得到应有的认可和回报，同时防止了遗产的不公平分配或滥用，维护了社会正义。在实践中，这意味着遗产分配不应仅仅基于血缘关系或法定继承顺序，而应更多地考虑个人对被继承人生前的实际贡献和扶养行为。这种分配机制有助于强化社会责任感，鼓励人们在他人需要时伸出援手，同时也为那些在困难时期提供帮助的人提供了法律上的保障和激励。

此外，这种以实际扶养行为为基础的遗产分配方式，也有助于减少因遗产问题引发的家庭纠纷，促进家庭成员之间的和谐。它强调了遗产分配的人性化和合理性，使得遗产分配更加符合社会公平和道德规范。通过这种方式，遗产不仅仅是财产的传承，更是对被继承人生前得到关怀和扶养的一种肯定和回报。最终，这种遗产分配机制有助于构建一个更加公正、和谐且富有人情味的社会环境。

---

[1] 李贝：《中国继承法中的扶养考量：功能与局限》，载《中外法学》2024年第5期。

法官在司法案件中的价值判断准则探究

王 蕊*

(中国政法大学 北京 100088)

摘 要：法官价值判断对于司法裁判而言具有重大意义，如何实现法官在司法裁判案件中价值判断的客观性和理性化，摆正价值判断在司法裁判中的位置，确保其在法律框架下运用，是现代法学方法论的重要议题。协调合法与合理之间的矛盾，重在建立独立自主的司法环境和健全、完善司法职业保障体系，推动司法权的良性运行。

关键词：价值判断；司法裁判；依法裁判；合理裁判

2016 年天津赵春华非法持有枪支案件及 2019 年陕西省汉中张扣扣故意杀人等案件均引起社会广泛关注，两者都入选当年中国影响性诉讼典型案件。该类案件之所以引起关注，无外乎法官的裁判结果与社会公众的广泛认知产生强烈反差，尽管法官从形式法治的角度进行裁判，但从情感或道义上公众仍难以接受。上述案件背后折射的是法官在司法案件中能否合法、合理利用价值判断准则，在法律大框架下进行价值选择，通过法学方法论缓解价值判断与依法裁判之间的紧张关系。

一、价值判断在司法案件裁判中的地位和作用

（一）价值判断在司法裁判中的位置

司法案件的裁判过程就是在法律规范和案件事实之间来回穿梭，最终形成个案判决，在司法裁判的全过程，都需要价值判断出场，尤其在二者冲突

---

* 作者简介：王蕊（1994 年—），女，汉族，云南曲靖人，中国政法大学同等学力研修班 2024 级学员，研究方向为经济法学。

明显时，价值判断就显得尤为突出，"价值判断是法官在个案中获取正义裁判结论所不可或缺的手段"。[1]

（二）在司法裁判中如何考量价值

对于法律具有哪些价值，学界秉持多种观点，包括内在价值、外在价值、实质价值、形式价值等共同构成法的价值体系。与法律价值相对的是法外价值，包括道德、经济、文化、政治等方面的价值。法官在司法案件的裁判过程中，不仅需要在全过程中运用法律价值予以考量，有时甚至将法外价值假借法律之名渗透到司法裁判过程中，从而起到影响裁判结果的目的。同时，法官个人的理性或非理性价值观念也会反映在司法推理过程中。由此引发出司法裁判过程中应当遵循何种价值的问题。

在司法裁判过程中，法官运用价值判断这一观点是无疑的，前文已经论述价值判断的地位，法官需要在法律规范和案件事实之间来回穿梭，每次的往返都需要进行新一轮的价值辩论。在这一过程中，容易只注意到遵循何种价值，而忽略谁之价值问题探究。立法者在设立法律规范时已经作出了基本价值判断，"法律本身所蕴含的价值，是立法者在立法过程中注入规范中的价值，也是立法者所期待法律能够实现的价值。立法者的价值安排形塑了法律秩序"。[2]法律规范背后的价值判断具有一般性，有时难以在具体案件中得以有效运用，需要司法者加以填补，司法者的价值判断既可能是对立法者价值判断的重现，也可能是对立法者价值判断的调适、补充和完善。

（三）依法裁判对价值判断的限制

依法裁判是司法的根本属性，也是决定判决合法性的唯一要素。[3]法官运用法律框架内的法律规则进行裁判，从法律价值出发，实际上仍是在理性化的轨道上运行，未背离依法裁判的道路。而以法外价值作为唯一裁判依据，则是从根本上改变了法源的选择。

以法律价值进行裁判受到的是法律教义及立法者在立法时本身期望通过法律规则实现的价值目的限制，实质上不会对依法裁判构成严重威胁，但仍有例外，在民事司法体系中，强调意思自治，能够灵活地将法外价值包含进

---

〔1〕 Meera Matthew, "Relevance of Value Judgment in Law", *National Law School of India Law Review*, Vol. 14, No. 1, p. 152.

〔2〕 孙海波：《面向依法裁判的价值判断》，载《法律科学（西北政法大学学报）》2023年第6期。

〔3〕 孙海波：《面向依法裁判的价值判断》，载《法律科学（西北政法大学学报）》2023年第6期。

来,如概括性条款中的价值考量,以"公序良俗"为例,在2021年广东惠州遗赠案中,富商朱某在去世后留下遗嘱,将遗产留给婚外情对象及非婚生女,法院判决认为因该行为违反公序良俗原则,赠予部分无效。案件中,法官适用的公序良俗原则不属于确定的法律规范,需要通过价值判断加以明确,判断遗赠行为是否违背公序良俗时,通常会参考社会道德,因无具体明确的法律规范可以参考指引,则强行嫁接法律一般原则,甚至将法外价值以修辞手段隐藏进来。

在刑事司法体系中,通过罪刑法定原则对法官价值判断进行限制,法官不得任意将法外价值融入司法裁判过程。对于暂且只能停留在法外的价值,如果仍执意将其作为判决的实质根据,就会从根本上改变依法裁判的本质。[1]

二、法官在司法案件中面临的价值判断困境及通常采用的价值判断方法

(一)司法裁判中两极化的价值判断困境

在司法裁判方面,有人认为,法官无权改变规则只能适用规则,法官的价值判断只能是立法者本身在条文后建立的法律应有之义,应当严格按照法律规范进行裁判,限缩适用自由裁量的空间,法官本身只能是法律适用的工具,不应具有个人的情感、价值判断,这一理论虽然从形式上严格遵守"依法裁判",但裁判结果却难以符合社会大众朴素的情感价值,因为在某种程度上,法官在案件裁判过程中漠视了法律背后的情理、常理和良知。

有人认为,司法权本质上是裁判权,法官必须通过法律的检索及事实的认定来确认最终的裁判结果,但受成文法的限制,法律条文与案件事实之间并不总是一一对应的,法官必须充分运用其必要的自由裁量权。法官虽然作出了"合情合理"的判决,却因为其过于关注道德、政策、情理、经济效率等价值,以法外价值取代法律判断,最终作出"超越法律"的判决。

(二)法官通常采用的价值判断方法

1. 以法律形式主义为导向的价值判断

法律形式主义主张现有的法律是完全无缺的,能够为任何法律问题事先确定好答案,法律推理是一个纯粹形式逻辑演绎的过程,它的非道德性意味

---

〔1〕 孙海波:《面向依法裁判的价值判断》,载《法律科学(西北政法大学学报)》2023年第6期。

着其与价值的决裂。[1]法官在采用形式主义推理时，并没有给价值判断留下任何空间，从而导致司法裁判走向了机械性裁判。

2. 以道德回应为导向的价值判断

法官在司法裁判过程中，受舆论影响，可能会参考道德准则，例如法官在运用公序良俗原则时，无疑会参酌社会中的道德准则，并且经常会走向两个误区：（1）公序良俗的道德判断基础是一种社会底线道德或一般道德，法官将要求过高的伦理作为判断标准，实质上会有制造道德强制之虞；（2）以简单的道德判断取代有违公序良俗的复杂价值判断。这表现为，判决中仅写明"违反社会公德""违反社会道德"等。[2]

3. 以后果为导向的价值判断

以后果为导向的价值判断将裁判理解为一个实现社会政策、整体福利和经济效益的过程，并力求让自己的裁判结果能够带来一种较好的法律和社会影响，在裁判过程中，法律框架内的价值判断往往被法外价值所侵蚀，法官追求效用的最大化，将后果作为理由或诱因，来调控法律的选择和判决的证成，最后通过常规的法教义学的方法推导出判决结果，以政策性判断、经济效益等从根本上取代法律判断，追求政治效果、法律效果与社会效果的相统一。但提前预测的后果是否准确，客观存疑。

三、以正确的价值判断促进中国司法权良性运行

（一）保持司法独立性，以权力制约为理念配置司法权

司法系统要与地方政府脱离，司法管辖要与行政区划适当分离，做到司法去行政化。加强检察权对行政权的监督制衡，建立以人民代表大会为主体的管理监督体制，建立完善的民意收集机制，在制定法存在调整空缺的情况下，法官可以引入法外价值，但应当将这种价值通过解释的渠道转介为法律的内容，通过法律立场或观点的评价，赋予其一定的法律意义，进而补充完成法源的重塑和案件的裁判，将价值判断置于法教义学的调控之下。

（二）推进司法体制改革，保障司法权运行

推进以审判为中心的司法体制改革要实现"侦查中心主义"转变为"审

---

[1] Scott J. Sha-piro, *Legality*, Harvard University Press, 2011, pp. 241~242.
[2] 蔡唱：《公序良俗在我国的司法适用研究》，载《中国法学》2016年第6期。

判中心主义"对刑事审前程序进行诉讼化改造,强化侦查基础工作,健全非法证据排除制度,贯彻疑罪从无原则,保证法院、检察院依法独立行使审判权和检察权。以权力保护为核心运行司法权,在案件裁判过程中尽可能贴近案件事实,对案件事实严格按照司法程序进行审查,将价值判断置于法律框架之内,以此缓解价值判断与依法裁判之间的紧张关系。建立完善的民意收集机制,公众可以通过人民代表大会对司法权进行监督,通过专家证人制度为法院提供审查经验,通过媒体依法、适度开展讨论。司法过程全程公开,并建立相应配套制度,以妥当方式公开司法数据库,保障案件当事人的查询权利,保障司法价值判断始终在法律的框架内运行,对于无法通过解释被纳入法律框架之下的法外价值,应当审慎对待。

(三)厘清权力角色,以实现良性运转为标准保障司法权

建立科学的案件终审机制,严格终审程序。综合运用法院审判资源和完善法院内部管理机制,保障基层法院的审判资源,建立合理有序的法官晋级和流动机制。处理好司法价值判断与社会治理之间的关系,建设和发展好中国特色社会主义法治文化。

论量刑协商的被害人参与

朱丽盈[*]

（中国政法大学 北京 100088）

摘　要：量刑协商机制是通过赋予犯罪嫌疑人实体上和程序上的某些轻缓对待，激励犯罪嫌疑人自愿认罪认罚，从而使案件转向简易或者速裁程序，从而达到追求诉讼效率的要求。量刑协商机制在认罪认罚从宽制度中得到较为广泛的应用，逐渐成为认罪认罚制度的一个重要环节。但是在量刑协商中，不可仅考虑犯罪嫌疑人的利益，同时也需保障被害人的利益。在我国现有法律规定中，对被害人参与机制的构建尚不完善，完善保障被害人参与量刑协商程序是保障被害人权利实现的关键所在。

关键词：认罪认罚；量刑协商；被害人参与

一、被害人参与量刑协商的重要性

（一）依法保障公民权益

刑事诉讼法是指国家制定的调整刑事诉讼活动的法律规范的总称，主要任务包括维护社会主义法制，尊重和保障人权，保护公民的人身权利、财产权利、民主权利和其他权利，保障社会主义建设事业的顺利进行等。《刑事诉讼法》中规定的认罪认罚从宽制度也是国家尊重和保障人权的重要体现。其中，被害人参与量刑协商是保障被害人合法权利和正当利益保护我国全体公民的合法权益的方式之一。现代刑事诉讼理念格外强调限制国家权力、保护刑事被追诉人的合法权益。近年来的刑事诉讼理论发展开始逐渐重视被害人

---

* 作者简介：朱丽盈（1988年—），女，黑龙江哈尔滨人，中国政法大学同等学力研修班2023级学员，研究方向为刑事诉讼法学。

在刑事诉讼活动中的诉讼主体地位,让被害人有机会积极参与到量刑协商过程,给予被害人应有的权益保护,对被害人的合理诉求,应予重视。

(二)切实化解社会矛盾

认罪认罚从宽制度重要的设计初衷之一在于推进繁简分流、优化司法职权配置,提升诉讼效率、节约司法资源。这要求认罪认罚案件的办理尽量做到"案结事了",避免当事人反复上诉、申诉。如果无法切实保障被害人合法权益,则极有可能造成案件处理程序的反复。若是被追诉人的人身危险性、主观恶性相对较低,同时可教育、可改造性较强,被害人又积极参与到量刑协商中,被害人内心得到尊重,可以更好地做到切实化解社会矛盾。

(三)避免公权恣意妄为

基于优化司法资源、提升诉讼效率功能定位,赋予被害人独立量刑参与权,既可以改善被害人边缘性的诉讼地位,也可以对检方量刑建议权起到一定的制约作用。现代刑诉理论认为,犯罪主要是对国家公益的侵害,应由公诉机关代表国家利益提起公诉(国家追诉原则)。认罪认罚量刑建议是人民检察院与犯罪嫌疑人协商一致的法律后果,是人民检察院向犯罪嫌疑人作出的承诺,同时也是犯罪嫌疑人愿意接受处罚的结果。若在相应程序中引入被害人参与,更有利于对公权力的合法运行起到监督作用,避免公权力为了诉讼效率而影响公正。

二、量刑协商中被害人参与机制的不完善

(一)被害人知情权保障不完善

《刑事诉讼法》等法律规范未赋予认罪认罚案件中被害人以阅卷权,也未规定相应的证据开示制度。而被害人对案情无法做到及时了解。程序参与的前提不存在,会导致其对量刑协商的知情权受到损害。在刑事案件办理过程中,被害人有权了解案件的进展情况,特别是审查起诉阶段,司法机关有义务及时向被害人通报量刑协商进程,或者允许被害人及其委托的律师查阅与量刑协商有关的材料。

(二)被害人程序参与权保障不完善

最高人民法院、最高人民检察院、公安部、国家安全部、司法部发布的《关于适用认罪认罚从宽制度的指导意见》第16条规定,"办理认罪认罚案件,应当听取被害人及其诉讼代理人的意见",但具体如何听取意见,在什么阶段以什么方式,被害人及其诉讼代理人如何参与案件的办理过程等问题均未明确规

定。对此应在法律中明确规定被害人如何提出量刑意见，以及司法机关如何考虑这些意见的具体程序，确保被害人程序参与受到保障，其意见能够被认真对待。

（三）被害人意见对量刑协商结果缺乏实质影响

《关于适用认罪认罚从宽制度的指导意见》第18条规定，"被害人及其诉讼代理人不同意对认罪认罚的犯罪嫌疑人、被告人从宽处理的，不影响认罪认罚从宽制度的适用"，该规定仅重视被告人的自愿认罪和宽大处理，忽视了获得被害人谅解，也应被列入影响量刑协商结果的因素之一。

三、量刑协商中被害人参与机制的构建与完善

（一）建立针对被害人的证据开示制度

目前有规定保障被追诉人的权益，比如，《关于适用认罪认罚从宽制度的指导意见》第29条规定"人民检察院可以针对案件具体情况，探索证据开示制度，保障犯罪嫌疑人的知情权和认罪认罚的真实性及自愿性"，并未规定被害人对证据的知情权。在量刑协商中进行"证据开示"具有更加直接具体的目的，即保障犯罪嫌疑人的知情权和认罪认罚的真实性及自愿性。自愿性的基础是知情权，自愿性同时决定真实性，其核心目的就是保障认罪认罚的真实性。证据开示制度有利于打消犯罪嫌疑人存在的顾虑，但不能忽视被害人存在的顾虑或者疑虑。[1]对被害人证据开示制度也应该由法规规定，对于对被害人的证据开示制度，有如下几点建议：

1. 规定证据开示的时间与案件类型。根据现有规定，对被害人证据开示时间应在审查起诉期间，由检察官进行证据开示，促使量刑协商达成一致的同时保障被害人的知情权。特别针对如下案件，要对被害人同时进行证据开示：（1）被害人对部分事实有异议的；（2）被害人或代理律师提出证据开示请求的；（3）被害人是精神病人，由其监护人或代理律师提出证据开示请求的；（4）被害人是盲、聋、哑或者未成年人的。

2. 适用证据开示的方式，检察官可采用申请开示和主动开示两种方式进行：（1）申请开示，即被害人申请，由其代理律师到检察院查阅、摘抄、复制案卷材料；（2）主动开示，即检察官在讯问被追诉人时，邀请被害人律师

---

[1] 王冬松：《依托"量刑协商"履行认罪认罚从宽制度适用主导责任》，载《检察日报》2021年4月23日。

到场对证据进行开示。

3. 针对证据开示的内容：（1）被害人对于控辩双方证据的展示不仅有知情权，同时也应包含针对案件事实内容提出异议的权利。（2）针对证据开示内容的例外：涉及国家秘密、商业秘密和个人隐私等方面的证据及非法证据。

（二）明确量刑协商时被害人的在场权

量刑协商是控辩双方在场达成一致，但是被害人作为整个案件中直接受到伤害的一方，理应在量刑协商时在场。被害人有权了解案件的进展和量刑协商的具体内容，确保其知情权得到充分保障，被害人的参与权通过在场得以实现，可以在协商过程中表达自己的意见和诉求，确保其声音被听到和考虑。通过司法解释和指导性文件，进一步明确被害人在场的具体操作流程和注意事项，确保实践中的一致性，检察机关更加积极地参与化解涉罪矛盾纠纷，发展新时代"枫桥经验"。

（三）赋予被害人对量刑结果的影响力

《关于规范量刑程序若干问题的意见》规定，在刑事诉讼中，自诉人、被告人及其辩护人、被害人及其诉讼代理人可以提出量刑意见，并说明理由，人民检察院、人民法院应当记录在案并附卷。由此明确了刑事被害人在量刑程序中有权参与量刑，但在目前制度中未赋予刑事被害人对认罪认罚从宽制度中量刑结果应有的影响力。审慎地面对认罪协商程序，从技术层面最大限度地防止其被滥用，是我们在制度设计之初就应该有的态度[1]。虽然，刑事犯罪加害人在认罪环节应当居于主导地位，但在犯罪嫌疑人、被告人是否真的认罪与悔罪问题上，被害人的发言权是毋庸置疑的。在正义实现的进程中，被害人权利的保障不应缺位，被害人独立的量刑建议权的实现，也是被害人权利实现的现实需要通过兼顾"恢复正义"的多元合作，被害人利益、被追诉人利益及公共利益在非对抗的诉讼程序中得到均衡考虑，在准确有效惩罚犯罪的同时，修复社会关系，促进社会和谐，更好地回应人民群众对刑事司法公正的期盼[2]。

---

[1] 胡铭：《认罪协商程序：模问题式、问题与底线》，载《法学》2017 年第 1 期。

[2] 闫召华：《"合作司法"中的恢复逻辑：认罪认罚案件被害人参与及其限度》，载《法学评论》2021 年第 5 期。

认罪认罚案件中律师参与机制探析

阿布力克穆·阿克穆*

（中国政法大学 北京 100088）

摘　要：律师参与认罪认罚案件有辩护律师和值班律师两种方式，值班律师发挥作用的主要阶段在于审前尤其是侦查起诉阶段，辩护律师则是全程式，而值班律师在法定的诉讼权利方面存在欠缺以及律师独立辩护不足，以至于其有异化为公权力机关"站台"之嫌，律师参与效果不佳。因此，笔者建议完善相关立法体制，强化认罪认罚案件中律师权利的保障机制、允许认罪认罚案件中辩护律师进行独立辩护并且鼓励值班律师向辩护人角色的适时转化。

关键词：认罪认罚；律师参与；独立辩护

一、认罪认罚案件中律师参与的不同形式

认罪认罚从宽制度是 2018 年修正的《刑事诉讼法》中的重要内容，修正后的《刑事诉讼法》第 173 条、第 174 条将"辩护人"和"值班律师"并列写入条文，可见我国法律制度规定律师参与主要有这两种形式，实践中前者主要是指委托律师和法律援助律师。[1]这也是一直以来最为常见的律师参与案件并维护犯罪嫌疑人、被告人辩护权的形式。2018 年《刑事诉讼法》修正

---

* 作者简介：阿布力克穆·阿克穆（1994 年—），男，中国政法大学同等学力高级研修班 2024 级学员，研究方向为刑事诉讼法学。

〔1〕《刑事诉讼法》规定，自犯罪嫌疑人第一次被讯问或被采取强制措施时即有权委托辩护人。同时，犯罪嫌疑人、被告人因经济困难或者其他原因没有委托辩护人的，本人及其近亲属可以向法律援助机构提出申请，存在法定情形，即犯罪嫌疑人、被告人是盲、聋、哑人，或者是尚未完全丧失辨认或者控制自己行为能力的精神病人，没有委托辩护人的，以及犯罪嫌疑人、被告人可能被判处无期徒刑、死刑，没有委托辩护人的，此时则应当为其提供法律援助，法律援助机构应当指派律师为其辩护。

之后，值班律师制度被纳入立法之中，正式成为律师参与案件的一种方式。

（一）作为值班律师参与

"两高三部"2020年8月20日联合印发的《法律援助值班律师工作办法》第2条对值班律师作了规定，值班律师应当在犯罪嫌疑人、被告人自愿认罪认罚且无辩护人的情况下，为其提供法律咨询、程序选择建议、申请变更强制措施、对人民检察院认定罪名和量刑建议提出意见等法律帮助。值班律师并不具有辩护人的身份，但是其是认罪认罚制度得以有效运行的重要一环，得到其的帮助也是犯罪嫌疑人、被告人的重要权利，对我国刑事辩护和认罪认罚制度发挥了重要作用。

（二）作为辩护律师参与

与值班律师的"法律帮助人"身份不同，辩护律师属于"辩护人"。值班律师发挥作用的主要阶段在于审前尤其是侦查起诉阶段，辩护律师则是全程式，尤其是在法定的诉讼权利方面，辩护律师享有阅卷权、会见权、通信权、调查取证权等诉讼权利，可以更加全面维护犯罪嫌疑人、被告人的合法权益，而值班律师还负有一定的推进认罪认罚以及监督职能。而且辩护律师需全面考察案件事实进行实体辩护和程序辩护，包括出庭辩护等，值班律师则一般不提供出庭辩护的服务。

二、认罪认罚案件中律师参与机制存在的各种问题

（一）值班律师制度存在的问题

1. 值班律师诉讼权利欠缺

相比与辩护律师，值班律师在认罪认罚案件中的权利不明朗，其作用的发挥最终还需要具体诉讼权利的支撑。法律没有规定值班律师的会见阅卷权和调查取证权，而值班律师想要真正保障认罪认罚制度的正当性则必须从案件事实出发，全面了解犯罪嫌疑人的情况从而给予其有效帮助。尽管各地都进行了有益探索，逐步赋予值班律师相关权利并提供一定保障，但是由于缺乏立法层面的明确规定，难以规范化以及具体落地实施，更为重要的是没有明确一定的监督措施也导致值班律师实际上拥有的诉讼权利有限。[1]

---

〔1〕 汪海燕：《三重悖离：认罪认罚从宽程序中值班律师制度的困境》，载《法学杂志》2019年第12期。

2. 值班律师参与效果不佳

值班律师制度的出台是我国保障嫌疑人合法权益的重要举措，体现了我国尊重和保障人权。但是在实务中，值班律师制度流于形式，实际效果欠佳。首先，值班律师较为欠缺的诉讼权利制约了其参与诉讼的实际效果，值班律师的尴尬处境使其在一些案件中沦为"走过场"，与提供有效法律帮助的目标之间存在差距。[1]其次，值班律师接触案件的时间过短、报酬不高，且缺乏足够有效的追责机制，值班律师可能在办理案件时不够负责，使得其作为律师参与的效果有限。最后，制度初衷是为了对犯罪嫌疑人、被告人的自愿性起到一定监督作用，但是实践中监督者与被监督者一体，容易使其异化为"站台效应"。[2]

3. 值班律师向辩护人转化受限

法律规定法律援助值班律师不提供出庭辩护服务，这是为了避免造成不公平的市场环境。[3]正如"两高三部"印发的《关于开展法律援助值班律师工作的意见》明确指出值班律师"严禁利用值班便利招揽案源、介绍律师有偿服务及其它违反值班律师工作纪律的行为"。这虽然有一定的合理性，但是也可能会让值班律师失去深入细致地了解案情的动力。在工作量大、经手案件较多、对个案了解程度不够、案件周转时间短的现实压力下，如何保证值班律师积极维护犯罪嫌疑人的合法权益，真正协助其进行合理的认罪认罚程序选择，也是一个必须考虑的制度设计问题。

(二) 辩护律师制度存在的问题

1. 辩护律师是否拥有独立辩护权？

认罪认罚从宽制度正当性建立在被告人认罪的自愿性基础上，律师的有效辩护是必要保障。在认罪认罚案件中被告人可能出于对公诉机关的心理恐惧，可能是对自己的辩护律师的不信任，又或是按照公诉机关的要求接受了认罪认罚，而律师对被告人被指控的罪名或者罪数等存在意见，表示不愿意接受。在此情况下，如果律师不能独立行使辩护权，将使认罪认罚制度的合

---

[1] 卫跃宁、朱雨晴：《认罪认罚案件中值班律师功能虚化的样态、成因与对策》，载《重庆大学学报（社会科学版）》2024年第4期。

[2] 所谓"站台效应"，是指值班律师不需要对案件进行实质性参与，只需在一些比较重大的场合证明办案机关办案程序的合法性。

[3] 韩旭：《2018年刑诉法中认罪认罚从宽制度》，载《法治研究》2019年第1期。

法性基础遭到质疑，不利于制度目的的实现。

2. 辩护律师如何与控诉机关展开有效协商？

认罪认罚本质上是一种协商程序，犯罪嫌疑人、被告人同意量刑建议，是启动认罪认罚从宽程序的关键。控诉机关以"压倒性优势"一定程度上挤压了协商的空间，也相应地挤压了律师辩护的空间。在认罪认罚程序推进过程中，律师并不是主事人，过程的推进完全由检察机关掌握主动。受限于此，当事人会认罪认罚并告知律师不要再进行辩护，这就对律师的有效辩护产生严重影响。

三、认罪认罚案件中律师参与机制的立法完善

（一）强化认罪认罚案件中律师权利的保障机制

从制度优化的角度出发，应当加强以下保障机制：一是健全落实办案机关告知制度。完善程序性机制建设，在信息系统中定期跟踪检查并更新被追诉人诉讼权利义务告知书，在具体案件的办理过程中，确保办案机关告知被追诉人有权获得值班律师法律帮助和约见值班律师，保障其对于获得值班律师帮助的诉讼权利知悉权。二是明确办案机关为保障值班律师会见阅卷提供必要便利。应尽快在法律层面赋予值班律师完整的阅卷权，规定值班律师有权查阅、摘抄和复制案卷材料，并在实践层面要求办案机关负责案件管理的部门配合值班律师阅卷工作。三是完善辩护律师执业权利的保障救济机制。进一步完善律师投诉机制、申诉控告机制等保障律师执业权利的救济机制，健全侵犯律师执业权利的责任追究机制，为律师正常工作提供保障。[1]

（二）允许在认罪认罚案件中由辩护律师进行独立辩护

在法律文明日渐成熟之际，刑事案件的辩诉环节无疑将是律师群体发挥核心作用的环节。在法律框架内，辩护律师拥有自主决定权，能够独立地执行其辩护职能，这一点在法律条文中已有清晰阐述，同样体现了律师职业伦理的基本要求。辩护律师的责任概括为两项并行不悖的忠诚：首先，对当事人保持忠诚，在合法合规的前提下，力求为当事人争取最大利益；其次，对刑事司法的公正忠诚，确保法律的正确执行，并致力于保护社会的整体利益。

---

[1] 詹建红：《刑事案件律师辩护何以全覆盖——以值班律师角色定位为中心的思考》，载《法学论坛》2019年第4期。

然而认罪认罚案件中律师面对着职业道德的严峻考验，一旦当事人倾向于承认罪行并接受处罚，律师若继续主张无罪或轻微罪名，可能导致当事人错失宽大处理的优惠，进而面临更为严峻的法律制裁；反之，律师若同意当事人的认罪认罚，或许会丧失为当事人争取无罪或减轻罪名判决的可能性。在法律执行过程中，一旦嫌疑人聘用了专业辩护人，公检法部门便不宜继续依靠值班律师来见证其对于认罪和处罚协议的书面确认。一旦专业的辩护人参与且发现嫌疑人已承认罪行并接受处罚，则该辩护人应当拥有对案件全方位审查的权限，且基于职业判断，有权提出独一无二的辩护立场。

（三）鼓励值班律师向辩护人角色的适时转化

在侦查阶段，应将值班律师定位为"法律帮助者"，避免过度突出其作为辩护者的角色。此时，其诉讼职责应主要反映在为当事人提供法律建议等辩护职能的内在联系上。在审查起诉及庭审阶段，则可考虑将辩护律师升格为"准辩护人"，赋予其证据搜集和案卷阅读的权利。更进一步地，应当充分发挥其在诉讼监督和刑罚协商方面的作用。确立辩护律师的地位，是其在犯罪嫌疑人认罪认罚案件中能否实施有效法律援助的关键所在。必须深入探究案件详情，在掌握全案事实与证据的基础上，展开切实有效的实质性辩护，并全程参与其认罪与认罚的环节。

涉企刑事案件的办理难点和纾解路径

程海兵*

（中国政法大学 北京 100088）

摘 要：随着高质量社会主义市场经济的深入发展，涉企刑事案件出现了新的形态，在案件办理实践中有许多疑点难点，如何保护企业发展，既践行罪刑法定原则，法律面前人人平等原则，又预防企业犯罪，实现社会公共利益，对推动企业合法经营具有重大深远意义。如何对企业进行定罪、量刑，如何确定涉企刑事犯罪入罪对象、罪名、刑期，如何出罪，涉企犯罪案件办理不一等问题客观存在。为进一步优化营商环境，需要强化涉企刑事案件实质审核，明确涉企犯罪适用对象，以适应经济发展需要。

关键词：企业；营商环境优化；经济犯罪

涉企刑事案件在办理过程中普遍存在以下问题：检察机关对涉企业刑事案件入罪、出罪的适用范围不够明确、出罪内容与程序方面不够清晰、出罪制度不够完善、检察院甚至法院诉权的扩张引发公诉裁量权及审判权滥用风险等。

一、涉企刑事案件办理亟待变革的形势要求

党的二十届三中全会指出创造更加公平、更有活力的市场环境，激发全社会内生动力和创新活力，为非公有制经济营造良好氛围，出台民营经济促进法。新的经济形势对涉企刑事案件的办理提出新的要求，迫切需要改变以往案件办理传统做法，在充分考虑罪责自负、社会公共利益衡量、法益修复

---

* 作者简介：程海兵（1979 年— ），男，汉族，湖南常德人，中国政法大学同等学力研修班 2023 级学员，研究方向为刑法学。

以及节约司法资源的基础上，对涉企刑事案件适用出罪制度，实现从简单机械的"治罪"到科学精准的"治理"，具有重要的现实意义，将对推动我国科学治理体系和治理能力现代化，建设高水平法治政府、法治社会、法治国家起到重要作用。[1]

审慎对待涉企刑事犯罪，充分发挥犯罪预防功能。"刑罚的目的既不是摧残一个感知者，也不是要消除业已犯下的罪行。"刑罚的目的仅仅在于：阻止犯罪再重新侵害公民，并规诫其他人不要重蹈覆辙。我国目前轻刑率常年占80%以上，我国刑法以重罪为核心的犯罪治理模式，已经不适应以轻罪为治理主体的现实需求。现代刑事司法发展了恢复性司法模式，相较于对犯罪人的惩罚，更强调对被破坏社会关系的修复与行为人的矫治。应当更加注重强调惩罚与改造并举，实现法益填补和行为矫正，使得刑罚的落实不具有必要性。促使企业建立出罪整改计划，激励企业建立最高水平的内部监督和控制机制，确保企业继续参与正常市场经营活动。贯彻"慎捕慎诉"原则，对涉企刑事犯罪不捕不诉不提出判实刑量刑，督促和激励企业"改过自新"，促进企业管理实现现代化转型，警醒和教育涉案企业，预防企业违法犯罪，给相关行业企业借鉴和示范，实现更好犯罪再预防效果。

二、涉企刑事案件的办理难点

第一，罪名适用范围障碍。涉刑事案件企业出罪适用于哪些罪名，是否适用于所有案件，需要进一步厘清。有理论认为，在涉企犯罪出罪适用中，对企业以悔过义务显然无法修复的损害，让其出罪伤害公民正义观念，影响司法权威性，应当限于法益可恢复性的经济类犯罪罪名。对造成重大伤亡的重大责任事故罪建议不予以适用。本文认可此种观点，即排斥适用具有严重危害公共安全人身伤亡的案件。

第二，重罪和轻罪适用障碍。涉企案件出罪适用于哪些案件，是否适用于重罪，目前还没有明确规定。在我国不起诉体系中，法定不起诉、证据不足不起诉均规定明确，对"犯罪情节轻微，依照刑法不需要判处刑罚或免除刑罚"的案件适用酌定不起诉，特殊情况不起诉需要最高人民检察院核准。

---

[1] 邓毅承、叶青：《企业合规激励机制的"重罪"适用——以〈刑法〉31条的再阐释为视角》，载《湖湘法学评论》2024年第1期。

因此，重罪是否适用于出罪，就成为办理涉企案件的核心问题，如果重罪不适用于出罪，那么创新涉企刑事案件办理方式也就失去了意义，如果适用，那就赋予了检察官自由裁量权，因此需要完善立法，明确重罪出罪的限度和前提。

第三，出罪情节和量刑情节适用障碍。建立完善的企业现代管理制度作为出罪情节还是量刑情节，目前还没有明确规定。企业刑事犯罪前建立现代管理制度的，适用出罪情节，这一点在无论在理论上还是实践上基本上趋于一致，没有争论。但企业刑事犯罪后建立企业现代管理制度的，是否适用相对不诉制度，在理论上尚有争论。大多数认为涉企刑事犯罪后建立合法现代管理制度的属于量刑情节，并不影响定罪，不能适用实体或者程序出罪。[1]

第四，涉企刑事出罪程序检法衔接与刑行衔接实践障碍。一是检法之间的衔接存在不同观点。有一种观点认为，在审判环节，无论出罪制度是否启动，出罪制度计划的执行以及涉企出罪整改效果的评估，均不宜由法院主导。但是另一种观点认为，相对不起诉使检察机关间接行使了审判机关的审判职能，一定程度上扩大了案件处置权力，因此有理论认为，应当对检察机关办理涉企刑事案件的出罪权力予以制约，法院应当审前参与涉案企业出罪审查。对于审判活动中才提出出罪不诉的，法院是否受理，也成为实践中的一个阻碍问题。二是刑行衔接。侦查、审查起诉环节没有依申请或依职权审查适用出罪不诉的整改，企业申请行政部门由行政部门监督评估相对不诉整改的，笔者认为应得到刑事司法承认和激励。

第五，涉刑企业出罪审查制度的适用障碍。对企业涉刑案件的办理改革，可能会形成检察官甚至法官自由裁量权的扩张，引发人们对相对不诉考察权的担忧。在实践中出现"威压和利诱（本不构罪）企业认罪""不建立现代企业制度即逮捕""滥用第三方监管""将假的现代企业制度认定为真制度""对企业家过度从宽处理"等执行的具体问题，如何进行审查，相对不诉审查的程序怎样进行等，都还规定得不够明确，做出的出罪或量刑审查最终产生不好的影响，对实践构成了一定程度阻碍。

---

〔1〕邓毅丞、叶青：《企业合规激励机制的"重罪"适用——以〈刑法〉31条的再阐释为视角》，载《湖湘法学评论》2024年第1期。

三、涉企刑事案件办理难点的纾解路径

（一）涉企刑事案件办理与不起诉制度的深入融合

实现与检察院法定不起诉、酌定不起诉的衔接。根据理论界通识的观点，对于涉企轻罪案件（依据《刑法》判处 3 年以下有期徒刑的案件为轻罪）可以直接适用法定不起诉和酌定不起诉。法定不起诉明确规定 6 种情形不予起诉，其中对情节显著轻微、危害不大、不认为是犯罪的案件不予起诉，因此对于情节显著轻微的涉企案件检察机关直接适用法定不起诉。对于情节轻微案件，检察直接适用酌定不予起诉。

实现与检察院附条件不起诉的衔接。对于重罪案件，如何实现出罪，理论界大多数观点认为，应当启用附条件不起诉。但是从我国的法律体系看，附条件不起诉仅限于未成年人犯罪，并不包括企业犯罪。不起诉适用应当分为事前和事后。所谓事前，就是指重罪案件可以在企业刑事犯罪之前建立现代企业管理制度并排除企业刑事责任。所谓事后，理论界普遍认为属于量刑环节，企业犯罪后可基于此获得从宽处理。需要将对企业刑事犯罪不起诉引入企业刑事责任理论，成为法定的犯罪阻却事由。

（二）涉企不起诉的形式审查向实质审查转变

司法审查应当由法院执行。全面提升司法人员素质水平，将对涉企不起诉司法审查方式由形式审查转变为实质审查。包括是否属于单位犯罪案件审查，对案件适用的审查，对涉案企业能否适用不起诉审查，对是否于社会公共利益更有利进行审查，企业是否有犯罪记录审查。在司法审查制度中，法院的职责并不仅限于监督和审查不起诉决定的合法性，还包括激励企业肩负起社会责任，实现法院对检察机关的涉企刑事案件不起诉权力进行限制，防止滥用不起诉自由裁量权。

（三）附条件不起诉制度适用的刑期边界

目前我国《刑法》没有明确规定。"理论界以法定刑为标准产生""3 年说""5 年说"等观点。"3 年说"是主流观点，其以法定最高刑 3 年有期徒刑作为界限，高于界限的皆是重罪，低于界限的是轻罪。对于 3 年以下的轻罪，检察机关可以直接适用法定不起诉和酌定不起诉。对于重罪，理论界普遍认为，涉案企业可以适用，对于企业家，则应当分案处理。

(四) 附条件不起诉制度的适用对象

仅限于涉罪企业，不包括涉罪企业家。从实践看，涉罪企业接受不起诉考察，实施企业整改，涉罪企业家也能够因此被检察机关决定不起诉。但是建立附条件不起诉制度以后，通过程序可以出罪的应当只有企业，企业家应当被依法起诉、定罪和处刑。"既放过企业又放过企业家"的做法，在实践过程中，有违罪刑法定原则，存在司法裁量权滥用现象，已经越来越不被理论界与实务界所接受。

轻罪附随后果的限缩与规范

程一帆*

(中国政法大学 北京 100088)

摘 要：目前，我国的犯罪附随后果分布广泛，表现形式复杂多样。犯罪附随后果虽然是犯罪产生的后果，但却被规定在《刑法》之外，且呈现扩张趋势。规范设置冗杂又层层加码，与前置犯罪行为脱节，无期限设置，程序失范等问题不仅阻碍了犯罪人员的再社会化，也使犯罪附随后果背离了特殊预防的初衷。面对这些问题，应在明晰犯罪附随后果性质的基础上，坚定其特殊预防理念，遵循比例原则的指引，构建起具有逻辑关联性的适用标准和正当程序，同时畅通救济渠道，使犯罪附随后果回归正确的体系定位，发挥出应有的社会治理效果。

关键词：轻罪治理；犯罪附随后果；保安处分

近年来，刑法开始以一种积极主动的态度应对犯罪行为，整体表现为犯罪门槛逐步降低，轻罪立法增多，刑法正在通过不断增设轻罪的方式织密刑事法网。但随着轻罪治理的推进，问题也随之出现。无序且广泛存在的犯罪附随后果使得轻罪治理的效果大打折扣，犯罪人除了要承担刑罚，还要面临因犯罪而带来的一系列不利后果，这些不利后果涉及职业、考试资格、社会信用、户籍、社保等方方面面，往往不区分犯罪性质和类型对犯罪人一概适用，且无确定期限，一旦犯罪可能终生受限。如果说刑罚主要限制犯罪人人身自由，那犯罪附随后果则使犯罪人的日常生活受限，表面上刑罚轻缓化，实际上刑罚和犯罪附随后果双管齐下，使轻罪不轻，刑事犯罪结构既严又厉。

---

* 作者简介：程一帆（1995 年—），男，汉族，陕西西安人，北京市大兴区人民检察院第二检察部三级检察官，中国政法大学同等学力研修班 2022 级学员，研究方向为刑法学。

一、我国犯罪附随后果适用的不足

（一）犯罪附随后果与前置犯罪行为脱节

犯罪附随后果的核心目的在于特殊预防，所谓特殊预防，就是要根据犯罪人的人身危险性，是否具有再犯可能性，进行有针对性的预防。不同犯罪类型的法益侵害程度和应受刑罚大小是不同的。具体到犯罪附随后果上，犯罪人承受的犯罪附随后果应与其所犯罪行具有一定程度上的关联性，如因利用职务便利而犯罪，则可以禁止其再次担任特定职务或进入某一行业。但目前，犯罪附随后果被广泛适用于各行各业，且仅以一句概括性的"受过刑事处罚"作为前置条件。一味地限缩有犯罪前科人员的就业、生活权益，只会阻碍其复归社会，加剧社会矛盾。广泛且不加条件限制的犯罪附随后果其严厉性程度堪比刑罚，这不仅无法呈现出其特殊预防之处，反而使其丧失了应有的正当性，不当地加剧了刑法的惩罚和报应色彩。[1]

（二）犯罪附随后果终身制

刑罚存在期限，但作为刑罚连带效果的犯罪附随后果却不分犯罪类型地终身跟随犯罪人。一方面，这进一步加剧了犯罪标签效应。一旦犯罪，终身是犯罪人，社会原本对有犯罪前科的人就带有歧视色彩，所以国家鼓励犯罪人的再社会化，在刑罚执行期间注重犯罪人思想和劳动能力的培养，也是希望其刑满释放后能够顺利回归社会。但各种严苛的犯罪附随后果，从就业、住房、信用等日常生活事务上对犯罪人复归社会之路处处设限，使其一直生活在软性歧视之中。另一方面，这也违背了罪刑均衡的原则。轻罪时代下，我国的犯罪圈不断扩张，入罪的门槛更低，犯罪人数攀升，但所犯之罪的严厉程度是下降的。像危险驾驶罪这类仅判处拘役和罚金的轻微犯罪，其带来的犯罪附随后果却要伴随终生，严厉程度远超刑罚。这未免造成了刑罚与犯罪附随后果之间严厉程度倒挂，且超过了特殊预防的必要限度，违背了罪刑均衡原则。

（三）自动适用，程序规范

公权力的行使需要法律程序的限制和制约，以保护公民权利、实现公平正义，即要做到程序正当。所谓正当程序，即所有利害关系人都应有参与程序并陈述事实及表达法律观点的平等机会，并且程序必须以公开的方式进行，

---

〔1〕 张明楷：《轻罪立法的推进与附随后果的变更》，载《比较法研究》2023 年第 4 期。

由第三方作出中立的裁断。犯罪附随后果虽是刑罚产生的附随效果，但其适用过程并不像判处刑罚那样严格。法律上对犯罪附随后果的适用并未作出规范的程序规定，实践中，其适用也不需要经过司法机关或者任何有权机构、单位组织的参与、决策，仅仅在受刑事处罚之后就自动执行[1]。正当程序的缺乏，使得犯罪附随后果的适用标准更加模糊。与此同时，犯罪附随后果的救济程序也存在缺位。对于社会中存在的各种各样的对有前科人员的限制，大家都习以为常，有前科似乎成了一种可以剥夺个人社会权益的正当理由。但是正如前文所述，犯罪附随后果的适用也需要在法治轨道内进行，缺乏合理依据的犯罪附随后果就应该得到驳斥。

二、犯罪附随后果的限缩与规范化路径

（一）构建具有逻辑关联性的适用标准

鉴于保安处分性质定位下的犯罪附随后果以特殊预防为目的，所以强化犯罪附随后果适用上的针对性显得十分重要。"受过刑事处罚""存在刑事犯罪记录"这样的规定过于笼统，且在大多数情况下因缺乏逻辑关联性导致适用缺乏正当依据。正确做法应该是根据犯罪类型的不同树立关联性思维。"牵连"问题是犯罪附随后果被人诟病的主要原因之一，就是其不仅适用于犯罪人本身，还要牵连犯罪人的家庭成员及近亲属，不少人的就业、升学被家人的犯罪前科影响。"株连"制度自古就有，不过这与社会治理现代化的要求相冲突，也有违罪责自负的原则。在当前司法实践中下应当根据关联性原则限缩牵连的适用范围，祛除一些不当牵连。对犯罪附随后果适用期限的设置也很重要，应避免过长或者终身的限制措施。要根据犯罪人所犯之罪的严重程度进行时间适用上的衡量，规定有限的适用期限，或者设立考验期，考验期过后给予解禁。

（二）犯罪附随后果的适用遵循比例原则

我国在《全国人民代表大会常务委员会关于完善和加强备案审查制度的决定》中第一次明确规定了比例原则。身为我国法律体系的一分子，犯罪附随后果当然也要遵循比例原则的指引。比例原则包含适当性原则、必要性原

---

[1] 张庆立：《隐形之罚：犯罪附随后果的法治化重构》，载《苏州大学学报（哲学社会科学版）》2024年第4期。

则、均衡性原则。具体到犯罪附随后果上，适当性原则是指，所采取的犯罪附随后果措施必须是正确的，且有助于特殊预防目的的实现；必要性原则是指所采取的犯罪附随后果措施在所有达成目的的手段中是最优的，侵害性最小的；均衡性原则是指采取犯罪附随后果所带来的好处要大于其所带来的损害。总的来说，比例原则就是要求犯罪附随后果的适用要与犯罪人已经实施的犯罪，以及犯罪人的再犯可能性之间符合比例关系。因此，要在遵循比例原则的基础上适用犯罪附随后果，达到特殊预防的目的。

（三）构建正当程序，畅通救济渠道

"在完整构建了保安处分制度的国家和地区，保安处分和刑罚都是由法院宣告的，其适用的程序均是刑事司法程序。"犯罪附随效果具有保安处分性质[1]，所以犯罪附随效果的适用也离不开刑事司法程序的介入。相较于自动适用或者由行政机关掌握决定权，法院通过裁判的方式决定是否对犯罪人适用犯罪附随后果这一途径更加公开、公正。适用程序的完善与救济渠道的畅通是相辅相成的，既然犯罪附随后果的适用可以由法院介入，那么适用后的救济自然也可以通过刑事诉讼程序畅通。当事人对法院有关犯罪附随后果适用的内容有异议的，可以提出申诉。在后续的执行过程中有关机关可以对犯罪人的表现进行考察，符合要求的给予提前解禁，行为人也可以向有关机关提出变更、消灭犯罪附随后果的建议。

三、结语

"一刀切"式的犯罪附随后果并不符合轻罪治理时代的需要，甚至会对社会治理产生负面效果。但也应当承认，轻罪时代下，犯罪控制手段朝着轻缓化和多元化的发展是必然趋势，一方面，犯罪附随后果可作为行政处罚与刑事处罚之间的一种过渡，弥补刑罚措施在风险防控上的不足。另一方面，其在矫正个人越轨行为，预防犯罪人再犯方面也确有效果。因此，犯罪附随后果是社会发展过程中国家对社会控制的必要手段。所以不能一味否定犯罪附随后果的积极意义。为今之计，应当使其复归保安处分性质坚定特殊预防的目标，在发挥预防功能的同时，也不影响犯罪人复归社会，实现与轻罪治理的相辅相成。

---

〔1〕 严励、方正：《轻罪治理背景下犯罪附随后果规范化探赜》，载《犯罪研究》2023 年第 6 期。

合同诈骗罪与民事合同欺诈之界分

方 磊*

(中国政法大学 北京 100088)

摘 要：在市场经济活动中，利用合同实施诈骗行为和由欺诈行为引发合同纠纷的情况日趋严重，而且两者容易混淆。因此，在相关刑事案件中，控辩双方的分歧焦点也常围绕着行为应定性为合同诈骗罪还是民事合同欺诈。本文以贝某合同诈骗案为例，从理论和实践两个层面，主张以实施欺诈行为的目的、行为人的履约能力和履约行为作为合同诈骗罪与民事合同欺诈界分的有效依据。

关键词：合同诈骗；民事欺诈行为；非法占有目的；履约能力；履约行为

一、贝某合同诈骗案定性之争

（一）基本案情

2019年9月开始，贝某经营服装直播销售业务。朱某、王某为贝某引入的合伙人，两人先后向贝某支付投资款100余万元。2019年10月，因业务分歧，朱某、王某决定退伙并要求贝某退还投资款，贝某的直播业务因此受到影响。上述期间内，贝某结识了服装供货商陈某，并在陈某处多次进货货值达到了200余万元。陈某提供给贝某的货物，大部分被贝某以低于进货价一半以上的价格低价转卖，所得款项被贝某用于归还朱某、王某的投资款，而陈某处的剩余货款一直未支付。

---

* 作者简介：方磊（1988年— ），女，汉族，浙江杭州人，中国政法大学同等学力研修班2020级学员，研究方向为刑法学。

案发后,公诉机关以合同诈骗罪向人民法院提起公诉,因涉案金额特别巨大,贝某定罪处罚对应的法定刑为10年以上有期徒刑。

(二) 定性分歧

第一种观点认为,贝某的行为已构成合同诈骗罪。理由在于,贝某在与陈某签订、履行合同的过程中,实施了虚构事实、隐瞒真相的诈骗行为,其隐瞒了货物的真实用途、虚构了直播销售业绩,主观上具有非法占有的目的,客观上也造成了陈某的货款损失,符合合同诈骗罪的要件。

第二种观点认为,贝某的行为属于民事欺诈和合同违约,不构成犯罪。理由在于,陈某在与贝某签订合同和履行合同的过程中,对于贝某的经营状况、经营能力已经充分了解。在陈某与贝某的合作模式中,无论货物是否能够通过直播进行销售,陈某均不接受退货,其货物由贝某自由处分。因此,陈某交付财物的行为与因贝某虚构事实、隐瞒真相的行为所产生的错误认识之间没有直接关联,陈某没有因错误认识而交付财物,自然该案事实也不符合合同诈骗罪的构成要件。

这种分歧根源于对行为人主观认识的推断。这种对行为人主观认识的事后认定,不能以果推因,更不能片面地、简单地依据已有的经济损失结果机械地理解构成要件,将虚构事实、隐瞒真相的行为一概都纳入犯罪构成中予以评价,因此需要通过全面地了解案件的前因后果和交易背景,根据一系列的主客观条件综合来判定。

二、从理论上界分合同诈骗罪与民事合同欺诈

民法中的诈骗行为通常称为欺诈或诈欺,是指:"使人陷入错误而为的意思表示的行为。"[1]我国《民法典》第148条[2]赋予了受欺诈方可通过特定途径实施的撤销权。相比于刑法上的诈骗或者合同诈骗行为,民事欺诈与其相比虽然在外在事实表现上部分相似,但在构成要件、对法益造成的危险程度和社会危险性上,两者仍有着差异与区别,仍然可以从理论上予以区分,即存在"入罪与出罪"的界限。

---

[1] 王泽鉴:《民法总则》,北京大学出版社2009年版,第308页。

[2] 《民法典》第148条规定:"一方以欺诈手段,使对方在违背真实意思的情况下实施的民事法律行为,受欺诈方有权请求人民法院或者仲裁机构予以撤销。"

关于理论上的区分标准,有学者提出了"诚意区分体系",即以"履行合同的诚意"作为核心标准来进行区分。[1]另有学者提出,民事欺诈的成立并不以经济上的损失为构成要件,这与刑法中的诈骗行为存在明显区别。民法中的相关规定,其核心目的并非单纯保护财产,而是更侧重于保护当事人的决定自由。[2]而在刑事法律关系中,诈骗的成立以被害人财产遭受损失为构成要件,并且需要以非法占有为目的。

但想要更好地区分合同诈骗罪与民事合同欺诈,就需要着重分析行为人所谓的欺骗行为,是为了促成合同成立进行的还是想要通过缔约合同的方式针对财产本身进行的。在民事欺诈中,行为人主观上并不追求逃避或不履行合同义务的结果,而仅是通过欺骗或隐瞒的手段为其谋取高于通常情况下的利益,即行为有悖于公平交易的原则。[3]而后者自始至终都没有履约的故意,签订合同只是为了实现其非法占有他人财产的手段行为,总结来说民事合同欺诈的主要目的是促成交易,刑事合同诈骗的主要目的是骗取财产。

三、从实践中界分合同诈骗罪与民事合同欺诈

在司法实践中,由于司法资源紧缺、法律认识水平和判断能力、当事人诉求、案件本身情况等多种因素的影响,以刑事立案为节点,常出现立案前"合同诈骗纠纷化",立案后"合同纠纷诈骗化"的交叉错位情况。这种情况的频发不仅不利于保护交易双方的合法权益,甚至还可能对市场的正常运转和市场秩序造成破坏。为了进一步厘清这一问题,需要在理论界分的基础上,根据实践中的具体情况和条件,引入更有识别性的界分依据。

(一)*履约能力的客观表现*

作为界分依据的履约能力,应当特指签订、履行合同当时行为人的履约能力状况,这是由于事后纠纷的产生往往就是由于行为人出现资金链断裂等情况不再具备履约能力,相对方因此而遭受资金上的损失。

根据实践情况,可以从以下几个方面对行为人当时是否具备履约能力进

---

[1] 陈思群:《合同诈骗罪与合同民事欺诈区分方法的重构及运用》,华东政法学院2004年硕士学位论文。

[2] Vgl. Larenz/Wolf, aaO., §37Rn. 12,转引自韩世远:《合同法总论》,法律出版社2008年版,第158页。

[3] 庄建南主编:《刑事案例诉辩审评——集资诈骗罪》,中国检察出版社2014年版,第64页。

行判断：（1）是否存在虚构合同履行主体的情况：一方面，不具备履约能力的自然人需要通过伪造或者虚构公司主体的方式来达到增信的目的；另一方面，行为人需要通过隐匿真实的交易主体来达到逃避责任以及增加交易相对方追索债务困难程度的目的；（2）是否具备与履行合同相匹配的经济能力：经济能力一方面，表现为合同对价的支付能力和风险承担能力。如行为人已经被人民法院裁判认定为限制高消费人员或失信被执行人的，那么除非行为人能够提供有效担保或有其他合理理由使相对方相信其具有负担能力的，否则其是否具备履约能力存疑。另一方面，经济能力表现为经营经验和经营能力。在市场活动中，企业家因市场风险而破产或负债的情况并不鲜见，但并非均能归因于其自身的经营能力不足，因此需要结合行为人的既往经营状况、经营规模以及合同履行要求综合进行判断。

（二）履约行为的客观表现

行为人的履行行为是其主观上具有履约意愿的外在表现，具体可以依据：（1）在签订、履行合同以前，行为人是否做了必要的准备。基于商事关系的复杂性，如果行为人在事前未作任何准备或为合作创设积极的条件，那么其交易的真实意图显然存疑。（2）补救、挽回措施：如果行为人因自身或者第三方的原因导致无法履行或按约履行合同的，即使相对方的经济损失可能已经产生，但若行为人没有继续予以消极地放任，而是采取措施进行补救，也可以作为行为人没有非法占有目的的考量因素。

故而，在认定履约能力和履约行为的基础上，若在履行合同过程中因多种不确定因素而给合同履行产生了重大影响，从而使得合同部分履行或者履行不能，进而导致合同目的无法实现的，则不应再以经济损失推定行为人主观上具有非法占有的目的，不应再将经济纠纷案件"刑事化"。

四、结语

在市场经济环境中，合同诈骗罪与民事合同欺诈是经济诈骗和经济纠纷的一种重要表现形式，两者既有联系又有本质上的区别。界分合同诈骗行为与民事欺诈行为，归根到底是为了评价一行为的社会危害性是否达到了应以刑事手段予以处罚的程度。

当行为人在签约之时具有履约能力，也有履约行为，多种因素的介入导致履行不能，并非因"具有非法占有的目的"而拒不履行合同的，应充分考虑刑法介入的谦抑性原则。诚有学者认为，合同诈骗罪与经济合同纠纷之间的核心区分在于，行为人是否通过签订或履行合同的手段非法获取财物。[1] 若此时行为人能及时弥补受害人的损失，就可以将此案定性为民事纠纷，而不需要进一步采取刑事处罚的手段了。

---

[1] 黄晓亮、黄伯青编著：《合同诈骗罪专题整理》，中国人民公安大学出版社2008年版，第27页。

刑事速裁制度"一站式"办理模式浅析

林 也[*]

(中国政法大学 北京 100088)

摘 要：在基层司法资源不足和轻微刑事案件日渐增多的背景下，为提高司法效率，我国引入了刑事速裁制度。根据刑事速裁制度产生的"一站式"办理模式，旨在通过整合公检法资源、简化刑事诉讼流程。然而，该模式仍面临一些挑战，如适用范围有限、庭审功能虚化、被告人权益保障不足等问题。可以从适当放宽时限，提高调解率和加强监督机制等方面予以完善。

关键词：刑事速裁程序；制度改革；刑事诉讼

在 2018 年修正的《刑事诉讼法》第二编"一审程序"一章中专节添加了关于速裁程序制度的有关内容，该制度将对我国刑事审判产生重要影响。司法机关对速裁程序已经采取了多种形式的探索，研究和实践。其中试点的轻微刑事案件速裁"一站式"办理模式（以下简称："一站式"办理模式）在实践中取得了一定成果，经过对其梳理、检视、评析和速裁程序的研究，有利于发现问题与不足，助益制度的进一步改革和完善。

一、"一站式"办理模式的简介

顾名思义，"一站式"办理模式是以刑事速裁程序制度为基础建立的，本质上是在我国基层司法资源配备严重不足和刑事案件数量日益上升的矛盾背景下，对刑事速裁制度的一次尝试。

在硬件条件方面，"一站式"办理中心（以下简称"中心"）内引入伤

---

[*] 作者简介：林也（1994 年—），男，北京人，中国政法大学同等学力研修班 2024 级学员，研究方向为诉讼法学。

情鉴定、物价鉴定、法律文书邮寄、远程办案、嫌疑人羁押等功能，公安机关、检察院、法院在中心内派驻专业团队，设置专门的办公室和派出刑事速裁法庭，司法局派驻值班律师进驻中心，为轻微刑事案件的速裁从侦、审、诉、辩、判各个环节提供全链条的保证。

在工作模式方面，启动"一站式"办理模式后，在规定的48小时办理时限内，首先由公安机关将嫌疑人传唤至中心，在24小时内侦查终结后，直接移送中心内检察机关办公室审查起诉，而后检、法两方在24小时内依法作出不起诉决定或在中心内设立的派出法庭进行庭审、宣判。

在传统的刑事速裁案件中，存在着两点问题：一是我国羁押措施普遍适用的现状，二是案卷流转以及材料报批带来的高额时间成本。由于办公地点不同，实践中各个部门工作模式不同，一本案卷从公安机关到检察院再到法院平均需要3天至4天的时间，而有数据显示传统形式的刑事速裁程序平均所需的时间是5天至7天，所以有大量的时间其实是浪费在了无意义的"路上"，而这种时间的浪费又倒逼司法机关不得不对被告人采取羁押措施，进而出现被告人"刑期倒挂"或者"刑罚透支"的情况。而中心内同时设置了羁押区域和审判区域，在一定程度上解决了以上两点问题，让司法机关和被告人都能够"足不出户"即可走完全部速裁程序，既保证了被告人合法权益，不被超期羁押，又在一定程度上缓解了基层司法资源不足的困境。这也体现了刑事诉讼从对程序公正的过度追求到向诉讼效率追求的适当调整。[1]

二、"一站式"办理模式面临的困境

虽然"一站式"办理模式的设立取得了一些成果，加快了部分案件的推进速度，但其也仍然面临适用范围具有局限性、庭审功能存在虚化和被告人权利保障不足三方面的困境。

（一）适用范围局限性

第一，在法律规定的速裁程序的适用的前提条件中，可以适用的罪名比较有限。根据《关于在部分地区开展刑事案件速裁程序试点工作的办法》之

---

[1] 参见宋远升：《刑事速裁程序的理论反思与重构》，载《上海政法学院学报（法治论丛）》2017年第4期。

规定，刑事速裁程序主要适用于危险驾驶、交通肇事、盗窃、诈骗、抢夺、伤害、寻衅滋事等11种犯罪的刑事案件。基于上述规定，"一站式"办理模式适用案件范围就比较局限，这也是整个刑事速裁程序面临的立法技术性障碍。

第二，在以上11种可以适用刑事速裁程序的案件中，基于《关于在部分地区开展刑事案件速裁程序试点工作的办法》第2条的规定，犯罪嫌疑人、被告人与被害人或者其法定代理人、近亲属没有就赔偿损失、恢复原状、赔礼道歉等事项达成调解或者和解协议的，不得适用速裁程序。然而以上案件类别中，除了交通肇事、危险驾驶案件有保险公司作为经济补偿的保障外，其余案件多属于"贫穷型"的传统犯罪，本身这类犯罪嫌疑人、被告人及其家庭的经济条件不佳，赔偿能力不足，这就导致其取得被害人谅解的可能性大幅降低，且"一站式"办理模式的时限为48小时，更进一步加剧了这方面的矛盾，部分被害人很难在权益或身心刚刚受到侵害的情况下，与犯罪嫌疑人、被告人达成调解或谅解。

第三，根据《关于在部分地区开展刑事案件速裁程序试点工作的办法》第2条第1项的规定，犯罪嫌疑人、被告人是未成年人的不得适用刑事案件速裁程序。其实对于未成年人罪犯而言，拖沓冗长的普通程序本身就是对未成年人的精神、肉体的折磨。且未成年人犯罪多是由于其心智发育不完全、法律意识淡薄所致，犯罪后果一般不严重、若真诚地认罪、悔罪，取得被害人谅解的可能性反而更高，采取"一站式"办理模式已经可以很好地达到对其教育、引导的目的。但由于法律的强制性规定，不能对未成年人采取"一站式"办理模式，这在一定程度上限制了该模式的发挥。

（二）庭审功能存在虚化

在"一站式"办理模式中，存在着一定庭审程序功能虚化现象。这是因为在"一站式"办理模式中，48小时的时间比较紧迫，为确保正常推进，提高效率，一般检察官、法官会提前阅卷，然后再有针对性地指导公安机关完善证据材料。在三方案件的交流中，法官可能出现先定后审、先入为主的情况，这就会使得庭审功能弱化、虚化。因为法官阅卷，并指出案卷中的瑕疵时，其内心确信已经基本形成，这就导致法庭的审判成了对侦查结果的一种重复性确认，与我国"以庭审为中心"的理念其实是相悖的。

（三）被告人权利保障不足

第一，体现在获得律师帮助权方面，虽然中心内设有值班律师办公室，但实际上值班律师制度的使用率并不高。大多数嫌疑人、被告人在面对可以快速结案的情况下，不愿意再花费时间和精力面见值班律师。另一方面，值班律师的职责仅仅是围绕速裁程序为嫌疑人、被告人提供法律建议，告知犯罪嫌疑人、被告人适用速裁程序的法律后果，帮助其进行程序选择和量刑协商。但这种帮助并不是辩护，值班律师也不是辩护人，"一站式"办理模式中48小时的时间限制，也导致在庭审中嫌疑人、被告人难以在短时间内找到律师为其辩护，维护其合法权益。

第二，不光是"一站式"办理模式，在整个刑事速裁程序中都存在被告人的部分重要诉讼权利或者一些维护被告人基本权利的原则或者制度受到了限制的情况，比如在质证方面的极度简化。不可否认的是，这给被告人换取了实体上的量刑宽松与优待，但是对于被告人最基本权利的限制与我国诉讼民主的基本原则是不符的，对于保护被告人的权益是不利的。[1]

三、完善建议

经过一年多的"一站式"办理的试点工作，仍然应当进行制度完善。

第一，适当放宽48小时的办理时限。虽然从侦、审、诉、判各个环节均已省去了大量的时间，但48小时的时限对于一些案件来说仍然略显紧张，在案件量逐步上升的趋势下，过度限制办案时间有可能导致工作上的纰漏，不利于保证被告人的各项权益。故可以在48小时的基础上，根据案件实际情况将时限延长至72小时，既能体现"一站式"办理的速度与效率，又能缓解办案人员的压力，避免形成案件积压。

第二，提高调解率，进一步提高"一站式"办理模式适用率。目前被害人不谅解是不能适用刑事速裁程序的主要因素之一，故可以在中心内设置专门的调解室，由专业的人民调解员介入，可以让双方当事人充分表达看法，打消顾虑和不合理的预期，增加调解概率。此举不仅能让被害人更早、更快地感受到公平正义，也能令被告更深刻地意识到错误从而真诚认罪悔罪。

第三，完善"一站式"办理模式相关的监督机制。在规定的48小时以内，过于追求刑事诉讼效率，导致监督措施的缺失，这可能会侵犯被告人的

---

[1] 参见李麒：《工具理性和底限正义：刑事速裁程序辩护的价值》，载《山西大学学报（哲学社会科学版）》2018年第1期。

合法权益。为了防止这种情况出现,需要引入一定的监督机制。比如可以要求人民检察院对"一站式"办理模式的案件定期进行复查审查。要做到严格按照法律程序,保障"一站式"办理的案件程序与最终判决符合法律规定。[1]

---

[1] 参见周俨:《刑事速裁程序之不足与完善》,载《湖南警察学院学报》2017年第3期。

非法经营同类营业罪的责任主体研究

刘柏伶*

(中国政法大学 北京 100088)

摘　要：《刑法》第 165 条增加背信罪的特别规定，在原国有公司、企业的基础上增加其他公司"关键岗位"人员经营同类营业罪。该罪名的适用涉及影子董事、股权代持等任职形式与权责掌控实质不一致的情形，因此首要的是对该罪名的责任主体进行明确。需要通过权衡商业规律、判断实际损失来源等方式，明确非法经营同类营业罪的责任主体。实践中责任主体的认定存在多重因素，该如何解决此主体认定的责任负担，需具体分析，明确标准，应通过司法解释的方式予以明确，避免法律位阶较低的规范性文件对同一类身份作出不同且模糊的界定。

关键词：非法经营同类营业罪；背信；责任主体

《刑法》第 165 条增加的第 2 款特别背信罪内容涉及商事与刑事的交叉。《民法典》第 84 条、《个人独资企业法》第 20 条、《合伙企业法》第 32 条和《公司法》第 184 条对"关键岗位"人员自营或为他人经营与其任职公司同类业务，均采取相对的禁止性规定。因此，确定该罪名适用的首要环节是明确责任主体。

一、国有公司与其他公司、企业人员的概念界定

《刑法》第 165 条第 2 款将原本适用于国有公司、企业相关人员的非法经营同类营业罪的主体范围扩充规定至其他公司、企业的人员。除民营企业包含在其他公司、企业范围外，需要特别将国有独资、国有控股、参股等不同

---

* 作者简介：刘柏伶（1982 年— ），女，汉族，甘肃兰州人，中国政法大学同等学力研修班 2024 级学员，研究方向为刑法学。

类型的公司人员纳入主体范围。当存在《刑法》第 165 条规定的非法经营同类营业罪的情形时，是该适用第 1 款规定，还是第 2 款规定，两者刑罚追责的成立要件和追责程度有着明显的区别。我国多个法律法规、司法解释均采用了国有公司和国有控股、参股公司并列的表述，因此可认为第 1 款所述的国有公司和企业指的应该是国有独资公司、企业，而并不包括国有控股、参股公司。2023 年修订的《公司法》第 175 条也规定，国有独资公司的董事、高级管理人员，未经履行出资人职责的机构同意，不得在其他有限责任公司、股份有限公司或者其他经济组织兼职。此表述系对国有公司"关键岗位"人员的绝对禁止性规定，区别于《公司法》第 184 条的相对禁止性规定。故笔者认为：非法经营同类营业罪的第 1 款、第 2 款所侵害的利益是完全不同的，第 1 款是职务类犯罪系对公职行为廉洁性的损害，而第 2 款是对传统背信罪的特别规定。[1]

二、实务中非法经营同类营业罪的主体认定存在的问题

（一）关键岗位的人员非以任职界定范围

不利益说主张"刺破规范的面纱"，认为违背信义义务的本质是职业代理人所造成的实质不利益影响。实务中笔者检索的案件便是遵循穿透式认定逻辑，从实质上考察是否违背信义义务的刑事责任。[2022] 鲁 0611 刑初 95 号纪某庆非法经营同类营业罪案，被告人纪某在担任国有公司烟台市宏安科技发展有限公司经理期间，以其妻子名义注册成立烟台宇扬网络技术有限公司、烟台佰尚商贸有限公司。利用职务便利，并实际控制上述公司与烟台市宏安科技发展有限公司开展同类营业活动，通过围标、串标、直接签订合同等方式承揽烟台市公安局福山分局、莱山分局工程，获取非法利益 2 377 510.7 元。对于本案，法院根据纪某庆是宇扬网络公司和佰尚商贸公司的实际控制人的角色认定其构成非法经营同类营业罪，明显不是从形式上判定其是否具有上述公司的董事、监事、高级管理人员任职身份，因为身为实际控制人纪某庆连公司股东的身份都不具备，更未在"关键岗位"具备任职资格。其控制公司不是通过参与公司管理，而是通过投资关系、协议或者其他安排，实

---

[1] 参见柏浪涛：《我国背信犯罪的教义学阐释——以〈刑法修正案（十二）〉为起点》，载《苏州大学学报（法学版）》2024 年第 2 期。

际支配、控制公司。将实际控制人作为非法经营同类营业罪主体，是从实质上看其是否能够掌控公司经营，以及利用自己实控人的身份实质获取不法财产。

（二）关键岗位人员的职权范围各有不同

文义解释关键岗位董事、监事、高级管理人员的任职是不准确的。章程、劳动合同、聘书等形式确立的任职，与是否在公司起到决定性掌控效应的职能作用并不绝对匹配。诸如上市公司和国有或者国有控股的非上市公司、金融机构根据相关监管指引，设立的独立董事、外部董事等，基于其监督职能而非执行事务层面的经营管理职能，应将其在不存在身份重叠的情形下，排除在法律适用范围之外，避免刑事手段的扩大打击。

高级管理人员的任职也同样是较为模糊的概念，是采取章程限定的范围界定，还是以公司层面临时阶段性的人事任免为主体身份核查的依据？是采取任职标准，还是以个人作为主体是否有能力作出符合规范的判断，其实是可以仁者见智的。《公司法》第192条对影子董事的存在已经明确，那么实际受控制的董事、高级管理人员作出的给公司造成损失的行为，是否仍以背信罪追责，以及主从犯身份的界定孰是孰非依旧值得思索。

三、责任主体的界定

结合背信罪的特性，笔者认为责任的追究仍要以损害的发生是否源于权利的滥用为判断依据，因为背信行为的本质是财产受托人对特殊义务的违反。能够在经营的同类公司中起到决定性掌控作用的人，才负有引起法益损害结果的禁止义务，因为其主观上具备有责任能力的先决认知和故意为之的前提。

（一）权衡商业规律及运行周期

受商业周期的规律调整，即使符合《公司法》第184条规定的事先决议程序，仍有可能触犯非法经营同类营业罪。责任主体对信任的滥用需要在一个持续的状态中综合判定而非拘泥于同意经营同类业务的时点或某个产生损害的时点。商事主体的信义义务，伴随着瞬息万变的商业条件，和不同产品、服务的交易持续至结果的效用周期而存在。商事主体的受托人需要对委托人的期待利益负担持续、审慎、照管的信义义务。结合不当说主张，纵使行为人在执行商事代理事务时违反了前置法的规定，并造成了法益的侵害后果，如果能够从经济观念中为该行为找到正当性根据，则可否定该行为的背信属性；相反，如果在私法规范或经济观念的检视下，无法为其代理活动应被认定为构成背信行为。反之，即使未履行《公司法》第184条规定的经营同类营业的前置报告义务，也能据此认定为刑事犯罪行为。刑法对于实质公平的追求在目前的法条表述中也有所体现，即要求损害结果的发生，且前提是违反法律和行政法规。

（二）财产和信义义务的双重损害

非法经营同类营业罪的获罪条件是一要违反法律、行政法规规定，二要导致公司、企业利益遭受重大损失，两者是缺一不可的条件。单看条文并没有提及信义义务的违背。而对于侵害财产法益的样态也没有明确是追究实际的财产损害利益，还是也追究危险的财产损害利益。传统观点认为，背信犯罪的保护客体是复杂客体，包括经济秩序，亦即公司、企业的管理秩序及金融管理秩序等。[1]有观点认为财产法益是背信犯罪的目的性法益，"信任"是背信犯罪的手段性法益。[2]笔者也同意两重法益侵害的前提条件。从立法的本意分析，例如本罪等背信罪的入刑首先是为了适应社会的发展，有大量因社会分红和专业化程度的提示，使得大量的事务受人之托，如不能以忠人之事的道德和法律予以约束和保障，将不能顺应现实的需求。但如果仅以财产的损失来界定侵害的法益对象，则难以将背信罪的存在必要从其他财产侵害类案件中区别。所以基于事务委托信任而建立起来的信任和义务并兼顾损害的发生，才能成为可追溯法律责任的前提条件。目前的法条既未就损害的前提予以明确，也未就损害的程度是否包括预期的利益予以明确。故此，损害程度的模糊也必然会影响责任主体的界定。

综上，非法经营同类营业罪因《刑法修正案（十二）》增加的第2款，需要完善其适用范围避免含糊，否则将会造成实务中的权利滥用。部分学者和观点认为修正案的增设是对民营企业平等权的保护，但仍有部分学者认为根据"滑坡理论"，所有国家工作人员所实施的职务犯罪都可能以平等保护之名扩张至民营企业工作人员。刑法行为规范并不只是一个单纯禁止引起法益损害结果的禁令，而是对具体人格提出的行为要求，这必须以被要求者具有回应要求的个人能力为前提。[3]

---

〔1〕参见张本勇：《掏空上市公司将受刑罚处罚》，载刘宪权主编：《刑法学研究》（第3卷），北京大学出版社2006年版，第30页。

〔2〕参见张本勇：《掏空上市公司将受刑罚处罚》，载刘宪权主编：《刑法学研究》（第3卷），北京大学出版社2006年版，第44页。

〔3〕熊琦、徐澍：《中国犯罪论体系之争的省思》，载《中国法律评论》2023年第3期。

网络谣言的刑法治理

卢政伟[*]

(中国政法大学 北京 100088)

摘 要:随着互联网技术的飞速发展,网络谣言已然成了一个严重的社会问题。网络谣言传播速度快、范围广、破坏力强,不仅扰乱了公共秩序,损害了公民的合法权益,还可能引发社会恐慌,严重影响到社会的和谐与稳定。因此,如何有效治理网络谣言,维护网络安全和社会稳定,成了当代法律学者和实务界亟待关注的重要课题。本文从网络谣言的定义、特点、危害入手,探讨了现行刑法对网络谣言的规制措施,并分析了其存在的问题与不足,最后提出了完善网络谣言刑法治理的建议。

关键词:网络谣言;互联网;刑法治理;立法不足;司法实践

随着互联网技术的突飞猛进,网络谣言近年来如野草般肆虐,四处蔓延。它们或针对无辜个体,精心编织诽谤的罗网;或瞄准公共事件,凭空捏造耸人听闻的虚假信息。这些谣言,如锋利的刀刃,无情地割裂个人名誉与尊严,给受害者套上沉重的精神枷锁;又如暗流涌动,悄然侵蚀社会稳定之基,使国家形象无端蒙冤。网络空间,这片承载着亿万民众梦想与希望的共同家园,本应晴空万里,云淡风轻,生态和谐,充满生机。然而,网络谣言的猖獗却如乌云压顶,让这片精神净土笼罩在阴霾之中。对此,习近平总书记高度重视网络法治,多次就依法治网发表重要论述,为构建网络安全防线、完善安全体系指明方向。新时代已至,中华民族伟大复兴正处关键时期。完善刑法规制,严厉打击网络谣言,已成为我们亟待解决的重大课题。

---

[*] 作者简介:卢政伟(1991年—),男,汉族,福建仙游人,中国政法大学同等学力研修班2023级学员,研究方向为刑法学。

一、网络谣言概述

（一）网络谣言的真面目

网络谣言是指未经证实或完全虚构，通过社交软件、媒体网站等互联网广泛传播的虚假信息。主要特征有：一是来源模糊，隐蔽性强。网络谣言的信息来源通常不明确，造谣者往往以若干图片或者视频片段的形式，通过"断章取义""移花接木""张冠李戴"，甚至AI智能虚构而成，为博所谓的"流量"，达到了"以假乱真"，糊弄公众的效果。二是传播迅速，影响力广。网络谣言借助平台用户基数庞大、互动性强，信息分享和转发便捷等优势，通过裂变式传播，使得谣言能够短时间内在全网滋生蔓延，影响力不可小觑。三是内容荒诞，蛊惑性大。网络谣言的内容往往涉及公众关注的热点话题，以耸人听闻的标题和夸张的内容引发公众的强烈反应和广泛讨论，进而造成社会的不稳定。具有侵犯他人合法权益、扰乱公共秩序、破坏社会稳定，影响政府决策和公信力等危害。

（二）常见类型

网络谣言的常见类型主要有六种，各具特色，危害不浅。一是自然灾害类谣言，这类谣言在网络上夸大其词，虚构灾害，误导公众对灾害的认知，搅得人心惶惶。二是恐怖事件类谣言，它们在互联网上肆意编造恐怖事件，如炸弹威胁、恐怖袭击等虚假信息，制造紧张气氛，引发公众恐慌，严重破坏社会秩序。三是网络政治谣言，这类谣言由个人或集团出于政治私利编造，涉及党政机关内幕、国家政治事件等，旨在诬陷、攻击党和政府，损害其形象与公信力，威胁国家安全和政权稳定。四是犯罪类谣言，它们捏造骇人听闻的犯罪信息，激起公众愤怒，引发社会恐慌，甚至导致公众对政府[1]产生误解和不满。五是食品安全类谣言，这类谣言在网络上故意捏造、夸大食品安全问题，如虚构有害物质、不卫生生产等，导致消费者恐慌抵制，对食品行业造成沉重打击。六是个人事件类谣言，它们为博取眼球，针对公众人物或知名人士编造虚假信息，损害个人名誉，污染网络环境。

---

〔1〕魏依：《微博抢注的相关法律问题研究》，载《科教导刊（中旬刊）》2016年第20期。

二、当前网络谣言的刑法治理存在的缺陷和不足

当前网络谣言的刑法治理确实存在一些缺陷和不足,主要体现在以下几个方面:

(一) 立法层面的不足

1. 法条用词不规范

当前,我国《刑法》中针对网络谣言的治理共涵盖了编造、故意传播虚假信息罪等14个相关罪名。[1]其中,有11个罪名采用了"虚假""诽谤""捏造"等直接涉及信息真实性的词汇,如编造、故意传播虚假信息罪,违规披露、不披露重要信息罪,以及虚假广告罪等。而另外3个罪名,即煽动颠覆国家政权罪、战时造谣扰乱军心罪、战时造谣惑众罪,则使用了"造谣"这一表述,该词在严格意义上并未直接指向信息的真实性。从科学和规范的角度来看,"谣""谣言"等不直接涉及真实性判断的词汇,在法律条文的表述中可能并非最佳选择。这一问题值得立法者在修订和完善相关法律时予以考虑和改进。

2. 条文界定不明确

当前,网络谣言的规制主要集中在《刑法》第291条之一,该条款明确了编造、故意传播虚假恐怖信息以及编造、故意传播虚假险情、疫情、灾情、警情[2]等信息的刑事责任。然而,这一规定仅涵盖了网络谣言的部分类型,对于其他诸如造谣诽谤、造谣传谣等多样化形式的谣言,并未在《刑法》中得到全面而明确的规制。部分法律条文较为笼统,缺乏必要的司法解释和细节规定,导致自由裁量空间较大,执法机关在打击网络谣言时难以准确把握惩处力度。例如,《刑法》中对"社会秩序"没有作明确的表述说明,对"严重后果"及"重大损失"等条文也没有明确的界定,容易导致谣言与不实言论、流言等混淆。

(二) 司法实践中的困难

1. 刑罚震慑力不强

在刑法领域,针对网络谣言的惩处力度似乎略显轻微,难以对虚假信息

---

[1] 吴慧君:《网络谣言的刑法规制》,甘肃政法大学2022年硕士学位论文。

[2] 罗斌、宋素红:《谣言传播违法与犯罪的成立条件——基于行政法与刑法相关制度比较的视角》,载《新闻与传播研究》2020年第5期。

的制造者、散布者以及造谣者形成足够的震慑。以《刑法》中的"损害商业信誉、商品声誉罪"和"编造、故意传播虚假信息罪"为例,其刑事处罚大多缺乏附加限制或剥夺政治权利的严厉条款,导致这些违法者即便身陷囹圄,仍有机会继续在网络世界中散布虚假言论,这无疑极大地削弱了法律的威严与震慑力,现有的刑罚配置在面对网络谣言的制造者和传播者时,似乎显得有些力不从心,难以真正达到震慑的目的。

2. 同案不同判

在应对网络谣言犯罪的司法实践中,同案异判的现象显得尤为突出,特别是在罪与非罪的界定以及入罪路径的选择上,这种差异表现得尤为明显。鲍某明性侵养女案、朱某被控性侵案的造谣者并未受到刑事处罚,而以"黄谣"为主要内容的杭州取快递被造谣出轨案和祖孙照被造谣为老夫少妻案中,两起案件的犯罪者很快便被绳之以法,这种司法处理上的巨大差异,不仅动摇了法律的权威性和公信力,更在公众心中投下了难以消除的阴影,使得人们对司法公正产生了前所未有的质疑和担忧。

三、如何织密法网,加强对网络谣言的打击

（一）明晰边界,推进法条规范化

首先,要统一并规范法条表述,为避免"造谣"一词可能带来的歧义,我们应借鉴其他罪名的表述,将其改为更为明确的"捏造虚假信息"等字词为宜。其次,出台与修订相关司法解释。当前,首要任务是清晰界定"情节严重"与"严重扰乱""社会秩序"的具体内涵与标准,让法律之尺更加精准。最后,针对编造、传播虚假信息罪,亟须出台专门的司法解释,弥补现有规定的不足,强化法律的权威性与执行力,确保刑事审判的公正、准确与高效。

（二）多方合力,探索刑罚新举措

首先,要细化司法解释体系。针对网络谣言犯罪的细微情节与潜在后果,精心编织司法解释的网,清晰勾勒罪与非罪、此罪与彼罪的边界,为司法实践铺设一条明确无误的指引之路。其次,强化案例引领作用。最高人民法院应定期发布网络谣言犯罪领域的灯塔案例,统一法律适用的标尺,减少"同案异判"的迷雾,让正义之光照亮每一个角落。再者,提升司法人员素养。通过持续的培训与教育,为司法人员注入法律智慧与业务能力的源泉,确保

他们在司法征途中能精准把握法律的脉搏，运用自如。同时，加强司法监督力度。构建严密的司法监督网，对"同案异判"的偏航行为及时纠偏，确保司法之舟始终沿着公正的航道前行。最后，融合科技力量助力。借助大数据的洪流与人工智能的智慧，对相似案件进行智能比对与深度剖析，为司法人员提供精准导航，助力他们作出更加一致、公正的裁决。唯有汇聚多方力量，形成强大合力，才能共同守护网络空间的纯净与司法公正的基石。

论合同诈骗罪与诈骗罪

马冰冰*

（中国政法大学 北京 100088）

摘 要：随着经济活动的复杂化，合同诈骗罪与诈骗罪的界限问题日益突出，导致司法实践中罪责认定困难。应通过细化"非法占有目的"的认定标准、动态调整数额标准、加强司法人员的专业培训、强化案例数据库建设、加强公众法律意识教育等方式进一步明晰合同诈骗罪与诈骗罪的界限，避免法律适用混乱。

关键词：合同诈骗罪；诈骗罪；主观明知

诈骗类犯罪作为破坏财产权益与经济秩序的重要违法行为，一直是我国刑法打击的重点之一。《刑法》第266条规定的诈骗罪与第224条规定的合同诈骗罪，作为侵财类犯罪的两种主要表现形式，既在行为方式和法益范围上具有较大差异，又因其某些构成要件的相似性，成为司法实践中容易混淆的两大罪名。尤其是在当前复杂的经济活动中，合同诈骗罪与普通合同纠纷的界限问题、合同诈骗罪与诈骗罪的界限问题，都直接影响了行为人的罪责认定与刑罚裁量。对此类问题的深入探讨，不仅具有重要的理论价值，还关系刑事司法的公平正义，具有重要的实践意义。

近年来，随着经济社会的发展与商业活动的复杂化，合同诈骗罪与诈骗罪的案件频发，引发了学界与实务界的广泛关注。从传统合同诈骗模式向网络合同诈骗、跨境合同诈骗演变的过程中，罪与非罪的界限划定、数额标准的适用、司法解释的更新等问题尤为重要。因此，本文以合同诈骗罪与诈骗罪为核心，通过构成要件的比较分析、典型案例的梳理以及司法适用中的难

---

* 作者简介：马冰冰（2000年—），女，汉族，浙江嘉兴人，中国政法大学同等学力研修班2021级学员，研究方向为刑法学。

点讨论，尝试明确两罪的适用边界，并结合现有问题提出完善建议。

一、合同诈骗罪与诈骗罪的构成要件比较

合同诈骗罪与诈骗罪均以非法占有为目的，并通过虚构事实或隐瞒真相的方式骗取他人财物。然而，合同诈骗罪必须依托合同工具实施犯罪，且法益保护范围涵盖财产所有权与合同交易秩序，而诈骗罪的行为手段较为广泛、侵害法益相对单一。

在非法占有目的上，两罪均要求行为人具有非法占有他人财物的目的。这种目的性是两罪的共同点，但在合同诈骗罪中，行为人通常利用合同的合法外观来掩盖其非法目的。

在行为手段上，诈骗罪的行为手段较为广泛，包括虚构事实和隐瞒真相，而合同诈骗罪则必须通过合同的签订、履行或中断来实现其目的。

在法益保护上，诈骗罪主要侵害被害人的财产所有权，而合同诈骗罪不仅侵害财产所有权，还破坏了合同交易秩序与市场经济秩序的稳定性。

二、两罪在司法适用中的难点分析

（一）合同诈骗与民事合同诈骗的区分

合同诈骗罪与普通民事合同纠纷的界限问题，长期以来都是司法实践中的争议焦点。二者的核心区别在于是否具有非法占有目的，以及是否存在虚构事实或隐瞒真相的欺骗行为。在实践中，有时会出现行为人同时涉及民事违约和刑事犯罪的情形，这使得罪与非罪的界限更加模糊。

例如，在一起购销合同纠纷中，某企业经营者在明知无力履行合同的情况下，仍以虚假承诺诱骗对方当事人签订合同并支付款项。法院在审理过程中发现，该经营者在合同签订时无履约能力，并故意隐瞒这一事实，最终认定其行为构成合同诈骗罪。

判断合同纠纷是否构成合同诈骗罪，关键在于合同履行的真实意图和行为人的主观目的。

（二）合同诈骗罪与诈骗罪的区分

依据《刑法》的编纂结构，合同诈骗罪应属于刑法中扰乱市场经济秩序的犯罪，而诈骗罪侵犯的是公民的财产权，故而二者保护的法益有所不同。合同诈骗罪保护的法益在学界上有所争论，而笔者更倾向于合同诈骗罪保护

的是"合同管理秩序"这一具体的法益与公民的财产权,而诈骗罪保护的是单一的法益即公民的财产权。

合同诈骗罪的构成应当以合同信赖利益为基础,即受害人基于合同信赖利益在合同签订履行时被犯罪嫌疑人故意欺骗,而诈骗罪无此信赖利益基础,通俗讲合同诈骗罪与诈骗罪的区分界限在于是否利用了合同这一特定工具。如果行为人的诈骗手段未依赖合同,而是通过其他方式直接实施,则应认定为诈骗罪。

但合同诈骗罪中"合同"的界限仍旧模糊,应进行进一步的定义,即该"合同"应为经营性的合同,市场的内在规律要求市场行为具有规模性、重复性,合同诈骗罪作为保护市场秩序的罪名,客观上其所规制的行为也应系市场行为,应当具有规模性、重复性,故而该罪中的"合同"应具有明显的经营性。[1]

(三) 司法实践

此外,司法实践中不同法官、不同地区的人民法院在犯罪的模糊地带存在法律适用的分歧。包括以非法占有为目的的"口号化"即学理上的排除意思与利用意思仅为盗窃罪以非法占有为目的[2]的合理解释,对于诈骗罪中的以非法占有为目的不当然适用。也包括欺骗与非法占有目的的粘连[3],实践中部分法院甚至指导案例,都存在认为欺骗与以非法占有为目的为同一要素的情况,而实际上,二者应为独立的要素,近年来最高人民法院也通过新的指导案例重申这一概念。同时还存在对合同诈骗罪的误判问题。由于合同诈骗罪涉及合同关系,法官在审理时需具备一定的合同法知识,以准确判断合同的真实性和履行情况。因此,更需加强法官的专业培训,发挥指导案例的引领作用。

通过具体案例的分析,可以看出,合同诈骗罪的认定不仅需要考虑行为人的主观意图,还需结合合同履行的客观情况进行综合判断。这种复杂性增加了司法适用中的难度,也对法官的专业素养提出了更高要求。

三、完善两罪适用的建议

(一) 细化"非法占有目的"的认定标准

通过立法或司法解释,进一步明确非法占有目的的判断依据,尤其是在

---

[1] 刘健:《法益路径下合同诈骗罪中"合同"范围——与涉合同的诈骗罪之区分为视角》,载《华侨大学学报(哲学社会科学版)》2021年第6期。

[2] 张明楷:《刑法学》,北京大学出版社2020年版,第1174页。

[3] 刘健:《合同诈骗罪实质解释研究》,吉林大学2022年博士学位论文。

合同纠纷中避免刑事责任的扩大化适用。具体而言，可以通过颁布指导案例，从而为司法实践提供更为明确的指导。

同时法官、法律从业者也应对"非法占有目的"进行深层次的理解，避免非法占有目的的"口号化"和欺骗与非法占有目的的粘连。

（二）动态调整数额标准

结合地区经济发展水平和案件的社会危害性，适时调整诈骗罪和合同诈骗罪的数额标准，以适应经济环境的变化。建议建立一个动态调整机制，根据经济指标的变化，定期对数额标准进行评估和调整，以确保法律的适用与社会发展相适应。

（三）加强司法人员的专业培训

通过案例分析与实践指导，增强司法人员对两罪的区分能力，确保刑法适用的精准性。具体措施包括：定期举办专题培训班，邀请专家学者进行讲解；通过模拟法庭等形式，提高法官对复杂案件的处理能力。

（四）强化案例数据库建设

建立全国统一的案例库，便于司法机关参照类似案件的裁判规则，减少不同地区之间的裁判标准差异。案例库应包括详细的案件背景、裁判理由和法律适用分析，以便法官在处理类似案件时能够借鉴和参考。

（五）加强公众法律意识教育

通过普法宣传，提高公众对合同诈骗罪和诈骗罪的认识，增强防范意识。可以通过媒体、社区活动等多种渠道，向公众普及相关法律知识，减少因法律意识薄弱而导致的受骗事件发生。

四、结语

合同诈骗罪与诈骗罪，其构成要件、法益保护与数额标准存在显著差异。通过典型案例的分析与边界问题的探讨，可以为两罪的司法认定提供更加清晰的指引。未来，应进一步完善相关立法与司法解释，加强司法人员的专业培训，强化案例数据库建设，加强公众法律意识教育，动态调整法律适用标准，为经济秩序的稳定与社会正义的实现提供更加坚实的法律保障。

国企高管职务犯罪的预防对策

孙定勇*

(中国政法大学 北京 100088)

摘 要：国有企业是我国国民经济的重要支柱，其健康平稳发展对党和国家事业具有重大意义。但国有企业的监督机制不健全，内部管理混乱以及高管自身的法律意识淡薄等原因，导致国企高管职务犯罪多发，严重影响国有企业健康发展和市场经济秩序的有序运行。应通过提升高管自身法律意识，规范企业内部管理，完善内外部监督机制，建立一个多层级的国企高管职务犯罪预防控制体系。

关键词：国企高管；职务犯罪；现状分析；预防对策

国有企业在关系国家安全和国民经济命脉的主要行业和关键领域占据支配地位，是国民经济的重要支柱。党的十八大以来，习近平总书记站在党和国家工作大局的高度，就国有企业改革发展和党的建设发表一系列重要讲话、作出一系列重要指示和重大部署。国企高管作为企业"一把手"或关键核心业务的主要负责人，肩负着把国有企业经营好、管理好，保障国有资产保值增值的重要使命。但是随着社会经济的不断发展，国有企业逐渐成了贪腐犯罪的重灾区，茅台集团、中石油、中国移动等多家知名国企接连出现高管贪腐案，严重影响了企业的经营秩序和社会和谐稳定，破坏了国有企业在人民群众心中的美好形象，给国家和人民造成了重大损失。因此，分析国企高管职务犯罪成因，归纳其犯罪共同特征，通过理论和实践两方面寻找预防国企高管职务犯罪的对策，对国有企业健康发展及社会经济平稳运行有着至关重

---

* 作者简介：孙定勇（1995年— ），男，汉族，云南昭通人，中国政法大学同等学力研修班2024级学员，研究方向为刑法学。

要的作用。本文将从国企高管职务犯罪的概念及现状分析，国企高管职务犯罪的成因，国企高管职务犯罪的预防和结论四个方面进行论述，以期为预防国企高管职务犯罪提供一些建议。

一、国企高管职务犯罪的概念及现状分析

职务犯罪是指国家机关、国有公司、企业事业单位、人民团体工作人员利用职权，进行贪污、贿赂、徇私舞弊、滥用职权、玩忽职守等行为，侵犯公民人身权利、民主权利，破坏国家对公务活动的规章规范，依照《刑法》应当予以刑事处罚的犯罪行为。这些行为不仅严重损害国家和人民的利益，还破坏了社会主义法制的公正性和权威性。

根据北京师范大学中国企业家犯罪预防研究中心发布的系列报告显示，犯罪的国企高管中，担任职务排名前三的分别是企业主要负责人、财务负责人、技术负责人、销售负责人及其他核心部门负责人，实际控制人、股东；涉及的高频罪名主要集中于以受贿、贪污、挪用公款为代表的腐败犯罪。国企高管职务犯罪除受到外部营商环境的影响外，很大程度源自企业内部的管理混乱，自我监督机制不健全，"一把手"权力过度集中导致监管疲软乏力，企业高管依法合规意识淡薄等。以上现状表明，治理国企高管职务犯罪，目前主要还是依靠外部监督和事后打击，对于前端的预防和过程中的监督尚缺乏一套完整的机制，这导致短时间内难以实质性地减少国企高管职务犯罪案件的发生。如何依靠企业自身力量，与外部监督形成合力，加强源头控制，做好事前防范，完善过程监督，严厉事后惩戒，探索一套全生命周期的国企高管职务犯罪预防体系才是问题的关键。

综上所述，国企的监督机制不健全，内部管理混乱以及高管自身的法律意识淡薄，导致国企高管最终走上了职务犯罪的道路。

二、国企高管职务犯罪的成因

要研究国企高管职务犯罪的对策，首先应当分析其犯罪的成因，才能有针对性地采取对策，从而起到良好的预防效果。国企高管作为一个特殊群体，其职务犯罪成因主要有以下几个方面。

（一）高管人员法律意识淡薄

在依法治国的大背景下，国有企业高管是实现依法治国目标的重要一环，

但在企业的经营管理过程中，部分高管的法治观念和法律素养淡薄，在合同签订、物资采购、招投标等关键领域未能把握好法律的红线和底线；部分高管则是未能树立正确的权力观和价值观，为了贪图享乐，利用职务之便谋取私利，导致国有资产流失，严重侵害了国家和企业的利益，扰乱了企业管理和社会经济秩序。[1]

（二）企业内部管理混乱

在部分行业和领域，某些国有企业的存在几乎是垄断性的，这就意味着众多企业要去竞争有限的资源，部分国企高管在竞争的过程中采取了非常规手段。由于企业内部决策程序不规范，高管人员使用权力不受约束，导致释放资源的一方和竞争资源的一方心存侥幸，通过商业贿赂的方式获得资源，从而触碰了法律红线。同时，部分国企高管长期在某一区域、某一单位或某一岗位任职，容易形成自己的"利益团体"，久而久之，受到周围环境的影响和不良思想侵蚀，不惜铤而走险，以权谋私，最终走上犯罪的道路。[2]

（三）内外部监督体系不健全

在国有企业中，高管人员权力过于集中，未能受到有效监督和制衡，即使有一套监督的体系和机制，但监督多因处于弱势地位，无法真正发挥监督作用，甚至形同虚设。内部纪检监察部门的人员不敢监督，不能监督，不易监督，导致对于国企高管的监督只能通过外部纪检监察部门来实现。而外部监督存在滞后性，不能完全做到防微杜渐，有些国企高管职务犯罪事发时已是"大案""要案"，给国家和企业带来了不可挽回的损失。[3]

三、国企高管职务犯罪的预防

国企高管的职务犯罪不仅对国有企业的健康发展产生了严重影响，同时破坏了公平的市场经济秩序，对社会风气也产生了不良影响。为了有效预防国企高管职务犯罪，应当从国企高管自身开始，提升法律意识，通过规范企业内部管理，完善内外部监督机制，建立一套多层次的预防和控制体系。

（一）提升法律意识，强化思想预防

提升国企高管法律意识是预防其出现职务犯罪的关键，只有思想上重视

---

[1] 张弘：《国企高管职务犯罪的成因及预防路径》，载《交通企业管理》2020年第4期。
[2] 张弘：《国企高管职务犯罪的成因及预防路径》，载《交通企业管理》2020年第4期。
[3] 郭小可：《国企职务犯罪防治对策探究》，载《法制博览》2019年第18期。

法律，行为上才能遵守法律。纪检监督部门要充分发挥主观能动性，定期开展专门知识培训，进行法治宣传，加强党性教育、法治教育，提升国企高管政治素质、道德素质、法律素质，公开一些具有代表性的国企高管犯罪案例，营造学法守法用法，依法合规经营的企业管理氛围，而不仅仅是出了事才再弥补。[1]

(二) 规范内部管理，严格决策程序

严格落实三重一大制度，确保权力均匀分配，互相制衡。真正实现企业由"人治"向"法治"转变，将权力关进制度的牢笼，让权力在风清气正的环境中运行。要优化董事会结构，增设一定比例的职工董事和外部董事，克服权力过于集中而缺乏监督的弊端。同时，实行国企高管任期制，定期开展岗位轮换交流，防止出现部分国企高管长期"割据一方"，经营自己的"利益团体"，导致发生腐败"窝案"。[2]

(三) 完善监督体系，加强企地共建

权力是一把双刃剑，国企高管特别是单位主要负责人和关键核心岗位管理者具有较高的话语权和决策权，为防止权力滥用，要建立内部监督体系，引入外部监督机制，形成内外部监督合力。《国有企业管理人员处分条例》进一步规范了对国有企业管理人员的处分，加强了对国有企业管理人员的监督，国企纪检监督部门要用好用活条例，依托条例开展监督工作。一方面，从国企内部提高纪检监督部门工作的独立性，必要时可以直接向上级纪检监督部门直接汇报工作和移送线索；另一方面，创新监督方式，加强与地方纪检监督部门的合作，形成"企地共建"。建立预警机制，定期邀请地方纪检监督部门上门对国企高管进行"体检"，发现职务犯罪苗头及时制止，充分发挥纪检监督的预防作用。[3]

四、结语

国有企业是我国经济体系的重要支柱，国企高管作为国企改革发展的引

---

[1] 饶淑萍：《国企高管职务犯罪的风险防范》，载《农村·农业·农民（B版）》2018年第22期。

[2] 饶淑萍：《国企高管职务犯罪的风险防范》，载《农村·农业·农民（B版）》2018年第22期。

[3] 武孝东：《论地方监委与国企在预防职务犯罪中的协作》，载《山西青年》2021年第4期。

领者和"掌门人",发挥着至关重要的作用。国企高管职务犯罪如果得不到有效治理,除了给国家和企业带来不可挽回的损失,同时也让国家和社会损失了精英人才。面对这一严峻形势,本文通过分析当下国企高管职务犯罪的原因,提出了三条针对性的预防对策,以期能够防微杜渐,将国企高管职务犯罪扼杀在摇篮,为国企健康发展和平稳运行提供理论性参考。

防御商标制度的使用困境和完善路径

王玲鸽*

(中国政法大学 北京 100088)

摘 要：防御商标作为驰名商标保护的重要组成部分，在强化商标使用义务的背景下，防御商标与《商标法》第4条、第49条产生了明显冲突。在现有的商标制度不做大调整的情况下，通过限缩防御商标的注册类别、明确恶意注册和防御商标的区别，将防御商标从撤三范围剔除、打击恶意商标囤积的方式完善防御商标保护制度，调整防御商标困境。

关键词：防御商标；不以使用为目的；制度建立

一、防御商标

我国现行的《商标法》并没有防御商标的概念，关于防御商标的定义，王莲峰教授指出，驰名商标所有人在不同类别的商品或者服务上注册若干个相同的商标，原来的商标为主商标，注册在其他类别的商品或服务上的同一个商标为防御商标。[1]可见，防御商标所对应的是驰名商标，即并非所有商标权利人申请注册的商标都可以被称为防御商标。本质上，防御商标申请的目的，是为了防止他人"搭便车"，也是为了防止造成基础商标的淡化。[2]

但从实践来看，防御商标注册已经蔚然成风，不仅驰名商标权利人拥有防御商标，非驰名商标权利人也会在申请主商标时在其主营业务相关的类别上注册防御商标。故，从实际来看，防御商标的目的更像是维护主商标的纯

---

* 作者简介：王玲鸽（1993年——），女，汉族，黑龙江齐齐哈尔人，中国政法大学同等学力研修班2024级学员，研究方向为知识产权法学。

[1] 王莲峰：《商标法学》，北京大学出版社2007年版，第12页。

[2] 李雨峰：《防御商标对驰名商标按需认定的影响》，载《知识产权》2024年第3期。

净度,避免他人在与主营业务相近的类别上注册相同或近似的商标来淡化主商标。

二、防御商标制度概述

防御商标制度的概念最早出现在1983年的英国,目前澳大利亚、日本、马来西亚等少数国家沿用该制度。我国虽未在商标立法层面对其作出明文规定,不过多地政府出台的规范性文件中也出现了"防御商标"的概念。

笔者以"防御商标""商标侵权纠纷"为关键词,在中国裁判文书网中共检索到91份相关裁判文书,发现在法院说理部分释明防御商标的共有5件。在华为驰名商标侵权纠纷案中,法院表示:尽管华为公司在第19类上注册了多件含有花瓣标识的商标,但均是防御商标,其从未在建材领域中使用过上述商标,如果通过防御商标进行维权,难以得到保护或保护力度不大。但目前仍没有针对防御商标制度问题进行讨论和制定,使得防御商标制度在以一种有"实"无"名"的状态存续。[1]

(一)防御商标与《商标法》第4条的冲突

《商标法》第4条规定,不以使用为目的的恶意商标注册申请,应当予以驳回。立法者在《商标法》第四次修正案草案的起草说明中指出,该条的立法目的在于"规制恶意申请、囤积注册等行为"。[2]即规定了不使用的恶意注册予以驳回且作为商标异议和商标无效的绝对事由。2021年,国家知识产权局公布了《商标审查指南》,进一步对《商标法》第4条的适用进行考虑,并列举了适用情形及典型案例。自当年开始,不涉及其他恶意情节,而仅仅以"短时间大量申请商标"为由而适用《商标法》第4条予以驳回的情况越来越多。[3]累计申请超过5000件的公司开始收到适用《商标法》第4条的驳回通知书。

同样在上述5个判决中,被侵权商标权利人均承认并未使用涉案商标,其为防御商标,但该行为是否为《商标法》第4条规定的不以使用为目的的恶意商标注册申请呢?笔者认为不是。判断是否符合《商标法》第4条的规

---

[1] 张一泓:《强化使用义务背景下的防御商标制度研究》,载《河南广播电视大学学报》2020年第2期。

[2] 参见关于《〈中华人民共和国建筑法〉等8部法律的修正案(草案)》的说明。

[3] 钟鸣等:《关于〈商标法〉第四条适用情况的调研报告》,载《中华商标》2024年第5期。

定,应同时满足"不以使用为目的"以及"恶意"两个方面,绝大部分的防御商标确实并非以使用为目的,更像是一种防御机制。这是驰名商标的认定所导致的,商誉以及商标的知名度是权利人通过大量的经营及宣传投入,逐渐获取的,如果在其不足以获得驰名商标的认定时,意图保护其艰难积累的知名度,能依靠的或许只有防御商标。可能确实不以使用为目的,但绝非恶意。而根据 2021 年国家知识产权局所公布的,全年累计打击恶意注册商标的信息来看,很多企业确实感受到了该条款的适用所带来的"误伤"。

(二)防御商标与《商标法》第 49 条的冲突

防御商标在实践中发挥着重大的作用,一方面能够对非善意商标申请人在驰名商标的其他类别申请相同或者近似的商标时,起到阻挡作用;另一方面,商标异议与无效宣告程序中,防御商标也可以作为引证商标,驳回、无效第三人的商标注册,有效地打击侵权商标。

但在强化使用义务的背景下,防御商标对《商标法》第 49 条中无正当理由连续 3 年不使用的,任何单位或者个人均有权向商标局申请撤销该注册商标的规定(以下称"撤三"),已几无抗衡之力。防御商标在"撤三"的程序中只能作为普通商标来认定,基于防御商标的注册目的,商标权利人并未实际使用,更无使用证据,那么依照"撤三"的规定,防御商标就会有被撤销掉的风险。但为了保证防御商标的稳定,商标权利人通常会在防御商标注册满 3 年前后,重复注册新的防御商标,以期通过这种办法来加固防御体系。如此在重新申请注册防御商标时,又大概率会被适用到商标法的第 4 条。原本注册防御商标的初衷只是为了"防御",并非"囤积",但却仿佛朝着这个方向发展。

尤其在 2023 年 1 月 13 日,国家知识产权局发布的《商标法修订草案(征求意见稿)》(以下简称《征求意见稿》)中,进一步强化商标的使用义务,善意注册人基于其他正当目的注册的防御商标的生存空间进一步被压缩。而基于撤三的特质,任何单位或者个人均有权向商标局申请注销商标,那么就会变成一种攻击商标权利人的手段,有悖于商标"撤三"制度旨在激励权利人积极使用商标和清理闲置商标资源的目的。

三、建立防御商标制度的建议

目前讨论比较多的是日本的防御商标制度,在日本,申请注册防御商标前，要保证其申请人的主商标已经达到驰名的程度，且需要对防御商标的范围进行限定。根据制度规定商标权利人事先需要有一个广泛知名的商标，但商标的知名度是需要积累的，而商标侵权却会发生于企业经营的各个阶段。恶意囤积商标的主体，会针对有些许知名度但并未达到驰名的商标，对其相同或者近似的商标申请囤积，以此向外界兜售或者敲诈商标权利人来谋取利益。日本特许厅公开数据显示，在日本只有少部分驰名商标受到防御商标制度的保护，还为商标审查员带来了更大的挑战以及行政、司法成本的增加。[1]

由于事先注册防御商标公示性强，是商标权利人的主动选择，也应更具有优先性。[2]在我国，防御商标制度可以依托《商标法》来体现。

（一）限缩防御商标的类别，使商标回归使用的本质

商标作为识别商品来源的标志，只有其投入使用才能创造价值并体现价值。防御商标基于防止自身商标权被他人抢注而设立，但申请人不能过量申请注册防御商标，偏离防御商标的保护初衷。面对当下大量的闲置商标挤占商标空间的现状，我国商标注册未来理应注重强化商标的使用要件，使商标注册回归以使用为目的的本源。[3]《征求意见稿》第61条规定商标注册人应当自商标核准注册之日起每满5年后，向审查机关说明商标的使用情况或者不使用的正当理由。这对商标申请人提出了更高的要求，引导申请人以使用为目的注册商标，同时所规定的"不使用的正当理由"也为申请人基于防御性目的以及未来业务发展需要扩宽类别的注册提供了支持。

（二）明确恶意注册和防御商标的区别，将防御商标从撤三范围剔除

在强化使用义务的背景下，对商标使用的要求越来越高，那么防御商标所面临的挑战也逐年增强，截至目前，根据商标局近12期的注册商标撤销公告来看，近3个月内就共有36 118件注册商标被撤销，平均每个月有12 062件注册商标被撤销。明确驰名商标权人可以在他人以"三年不使用"为由撤销商标的注册时，以防御商标进行抗辩。这一制度不仅能够解决防御商标保护范围的固定性与商标驰名度变化的动态性之间冲突的问题，也符合我国驰

---

〔1〕 殷聪、周于靖：《从域外视角探究防御商标制度》，载《北方经贸》2021年第6期。

〔2〕 李雨峰：《防御商标对驰名商标按需认定的影响》，载《知识产权》2024年第3期。

〔3〕 韩影、沈思达：《强化使用义务背景下防御商标现有困境与对策》，载《河南司法警官职业学院学报》2024年第2期。

名商标个案、被动认定规则。[1]将防御商标作为"不以使用为目的"的例外，在主商标有使用的情况下，不再苛求防御商标的使用。

(三) 打击恶意商标囤积

恶意囤积的商标申请人并不以使用为目的，与商标法的立法宗旨相悖。恶意囤积的商标给善意商标权利人造成了巨大的商业阻碍和经济损失，喜茶、Apple等公司都曾花费巨大。一方面，应对恶意商标在商标申请阶段进行驳回和打击；另一方面，禁止未使用的商标转让，当商标权人提出转让申请时，若不能提交或提交的证据没有达到实际使用的要求时，商标局应当不准予该商标的转让。[2]这样能够尽可能地阻止恶意商标申请人的申请与获利，阻止商标囤积行为，营造良好的市场环境，那么商标权利人出于理性经济人的角度出发，将会逐渐限缩防御商标的范围，更好地让商标回归使用的本质。

---

[1] 徐丽娟：《防御商标制度的法经济学分析》，载《安徽警官职业学院学报》2019年第6期。

[2] 李春芳、彭榕：《商标囤积现象的规制》，载《华南理工大学学报（社会科学版）》2019年第6期。

浅议串通投标犯罪的刑法规制

徐 鑫[*]

(中国政法大学 北京 100088)

摘 要：在现代商业活动中，招投标旨在通过公平竞争实现资源的最优配置。串通投标不仅使其他投标人失去了公平竞争的机会且造成损失，还使招标人选择了并非最优的方案，进而影响质量和效益，同时伴随着行贿受贿等腐败问题，破坏市场诚信环境，阻碍经济健康发展。应通过规范市场运营环境，升级侦查技术，构建监督激励机制，强化专业立法引领等方式对串通投标行为进行规制。

关键词：串通投标；侦查技术；公平竞争

一、串通投标的方式剖析

根据《刑法》第223条，从犯罪构成要件看，本罪的主体包括自然人和单位。就招标人而言，只能是单位；就投标人而言，既可以是单位，也可以是个人。在主观方面，本罪表现为故意。在客观方面，表现为投标人相互串通或投标人与招标人串通投标的行为，且需达到情节严重的程度。[1]侵犯客体为复杂客体，既侵犯了国家、集体或其他投标人的利益，又破坏了社会主义市场经济秩序。[2]

（一）投标人相互串通的方式

（1）行业公司之间相互串通，一致抬高或压低报价，以达到排除异己、

---

[*] 作者简介：徐鑫（1988年—），男，甘肃张掖人，中国政法大学同等学力研修班2023级学员，研究方向为刑法学。

〔1〕 参见周益民：《串通投标罪研究》，载《金卡工程·经济与法》2010年第5期。

〔2〕 戴蓬主编：《经侦部门管辖的77种刑事案件法律适用指引》，中国人民公安大学出版社2023年版，第566页。

从而中标的目的。

（2）投标人协议轮流在行业内中标，通过轮标共同瓜分市场利益。

（3）投标人之间相互串通，约定"弃标补偿费"，或者投标人之间相互帮忙，即"陪标"。

（二）投标人与招标人串通的表现形式

1. 泄露标底

标底是招标人设定的一个预期价格，它是评判投标报价合理性的重要依据。不法招标人，为使特定关系人中标，会将标底透露给对方。如某案中，被告等人涉嫌串通投标犯罪，其中招标主任将标底泄露给特定投标人，使对方能够据此精准制定报价，从而轻松中标。

2. 引导中标

招标人在评标过程中引导设置倾向性条件，帮助特定投标人中标。同在某案中，招标人在招标文件中指定了某厂商的设备参数，而该厂商与投标人、招标人存在利益关联，最终顺利中标。

3. 提高投标报价

即通过提高报价套取资金。例如某公司利用企业社会背景、EPC 招标的优势，在施工环节虚增业绩和工作时长，通过下属施工单位"提现"回流资金，并利用回流资金再次公关，成为行贿受贿犯罪的温床。

4. 压低投标报价

投标人集体压低报价，以期在中标后修改合同获取非法利益。在市政项目案中，多家工程公司故意压低投标报价。中标公司后期提出材料价格上涨、设计变更，以增加工程造价。由于项目箭在弦上，招标单位只能无奈同意。

二、串通投标犯罪打击困难的原因

（一）平台信息建设不全，渠道资源五花八门

目前行业平台有：中国招标投标服务平台网、采招网、云筑网、各省市公共资源网站等，在办案中甚至发现个别招标项目挂网不满 1 日，待意定单位投标报名后，报名入口立即关闭。再如，在"云筑网"中非会员根本无法参与招投标活动。

（二）客观证据易毁难固，侦查办案难上加难

电子数据作为核心证据之一，极易遭到篡改、删除。实践中投标一毕，

相关即时通信、传输日志等就会被删除，进一步加大了数据发现和固定难度；资金分析追踪本是揭露犯罪的有效方式，然而不法分子会利用空壳账户、第三方支付迂回转账将行贿资金、围标报酬伪装成合法收支，模糊资金源头与去向。[1] 就作为传统证据的口供来说，涉案人员多为行业"老法师"，深谙法律风险，极易构建攻守同盟。

（三）从业人员相互勾结，串标线索隐匿难寻

招标人员受利益驱使向特定投标人泄露标底、评标细则、潜在对手等，为其量身打造中标"捷径"。伴随业务电子化转型加速，投标人利用虚拟网络（VPN）、加密软件远程操控投标报价、标书制作，跨地域、零时差协同作弊，使交易痕迹碎片化，传统侦查手段失效，串标围标愈发猖狂。

（四）法律解释分歧显著，刑罚效果已然背离

各法院对关键要素理解各异：比如"情节严重"的入罪门槛，不同地区标准迥异；关于犯罪主体是否包含招标代理、评标专家，观点各异；评标专家是否能构成串通投标罪共犯，值得商榷。部分案件刑罚尺度与行为危害程度相背离，如某大型基础设施案件中，投标多家企业与招标单位串通，不仅抬高报价致项目超支25%，而且后期转包收取18%的管理费，社会影响恶劣。但最终法院判决仅对涉事企业处以罚金，相关责任人"判一缓二"。

三、刑法规制和策略完善

（一）规范市场运营环境，促进资源公平流通

招投标是政府工程的重要环节，加强监管、规范招投标活动是优化市场、改善营商环境的重要举措。要全面落实《招标投标领域公平竞争审查规则》，强化招标人主体责任，尊重和保障招标人在选择代理机构、编制招标文件、组建评标委员会等方面的自主权，同时加强行业自律，引入信用评价机制，对违法机构及其责任人予以处理并实行行业禁入。

---

[1] 2020年5月1日起，《最高人民法院关于民事诉讼证据的若干规定》施行，其中细化了电子数据的种类，包括5大类各种形式，以下电子数据均可以正式作为打官司的证据。包括：①网页、博客、微博客等网络平台发布的信息；②手机短信、电子邮件、即时通信、通信群组等网络应用服务的通信信息；③用户注册信息、身份认证信息、电子交易记录、通信记录、登录日志等信息；④文档、图片、音频、视频、数字证书、计算机程序等电子文件；⑤其他以数字化形式存储、处理、传输的能够证明案件事实的信息等形式。

(二) 升级侦查技术，完善协作机制

南京公安聚焦隐案多、发现难的痛点，准确提炼犯罪特征，总结归纳 47 类、143 项异常指标，在市财政局、大数据局等部门的支持下，获取近三年 58 万条数据，搭建"宁净"反串通投标模型。依托核心算法，筛选出高风险标段 331 个，经二次研判锁定可疑公司和项目。同时建立起纪委监委、检察、法院、市场监管等多部门会商机制，做实"刑行对接"环节，形成强大合力。

(三) 构建监督激励机制，强化行业内部自律

完善的举报奖励制度是激发行业监督的重要力量。政府应制定明确政策，依据涉案金额、情节程度等指标，给予举报人相应比例的物质奖励。除传统的电话、媒体、信函举报方式外，还可以充分利用网络优势，设立微信公众号、APP 等线上渠道，提升处理效率。发挥行业协会引导功能，健全企业信用制度以明确企业行为边界。

(四) 强化专业立法引领，综合统筹裁判尺度

在全球化背景下，参考先进立法大有裨益。美国 1890 年的《谢尔曼法》将串通投标明确列为反垄断行为，不但对参与企业和个人处以高额罚金，而且对责任人可判处长期监禁；欧盟地区的竞争法规既规定了巨额罚款，又通过强制企业拆分、限制准入来打击违法者；日本则更注重行业监管，对涉案企业实施吊销资质、暂停业务等行政处罚。从法治层面深度反思，立法亟待精工细磨，明确"情节严重"量化标尺，统一犯罪主体认定标准，填补专业法律空白，为司法裁判提供依据。让串通投标犯罪无处遁形，护航市场经济稳健前进。

民营企业刑事法律风险防控

薛传飞*

（中国政法大学 北京 100088）

摘　要：近年来，随着民营经济的加速发展，民营经济主体的数量呈现大幅度上升趋势。然而，大多数民营企业重经济效益轻刑事风险防控，最终导致部分民营企业遭受重大财产损失，相关人员甚至入刑。本文以"贾某挪用资金案"不起诉为例，分析民营企业刑事法律风险的内外成因，进而提出构建民营企业刑事法律风险防控的可行路径，以此保障民营企业更加长期、稳定、可持续地发展。

关键词：民营企业；民营企业刑事法律风险防控；企业法律意见先行制度

一、民营企业刑事法律风险防控的现状

最高人民法院于 2023 年 7 月 31 日，发布了一批"依法保护民营企业产权和企业家权益典型案例"，坚持依法平等地保护、服务于民营经济的发展壮大，在政策的大力支持下，民营经济繁荣发展。然而，民营企业面临的刑事法律风险却在与日俱增，该风险来源于民营企业的内部与外部。也就是说，一方面刑事犯罪法律风险的引发者为企业，实际上风险行为需要由代表企业意志的企业工作人员实施。另一方面，刑事风险的实际承受者可能是企业，也可能是企业主管、风险行为的重要实施者，还有可能是企业及其相关责任人员都要承担责任。[1]因此针对民营企业的刑事法律风险防控迫在眉睫。

民营企业刑事法律风险防控，意指民营企业通过采取一系列思想上和行

---

* 作者简介：薛传飞（1982 年—），男，汉族，山东青岛人，中国政法大学同等学力研修班 2024 级学员，研究方向为刑法学。

〔1〕 段启俊等：《企业刑事法律风险防控指南》，法律出版社 2021 年版，第 3 页。

动上的举措，对企业存在的刑事法律风险进行防控。[1]这样做的目的是有效地防控民营企业在经营过程中可能出现的刑事法律风险，进而避免因成为刑事案件的当事人而导致民营企业的经营活动被干扰乃至中断的后果出现，为民营企业的发展提供合法合规的机制保障。当下，民营企业以及由民营企业构成和发展的民营经济已经成为国家社会经济中的重要组成部分。为此，构建民营企业刑事法律风险防控的可行路径有利于民营企业更加长期、可持续和稳定地发展，让民营经济继续发展壮大，走向更加广阔的舞台。

二、民营企业刑事法律风险的化解案例及成因分析

（一）贾某挪用资金案

2020年9月至2021年9月间，公安机关经侦查查明贾某利用担任杭州某网络科技有限公司技术总监、实际控制人的职务便利，在未经其他股东同意的情况下私自将公司对公账户上的资金转账至其关联公司或个人账户内，涉嫌挪用资金罪。经调查后发现，该公司是贾某提出设立并由其掌握核心技术，前期的公司投资也是由贾某及其关联方实际出资。另外，贾某还实际经营着多家实体企业，案发之时经营活动仍在持续。最终，贾某在与律师的共同努力下争取到了自首情节，于案件移送审查起诉前全额归还挪用的资金并支付利息。至此，贾某以及涉案公司因为成功化解了刑事犯罪风险，也抓住了疫情后的良好发展机遇，取得了飞速发展。

（二）民营企业内部成员关系复杂、决策机制相对单一

民营企业面临刑事法律风险具有多方面的原因，民营企业股东之间的关系复杂，但决策机制却又比较单一，是导致相关民营企业刑事法律风险的重要原因。民营企业的高级管理层或者决策机构大多由家庭、熟人或者朋友等关系比较密切的人群组成，人和性比较强，但也经常出现一人身兼数职，权力界限模糊不清，缺乏监督与制约的现象，从而导致企业自身管理制度存在漏洞。本案中的贾某和其他股东也是因为志趣相投而交往多年由朋友发展成了合作伙伴，彼此之间无法形成有效的牵制，也无法做出明智的决策，故而被刑事法律风险侵扰。

---

[1] 段启俊等：《企业刑事法律风险防控指南》，法律出版社2021年版，第3页。

(三) 民营企业及内部成员法律意识、风险防控意识淡薄

法律意识和风险防范意识的淡薄也是导致相关民营企业刑事法律风险的重要因素。一方面，企业对自身的刑事风险认识不足，涉案企业在创立及发展过程中，未有专业的法律顾问参与，法律风险的防范一直缺位。另一方面，民营企业内部人员法律风险意识的缺位，很多民营企业家依靠商业头脑在商场上风生水起，但普遍缺乏专业法律知识的学习，无法准确判断某些商业行为是否触及刑事法律，或者说没有有效的方法规避和隔离风险。贾某作为实际控制人，自身的法律意识也没有随着公司的经营发展而进行更新匹配，其作为公司股东仍抱有"公私不分"的财产观念和"一言堂"的决策习惯。当掌握核心技术的贾某受到刑事处罚，无法再参与到企业后续的生产经营时，该公司面临着实际控制人的缺席、资源技术的缺乏以及公司财务的缺口等多重打击，也没有相应的刑事犯罪风险应急方案，最终还是经由律师与公安机关、检察机关以及其他股东的充分沟通与努力，方才化解了该民营企业的刑事法律风险和经营困局。

(四) 民营企业外部环境艰难、过于追求经济效益

国际局势动荡不安，对民营出口业务造成影响；国内政策支持力度有限，市场竞争激烈，民营企业生存和发展面临重大挑战。在此环境下，涉案的网络科技有限公司作为民营企业，享受不到国家对国有企业发展投入的资金支持和优惠政策，遂为了追求经济效益，在不可控的市场风险下，一步一步地突破法律底线，深陷刑事诉讼，刑事风险不应该是企业的发展成本和盈利代价。

三、民营企业刑事法律风险防控具体路径

(一) 树立刑事风险防范意识

犯罪心理学认为在犯罪意念由弱至强的发生过程中，价值观念与道德信念在其中起着自我约束和自我规范的"保险丝"作用。所谓"一念之差"，看似是某一瞬间、某一时刻的错误决定，实际是对人既往价值、道德、经验、行为的集中反映和现实反馈。

民营企业家在专注本企业经济发展的同时，也需要对刑事法律风险具备一定的敏感度、认知力和判断力，保持对法律的敬畏心，从思想上自觉抵制违规违法的经营行为。衡量相关刑事法律风险可能带来的各方面、各层次影响，最终作出适合企业长期稳定发展的经营策略，从而保障民营企业可以健

康地可持续发展。

此外,针对民营企业内部部门员工,也需要根据他们的不同职责,定期开展针对性强、行之有效的合法合规宣传活动。完善企业内部的奖励惩处措施,提高违法犯罪的成本,防微杜渐,让民营企业自上而下的人员都可以清醒地认识到违法犯罪的具体后果和负面影响。

(二) 健全企业法律意见先行制度

要构建行之有效的刑事法律风险防范机制,还需要许多具体的制度、规则和措施来支撑。从民营企业内部来讲,建立健全的企业法律意见先行制度非常必要。企业在日常的经营管理中做出重大决策的时候,需要听取企业法务或者法律顾问的意见。而在民营企业内部设置法律事务部门也至关重要,只有这样民营企业的管理者才能在做出重大决策的时候充分了解该决策的合法性以及是否可能涉及刑事法律风险。这"不仅要求企业建立一套严密、细化、可行、有效的内部管理制度,更重要的是要求企业将静态的管理制度转化为动态的日常监管活动"。[1]

如果可以严格执行该项制度,从实体上要求企业法务或者法律顾问在实际上而不是形式上参与到民营企业的重大决策过程中,从刑事法律风险防控的角度出具相关法律意见书,这将有效克服传统民营企业"人治"的决策弊端,通过"法治"的途径,化解家族性的民营企业或者单一式的民营企业的局限性而导致的决策上的不规范,让法律发挥保护民营企业的作用。

四、结语

民营企业在发展中风险与机遇相伴而行,但相比机遇,风险更加易于预见和预防。在当今现代化的"风险社会"中,现代的专业分工和细化使得人们很难具备各种专业性知识和风险认知能力,人们对于风险的防控更多依赖于专家的知识和技术。[2]民营企业管理者需要深刻认识到在企业经营发展过程中法律可以为企业的发展保驾护航,这样才能让民营企业顺应时代的潮流,长久地发展下去。

---

[1] 彭洪毅:《防范企业刑事法律风险重在提升思维能力》,载《企业家日报》2019年11月6日。
[2] 田宏杰:《"风险社会"的刑法立场》,载《法商研究》2011年第4期。

论共犯关系脱离失败可罚性的例外

薛达源*

(中国政法大学 北京 100088)

摘　要：通说认为，成立共犯关系脱离时，对脱离者应按未遂犯进行从轻或减轻处罚。对脱离失败情形，宜作为整体酌定从轻量刑情节考虑。但司法实践中，间接故意型滥用职权共犯脱离却存在上述原则的例外。在具有上下级职务制约关系的间接故意型渎职类共犯中，或说在类似存在《公务员法》第60条适用空间的其他职务犯罪共犯中，无论下级共犯是否脱离成功，只要下级共犯以反对意见形式向上级共犯表达脱离意思后，下级共犯即不具可罚性。

关键词：共同犯罪；滥用职权；共犯脱离失败；归责

共犯关系脱离理论，是共同犯罪未完成形态中的重要内容。学界对其研究，主要集中于公安机关管辖的普通犯罪之中，但对职务犯罪共犯关系脱离的特殊情形研究较少。本文即以滥用职权共犯脱离为例，对其特殊性进行简要论述。

一、问题的提出

共犯关系脱离，是指在共同犯罪中，部分共同参与人员，基于悔悟或畏罪等原因，选择主动退出共同犯罪，并为阻止犯罪结果发生采取真挚努力，但最终仍未能阻止犯罪结果发生的情形。通说认为，根据共同犯罪"部分行为，全部责任"归责原则，脱离者仍需承担刑事责任。其虽不足以构成犯罪中止或未遂，但基于主观恶性降低并有积极阻止犯罪结果发生的行为，从罪

---

* 作者简介：薛达源，男，汉族，本科毕业于中国政法大学法学院，中国政法大学同等学力研修班2024级学员，研究方向为刑法学。

责刑相适应原则、分化瓦解共同犯罪刑事政策及刑罚特殊预防和一般预防价值的角度考虑，对脱离者应按犯罪未遂处罚。

问题是，如果脱离者仅有脱离意愿和停止犯罪的行为，但并无阻止犯罪结果发生的积极阻却行为，或虽有阻却行为但并未达到切断其本人此前加功行为对结果的影响时，对其如何处罚？学界有观点认为，此种情形系共犯关系脱离失败，应与成功脱离者按犯罪未遂处罚有所区别，宜作为整体酌定从轻量刑情节考虑[1]。应当说，该观点敏锐洞察到共犯关系脱离的特殊情形，针对性提出区分处置精准建议，对司法实践具有重要指导意义。但司法实践千差万别，无论学说如何精确，总有与之难以耦合者，比如，在间接故意型滥用职权共同犯罪中，具有职务制约关系的上下级之间，下级财务主管人员乙在犯罪推进过程中，想退出犯罪，遂对已进入拨付环节的资金采取了紧急冻结措施，但上级领导甲仍强令解冻，后乙按甲要求解冻并继续付款，造成损失。在甲构成滥用职权犯罪情况下，对乙应如何处理？

二、共犯关系脱离成功还是共犯关系脱离失败

首先要明确的是，乙先冻结后解冻的行为，系共犯关系脱离成功，还是共犯关系脱离失败？共犯关系脱离成败的区分标准，学界并未具体探讨。但对何谓共犯关系脱离成功，学界有着明确的认定标准。从逻辑角度而言，共犯关系脱离成功的反面，即是共犯关系脱离失败。换言之，具有脱离意思和停止犯罪行为，但仍不符合共犯关系脱离成功认定标准的，都可归之为共犯关系脱离失败范畴。易言之，共犯关系脱离成功与失败之间的划分标准，其实就是共犯关系脱离成功的认定标准。当前最有力的学说有两种，一是因果关系切断说，二是共犯关系消解说[2]。

因果关系切断说认为，共犯"部分行为，全部责任"处罚依据在于各参与人员对犯罪结果均贡献了自己那一份原因力，因此共犯关系脱离标准，是脱离者不仅要有立即停止参与后续犯罪进程的向后切断因果关系的行为，同时要向前溯及，采取积极措施切断本人此前加功行为与犯罪结果间因果关系，即切断措施要有全程性。既包括切断本人支持、促进、强化其他共犯犯意的，

---

[1] 陈兴良：《共犯关系的脱离及其与共犯中止的区分》，载《中国刑事法杂志》2022年第3期。
[2] 姚培培：《论共犯关系脱离基准：因果关系切断说的重构》，载《清华法学》2020年第2期。

比如积极出谋划策等心理方面的因果关系，也包括切断本人提供犯罪工具、进行现场压制及其他分工协作的实行行为等使共同犯罪更易实现的物理方面因果关系，前者如采取积极劝说其他共犯放弃犯意等措施，后者如采取收回工具、阻止实行、提醒防范等积极阻断措施。乙的冻结行为，实系以冻结传递其想脱离共犯关系的一种意思表示，是为将来降低罪责的一种提前规避方法，尚不足以达到积极阻断的相当程度，比如安排人员对拨付的国有资金进行全程监管等。在乙以冻结行为传递出脱离意思后，上级要求解冻并付款，乙也付诸解冻并付款，继续参与到后续犯罪进程中，放任犯罪结果发生，并未向后切断本人与损失结果间因果关系。可见，根据因果关系切断说，乙显然属于共犯关系脱离失败情形。

共犯关系消解说认为，因果关系切断说存在强人所难的弊端，因实践中并非所有的因果链条都能够被事后切断，应承认即便因果影响无法被切断但仍应肯定共犯关系脱离成功的情形[1]。所以，共犯是否脱离成功，应换种视角考察，该视角就是共犯关系的瓦解与重构。详言之，共犯关系脱离标准应兼及两方面：一是旧的共犯关系得到消解，即脱离者向其他共犯表明脱离意思，其他共犯予以认可，双方达成脱离合意；二是新的共犯关系得以确立。允许脱离后，经其他共犯重新确认，在其他共犯间形成新的共犯关系并重新启动犯罪进程，脱离者自然不对重启的犯罪进程及结果负责[2]。共犯关系消解说实际上是从责任主体而非因果关系的角度来区分责任。乙的冻结行为所表示出的脱离意思，显然未得到上级共犯的同意，双方并未就脱离达成合意，旧的共犯关系并未得到消解。可见，根据共犯关系消解说，乙也属于共犯关系脱离失败情形。

三、该脱离失败情形不具可罚性

在共犯关系脱离失败的情形下，对乙能否作为渎职共犯处理？能够肯定的是，在单独渎职犯罪中，从犯罪构成角度而言，乙按照上级领导命令解冻并付款的行为，显然存在违法阻却事由。《公务员法》第60条规定，公务员执行公务时，认为上级决定或命令有错误的，可向上级提出改正或撤销意见，

---

[1] [日]桥爪隆：《共犯关系的消解》，王昭武译，载《苏州大学学报（法学版）》2016年第4期。

[2] 郑泽善：《共犯关系的脱离》，载《法治研究》2014年第10期。

上级不改变或要求立即执行的，公务员应当执行，执行后果由上级负责，但公务员执行明显违法的决定或命令，应承担责任。由于该例属于间接故意型滥用职权犯罪，上级命令解冻尚达不到明显违法的程度，故就单独犯罪而言，乙得以据该规定构成违法阻却事由。问题是，共同犯罪中，部分参与人员的违法阻却事由，能否对抗共同犯罪整体的"部分行为、全部责任"归责原则[1]？这就要从刑法原则或刑法价值中寻找答案。根据违法一元论的法秩序统一原理，一个行为在此部门法中认定为合法，就不得在彼部门法中认定为违法，否则会造成法律体系混乱。据此，《公务员法》第60条当然得以成为渎职共犯认定中的重要依据。如果渎职共犯认定中不得援引《公务员法》第60条来对抗"部分行为、全部责任"的归责原则，对确已经向上级提出反对意见但不得不按公务员法要求来执行上级错误决定的人员仍按渎职共犯加以追责，不仅会导致追责范围无限蔓延最终出现违反生活经验和常识的难以令人信服的荒谬归责结果，而且会使第60条成为虚文，造成国家机关公务秩序的失灵和混乱，因《公务员法》第60条，主要就是针对多环节、多人员参与的渎职类犯罪而言的，可以说第60条主要就是为类似职务犯罪部分参与人员提供共犯关系脱离依据和免责条款的。综上，乙虽系共犯关系脱离失败，却不具可罚性。

四、结语

共犯关系脱离研究，除关注普通犯罪外，还应特别关注职务犯罪的特殊性。基于《公务员法》第60条，在间接故意型渎职类共犯中，只要部分共犯以提反对意见或相当于提反对意见的行为向上级共犯表明脱离意愿，即便未能脱离成功，也不具可罚性，当然前提是上级命令不能明显违法。举重以明轻，若其脱离成功，就更不具可罚性。因此，可以说，特殊情形下，部分共犯脱离失败不具可罚性，部分共犯脱离成功也不具可罚性。或从另外一个角度说，职务犯罪中，存在一种特殊的共犯关系脱离形态，其成立只需具备单方面的脱离意思告知即可，最终归责上也无需承担任何刑事责任。

---

[1] 与之相类似的话题，共同犯罪中，部分参与人员的责任阻却事由，能否对抗共同犯罪整体的"部分行为、全部责任"归责原则？当然可以对抗，比如12岁儿童伙同成人共同盗窃的，该儿童当然不构成盗窃犯罪。

性侵未成年人案件上升的原因及纾解路径

杨柳莺[*]

（中国政法大学 北京 100088）

摘　要：近年来，性侵未成年人案件频发，不仅冲击社会公序良俗和法治秩序，也给受害者及其家庭带来巨大伤害。未成年人是国家未来，保护其合法权益和人身安全是全社会的共同责任。由于个人、家庭、学校、社会及法律惩处力度等多因素影响，性侵未成年人案件数量持续上升。应通过加强心理教育、强化家庭保护、完善学校保护、构建社会综合保护机制等方式，全方位控制性侵未成年人案件的数量。

关键词：性侵；未成年人；犯罪心理学；犯罪学

一、性侵未成年人案件现状

近年来性侵未成年人案件频发，严重危害未成年人身心健康和社会稳定。2024 年 5 月 31 日最高人民检察院发布的《未成年人检察工作白皮书（2023）》披露，此年，全国检察机关共批准逮捕侵害未成年人犯罪者 53 286 人，提起公诉 67 103 人，同比分别上升 35.3%和 14.9%。其中，起诉未成年犯罪嫌疑人侵害未成年人 16 972 人，占 25.3%。最高人民法院数据显示，2023 年全国法院审结侵害未成年人案件 4.1 万件，性侵犯罪案件呈上升趋势。近三年性侵未成年人犯罪者超过 4 万人，占当年起诉侵害未成年人犯罪总人数头两年 1/4，2019 年快到 1/3。2018 年同比上升 26.8%，2019 年同比上升 43.8%。

---

[*] 作者简介：杨柳莺（1986 年—），女，汉族，湖北武汉人，中国政法大学同等学力研修班 2024 级学员，研究方向为刑法学。

二、性侵未成年人案件上升的原因

1. 犯罪者个人因素

犯罪者的个人因素是性侵未成年人案件的重要成因之一。部分犯罪者因心理变态或认知偏差,如性偏好障碍、反社会型人格障碍等,对性行为存在错误认知,认为其行为可接受。同时,一些犯罪者道德观念缺失,对不道德行为毫无愧疚感,甚至视其为正常。此外,法律意识淡薄者不知性侵未成年人属严重犯罪,或抱有侥幸心理,认为可逃避制裁。这些因素共同提高了犯罪行为的发生可能性。

2. 家庭因素

家庭因素在未成年人遭受性侵问题上有重要影响。首先,监护缺失情况常见,父母因工作,难以给予孩子充分关注,让未成年人更容易成为犯罪者觊觎的目标。其次,不良家庭环境,如家庭关系紧张、父母离异和家庭暴力等,会给未成年人心理造成负面影响。此外,家庭性教育的不足,导致未成年人缺少对性的正确认知,自我保护意识匮乏,也在一定程度上增加了未成年人遭受性侵的风险。

3. 学校因素

学校因素在性侵未成年人案件中不容忽视,主要体现在以下方面:一是安全教育不足,学校未充分重视性安全教育以及自我保护教育的开展,致使学生自我保护意识薄弱;二是教师管理不善,学校在对教师的监管方面存在欠缺,难以察觉并处理教师的不良行为,进而让部分教师有机可乘,对学生实施性侵;三是校园环境不安全,学校周边存在安全隐患,校园管理存在漏洞,给了犯罪者实施犯罪行为的机会。

4. 社会因素

社会因素对性侵未成年人案件有重要影响。首先,互联网普及使未成年人更易接触到色情内容、交友陷阱等不良信息,增加了性侵风险。其次,社会监管不力,案件监管和对犯罪者的惩罚不够严厉,使得犯罪者心存侥幸。此外,过度的性开放和歧视受害者等不良文化观念,也可能导致性侵未成年人案件上升。

5. 法律惩处力度因素

法律惩处力度不够是性侵未成年人案件上升的重要原因之一。现行量刑

标准虽有规定，但存在模糊地带，不同地区或法官对相似案件量刑差异较大，使犯罪者难以预见后果。同时，部分刑罚力度不足，与犯罪危害性不匹配，尤其对累犯或情节恶劣者，缺乏足够震慑力，难以有效预防犯罪。

三、疏解路径

（一）加强对犯罪者的心理矫治和法律教育

1. 建立心理矫治机制

对犯罪者进行全面专业的心理评估，评估其人格特质、心理变态倾向、认知模式和情绪调节能力等。通过心理测试量表评估其是否具有反社会型人格障碍、性偏好障碍或者恋童癖等相关问题。根据犯罪者特点定制个性化的治疗方案，如团体疗法、认知行为疗法等，并建立长期跟踪辅导机制，以便持续提供心理支持和监督管理。鼓励其家人参与心理矫治，并在必要的时候提供帮助和指导。

2. 加强法律教育

通过多种不同形式的法律宣传活动，针对性侵未成年人犯罪的特点和法律规定，包括犯罪的构成要件、法律后果、刑罚种类等。同时结合实际案例进行分析，让犯罪者更加深刻且直观地了解自己的行为所带来的严重后果。

（二）强化家庭保护功能

1. 加强家庭监护

父母应该充分地认识并正视自己在孩子成长过程中的重要责任，提高监护意识。这不仅包括关注孩子的日常生活、行踪，还包括孩子的交往对象，与同学的关系以及孩子在学校的表现。对于年幼的儿童，更加需要时刻留意其周围环境的安全。

2. 营造良好家庭环境

稳定和谐的家庭环境对孩子心理健康至关重要。家长应避免在孩子面前发生冲突，最好通过理性沟通解决矛盾。多鼓励孩子分享个人经历，增进信任和亲子关系，关注其情绪变化，及时发现问题。在孩子遇到困难时，耐心倾听并正向引导，为其提供温暖、安全感与稳定性，来增强其心理韧性，降低外界侵害风险。

3. 开展性教育

家长应主动承担性教育的责任，为孩子提供正确的性知识和自我保护意识。孩子年幼时，就可以通过适当方式引入性教育话题，让孩子了解自己的身体结构和生理发育过程。随着孩子年龄的增长，逐渐深入讲解性健康知识、人际交往中的界限以及如何应对潜在的性侵害。同时，教育孩子尊重他人身体和隐私，培养他们的自我保护能力。让孩子学会在遇到不舒服的身体接触时要勇敢说"不"，并及时向信任的人求助。

(三) 完善学校保护机制

1. 加强安全教育

学校应重视性安全教育，将其纳入课程体系，开设专门课程，由专业教师授课。课程内容应包括性生理知识、性心理发展、人际交往界限、识别性侵害危险及应对方法等。除了课堂教学，还可通过模拟演练提高学生参与度，让学生学会拒绝不当接触和求助，增强自我保护能力，正确认识性侵害问题，远离潜在危险，提升防范意识。

2. 加强教师管理

要建立严格的教师招聘和管理制度，招聘时进行全面背景调查，特别是职业道德方面。入职后，定期开展师德师风培训和考核，强化教师的职业道德和法律意识。同时，建立投诉举报机制，鼓励学生和家长反映不良行为。一旦发现教师有不当的行为，应当立即作出调查及处理。对于性骚扰或性侵犯学生的教师，应立即解聘并追究其法律责任，以确保教师队伍的专业性和纯洁性，为学生提供一个安全的学习环境。

3. 优化校园环境

加强校园安全管理是营造良好校园环境至关重要的一环。学校应当建立更加完善的安全制度，包括门禁管理、巡逻、视频监控等。对于校外人员的进出应严格管控，及时发现和处理安全隐患，完善视频监控系统，确保校园各个角落都在监控范围内。同时，关注校园文化建设，营造积极向上、尊重他人的氛围，促进学生之间的交流和团结，减少校园欺凌等不良行为的发生。通过校园环境优化，为学生提供一个更安全、更舒适的学习和生活场所。

(四) 构建社会综合防治体系

1. 净化网络环境

随着互联网普及，网络环境对未成年人的影响日益增大，需加强监管。政府应加大执法力度，严打网络色情和不良信息，运用技术手段实时监测、筛查并删除不良内容，依法惩处违法网站和个人。互联网企业也应承担责任，完善内容审核机制，采用人工智能自动识别过滤内容，并设立举报渠道，鼓励用户共同维护健康网络环境。通过净化网络空间，为未成年人创造健康、安全的网络环境，减少接触不良信息的机会，降低性侵风险。

2. 加强社会监管

建立健全社会监管机制是预防和打击性侵未成年人案件的重要保障。首先，加强社会治安管理，提高幼儿园、小初高等重点场所的巡逻警力，并完善社区治安防控体系，同时发动居民参与其中。其次，建立多部门联动机制，公安、检察、法院、教育、民政等部门应加强协作，确保案件迅速调查处理，犯罪者受到法律制裁。同时，加强重点人群监管，尤其是有性侵前科的人员跟踪管理。还需提高公众防范意识，通过多种方式普及防范知识和法律常识，鼓励公众参与预防和打击性侵未成年人犯罪的行动。通过加强社会监管，提升犯罪成本，形成威慑力，有效预防性侵未成年人案件的发生。

3. 转变文化观念

倡导积极、健康的文化观念对营造良好社会氛围至关重要。引导公众树立正确的性观念，认识到性是一种严肃的行为，要在合适年龄和环境下进行。同时，加强媒体和艺术作品的审查，避免过度渲染。同时亦要消除对性侵受害者的歧视与偏见，为其提供正向的心理辅导和法律援助，帮助其恢复正常生活，并引导公众给予受害者支持和理解，而非歧视与指责。

股东优先购买权的行使与救济

杨敏辉*

(中国政法大学 北京 100088)

摘 要：《公司法》第 84 条和《公司法解释四》第 16 条至第 22 条系统规定了有限公司股东的优先购买权，即在股权转让时，公司其他股东具有同等条件下的优先受让权。但该制度在实践中，仍存在权利性质不明确、通知效力不规范等问题，且相互串通侵害股东优先购买权的情形也普遍存在。应通过增强优先购买权的强制效力、完善救济机制等方式，进一步保护股东优先购买权，以促进有限责任公司的健康发展。

关键词：股东优先购买权；《公司法》；权利行使；救济方式

股东优先购买权源自民法领域的先买权，即特定主体因其身份可以在同等条件下相较于其他主体具有优先受让的权利。在有限责任公司中，股东优先购买权的行使，对于整合公司股份，强化市场竞争力具有重要意义。为推动这一制度在实践中的落地，需要进一步明确股东优先购买权的性质和行使路径，并完善权利受到侵害时的救济路径。

一、股东优先购买权的性质

（一）股东优先购买权的法律地位

股东优先购买权是有限责任公司中的一项重要制度，其目的是在股权转让时维护公司的人合性和内部稳定性。根据《公司法》第 84 条和最高人民法院《关于适用〈中华人民共和国公司法〉若干问题的规定（四）》（以下简

---

* 作者简介：杨敏辉（1980 年—），男，土家族，湖南常德人，中国政法大学同等学力研修班 2023 级学员，研究方向为民商法学。

称《公司法解释四》）第 16 条至第 22 条的规定，股东优先购买权是指在同等条件下，公司其他股东有权优先于外部第三人受让拟转让的股权。这一权利的性质和法律地位一直是学术界和实务界争论的焦点。[1]

（二）股东优先购买权的性质争议

在学术界，关于股东优先购买权的性质主要有两种观点。持请求权说的学者认为，股东优先购买权属于请求权。请求权是指权利人请求义务人履行特定行为的权利。在这种观点下，股东优先购买权仅仅是赋予股东请求转让股东在同等条件下优先受让股权的权利，而不是直接形成股权的转让关系。请求权说的支持者认为，这种观点能够更好地平衡转让股东和优先购买股东之间的利益，避免因优先购买权的强制性而影响股权转让的自由性和效率。持形成权说的学者则认为，股东优先购买权属于形成权。形成权是指权利人单方面行为即可形成特定法律关系的权利。在这种观点下，股东优先购买权不仅赋予股东请求转让股权的权利，而且在权利人行使权利时，可以直接形成本次股权转让的法律关系。形成权说的支持者认为，这种观点能够更有效地保护公司的人合性和内部稳定性，防止外部第三人的不当介入。[2]

（三）形成权说的证成

请求权说和形成权说的主要区别在于权利的行使方式和法律后果。请求权说强调权利人在行使权利时需要通过请求程序，而形成权说则认为权利人在满足一定条件后可以直接形成股权转让的法律关系。这两种观点在实践中对股东优先购买权的行使和救济产生了不同的影响。本文认为，将股东优先购买权作为形成权更为适宜。原因如下：一是形成权法律效果更明确，作为形成权，股东优先购买权在行使时能够直接形成本次股权转让的法律关系，法律效果更加明确。这有利于减少因权利性质不明确而产生的纠纷，保障股东的合法权益。二是形成权说更有利于维护公司的人合性。在有限责任公司中，股东之间的信任和合作是公司得以稳定发展的基础。如果将股东优先购买权作为请求权，转让股东在未获得优先购买股东同意的情况下，可以自由地与外部第三人进行股权转让，这可能破坏公司内部的和谐，影响公司的长

---

[1] 伍文佳：《国有股权转让中股东优先购买权的制度冲突及解决对策》，载《现代商业》2024 年第 18 期。

[2] 蒋佳璇：《股权赠与中股东优先购买权的证成和适用》，载《常州工学院学报（社科版）》2023 年第 5 期。

期发展。三是形成权说能够更有效地防止外部第三人的不当侵害。在请求权说下，外部第三人可以通过与转让股东串通，规避其他股东的优先购买权。而在形成权说下，优先购买股东在满足一定条件后可以直接形成股权转让的法律关系，外部第三人难以通过不当手段侵害优先购买股东的权利。

二、股东优先购买权行使中存在的问题

（一）通知效力的不确定性

转让股东的有效通知是优先购买权行使的前提条件，但是实践中通知效力存在不规范和不确定性，主要情形如下：一是通知形式不规范，转让股东在通知其他股东时，可能采取口头、电话、电子邮件等多种形式，这些形式的法律效力存在争议。二是通知内容不明确，通知中的股权转让信息应当完整、明确，包括拟转让的股权数量、价格、付款方式等，但在实践中，转让股东可能仅提供部分信息，导致其他股东无法做出准确的判断和决策。三是通知对象不明确，转让股东应当向哪些股东进行通知，通知的顺序如何，这些都可能因公司内部规定不明确而产生争议。四是通知时间不明确，转让股东可能在股权转让前很短的时间内才通知其他股东，导致其他股东无法及时做出决策。

（二）串通损害股东权利情形频发

实践中，存在大量转让股东和非股东串通，或者转让股东和其他部分股东串通，损害股东权利的情形，主要有以下几种表现形式：一是转让股东与外部第三人串通，故意压低股权转让价格，以规避其他股东的优先购买权。这种行为不仅侵犯了其他股东的合法权益，还可能损害公司的利益；二是转让股东与其他部分股东串通，通过内部协议或约定，将股权转让给特定的股东，而排除其他股东的优先购买权。这种串通行为同样侵犯了其他股东的合法权益；三是虚假交易，转让股东与外部第三人或内部股东进行虚假交易，通过签订虚假股权转让协议，规避其他股东的优先购买权。这种虚假交易不仅违反了法律规定，还可能涉及欺诈等违法行为；四是隐性交易，转让股东通过隐性交易，如委托他人代持股权等方式，规避其他股东的优先购买权。这种隐性交易同样难以被其他股东发现，导致其他股东的优先购买权受损。

三、股东优先购买权的完善

（一）通知形式和效力的明确

1. 规范通知形式

转让股东应当采用书面形式通知其他股东，书面通知的形式包括但不限于邮寄、电子邮件、公告等。书面通知的优点是可以留痕，便于证明和举证。

2. 明确通知内容

通知中应当包含拟转让的股权数量、价格、付款方式、交易条件等信息，确保信息的完整性和准确性。此外，通知中还应当明确其他股东行使优先购买权的期限和方式。

3. 确定通知对象

公司内部应当明确规定通知对象，即哪些股东具有优先购买权，通知的顺序应当按照持股比例或公司章程的规定进行。如果公司章程未作规定，应当按照持股比例确定优先通知顺序。

4. 设定合理的通知时间

通知时间应当在股权转让前的合理期限内，具体期限可以根据公司规模和股权转让的复杂性来确定。一般建议，通知时间不少于15天，以便其他股东有足够的时间考虑是否行使优先购买权。

（二）优先权对抗外部效力的实现机制

1. 建立优先购买权的公示制度

公司应当建立优先购买权的公示制度，将股东优先购买权的相关信息在公司内部进行公示，确保所有股东都能及时了解相关信息。公示方式可以包括股东名册、公司网站、公告栏等。

2. 强化优先购买权的对抗效力

优先购买权应当具有对外部第三人的对抗效力。如果外部第三人明知或者应当知道公司存在优先购买权，仍与转让股东进行交易，应当认定该交易无效。公司或优先购买权受损的股东有权要求恢复原状或赔偿损失。

3. 设定优先购买权的法定期限

优先购买权应当设定一个法定期限，在此期限内，股东可以优先行使购买权。例如，可以设定优先购买权的期限为30天，超过期限后，转让股东可以自由地与外部第三人进行交易。

(三) 权利受损的救济路径

1. 司法救济路径

为保障优先购买权的救济措施得以有效实施，公司法应当明确规定受损股东的救济措施。当股东优先购买权受损时，受损股东可以向人民法院提起诉讼，要求确认股权转让无效，恢复原状或者赔偿损失。法院在审理此类案件时，应当重点审查转让股东的通知是否有效，股权转让是否存在串通等违法行为。

2. 行政救济路径

股东还可以向公司登记机关或者工商行政管理部门投诉，要求对转让股东和外部第三人的违法行为进行查处。公司登记机关或工商行政管理部门在查明事实后，可以依法采取相应的行政措施，保护股东的合法权益。

3. 公司内部救济路径

公司内部应当设立相应的救济机制，例如设立股东会或董事会专门负责处理优先购买权受损的案件。公司内部救济机制可以包括调解、仲裁等方式，旨在通过内部协商解决纠纷，减少诉讼成本和时间。

自首中如实供述的时间节点认定探析

俞诗煜[*]

(中国政法大学 北京 100088)

摘 要：根据我国《刑法》第67条及相关司法解释，如实供述自身罪行系成立自首的必备要件之一。如实供述的时间节点，在实务中存在认定标准不统一的难题。如首次讯问、一审法庭调查结束前的供述、被告人的相关辩解、不认定为如实供述的时间节点等情形，将影响自首的认定。

关键词：自首；如实供述；时间节点

关于自首的刑律制度，其萌芽可追溯至有文字记载的《尚书》。《尚书·周书·康诰》记载："乃有大罪，非终，乃惟眚灾，适尔，既道极厥辜，时乃不可杀。"[1] 可视为有文字可考的自首减免刑罚制度。自首制度历经演变，至唐朝逐渐完善，《唐律·名例律》规定："诸犯罪非发而自首者，原其罪。"成为以后各朝代的典范。自首原罪的具体情节虽与今有较大差异，但追根溯源早已在历史的长河中。现代学界一般将自首区分为一般自首、准自首或特别自首。[2] 自首在审查起诉阶段、审判过程的量刑阶段是一法定情节。本文仅就一般自首中如实供述时间界定中的几个问题，加以梳理和辨析。

一、首次讯问时的如实供述问题

根据最高人民法院《关于处理自首和立功若干具体问题的意见》（以下简称《意见》）的规定，在司法机关掌握主要犯罪事实前，犯罪嫌疑人自动投

---

[*] 作者简介：俞诗煜（2000年—），女，汉族，山东威海人，中国政法大学同等学力研修班2024级学员，研究方向为刑法学。

[1] 李民、王健译注：《尚书译注》，上海古籍出版社2016年版，第282页。

[2] 高铭暄、马克昌主编：《刑法学》，北京大学出版社、高等教育出版社2022年版，第261页。

案时，虽未如实供述，但主动供述的，应认定为如实供述罪行。根据最高人民法院《关于处理自首和立功具体应用法律若干问题的解释》（以下简称《解释》），对于在一审判决前如实供述自己罪行，在自动投案、如实供述自己罪行后翻供的犯罪嫌疑人，仍应认定为自首。

第一种情形，犯罪嫌疑人到案后，接受第一次讯问即如实交代，是典型的一般自首构成要件；第二种情形，即在自动投案后司法机关掌握其主要犯罪事实前主动交代的，应当在审查起诉阶段或法庭调查阶段根据对犯罪嫌疑人的讯问笔录，司法机关已掌握其主要犯罪事实的时间点证据，结合庭审中被告人的表现，认定其是否如实供述自己的罪行。第三种情形应当认定为自首，即《解释》中规定的如实供述罪行后又翻供，但在一审判决前再次如实供述的。此种情形不宜扩大适用范围，否则与设立自首制度的立法目的不符。

可见，犯罪嫌疑人自动投案后的首次讯问笔录并不是判断如实供述的唯一标准，司法实践中亦采用相对宽容的司法理念。

二、一审法庭调查结束前的如实供述问题

《意见》中的如实陈述应在自动投案后，司法机关掌握主要犯罪事实前，但根据案件难易程度、涉嫌罪名、案发时间的不同；犯罪嫌疑人的主观心态、文化程度、认知能力、表达能力、记忆能力的差异；司法机关的办案方式、侦查水平等主客观因素，以下几种情况，如未被纳入通缉令发布范围或未录入全国公安信息网逃犯信息库，直至一审法庭调查终结如实陈述的，应当认定为自首：一是犯罪嫌疑人犯有重罪和轻罪，自动投案后如实供述轻罪事实，在侦查阶段、审查起诉阶段未供述重罪事实，一审法庭调查时供述了重罪事实，并经司法机关查证属实的。二是犯罪嫌疑人确因案发时间与到案时间久远，记忆能力、身体疾病影响正确表达，需要长时间回忆或者引导供述，直至一审法庭调查时，又供述了司法机关还没有掌握的其他犯罪事实的。三是单位犯罪案件中，单位通过集体决定或单位负责人决定自动投案，但由于单位直接负责的主管人员或者直接责任人员的客观因素，影响单位如实陈述，在一审法庭调查时如实陈述的。或者单位未自首，单位直接负责的主管人员或者直接责任人员，在一审法庭调查时如实陈述自己知道的犯罪事实的。四是犯罪嫌疑人自动投案后，如实供述主要犯罪事实，但隐瞒自己的前科或者真实身份，在一审法庭调查时，如实供述其前科或者真实身份的。

三、被告人的相关辩解对自首成立的影响

《解释》规定，如实供述自己的罪行，是指犯罪嫌疑人在主动投案后，如实交代自己的主要犯罪事实。被告人对其主观心态、行为性质的辩解如何具体认定还需进一步探讨，一般在法庭调查终结前应予查明。

关于被告人对主观心态的辩解能否影响自首成立，存在两种不同的认定原则。一种观点认为，如实供述的内容应包含两个方面：一是主观心态方面的内容，二是客观事实方面的内容。如果没有如实供述主观心态，就不构成如实供述。另一种观点则认为，被告人主观心态的辩解并不影响如实供述的成立。对此，应按照主客观相统一的原则，以记录在案的证据认定的案件事实为标准，把握行为人是否如实供述自己的主观犯罪心态。行为人的辩解有合理依据或者备案证据不能排除的，不改变或者否认事实，不影响如实陈述的成立。在不影响如实供述成立的前提下，对行为人主观心态的辩解，实质上是对行为性质的看法或辩护意见。应结合客观行为综合判断主观心态的认定，不能仅凭被告人对主观心态的辩解，而影响自首的成立。对推定其主观心态的客观事实能够如实供述的，可以认定被告人自首后对其主观心态提出了辩解，但不影响如实供述的成立，不影响司法机关对其主观心态的认定。[1]

最高人民法院《关于被告人对行为性质的辩解是否影响自首成立问题的批复》指出，被告人对行为性质的说明不影响自首成立。也就是说，即使犯罪分子对行为定性有所辩解，例如此罪或彼罪、主犯或从犯等，但若其能够如实交代主要犯罪事实，也不能否认其自首情节的成立。法律并不强迫罪犯对自己所犯罪行进行最恰当的定性描述，被告人的自我申辩权应当得到保证。

四、不认定为如实供述的时间节点情形

以下几种情形，若无其他证据证明，不认定为如实供述：一是在任何时间节点恶意利用自首的法律规定，企图规避法律制裁的，不应认定为如实供述。二是被告人虽自动投案，但未主动如实供述主要犯罪事实，且根据司法

---

[1] 易大庆、何联：《对主观心态的辩解不影响如实供述的成立》，载《人民司法》2020年第8期。

机关调查取证的其他证据掌握其主要犯罪事实后才予以交代的，不能认定为如实供述自己的罪行，其如实供述不成立，不构成自首。[1]三是如果在供述过程中推诿罪责，避重就轻，掩盖真相，企图减轻罪责，则不能认为是如实供述。[2]四是犯罪嫌疑人在公安机关通知后到案，但未供述犯罪事实，在公安机关掌握部分证据后开始供述的，不能认定为自首。[3]五是设立"余罪陈述"（又称准自首），要求主体如实交代的罪行必须是司法机关尚未掌握的，如果已经被司法机关掌握，则不能构成"余罪陈述"，准自首不成立。六是对因某一罪名被捕的被告人如实供述其与司法机关尚未掌握的犯罪属于同一罪名的犯罪事实，如实陈述不成立，不能认定为自首。

五、结语

如实供述自己罪行的时间节点问题，在实务中应当严格审查，准确认定，贯彻宽严相济的刑事政策，实现政治效果、法律效果和社会效果的统一。在自首制度中，如实供述自己的主要犯罪事实的时间节点，应当以刑事审判为中心，以法庭调查环节为重点，以核心时间节点证据为依据，以一审法庭调查结束为时间终点，根据已经查明事实、证据和有关法律规定，分别作出认定。被告人对其主观心态、行为性质的辩解，不影响自首情节的认定。自首制度中如实供述的时间节点探讨研究，对统一裁判尺度，维护司法公正，提高司法公信力，保证法律的权威性具有重要的现实意义。

---

[1] 人民法院案例库参考案例（入库编号2024-02-1-177-001）——一审：河北省邢台市中级人民法院［2020］冀05刑初36号刑事附带民事判决（2020年9月29日）；二审：河北省高级人民法院［2021］冀刑终48号刑事裁定书（2021年6月17日）。

[2] 参见第080号王某斌故意杀人案，载最高人民法院刑一庭、最高人民法院刑二庭主编：《刑事审判参考》（总第12辑），法律出版社2001年版，第108~112页。

[3] 参见第565号闫某富故意杀人案，院刑事审判一至五庭主编：《刑事审判参考》（总第66集），法律出版社2009年版，第1~9页。

"受贿行贿一起查"之实践阻碍及破解对策

张兴文[*]

(中国政法大学 北京 100088)

摘 要："受贿行贿一起查"的政策内涵在于彻底否定行贿行为，并将行贿与受贿案件的查处放在同等重要的位置以加大对行贿行为的惩治力度，但现阶段仍存在迷信囚徒困境、不同刑事政策相互抵牾、行贿罪立法仍存偏颇等三方面实践阻碍。为更好落实这一政策，需打破思想壁垒，精准适用宽严相济政策，通过建立健全行贿人"黑名单"制度、及时追缴不正当利益、推动涉案企业整治等方式加大对行贿行为的处罚力度，并进一步完善行贿犯罪立法。

关键词：受贿行贿一起查；行贿案件；实践阻碍；破解对策

党的二十届三中全会提出，要完善一体推进不敢腐、不能腐、不想腐工作机制。"受贿行贿一起查"作为强化不敢腐震慑、扎牢不能腐笼子、提高不想腐觉悟的重要举措，应当推动其真正落地见效。这既是深入推进反腐败斗争的必然要求，又是斩断"围猎"与甘于"被围猎"利益链、破除权钱交易关系网的有效途径。但在现阶段，"受贿行贿一起查"仍存在实践难点，部分纪检监察机关对行贿人员的移送数远低于立案数，对行贿人员查处的力度仍需加大。针对这一情况，笔者结合日常学习和工作思考剖析了"受贿行贿一起查"的实践内涵及现存困难，并进一步思考破解对策、提出拙见，以向各方求教。

---

[*] 作者简介：张兴文（1997年—），男，汉族，工学硕士，中国政法大学同等学力研修班2024级学员，研究方向为刑法学。

一、"受贿行贿一起查"的内在要求

"受贿行贿一起查"的推进离不开对其内涵的准确理解。本文认为，其内涵包含三个方面：

（一）对行贿行为零容忍

行贿行为的大肆兴起既由于在社会活动中仍有大规模人群信奉"人情世故"，同时也由于部分错误观点的推波助澜。有学者认为，"企业以行贿获取市场准入、节约等待成本，是一种高效率的投资"[1]这种认识很容易在社会上获得共鸣从而营造容忍行贿行为的氛围。[2]总之，无论是出于何种原因行贿，只要是为了谋取不正当利益而给予公职人员财物，就会损害公职人员的廉洁性，毒化社会风气，破坏市场公平竞争秩序，甚至损害国家利益。因此"受贿行贿一起查"从根本上否定了行贿这一行为。

（二）行贿案件与受贿案件的查处同等重要

"受贿行贿一起查"是为了进一步加大对行贿的查处力度，粉碎潜在行贿人的侥幸心理，迫使其提前思考犯罪成本，从而减少行贿发生，变惩治为预防。[3]就行受贿行为源头而言，两者是一根藤上的两个"毒瓜"，都是腐败行为，在一定意义上互为根源，行贿诱导受贿，受贿刺激行贿，并不存在谁主谁从。[4]因此，在初步掌握行受贿证据的前提下，需将两者同时立案调查，既不能在受贿行贿查办上形成时间差，也不能存在查办受贿行贿软硬不一的情况。对司法机关而言，如果行贿人与受贿人的行为均构成犯罪，就不能仅处罚其中一方，不能因行贿行为法益侵害程度较轻，就不认定为行贿罪，也不能因为行贿方配合调查，就将其认定为无罪。[5]

（三）"一起查"不等于"同等罚"

不同犯罪行为因危害性不同而导致所受的刑事处罚也会不同，很难实现

---

[1] 张曙光主编：《中国经济学——1994》，上海人民出版社1995年版，第166~183页。

[2] 孙国祥：《"受贿行贿一起查"的规范化法治化路径》，载《中国刑事法杂志》2023年第4期。

[3] 肖瑞宁：《一体推进"三不腐"视角下"受贿行贿一起查"的四重逻辑》，载《岭南学刊》2024年第4期。

[4] 李蔿：《斩断"围猎"与甘于被"围猎"的利益链——党的十九大以来纪检监察机关坚持受贿行贿一起查的实践与思考》，载《中国纪检监察》2021年第21期。

[5] 张明楷：《刑法学》（下），法律出版社2021年版，第1617页。

异罪同刑。作为对合行为的受贿和行贿分列为两个刑事罪名，设立不同要件要求及量刑情节，决定了两者所应承担的刑罚会存在差异。[1]一般而言，对受贿的惩处和刑罚要严于行贿。受贿方收受财物，为行贿方谋取不正当利益，而行贿方的行为并未直接侵害职务廉洁性，而是需要通过受贿方行使手上的公权力来实现。没有受贿方的公职地位，贿赂行为就无法完成，受贿方处于更优势地位，其行为的法益侵害更严重。

二、"受贿行贿一起查"的实践阻碍

（一）调查中对囚徒困境理论的迷信

不少观点认为，面临分别审讯下的受贿者和行贿者处在典型的囚徒困境中。[2]为突破两者的"攻守同盟"，办案人员通常会对行贿人允诺基本不追究刑事责任以换取其对行贿事实的供述，促使行贿人由犯罪嫌疑人转变为证人，导致行贿案件的处理失之于宽，造成"重受贿轻行贿"。[3]其根源可追溯到1979年《刑法》对受贿罪与行贿罪分设的轻重悬殊的法定刑。虽然近年来在立法上加大了对行贿罪的查处力度，但长期形成的执法理念仍较难扭转。[4]

（二）不同刑事政策相互抵牾

实务中较多行贿人都是民营企业经营者，对地方经济发展和就业率增长的贡献较大。在当前经济形势需要下，办案时既要尽量避免对企业生产经营的负面影响，又必须查清涉案人问题，容易出现两难局面。[5]如果一味注意避免影响，就会与"受贿行贿一起查"的要求相冲突，其落实就常停留在一起调查阶段，而非后续处置阶段，形成"重调查轻处置"的情况。针对这一问题，当前还缺乏操作指引。

---

[1] 徐宏、赵思远：《"受贿行贿一起查"之认识偏移及内涵重构》，载《南阳师范学院学报》2024年第4期。

[2] 叶良芳：《行贿受贿惩治模式的博弈分析与实践检验——兼评〈刑法修正案（九）〉第44条和第45条》，载《法学评论》2016年第1期。

[3] 程红、张弛：《行贿受贿"并重异刑"模式的提倡与展开——兼评〈刑法修正案（十二）〉的相关修改》，载《河南财经政法大学学报》2024年第4期。

[4] 肖瑞宁：《一体推进"三不腐"视角下"受贿行贿一起查"的四重逻辑》，载《岭南学刊》2024年第4期。

[5] 罗星：《受贿行贿一起查存在的问题与破解之道》，载《领导科学》2022年第9期。

(三) 对行贿罪的立法仍存偏颇

现行刑法对行贿罪设置的构成要件较为复杂，对于受贿罪仅规定"为他人谋取利益"，并未要求"不正当利益"，而如何理解这一要件则是目前难点。很多案件中，行贿人将感情投资、维护关系等理由作为行贿缘由，并不承认是为了某具体事项，而受贿人也强调因为私交很好而给予普遍性关照。〔1〕另一突出问题为特殊减免处罚情节裁量余地较大，导致对行贿犯罪处置的任意性增加，为行贿者免于刑事制裁提供了机会。

三、推进"受贿行贿一起查"的有效路径

(一) 打破对囚徒困境的迷信及宽严相济刑事政策的误区

囚徒困境模型的设计较理想化，假定了共犯彼此相互怀疑的前提，但事实上行受贿人在案发前就已形成"攻守同盟"，且行贿人也通常会选择做出对自己最有利的对抗行为而不是先行招供，并不完全符合其前提条件。另外，利用囚徒困境理论也无法有效预防贿赂犯罪，只会导致行贿人不能认识到自身行为的危害性而继续行贿。因此，需加强对受贿人的思想政治工作，善于用理想信念、政策感召等方式，帮助犯错的公职人员真心悔过，促使其主动坦白。正确把握对行贿犯罪宽严相济的刑事政策要求，避免将本为个人行贿的案件变为单位行贿而从轻处理，应采取实质判断标准，不能只是为了单位利益，就认定为单位行贿。〔2〕

(二) 多措并举加大对行贿行为的处罚力度

进一步加强行贿治理，形成震慑合力。建立健全行贿人"黑名单"制度，搭建名单共享平台，对其中未追究刑事责任的人员依法给予行业处分，并设定行业禁入期限，在一段时间内政府及国资央企招标中取消投标资格。准确认定并及时追缴不正当利益，依靠行政机关或企事业单位依规予以取消、撤销、吊销或者变更非财产性利益，将能明确核算的间接财产性利益在扣除合理开支后作为非法所得予以没收，通过加大罚金力度对难以明确的数额予以

---

〔1〕 李晓娟、王若旭：《检察机关治理行贿犯罪问题研究——以"受贿行贿一起查"为背景》，载《公安研究》2024年第5期。

〔2〕 叶良芳：《行贿受贿惩治模式的博弈分析与实践检验——兼评〈刑法修正案（九）〉第44条和第45条》，载《法学评论》2016年第1期。

调节。[1]

(三) 完善行贿犯罪立法

在立法上应对行贿犯罪中的"为谋取不正当利益"要件予以废除。行贿人"围猎"动机是为了以金钱收买权力从而谋取利益。不论何种利益，该行为都具有侵犯职务行为公正性的抽象危险，不宜区分谋取利益是否正当。[2] 对该要件的废除，降低了行贿罪入罪标准，使更多行贿行为进入刑事追究范围，从而提升行贿犯罪的治理效果。[3]

---

[1] 孙国祥:《"受贿行贿一起查"的规范化法治化路径》，载《中国刑事法杂志》2023 年第 4 期。

[2] 张明楷:《行贿罪与受贿罪的关系》，载《环球法律评论》2024 年第 5 期。

[3] 张兆松:《"受贿行贿一起查"视野下行贿罪的立法完善——〈刑法修正案(十二)〉(草案)对贿赂犯罪的修改述评》，载《山东警察学院学报》2023 年第 5 期。

体育活动自甘风险规则适用问题的研究

李明徽[*]

(中国政法大学 北京 100088)

摘　要：体育活动作为一种广受欢迎的社会文化现象，在促进身心健康的同时也不可避免地存在风险。自甘风险规则作为平衡参与者权益保护与体育活动发展的重要法律原则，其适用问题日益引起关注。本文深入探讨了体育活动中自甘风险规则的适用问题，分析了体育活动的特性、常见风险类型以及自甘风险的具体表现。文章详细讨论了自甘风险规则的适用条件、法律框架和限制，并通过案例分析阐明了这一规则的实际应用。研究还探讨了参与者、组织者的责任划分和保险机制的作用。最后，就完善体育活动自甘风险规则提出了建议，包括法律法规的完善、加强参与者安全教育和优化组织者的风险管理措施。

关键词：体育活动；自甘风险；法律责任；风险管理

体育活动作为一种广受欢迎的社会文化现象，不仅能够促进身心健康，增进人际交往，还能培养竞争意识和团队精神。然而，体育活动的本质特征决定了其具有一定的风险性。参与者在享受体育活动带来的乐趣和收益的同时，也不可避免地面临着各种潜在的伤害风险。在这种背景下，自甘风险规则作为一种重要的法律原则，在平衡参与者权益保护与体育活动发展之间发挥着关键作用。

---

[*] 作者简介：李明徽（1991 年—），女，汉族，吉林长春人，中国政法大学同等学力研修班 2023 级学员，研究方向为民商法学。

一、体育活动中的自甘风险

（一）体育活动的特性

体育活动主要通过身体运动来进行，这决定了其存在一定的风险。首先，许多体育活动涉及竞争元素，参与者为了取得最好成绩可能会采取更具风险的行为。其次，体育活动通常有一定的规则约束，这些规则既可能降低风险，也可能引入新的风险因素。体育活动往往带有娱乐性质，这可能导致参与者对风险的忽视或轻视。最后，体育活动常常具有社交功能，群体压力可能影响个人的风险评估和决策[1]。

（二）体育活动中常见的风险类型

在体育活动中，常见的风险类型包括但不限于身体伤害、器材故障、环境因素、他人行为以及心理压力。身体伤害如扭伤、骨折、肌肉拉伤等是最常见的风险。器材故障如滑雪板断裂、自行车刹车失灵等也可能导致严重后果。环境因素如恶劣天气、地形障碍等增加了活动的不确定性。他人行为如其他参与者的冒险行为、不当碰撞等也是潜在的风险来源。比赛焦虑、过度疲劳等心理压力同样不容忽视。

（三）自甘风险在体育活动中的表现

自甘风险原则在体育活动中主要表现为：参与者在充分知晓并理解相关风险的情况下，自愿参与体育活动，并默认承担可能发生的风险后果。这种表现可以从几个方面来理解：首先是知情同意，参与者在参加体育活动前，通常会被告知或自行了解该项活动的潜在风险。其次是自愿参与，参与者基于自身意愿选择参加体育活动，而非被强制或误导。再者是风险承担，参与者默认接受在正常情况下可能发生的风险，不会因此追究组织者或其他参与者的责任。最后是合理预期，参与者对于体育活动中可能发生的常见风险有合理的预期和心理准备。

二、自甘风险规则的适用问题

（一）适用的法律框架

自甘风险规则的适用主要涉及多个法律框架。《民法典》作为我国民事法

---

[1] 孙竹雪、胡帅：《体育活动中自甘风险法律规则适用研究》，载《四川体育科学》2024年第5期。

律的基本法，为自甘风险规则的适用提供了总体原则。侵权责任法规定了因体育活动造成伤害的责任认定和承担方式。《体育法》对体育活动中的权利义务关系进行了专门规定。《消费者权益保护法》适用于商业性体育活动中消费者权益的保护。

（二）适用条件与限制

自甘风险规则的适用需要满足一些条件：一是风险应具有可预见性，参与者能够合理预见可能发生的风险。二是风险应具有必要性，是体育活动固有的、不可完全避免的。三是参与必须是自愿的，参与者出于自由意志参加活动，未受到强制或欺骗。四是活动本身必须是合法的，且未违反公序良俗。然而，自甘风险规则的适用也存在一定的限制：它不适用于故意或重大过失造成的伤害，不能免除组织者应尽的安全保障义务，不适用于超出正常预期的风险。对未成年人、无民事行为能力人的适用还存在特殊考虑。

（三）相关案例分析

通过分析相关案例，我们可以更好地理解自甘风险规则的适用。在一起滑雪场意外事故中，一名滑雪者因自身技术不佳摔倒受伤。法院认为，滑雪本身具有一定风险性，滑雪者应当对自身能力有清晰认知，并在滑雪过程中注意安全[1]。因此，法院适用自甘风险规则，认定滑雪场在尽到基本安全保障义务的情况下不承担赔偿责任。

另一个案例是马拉松比赛猝死事件[2]。在一场马拉松比赛中，一名参赛者因心搏骤停不幸身亡。调查显示，赛事组织方未按规定配备足够的医疗设备和人员。尽管长跑运动存在一定风险，但法院认为组织方未尽到应尽的安全保障义务，因此不能完全适用自甘风险规则，组织方需承担相应的赔偿责任。

这些案例表明，自甘风险规则的适用需要综合考虑多方面因素，包括风险的性质、参与者的认知程度以及组织者的责任履行情况等。

---

[1] 闫建华、袁绍义：《〈民法典〉自甘风险规则适用条件问题研究——兼论体育人身侵害自甘风险的法律适用》，载《成都体育学院学报》2023年第4期。

[2] 周易、樊思迪：《〈民法典〉视域下体育活动侵权自甘风险规则的司法适用——扈某某诉张某甲、某体育文化公司等侵权责任纠纷案》，载《北京政法职业学院学报》2023年第4期。

三、自甘风险与责任划分

（一）参与者的责任

在体育活动中，参与者承担着重要的责任：一是需要客观评估自身能力，选择适合的活动和难度。二是严格遵守体育活动的规则和安全指引，采取必要的防护措施，如佩戴防护装备等。三是保持对潜在风险的警惕，及时规避危险也是参与者的责任。四是如实告知自身的健康状况和特殊情况，以便组织者采取相应的安全措施。

（二）组织者的责任

体育活动组织者同样负有重要责任：一是需要提供符合安全标准的场地、器材和设施，明确告知参与者可能存在的风险。二是制定并实施有效的应急救援方案，确保工作人员具备必要的安全知识和技能。三是为参与者购买必要的保险。总的来说，组织者需要尽到合理的注意义务和安全保障义务，为参与者创造一个相对安全的活动环境。

（三）保险机制的作用

保险机制在体育活动风险管理中发挥着重要作用。它可以通过风险转移，将部分风险转移给保险公司。保险还能为意外事故提供经济补偿，减轻参与者负担。在责任界定方面，保险可以协助明确各方责任，减少纠纷。保险机制能提高组织者和参与者的风险防范意识，为体育活动的开展提供风险保障，从而促进行业发展。

四、体育活动自甘风险规则的完善建议

（一）法律法规的完善

为了更好地适用自甘风险规则，我们需要完善相关法律法规：一是可以明确自甘风险规则在不同类型体育活动中的具体适用标准。二是进一步明确参与者、组织者等各方的责任边界。三是对于未成年人、老年人等特殊群体，还需制定更为严格的保护措施。四是可以通过司法解释等方式，为法院适用自甘风险规则提供更明确的指引。

（二）参与者安全教育

加强参与者的安全教育至关重要。我们应该加强对参与者的风险教育，确保风险信息的充分公开和有效传达，提高参与者的风险识别和评估能力。

同时，培养参与者的安全意识和自我保护能力，形成良好的安全文化，开展针对性的技能培训，可以有效降低参与风险。

（三）组织者的风险管理措施

组织者需要采取全面的风险管理措施：一是定期开展全面的风险评估，识别潜在危险是基础工作。二是加大安全设施和人员的投入，可以提高整体的安全保障水平。三是定期组织应急演练，能够提高突发事件处理能力。四是设计更加合理的保险方案，提高风险覆盖范围也很重要。五是利用新技术提高安全管理水平，如引入智能监控系统等。

五、结语

体育活动自甘风险规则的适用是一个复杂而富有挑战性的问题。它需要在保障参与者权益和促进体育事业发展之间寻求平衡。通过对自甘风险规则的深入研究和实践探索，我们可以构建一个更加公平、合理的体育法律体系。未来，我们应当继续完善相关法律法规，加强参与者的安全教育，优化组织者的风险管理措施。同时，也要注意保持体育活动的活力和吸引力，避免过度的风险规避导致体育活动发展受阻。只有这样，才能在保障安全的同时，充分发挥体育活动的社会价值，推动全民健身事业的持续健康发展。

同人作品的保护路径研究

黎 琦[*]

(中国政法大学 北京 100088)

摘 要：同人作品在满足创作者的表达欲望和粉丝文化的延续性方面起到了重要作用，但其合法性和保护路径逐渐成为各界关注的焦点问题。本文通过分析同人文学作品和传统文学作品之间的区别，从权利主体、侵权类型和责任承担等方面进行深入研究。结合目前我国法律规定，提出合理使用制度以及反不正当竞争法、著作权法等方面的保护建议。

关键词：同人作品；著作权；反不正当竞争；权利保护

"同人"一词最早源于日语，是对二次创作的简称，指在原作品基础上进行创作的作品。从字面上理解，同人作品是对原作品的再创作，因此同人作品也被称为"再创作"作品。从广义上来说，同人作品包括同人小说、同人动漫、同人电影等。相较于使用他人作品中的角色造型、更容易构成实质性相似的同人动漫、同人电影等而言，使用他人作品中以文字描述的角色名称、特征及相互关系的同人文学作品，其侵权认定以及随之衍生出的法律保护问题则复杂得多[1]。同时，互联网的传播使同人文学作品受众日益增长，本文主要讨论的是这类网络同人文学作品。

一、同人作品的合理使用制度

合理使用制度是为保护著作权人合法权益、促进文学艺术繁荣而确立的。在网络文学蓬勃发展的背景下，同人作品作为文学作品的一种新形态，在对

---

[*] 作者简介：黎琦（1992年—），男，汉族，湖南湘潭人，中国政法大学同等学力研修班2022级学员，研究方向为知识产权法学。

[1] 王迁：《同人作品著作权侵权问题初探》，载《中国版权》2017年第3期。

传统文学作品进行改编和二次创作时，必须遵守合理使用制度，否则可能构成侵权。

(一) 合理使用制度的适用条件

在国外，关于"合理使用"原则在同人作品保护中的应用，已有相当多的研究和讨论。许多学者认为，"合理使用"原则可以作为保护同人作品的重要法律依据[1]。为了给同人作品的创作提供合理空间，我国《著作权法》第24条明确列举了12类合理使用情形，并规定了兜底条款。

对于同人作品而言，也应遵守合理使用制度的要求。本文认为，在对传统文学作品进行二次创作时，应当考虑以下因素：原作品与同人作品是否构成实质性相似；同人作品中使用原作者原有的思想观点是否会对原作者造成损害；同人作品中使用原作者未发表的原作品是否会损害权利人合法权益。

(二) "适当引用"的认定标准

同人作品的合理使用制度与《著作权法》中规定的"适当引用"有一定程度上的重合。"适当引用"是指为了介绍、评论某一作品或者说明某一问题，在作品中适当引用他人已经发表的作品；而同人作品中使用原作品的目的是介绍说明某一问题，且该使用行为不能影响该作品的正常使用或者损害著作权人的合法权益。

根据我国《著作权法》的相关规定，"适当引用"主要包括以下四个标准：第一，被引用作品应当与原作品具有实质性相似；第二，引用数量必须适度，即被引用作品的使用不得影响原作品的正常使用；第三，被引用作品应为公开传播的作品；第四，被引用作品应当在引用之后使用。我国《著作权法》中关于"适当引用"的规定虽然相对简单，但是认定标准比较严格。在具体实践中，判断"适当引用"应该考虑以下因素：第一，是否对原作品进行了实质性修改；第二，是否改变了原作品的思想、情感、表达形式；第三，是否不合理地损害原作者合法权益；第四，是否为介绍、评论某一作品或者说明某一问题提供了必要的便利。

(三) "引用目的"与"引用内容"的确定

由于同人作品中使用原作品的目的是介绍、评论或说明某一问题，因此，应当明确"引用内容"的范围。"引用内容"包括：原作品中的已发表作品；

---

[1] See Pierre N. Leval, "Toward a Fair Use Standard", *Harvard Law Review*, Vol. 103, 1990.

与该作品具有相似功能的作品；其他被引用部分与原作品具有相似功能的部分。在使用方式上，应当与原作品存在一定差异，且不能影响原作品的正常使用或者损害著作权人的合法权益。例如，同人小说中对原作者形象的使用，应当属于"其他被引用部分与原作品具有相似功能的部分"；若将原作者的形象进行改编，则属于"其他被引用部分与原作品具有相似功能的部分"。同时，在"引用内容"范围上，应当注意不能超越原作品本身所具有的功能。例如，在同人小说中将《红楼梦》中某一情节进行改编，如果该行为会使读者错误地认为该情节是对《红楼梦》中某一情节的照搬使用，则构成侵权。

二、《反不正当竞争法》的适用

当前，我国法律中没有明确的同人作品保护条款，同人作品本身的特殊性使其难以通过著作权法进行保护。而同人作品主要是基于文学作品进行创作，对于法律的适用存在一定争议。因此，在法律保护层面，还可以考虑通过反不正当竞争法对同人作品进行保护。

（一）"相关市场"界定

"相关市场"是指经营者从事生产经营活动的地域范围，具体是指经营者在一定地域范围内从事生产经营活动。我国传统"相关市场"的界定是以地域为基础进行划分的。而在互联网环境下，地域界定已经不再适用，因为互联网具有跨区域的特点，因此可以使用网络市场进行"相关市场"的界定。

在确定"相关市场"时，可以通过以下两种方法来进行：第一种是按照时间来进行界定，即根据用户对同类同人作品的使用时间来确定该市场。例如，对于某一特定同人作品使用的时间在几年以上的，可以认定该区域为相关市场。第二种是按照内容来进行界定，如果内容相同或者相似程度高、影响力较大、受众较多的话，可以认定该区域为相关市场。例如，在网络文学作品《琅琊榜》中涉及的人物原型很多，因此可以将其认定为一个相关市场。

（二）不正当竞争行为认定

在判断行为是否构成不正当竞争时，应考虑以下因素：一是看被侵害的权利是否为一种具有专属性的权利；二是看被侵害的权利是否具有可竞争性；三是看被侵害的权利是否具有可保护性。

在同人作品受到侵害时，首先应当判断同人作品是否属于《反不正竞争法》所保护的知识产权范畴，如果同人作品属于《著作权法》所保护的对象，那么就不构成不正当竞争。其次，在判断同人作品是否属于《著作权法》所保护的对象时，还应考虑该同人作品是否属于《反不正当竞争法》所保护的商业标识。如果同人作品属于商业标识，则该同人作品具有可识别性，从而被纳入《反不正当竞争法》保护范围。最后，还应当考虑被侵害的权利是否具有可保护性。如果被侵害的权利是知识产权中的财产权利，则该同人作品不能受到反不正当竞争法保护。

（三）赔偿数额的确定

目前，对于同人作品的侵权行为，适用反不正当竞争法的赔偿数额没有明确规定。同时，由于同人作品本身的特殊性，使得其赔偿数额具有一定的复杂性。在实际案件中，对于同人作品侵权行为的赔偿数额并没有固定的标准。法院在确定赔偿数额时需要考虑侵权行为的性质、时间、后果以及被侵权人因此受到的损失等因素。

最高人民法院《关于审理商标民事纠纷案件适用法律若干问题的解释》第16条规定，人民法院在确定纠纷赔偿数额时，应当考虑侵权行为的性质、期间、后果，商标的声誉，侵权人的获利情况，商标使用许可使用费的合理倍数以及过错程度等因素综合确定。该司法解释对适用损害赔偿进行了规定，但并未明确如何计算损害赔偿数额。在同人作品中，可以考虑根据以下因素来确定赔偿数额：侵权行为的性质、时间、后果；商标知名度；侵权人获利情况；被侵权人所受到的损失等。当然，也可以考虑根据具体情况适用法定赔偿。

三、结语

在进行同人作品的创作时，需要通过法律途径来维护自身的权益，因此对于同人作品的保护离不开《著作权法》的保护。我国《著作权法》对同人作品侵权行为没有明确具体规定，使得同人作者在维权过程中存在一定难度。对于同人作品的保护，首先，需要完善合理使用制度，明确同人创作行为是否属于合理使用；其次，应该完善《反不正当竞争法》规定，对不正当竞争行为进行规制；最后，对于同人作品侵权责任承担问题应当结合侵权行为具体情况进行认定，从而保障同人作者权利。

表见代理中被代理人可归责性研究

秦 淼[*]

(中国政法大学 北京 100088)

摘 要：构成表见代理需具备足以使第三人产生合理信赖的代理权外观。至于代理权外观的形成是否要考虑被代理人的可归责性，立法层面未正面回应。《民法典》中有关表见代理类型的规定、无权代理规则、善意第三人撤销权以及善意取得制度均蕴含着被代理人可归责性的实定法基础。被代理人可归责性本质是司法裁判构筑起第三人和被代理人之间的权利平衡。为了明确裁判的思路，统一裁判的路径，表见代理中被代理人可归责性要件有待确定。

关键词：表见代理；归责原则；被代理人可归责性

被代理人可归责性是表见代理规则的模糊领域，关于表见代理的构成，《合同法》（已失效）第 49 条和《民法典》第 172 条仅以"有理由相信"作了比较笼统的规定，最高人民法院《关于当前形势下审理民商事合同纠纷案件若干问题的指导意见》与《关于适用〈中华人民共和国民法典〉总则编若干问题的解释》作出细化规定。《民法典》和司法解释中都没有明确规定被代理人可归责性问题应当如何处理，以致相关的研究和讨论一直没有停止。

一、被代理人可归责性相关学说及观点

（一）"单一要件说"

"单一要件说"主张表见代理仅以"第三人无过失信赖"作为构成要件，在表见代理的情形下，代理人具有拥有代理权的权利外观，如果第三人对于

---

[*] 作者简介：秦淼（1977 年—），男，汉族，北京人，中国政法大学同等学力研修班 2023 级学员，研究方向为民商法学。

代理人的权利外观的信赖是善意且无过失的，此时就应当由被代理人承担基于代理行为所产生的给付义务或者完成对第三人给付义务的受领。"单一要件说"主要是出于维护交易安全的考虑，在对被代理人和第三人利益进行权衡后，倾向于保护第三人利益。"单一要件说"充分考虑合理信赖利益和交易安全的保护，这一点是值得肯定的。然而该学说以第三人处于弱势为由而令无可归责性的被代理人承担不利后果，此举难免有矫枉过正之嫌。"单一要件说"始终有没从根本上改变忽视被代理人利益的弊端，让没有可归责性的被代理人去承担、履行责任有悖公平原则。

（二）"双重要件说"

"双重要件说"主张认定表见代理时，要在考虑第三人无过失信赖的基础上考虑被代理人方面的因素。"双重要件说"意识到过分保护第三人利益无法平衡各方当事人之间的利益，最初将被代理人可归责性视为"过失"。随着讨论深入，被代理人"可归责性"逐渐取代被代理人"过失"成为"双重要件说"的最终内涵。所谓被代理人可归责性，一般指被代理人对表见代理权利外观的形成具有过错责任（过错归责），或者权利外观的形成与之过错具有关联性（诱因归责），或权利外观的风险是由于被代理人过错而产生的或者能为被代理人所控制（风险归责），法律基于过错、诱因、风险等原因认定被代理人对代理权外观的形成具有可归责性，并使被代理人承担由于代理人行使该权利外观所形成的法律后果，即履行相关合同义务或者受领相关给付。

二、"双重要件说"存在的问题

（一）制度定位层面的问题

被代理人可归责性这一要件与表见代理制度的设计定位相冲突。"双重要件说"的观点认为，表见代理制度中加入被代理人可归责性的要件，可形成被代理人意思自治与第三人信赖利益的平衡，进而实现被代理人"静"的交易安全和第三人"动"的交易安全之间的综合考量。但是也有观点认为，被代理人可归责性的要件与表见代理制度的定位会产生冲突。表见代理制度本身并非衡平法规则，其设计初衷是保护第三人基于代理人权利外观而形成的合理信赖利益，意在维系交易安全，并促成整个社会的公共利益的提升。

（二）可操作性层面的问题

被代理人可归责性的概念及认定均缺乏精准性。被代理人可归责性不是精准的概念，包含了过错归责、诱因归责、风险归责等多种形式，甚至还存在综合判断归责。被代理人可归责性已然成为过错、诱因、风险等多种归责原则的综合体，其中过错归责在司法实践及社会生活中相对较易于达成统一认识。但对于诱因归责、风险归责等因素，目前的实定法以及司法解释规则体系中尚无明确的规定，在学理上也不具有成熟的共识，若贸然引入，必然会增加法官的审理负担，也会导致司法实践认定的难题。

三、"双重要件说"的价值

（一）符合公平原则的本质要求

代理人接受被代理人的指示实施代理行为，这体现了被代理人的意思自治，而表见代理制度使得被代理人必须承受代理人未按照其指示实施的行为后果，这在一定程度上限制了被代理人的意思自治。因此，令完全无归责性的被代理人承担责任与其意思自治原则相违背。随着市场经济的不断发展，代理人角色不仅仅限于自然人，还逐渐发展扩大至法人等其他组织。在这种情况下，很难判断被代理人与代理人的履行能力"谁强谁弱"。被代理人所代表的利益是"私法自治"的理念，是"静"的安全；对代理人的行为后果的认可代表的是"动"的安全。因此，表见代理事实上反映了私法自治和交易安全之间的利益冲突。二者均是私法领域难以抛弃、割舍的重要价值和原则。而私法领域内的纠纷，归根结底都是不同利益主体之间的博弈。若完全倾向于保护交易安全，令完全不可归责的被代理人为无权代理人个人行为"买单"，则会有失公允；若过分注重保护意思自治，对第三人课以较高的"识别和判断义务"，则交易安全难以得到维护。因此，对公平原则的理解应当是在发生冲突的各方利益主体之间找到平衡点，在不同价值取向之间有所取舍，最终实现平衡。"双重要件说"主张在认定表见代理时应同时考虑被代理人可归责性和第三人善意、无过失的构成要件，有助于追求实质意义上的公平。

（二）体现权利外观责任的价值取向

权利外观责任是指权利外观展现的事实与真实事实状况不同，但当相对人有理由相信权利外观所展现的事实为真实事实时，引起权利外观的责任人应当承担由此导致的后果。该理论源于德国的卡尔·拉伦茨。德国权利外观责任理论对我们具有参考价值，但并不能完全套用。我国权利外观责任理论的价值取向应在自己的法治环境下研究。根据《民法典》第311条，在无权处分的情形下，若符合"以合理价格转让"且"完成了登记或交付"，则善意的相对人可基于善意取得制度获得交易物的所有权。将表见代理制度与善意取得制度进行比较后可以发现，在我国民法体系中，表见代理制度和善意取得制度都属于权利外观责任。基于民法体系的统一性，我们可从善意取得制度中推断我国权利外观责任理论的价值取向。在善意取得制度适用过程中，可以发现占有委托物可以适用，但是占有脱离物（例如遗失物、盗赃物等）被排除适用，二者的区别在于所有人是否基于自己的意思而丧失占有，因此这反映出善意取得制度中引入了所有人的真实意思因素。基于民法体系的统一性，表见代理制度也应当引入被代理人真实意思的因素，即被代理人可归责性。"双重要件说"引入了被代理人对代理权外观的形成具有可归责性这一要件，体现了权利外观责任的价值取向。

四、对表见代理制度的构建

表见代理制度的理论虽然可以归因于权利外观理论，但追溯其制度产生的初衷，归根结底是法律行为在代理问题上的具体表现，不能背离法律制度所秉持的私法自治原则，被代理人可归责性有私法自治的正当性基础。综合前文所述，尽管"双重要件说"在制度定位层面及实践操作层面均存在一定质疑，但是其充分符合公平原则的本质要求，并能够体现权利外观责任的价值取向。表见代理制度若不考虑被代理人的可归责性，就等于变相鼓励代理人实施超越被代理人意思自治的无权代理行为，不仅与诚信善良的法律原则不符，也有碍于表见代理制度所追求的社会公共利益。因此，笔者认可基于"双重要件说"构建表见代理制度的构成要件。

综合考虑该观点存在的问题及价值，笔者认为可将表见代理制度的构成要件优化为三个方面：一是行为人是否具有拥有代理权的权利外观；二是相对人是否善意且无过失；三是被代理人是否完全不具有可归责性，如果被代理人不能证明其完全不具有可归责性，则表见代理成立。如此，可通过司法层面举证责任的分配更加平衡被代理人与相对人之间的利益。

浅析网络隐私权的法律保障

于靖雯*

（中国政法大学 北京 100088）

摘 要：随着社会经济的迅猛发展，互联网也逐步深入影响公民的基本生活。然而网络在打破时间和空间等限制的同时，亦引发了诸多的现实问题，其中尤为显著的是对公民隐私权保护的担忧。隐私权系公民的基本权利，故而网络隐私权亦应受到法律的保障。文章通过对网络隐私权概况的阐释，挖掘其在现有法律保障体系下存在的法律风险和困境，为现行法律保障的完善提出合理化建议。

关键词：网络隐私权；法律风险；法律保障

互联网是一把双刃剑，随着网络全球化引领的大数据时代的来临，社会各领域的综合管理、经济发展以及人们的生活都获得极大的益处。但相对地，由此引发的弊端亦日益凸显，个人、企业以及网络运营商的信息和数据等都极易通过各种途径暴露在网络中，隐私安全受到前所未有的威胁。

一、网络隐私权的概述

（一）网络隐私权的定义

隐私权系我国公民的基本权利，在《民法典》第1032条对其作出了明确规定，自然人享有隐私权。任何组织或者个人不得以刺探、侵扰、泄露、公开等方式侵害他人的隐私权。隐私是自然人的私人生活安宁和不愿为他人知晓的私密空间、私密活动、私密信息。然而，随着互联网在公民生活中的深

---

* 作者简介：于靖雯，女，汉族，海南海口人，中国政法大学同等学力研修班2022级学员，研究方向为民商法学。

人,传统隐私权的定义已无法完全覆盖公民在互联网时代隐私权的保护范畴,进而促使学界对网络隐私权的概念予以关注。法律上目前没有对网络隐私权进行一个法律的界定。因此,学术界对网络隐私权的内涵产生了不同的看法,典型的有三种看法:辛春霞、师迎祥对网络隐私权作出了定义:网络隐私权是指公民在网上享有私人生活安宁和私人信息依法受到保护,不被他人非法侵犯、知悉、搜集、复制、利用和公开的一种人格权,也指禁止在网上泄露某些与个人相关的敏感信息。此外,苑雪这样定义网络隐私权:网络隐私权是公民在互联网上享有的私人生活安宁与私人信息依法受到保护,不被他人非法侵犯、知悉、搜集、复制、公开和利用的权利,包括个人网络信息的知情权、选择权、支配权、安全请求权以及赔偿请求权。王利明教授对网络隐私权给出的定义为:网络隐私权指个体在互联网之中的个人私密信息以及生活安宁不受其他人影响的一种权利。同时王利明教授还认为,为了更好地保护网络隐私权,应当与隐私权一样,在法律中明确规定出来。[1]目前主流上观点大多是辛春霞、师迎祥对网络隐私权的定义,该种观点不仅更符合《民法典》对隐私权范围的界定,而且对范围进行了扩张。

(二)网络隐私权的侵权表现形式

1. 侵权主体类型的增加

在网络环境中,更多类型的主体可能因为网络的开放性和匿名性而成为网络隐私权的侵权者,侵权主体大概可以分为两个类型,第一种类型为个人用户,它是最传统的侵权主体之一,一般是通过社交媒体、论坛、博客等平台发布、传播或泄露他人的隐私信息。而网络隐私权的侵权主体在某些情况下可能表现为一个集体,也可能表现为一个群体。例如,大量网民在社交媒体上发布或转发不实信息以侵犯他人的名誉权或隐私权时,每个参与者都可能被视为侵权主体的一部分。第二种类型为商业组织,例如软硬件供应商在提供产品和服务时,如果未能采取足够的安全措施保护用户隐私,或者故意在软件中植入后门程序以窃取用户信息,也将成为网络隐私权的侵权主体。网络服务提供者在提供服务的过程中,如果未能妥善管理用户数据或未能及时删除侵权信息,也可能被认定为侵权主体。网络隐私权的侵权主体甚至有可能跨越国界。网络隐私权的侵权主体扩大是随着网络技术的发展和普及,

---

[1] 殷金汇:《大数据背景下网络隐私权的法律保护探究》,青海师范大学2024年硕士学位论文。

以及网络空间日益复杂化而出现的趋势。

2. 侵权客体的多样化

与网络隐私权主体类型增加相对应的，即为客体多样化的特点。主要体现在三个方面：第一，数据类型的多样化，网络隐私权不同于传统隐私权侵害，网络隐私权侵权的客体是以数字化形式存在的数据，网络隐私权涉及的数据类型非常广泛，包括个人信息、生物识别信息、行为数据、社交数据等。这些数据在网络空间中以二进制代码的形式传输和存储，具有无形性和可复制性。这一特点使数据更容易被盗取、篡改和扩散，使保护隐私权变得更加困难。第二，数据来源的多样化，随着互联网的普及和大数据技术的应用，网络隐私侵权的客体范围越来越广。个人数据不仅来源于传统的个人电脑、手机等设备，还广泛存在于社交媒体、电商平台、搜索引擎等各种网络服务中。这些数据之间的关联性和复杂性，也为隐私保护工作增添了许多挑战。目前，隐私保护工作面临着诸多挑战。为提供个性化服务，网络服务提供商可能需要对大量数据进行收集和处理，但也需要确保这些数据不被滥用，不被泄露。第三，侵权手段的多样化，包括但不限于黑客攻击、恶意软件、钓鱼攻击、数据泄露等手段，网络隐私侵权的手段随着网络技术的发展也越来越多样化。由于数据类型和来源广泛，侵权手段多样，对网络隐私保护变得举步维艰。

二、网络隐私权保护存在的问题

在互联网全球化的今天，我们迎来了大数据时代，变得空前便捷高效，然而，这也为网络隐私权的侵犯提供了更多的可能性和渠道，致使在网络隐私权的法律保护层面尚存在诸多待解之困境。

（一）网络隐私权法律保护的缺失

快速发展的网络技术使现有法律对保护网络隐私的需求难以完全适应。虽然现有的《民法典》《网络安全法》《个人信息保护法》等都对隐私权进行了重新定义和保护，但在一些方面仍存在空白或不够具体的问题，导致对在实际操作中很难做到全面覆盖所有网络隐私权保护的需求。法律法规的不健全，直接导致裁判尺度不一，针对同一案件作不同裁判的情况时有发生。当前网络隐私的法律保护在高速发展的网络科技背景下显得刻不容缓。

(二) 网络隐私权的侵权救济途径不足

网络隐私权的救济途径在《民法典》等法律中有明确的规定，例如《民法典》第 995 条规定："人格权受到侵害的，受害人有权依照本法和其他法律的规定请求行为人承担民事责任。受害人的停止侵害、排除妨碍、消除危险、消除影响、恢复名誉、赔礼道歉请求权，不适用诉讼时效的规定。"侵犯隐私权的行为若涉及侵犯个人信息，上述法律途径并不能完全保护互联网时代的公民、法人等隐私，救济途径仍需逐步完善。

三、网络隐私权法律保护建议

(一) 完善网络隐私权的法律体系

在互联网全球化的时代，建立完备的网络隐私权法律保护体系是化解目前困境的最为基本且有效的途径。首先，对网络隐私权加以系统立法，做到有法可依。在实践过程中，对网络隐私权的内涵及外延的界定在法律层面存在一定的缺失，故而有法可依是法律体系完备的基础，在立法层面明确网络隐私权的相关概念及标准势在必行。其次，对网络隐私权的保护需要落到实处，实现有法必依，完善法律适用过程中的实践认定标准，例如因侵权致损的具体赔偿标准及公开赔礼道歉等行为的具体实施要求等事宜，使得网络隐私权的法律保护更为公平公正，也使得广大网民可以安心地享受科技带来的便利。

(二) 增加网络隐私权救济途径

我国网络隐私权的侵权案件的救济途径主要是以《民法典》的法律规定对侵权行为进行法律规制，但对隐私权不能做到完全的法律保护，应当增加网络隐私权救济途径。首先，应加强公民以及组织的隐私权保护意识，尤其要加强侵权涉诉时的留证意识，降低诉讼的败诉风险，实现自救维权。其次，应在自救维权的基础上，推进公力救济途径的完善。政府应加大监管力度，促进行业自律，从源头解决网络隐私的侵权问题。最后，司法部门要通过简化诉讼程序、加大执法力度等措施，降低诉讼成本和时间成本，提高诉讼效率。同时，还可通过网上调解、仲裁等多种方式引入纠纷解决机制。

四、结语

随着信息技术的飞速发展和互联网的广泛普及，我们充分享受了科技带来的满足感，然网络隐私权的问题也随之日益突出，故而对其法律保护相关问题的研究亦应紧跟时代且不容忽视。我们需要从多个方面入手，不断完善法律法规、加强执法力度和监管机制建设、提升公众意识和能力、加强国际合作与交流，共同构建一个安全、有序、可信赖的网络空间环境。

论忠诚协议的法律效力

纪文晋[*]

(中国政法大学 北京 100088)

摘　要：本文试将忠诚协议的概念界定为夫妻双方可选择在婚姻开始前或婚姻中签署协议，规定彼此的忠实责任，从而约束双方行为，协议内容可涵盖财产权利、身份权利或二者皆有。鉴于忠诚协议主体的特殊性、内容的多样性和统一性、订立目的的伦理性，将其分为人身型、财产型、混合型三种类型。我国学者对忠诚协议的效力主要持四种观点：有效说、无效说、二元区分说、自然债说。文章还列举了部分英美法系国家和大陆法系国家对忠诚协议的效力认定。

关键词：忠诚协议；效力认定；二元区分说

一、确定忠诚协议有效性的理论依据

(一) 忠诚协议的概念和性质

夫妻忠诚协议的概念，无论是在理论界还是实务界，以及国内还是国外，尚未达成一致的明确定义。

《民法典》婚姻家庭编规定了"夫妻应当互相忠实"，然而并没有对这一义务作出详细说明。最高人民法院在《中华人民共和国民法典婚姻家庭编继承编理解与适用》一书中表明，夫妻之间签订忠诚协议，应由当事人本着诚信原则自觉自愿履行，法律并不禁止夫妻之间签订此类协议，但也不赋予此类协议强制执行力，从整体社会效果考虑，法院对夫妻之间的忠诚协议纠纷

---

[*] 作者简介：纪文晋（1984年—），女，汉族，辽宁沈阳人，中国政法大学同等学力研修班2023级学员，研究方向为民商法学。

以不受理为宜。国外很少规定夫妻忠诚协议，然而大陆法系和英美法系的国家却明确规定了忠实义务，并设定了违反忠实义务所带来的不利后果。

在笔者看来，夫妻忠诚协议可以被理解为：夫妻双方可选择在婚姻开始前或婚姻中签署协议，规定彼此的忠实责任，从而约束双方行为，协议内容可涵盖财产权利、身份权利或二者皆有。

研究协议的性质是决定其有效性的基本条件。目前我国学界对于忠诚协议的性质存在两种主要观点：一种观点是关于财产关系协议的观点，另一种观点是关于身份关系协议的观点。由于法律规范尚不完善，忠诚协议的内容通常呈现出多样且复杂的特点，简单地将其归类为财产协议或身份关系协议并不足以全面描述。夫妻忠诚协议以具体化条款约定法定忠实义务为主要内容，不仅包括了人身性和财产性约定，还需要分类并核准其效力。

（二）忠诚协议的特征和类型

尽管忠诚协议在实际生活中呈现出多样化的形式，内容也各不相同，但总体表现依然具有一定的统一特征。第一，主体的特殊性。忠诚协议只能发生在已经具有或即将具有合法的夫妻身份的双方主体之间。第二，内容的多样性和统一性。其重点在于夫妻双方之间的忠实义务，规定一旦违反此义务，责任方将承担相应后果，可能涉及身份或财产，也可兼顾两者。第三，订立目的伦理性。通常为了保持家庭和谐稳定，巩固婚姻关系，而非追求经济利益最大化，也不同于仅仅涉及身份维系或改变的纯粹契约。

忠诚协议大致可分为人身型、财产型、混合型三种。

（1）人身型忠诚协议。如果某一方违背了忠实义务，会导致人身性的权利义务关系发生变化，对人身关系的变动产生积极或消极的影响。

（2）财产型忠诚协议。协议条款涉及财产关系，比如责任方不分割或少分财产，或者有责方支付无过错方一定数额的赔偿。"空床费""净身出户"就是典型的财产型忠诚协议。

（3）人身和财产混合型的忠诚协议。兼具人身性和财产性的双重特征，在实际生活中较为常见，违反忠诚义务的一方将面临同时承担人身和财产两方面的不利后果。

二、忠诚协议在我国的有效性

（一）有效说

支持这种观点的学者认为，《民法典》未对忠实义务作出明确定义，对忠实义务的理解更多地基于道德标准。当道德标准尚未上升至法律层面时，法律并未禁止当事人通过约定来弥补法律的不足。确定忠诚协议的效力为夫妻一方提供了重要的救济渠道，从而维护婚姻中无过错方的合法权益。在忠诚协议的框架内，夫妻双方通过签署协议的方式约定了具体而清晰的忠实义务，这填补了法律在这方面规定上的空白，不仅符合民法上的自愿原则，也更有助于维护婚姻家庭的稳定和社会风气。

（二）无效说

支持这一观点的学者主要认为，作为约定夫妻双方忠实义务的载体，忠诚协议具有人身属性，而身份权具有法定性，不能由夫妻以协议的形式自行约定。对道德规范的约定并不等同于法律义务，同时损害赔偿责任属于侵权行为的范畴，相关约定并不具有法律效力。忠实义务的执行性有限，忠诚协议背离了婚姻的自愿原则，可能最终导致夫妻关系疏远，并使忠诚协议变为攫取配偶财产的手段。这种做法不但无法有效遏制婚外情，反而会使婚姻关系更多地依赖协议保障，背离了以感情为基础的婚姻原则。

（三）二元区分说

二元区分说认为，不可简单地将协议条款一概归为有效或无效，而应该以条款内容为准，分别审视其中涉及人身和财产方面的内容。对于忠诚协议中涉及身份关系的部分，例如限制夫妻离婚权利或者是子女权利的条款，由于身份关系都是由法律强制性规定的，离婚关系需要经过登记机关或是司法机关确认才能具有法律效力，父母抚养子女是一项法律义务，不能由夫妻自行约定放弃，故可以认定关于忠诚协议中的身份关系的约定应为无效条款。在忠诚协议中，涉及财产方面的约定，例如约定以财产的变更等形式承担损害赔偿或抚慰金，只要该约定不违反相关法律法规，应当被视为具有法律约束力。

（四）自然债说

自然债说是一种较为折中的看法，主张不宜直接确认忠诚协议的效力，而是应以一种谨慎的态度进行评估和分析，认为当事人基于诚信原则应自觉履行忠诚协议，并不应强制执行。基于法律并非万能的前提，家庭婚姻问题应视为基于亲情纽带的事宜，应用道德、伦理等方式予以解决，法律介入并不能够增加婚姻家庭的融洽。不应强调忠诚协议的绝对无效性，以免引发大量已执行忠诚协议后寻求法院返还的案件。认为忠诚协议有效或无效，都会面临"道德在审判"之困境，如果将其看作一种自然之债，将更好地体现其强烈的道德属性，并与法律更好地衔接。

三、忠诚协议在域外的有效性

（一）英美法系国家忠诚协议的有效性

美国法律对于夫妻的忠实义务通常采用婚前协议的方式进行约束，这些协议涉及身份和财产关系。在婚前协议方面各州的立法略有不同，但大多数州都支持在遵守公序良俗的前提下签订协议。在此协议中，当一方违背了忠实义务时，有过失的一方有权要求无过失方承担相应的损害赔偿。

英国设有专门的《婚姻诉讼法》，规定了夫妻间忠诚义务的内容，明确规定夫妻在婚姻存续期间出现侮辱、虐待、不忠等行为时，无过错方可以要求对方支付一定的赔偿。在过去的司法案例中，常见的看法是不支持婚姻协议的有效性，认为其无法执行，但最近的法律判例开始逐渐接受婚姻协议，只要遵循公平原则，对其有效性逐渐予以承认。

（二）大陆系国家忠诚协议的有效性

《法国民法典》特别规定了忠实义务的法定义务，导致婚姻关系终止的其中一方出轨等行为，另一方可以要求实施出轨行为的一方承担损害赔偿责任；如果导致婚姻破裂的唯一原因是婚外出轨行为，另一方也有权要求实施出轨行为的一方承担精神损害赔偿责任。[1]

德国承认婚姻事前和事后签署的协议有效，只要签署协议的当事人具备相应的民事权利能力。婚姻协议的签订程序十分严格，要求首先需在相关部门进行登记，记录需提交法院保存，并须有公证人员出席。

《日本民法典》明确规定："与婚外第三人有不正当关系，因此给配偶造成损害，受害方可以要求金钱赔偿，且数额不受限制。"[2]

---

〔1〕参见《法国民法典》，罗结珍译，法律出版社2005年版，第197页。

〔2〕渠涛编译：《最新日本民法》，法律出版社2006年版，第79页。

四、结语

关于忠诚协议的效力在学术界看法不一,不同地区的判例也有较大差异。笔者倾向于将忠诚协议中涉及人身关系和财产关系分隔开来看待。若涉及人身关系的条款与法律法规不符,违反社会公共利益和公序良俗,则应被视作无效;而基于平等原则达成的夫妻财产协议则应被视作有效。在处理复杂的协议时,有必要将其进行细致区分,同时结合无效观点与有效观点的优点,在尊重夫妻财产自由处分和约定的基础上,也可提醒当事人遵守忠实义务,以维护婚姻关系的稳定。夫妻忠诚协议的产生是社会变迁的产物,具有现实意义,应当重视夫妻忠诚协议的存在,在适度的范围内承认其效力,以回应当代社会对婚姻家庭的更高要求。

微信公众平台作品的著作权法定许可研究

郭介之*

(中国政法大学 北京 100088)

摘　要：微信公众平台作为一种媒介载体，已深入广大民众的日常生活中。数千万名创作者在平台上发表原创文章、视频等作品，作品著作权侵权现象非常普遍。法定许可制度在我国《著作权法》中扮演着重要的角色，通过合理的规定和限制，既保护了著作权人的合法权益，又促进了作品的广泛传播和利用，特别是在教育、科研等领域发挥了重要作用。然而，该制度对于网络媒体是否适用仍存在争议。法定许可制度能否对微信公众平台等网络媒体作品的著作权保护，需要立法进一步的完善。

关键词：微信公众平台；著作权；法定许可；合理使用

微信公众平台作为新媒体时代的重要传播渠道之一，其著作权侵权现象屡见不鲜，其中未经著作权人授权擅自转载作品的行为，即使没有主观恶意或获利目的，也会构成侵权。目前在微信公众平台上进行转载摘编不属于法定许可制度的适用情形。

一、微信公众平台作品原创保护机制

微信公众平台的原创保护机制是一项旨在保护内容创作者知识产权、鼓励优质原创内容产生的重要功能，允许符合条件的账号对作品进行原创声明。一旦声明成功，系统会对作品添加"原创"标识。如果其他用户或公众号转发已声明原创的文章，系统会自动注明文章的出处。为了保障原创者的权益，

---

* 作者简介：郭介之（1989 年—），女，汉族，浙江杭州人，中国政法大学同等学力研修班 2022 级学员，研究方向为知识产权法学。

目前微信公众平台转载文章等原创声明作品，平台方设置了相应的规则，原创者可以在操作后台设置转载权限。以"白名单"为基础，微信公众平台转载功能具体包括长期转载功能、单篇转载功能、快捷转载功能三种形式。

原创者通过所运营的公众号发布过原创声明作品，在设置中添加白名单账号，根据情况设置全局可转载账号形式和单篇可转载账号形式，同时可以对被授权的账号进行可修改、不显示转载来源等权限设置，白名单账号在名单内的时间里便获得了长期转载或者单篇转载授权。对于公众号的运营者来说，快捷转载功能十分便捷，只要在原创声明作品的管理页面打开快捷转载按钮，特定单篇原创声明作品即可被黑名单（如有）外的所有公众号进行转载。

以上三种功能，原创者取消授权操作不影响转载公众号在授权期间对特定原创声明作品已进行的转载。微信公众平台也不会介入原创者与被授权方之间关于是否支付报酬、具体报酬标准、报酬支付方式等内容的协商或纠纷解决中。

二、微信公众平台作品法定许可制度的适用难点

根据《著作权法》第35条第2款规定，作品转载、摘编法定许可制度仅限于报刊。结合国家版权局于2015年4月发布的《关于规范网络转载版权秩序的通知》第2条第2款，作品转载、摘编法定许可仍局限于传统的报纸、期刊，不涉及微信公众平台等网络媒体。以目前的微信公众平台转载机制而言，三种形式的转载功能主动权依旧是掌握在原创者手中。笔者认为，法定许可制度适用于微信公众平台主要存在以下难点：

1. 原创作品传播和普遍性违法的博弈

微信公众平台与报纸、杂志等传统媒体相比，互联网是主要媒介，传播速度更快、传播范围更广。对于原创者来说，大范围的转载，尤其是获得粉丝体量大的公众号的转载，能够显著提高传播效率，且更容易在受众中形成裂变式传播，进一步扩大传播效果。笔者认为，法定许可制度适用于微信公众平台，无疑能帮助原创者的作品传播获得更大的即时性和持久性。然而制度一旦实行，无疑是取消"白名单"规则，对于原创作品的转载、摘编将无法限制，助长普遍性的恶意搬运、私自篡改、抄袭洗稿等侵权行为的滋生。

2. 侵权证据获取和维权难度增加

微信公众平台现行的转载规则下，对于原创作品转载，虽然有些侵权者作为漏网之鱼不经许可进行了转载，但是"白名单"规则还是可以极大地保护原创者的权益，在有限的范围内让原创者掌握主动权，快速获知转载人的信息，并获得相应的报酬。笔者认为，法定许可制度会使原创作品在传播过程中，侵权行为的隐蔽性增加，比如针对粉丝体量小、阅读量少的公众号，作品受众少，同时作品一经清除，很难获取侵权证据。根据现有判例综合分析，著作权侵权案件最终判决侵权人承担的赔偿金额并不高，其中多还包含维权支出[1]。微信公众平台上的侵权行为违法成本低，违法所得金额难认定，给原创者维权造成了很大的困扰，容易放弃维权，严重打击了创作者的积极性。

3. 创作者获取酬劳收益丧失主动权

微信公众平台上，原创者获得酬劳收益的方式主要包括微信打赏、付费阅读、平台激励、广告投放、授权许可等。其中授权许可他人进行转载，酬劳收益由双方经协商确定，主动权基本掌握在原创者手中，极大地保护了创作者的利益。法定许可制度将利益的天平倾向于作品的传播者，而使著作权人被动地接受报酬，付酬的标准、程序和执行也往往难以落实。

三、微信公众平台作品法定许可制度的实现

近年来，随着全民著作权意识的不断增强，越来越多人意识到了侵权行为的严重后果。微信公众平台也采取了多种措施包括原创声明、智能比对、付费阅读、广告倾斜、投诉举报等方式保护创作者的著作权，但是法定许可制度依旧无法适用。有学者认为，法定许可制度延伸到网络环境中，更有助于作品的互联网传播，也在一定程度上简化授权流程，减少交易成本，还可以保证权利人从其作品的使用中获得一定的经济回报，促进不同文化之间的交流和多样性。笔者认为，当今时代互联网的飞速发展，微信公众平台改变了原有的纸媒传播机制，据统计，2023年微信的活跃用户规模达到13.43亿人，较2022年增加0.3亿人；2024年上半年，微信的活跃用户规模达到13.7

---

[1] 孙旭娜：《浅析微信公众号著作权侵权问题》，载 https://mp.weixin.qq.com/s/u3NMzlppOv5X1BPvDy75cQ，最后访问日期：2022年4月28日。

亿人。2023年微信公众号累计产出文章数4.48亿篇，日均产出文章数122.87万篇[1]。原创数量之多，传播速度之快，传播范围之广，已不宜适用法定许可制度。但是，华东政法大学彭桂兵、王一阳认为传统的授权模式难于应对海量作品环境，相关部门有必要与时俱进，讨论转载法定许可制度的边界拓宽问题[2]。基于目前存在的争议，笔者有以下三点建议。

1. 限定法定许可制度适用的作品范围

陶鑫良提出，网上传播国内一般作品适用"法定许可"有利于维护我国利益。笔者认为，可以文字作品为例，首先在微信公众平台上官媒公众号发布的知识类作品中试行法定许可制度，以期在短时间内快速地触达更多的受众群体，达到知识传播的目的。

2. 完善付酬标准和机制

目前国内仅有《使用文字作品支付报酬办法》规定转载作品100元/1000字的获酬标准，而关于使用者不履行法定付酬义务应当如何归责和追责，并没有相应规定。一方面这样的酬劳标准已经无法满足当下市场环境，另一方面对著作权人如何获得报酬权没有规定救济保障机制，没有规定"法定许可"报酬的制定机构，报酬标准长期不能出台，以及没有规定使用者拒不按照法定的时限和程序支付报酬的惩罚性措施，亟待完善著作权人获得报酬的救济保障机制[3]。

3. 利用新兴技术助力维权

微信公众平台侵权现象泛滥，隐秘性强，不受时间、地域限制，随着区块链、AI等技术的发展，依托于平台自身的搜索比对技术完善以及一些监测软件，有望解决这些难点。目前市场上已经有技术可以通过文章或关键词在全网主动检索相同内容的文章，可以快速找到侵权方，及时地进行取证。

四、结语

综上所述，我国著作权法定许可制度在微信公众平台等网络新媒体实施

---

[1] 管小红：《2024年微信行业全景分析：微信及微信支付活跃用户规模增长，小程序渗透率扩大，微信公众号有望继续拓展其影响力》，载 https://www.chyxx.com/industry/1196774.html，最后访问日期：2024年9月7日。

[2] 彭桂兵、王一阳：《融媒环境下需重思著作权法定许可的制度价值》，载《中国报业》2019年第19期。

[3] 张洪波：《"法定许可"获酬保障机制亟待完善》，载《中国知识产权报》2020年5月15日。

过程中必将面临诸多挑战。虽然报刊和微信公众平台都是载体，笔者认为法定许可制度并不适用于网络媒体，如果要延伸，那就需要通过完善法律制度、加强执行力度、利用好新兴技术等措施来解决这些问题，以更好地平衡著作权人的利益和社会公共利益。

论学校在未成年在校人身损害时的职责认定

薛 明[*]

(中国政法大学 北京 100088)

摘 要：学校兼具民事主体和行政主体双重身份，面对当前未成年人在校损害事故频发，恶性程度升级的新态势，应当在认识和理解法律法规的基础上，根据危险控制力、最小防范损害成本和比例原则，按场景和群体精细化管理，既保障学生的安全，又尊重学生的个体差异和发展需求。

关键词：未成年；侵权责任；危险控制力；比例原则

近年来，未成年人在校人身损害事故频发，未成年学生之间的打架斗殴、校园霸凌等引发的恶性事件比例急速攀升。笔者通过"北大法宝"以法院判决中存在"未成年""侵权""学校"为主题词检索，2009年至2024年未成年在学校发生的侵权纠纷共计9152件，而在2009年至2024年所有未成年侵权案件共55 685件，占比达16.44%。

相较于普通侵权责任以自负其责为原则，我国未成年学生通常为限制民事行为能力人或无民事行为能力人。基于国家对未成年人的保护、教育和引导政策，未成年人承担刑事和民事责任的能力受到严格限制，而是由其监护人或学校承担相应的替代责任。这种责任转移，在一定程度上成了少数未成年人"铤而走险"，侵犯未成年同学人身和财产权益的诱因。因此，在学校对未成年学生日常生活和学习具有重要影响的环境中，学校就需充分负起职责，承担监督和管理工作。

然而问题在于，实践中人身损害事件防不胜防，随着网络普及，鱼龙混

---

[*] 作者简介：薛明（1982年—），男，汉族，北京人，清华大学附属中学朝阳学校教师，研究方向为民商法学。

杂的网络内容可能直接或间接诱导未成年人不良行为,未成年人学校仍以过去的管理思路,照搬法律法规要求,难以适应当前现实。传统教育理念下提倡引导、教育为主,惩戒为辅,但过于柔化的管理政策,又不足以起到制止恶性侵权事件发生的作用。基于此,如何在实践中协调作为管理者和保障者的不同角色,在教育和管理之间找到平衡点,就成为当前学校和教师面临的普遍担忧,以及教育界和法学界共同关注的一大命题。

一、学校职责的统一性

未成年人学校兼具民事主体和行政主体两项身份。未成年人学校作为民事主体时,在未尽到安全保障义务时需要承担《民法典》第1200条的民事替代责任。从性质看,《民法典》第1200条学校"未尽到教育、管理职责"就是第1198条所对应的安全保障义务的具体化,换言之,在学校未尽到管理职责,同时违反了学校应履行的安全保障义务时,就需要对受害学生承担侵权责任。

对如何认定尽到安全保障义务,应从教育和管理两个维度予以理解。所谓教育,即学校是否开展必要的安全教育和自护自救教育和培训,从而加强学生的德育、法治意识,提前防范未成年人身损害事件的发生。所谓管理,就是是否制定了合理、明确的安全规章制度,是否及时了解学生的生活学习情况和同学矛盾,以及在存在打架斗殴或校园霸凌时,是否有监护摄像头、学校工作人员是否能够及时赶到,从而缓和被害人的举证责任。质言之,从民事安全保障义务出发,"管理"本身就是学校尽到其民事主体义务,从而防范未成年人侵权纠纷发生的重要侧面。

在此基础上,未成年人学校在履行警告、处分、惩戒之职时,虽然从身份上为行政主体,但同时也是在履行民事安全保障义务中的管理职责。学校未按照《未成年人保护法》第39条对学生欺凌行为进行制止、通知、辅导、教育和引导的,既是疏于履行其行政之"职"的行为,亦是违反其民事之"责"的行为。正因如此,在《学生伤害事故处理办法》中规定,学校教师或者其他工作人员在负有组织、管理未成年学生的职责期间,发现学生行为具有危险性,但未进行必要的管理、告诫或者制止的,应当承担相应责任。

二、学校职责的指向对象

如前所述,尽管学校对未成年学生的管理与引导负有责任,旨在促进学生之间的和谐相处,预防争端及人身伤害事件的发生,然而,学校所承担的责任并非无限。鉴于未成年人群体具有多样化的课外活动和天生的活跃特性,学校难以实现对学生所有行为的全面和持续监督。因此,学校在履行其职责时,面临实际的局限性,难以每时每刻对学生进行全面监管和实时监控。事实上,在学校和教师能够紧密联系和监督的课堂活动中,未成年学生的侵权行为发生较少,更多人身伤害案件发生在课余、午休、放学时间。在这些时间段,学生的活动不再处于学校的直接监督之下,他们可能参与各种非正式的社交活动,这些活动往往缺乏成人的适当干预,学校也就难以预判和监督。

例如,在笔者任教于北京市某外国语学校初中二年级期间,中午吃饭时两名学生因琐事发生口角引发斗殴,随后引发了媒体舆论发酵。那么对午休午饭时间的侵权纠纷学校是否需要尽到管理职责和安全保障义务?如果有,其限度和方式又该如何认定?

(一)对"生活、学习"期间的理解

《民法典》第1200条将学校承担民事责任的时间段限定在"生活、学习",对此有学者认为应当结合空间和时间两个因素,同时,认为时间因素应为主,空间因素应为辅。[1]然而按此理解,虽然可以解决在上学之前,放学之后、课余等比较典型的人身损害问题,但是却无法应对笔者所遇到的"午休""午饭"时发生的侵权纠纷问题。鉴于此,笔者认为,应当从侵权责任分配的最初法理出发,以"危险控制力""最小防范成本"为基础明确生活、学习期间。[2]具言之,之所以要求学校在未成年人生活、学习期间承担教育管理职责,是因为未成年人由于身处学校监管下,一定程度上脱离了监护人(父母)的管控。同时,学校作为教育和管理的直接实施者,对未成年人的在校行为具有最直接的控制力和影响力,防范危险的成本也最低。基于此,在

---

〔1〕 参见吴逸凡、王新:《未成年在校学生人身损害案件中教育机构侵权责任研究——〈侵权责任法〉第39条为中心的实证分析》,载《预防青少年犯罪研究》2018年第6期。

〔2〕 吴汉东:《论网络服务提供者的著作权侵权责任》,载《中国法学》2011年第2期。

父母和学校两端之间，法律选择由学校承担监管职责。虽然单从时间角度看，午休、午饭时间难以认定为属于"生活、学习"期间，但从危险控制力和最小防范成本视角看，学校食堂也属于学校环境，学校作为管理者和组织者，对其所控制的空间、场所的设施配备、场地环境等十分熟悉，了解其中哪些地方存在潜在危险，食堂的管理人员和工作人员相比于父母也更适合作为危险源的控制者，因此应当对可能发生的危险承担责任，并积极防止危险结果的发生。

（二）基于比例原则判断是否尽到管理职责

即使同为未成年群体，在管理密度和强度的分配上也应场景化和层次化，对此就有了比例原则适用的空间。比例原则要求，所采取的手段和目的之间应当满足适当性、必要性和均衡性要求，所谓适当性是指，学校采取的措施能够有效促进目的的实现，即学校不能采取反措施来激化矛盾和纠纷。所谓必要性是指，学校在采取管理职责时，应当选择对未成年人损害最小和侵害最小的手段。质言之，对不同学生和场合，损害最小和侵害最小的手段自有不同。例如，在课余社交活动、体育课等自由度较大且容易发生肢体冲突的场合，管理密度和强度就应更大，反之，在图书馆、自习室等安静学习的场合，可以适当降低管理的强度，以减少对学生自主学习的影响。与此类似，对不同未成年学生的性格、习惯和社交关系，学校和教师也应当作一定了解，对有暴力倾向危险，或近期存在同学矛盾纠纷的，学校和教师应当及时干预和引导，而对危险系数较小的学生，则无须"一刀切"地采取过严的管理措施，以免影响学生的正常发展和自由。因此，在上述"午饭暴力"案件中，在学生之间开始发生龃龉和语言冲突之时，危险系数就在急剧上升，学校工作人员就有义务实时管控，以防止纠纷的进一步升级。最后是均衡性原则。学校的本质目的是教育发展，而非监管。"侵权风险"无法避免，也不可能以牺牲自由发展为代价，本末倒置地追求监管的"无菌化"。这意味着学校在采取措施时，既要考虑到预防侵权行为的必要性，也要充分尊重学生的自主性和创造性，避免过度监管对学生个性发展和社交能力培养的不利影响。

三、结语

在未成年人在校侵权纠纷中，学校扮演着行政管理和权益保护的双重角色，而说到底，这种行政管理的目的之一也正是权益保护。从这一视角看，学校的监督、处分、干预均在《民法典》第1200条的涵射范围内。从实践角度出发，为了防范未成年在校恶意人身损害事件的发生，学校应明晰自身职责范围，既不能滥用行政监管职权侵害学生自由，也应当将"权力用到刀刃上"，根据危险控制力原则和最小损害成本原则判断"生活、学习期间"以明确管理的范围，根据比例原则对症下药，考虑到不同场合和不同学生年龄阶段的特殊性，实施差异化管理，场景化管理和层次化管理。

论预告登记的效力
——"相对无效说"比较优势的证成

刘 慧[*]

(中国政法大学 北京 100088)

摘 要：预告登记对保障债权请求权的实现至关重要，而其保障债权实现的主要途径就是限制预告登记义务人在预告登记后针对不动产实施处分行为。对此中间行为的限制学说通说有两类，其一是相对无效说，其二是限制处分说。在综合考虑法律定位，立法目的，司法实践和双方当事人的权利义务后，相对无效说较之更为优势，并在此基础下接轨预告登记的保全效力以达到逻辑自洽。

关键词：预告登记；保障债权实现；相对无效理论

一、问题的提出

所谓预告登记，是为确保将来发生物权变动的债权请求权的实现的登记类型。预告登记首见于我国《物权法》第 20 条规定，2021 年出台的《民法典》第 221 条沿袭《物权法》第 20 条的有关规定，认可了预告登记的"物权效力"。但问题是，对违反预告登记所做的物权变动效力，则并不清晰，对此也有多种见解。

具体来说，对预告登记的效力，一种观点为"相对无效说"。如《德国民法典》第 883 条第 2 款明确规定，预告登记不影响处分行为效力，只是当处分行为妨害预告登记所保全的请求权时，该处分行为相对于预告登记权利人

---

[*] 作者简介：刘慧（1993 年—），女，汉族，内蒙古鄂尔多斯人，中国政法大学同等学力研修班 2023 级学员，研究方向为经济法学。

不生效力。另一种是我国主流学说坚持的观点，即"限制处分说"。如《不动产登记暂行条例实施细则》第 85 条第 2 款，最高人民法院《关于适用〈中华人民共和国物权法〉若干问题的解释（一）》（已失效）第 4 条都表明了经预告登记的权利人同意，转移不动产所有权，或者设定建设用地使用权，地役权，抵押权等其他物权的，应当认定其不发生物权效力。同时，有学者认为，预告登记权利人既可以排除处分性强制措施，事实上亦可排除包括查封在内的保全性强制措施。[1]

二、预告登记"相对无效说"的比较优势

预告登记应采相对无效说还是限制处分说？还是要回到预告登记本身的立法目的。预告登记的目的在于，确保商品房买受人等弱势群体的债权请求权最终能够实现并达成不动产物权的顺利变动。预告登记的完成并不意味着物权变动法律效果发生，预告登记的权利人也没有物的支配权。[2]与此相对，预告登记的权利人仅仅是增强了债权请求权效力。基于此，从预告登记的物权效力结果出发当为解释论的重要突破口，作为"债权物权化"的预告登记的效力应当与其目的相适应，而不能过度侵袭"债权"本身处分自由和竞争自由这一最终目标。因此笔者认为，相较于限制处分说，相对无效说更为契合此处预告登记的法律定位，使用更温和的方式强调了预告登记的法律效力，同时也彰显了预告登记所具有的独特的法律效果。

在相对无效说路径上，一个反对意见认为，我国现行《民法典》和民法理论并未承认相对无效制度。如果采取相对无效模式，认为预告登记的义务人擅自处分标的物的行为相对无效，显然与现行立法和理论上的无效制度不符，也可能引起司法实践中很大混乱。[3]虽然我国现行民法规范并没有关于"相对无效说"的明确规定，但是在民法理论和司法实践中，"相对无效"其实并不罕见。例如在我国公报案例"罗某凯与斯特普尔斯公司、国家知识产权专利复审委员会外观设计专利权无效行政纠纷案"中，法院就指出表示有关外观设计专利权与他人在先合法权利冲突的无效理由属于相对无效理由。

---

〔1〕 庄加园：《预告登记在强制执行程序中的效力》，载《当代法学》2016 年第 4 期。
〔2〕 常鹏翱：《物权法的展开与反思》，法律出版社 2017 年版，第 395 页。
〔3〕 王利明：《论民法典物权编中预告登记的法律效力》，载《清华法学》2019 年第 3 期。

特别是，根据我国最高人民法院《关于人民法院民事执行中查封、扣押、冻结财产的规定》对查封效果的最新认知，对查封之物仍然有权处分，只是不得对抗查封债权人，从而也隐含着相对无效的法理内涵。

三、"相对无效说"下预告登记权利保全效力

预告登记制度下的相对无效，即为受保护的特定第三人有权就某一法律行为主张行为无效或有效。当预告登记义务人对不动产物权的处分行为妨害到经预告登记的债权时，预告登记的权利人便可以主张此项处分行为无效。在此之前，预告登记义务人和第三人的法律行为有效。[1] 具体来讲，妨害权利人债权实现的行为主要表现为以下两种情形。

在一物数卖的情况下，后买受人的取得会构成对预告登记权利人的损害。进行预告登记后，本登记前所为的妨害预告登记请求权的处分行为即为中间处分行为，应为效力待定的行为。因此，第三人也被巧妙地拉入先买受人和出卖人的合同关系中，并且使该合同所产生的债权能够在一定范围内对第三人发生效力。而预约登记带来的权利人权益的保障明显高于简单的违约损害赔偿。尤其是在不动产这类大型交易中，大大降低了买受人目的落空的现实风险。[2] 因此，这里预告登记不仅仅是将债权请求权转化为对物权的期待，更是让债权拥有了一定对抗第三人的效力。

在不动产抵押的情况下，存在两种特定情形。首先，当不动产已经完成了预告登记，而所有人在此基础上又设立了抵押权时，这种情况与之前提到的一物数卖情形颇为相似。其次，如果在某个不动产上已经设立了抵押权预告登记，不动产权利人理论上可以在此基础上再设立其他的抵押权。这种可能性的依据来源于我国《民法典》对重复抵押的认可，即在同一财产上可以设定多个抵押权。

然而，需要注意的是，预告登记本身并不具备设定抵押权的效力，因此预告登记权利人不能据此主张优先受偿权。这意味着，尽管预告登记为债权人提供了一定程度的保护，但它并不等同于正式的抵押权设立。预告登记的

---

[1] 袁野：《〈民法典〉中预告登记的效力修正与体系展开》，载《中国不动产法研究》2021年第1期。

[2] 常鹏翱：《预告登记制度的死亡与再生》，载《法学家》2016年第3期。

主要作用在于限制不动产权利人在预告登记后对不动产的处分行为，从而保障预告登记权利人未来物权的实现。此外，预告登记还具有保全顺位的效力，即通过预告登记，被保全的权利与其顺位同时登记，不动产权利的顺位不是依现实登记的日期确定，而是以预告登记的日期加以确定。实践中，即使不动产权利人设立了抵押权预告登记，但在未办理抵押权登记的情况下，他们仍可以在该不动产上设立其他抵押权。这种情况下，成立的在后抵押权的受偿顺序会靠后，但不影响其成立。而对于预告登记权利人而言，一旦他们完成了抵押权登记，就可以主张优先受偿。这一点在时间顺位上尤为重要，即便办理抵押权预告登记的权利人办理抵押登记时间在后，也可以溯及至预告登记时，从而获得优先受偿

另一方面，相对无效理论下设置探讨中间处分行为的效力，一定程度上对预告登记义务人再处分行为实行了限制，但限制权力并不等同于剥夺权利，预告登记义务人在本登记完成之前仍然享有该不动产的所有权，若绝对禁止所有权人进行处分，于情于理都不合时宜。因此，对该权利的限制应当仅以保全预告登记权利人请求权的实现这一目的为限制，不应当过分地绝对禁止预告登记义务人进行处分。处分相对无效原则，能够兼顾当事人的利益，保持目的与手段的平衡。[1]若在本登记之前，预告登记期间，权利人并没有履行好自己的义务时，除非有明确的必要情形，可以将义务人的中间处分行为视为有效。权利人亦可以事前同意或者事后追认同意义务人的中间处分行为，在此情况下，义务人的中间处分行为也应当视为有效。明确预告登记后，对于预告登记义务人所进行的中间处分行为不应绝对禁止其效力，而应在妨害预告登记请求权实现的限度内确认其不发生物权效力，且构成妨害应是该处分使第三人取得的物权与预告登记请求权实现时预告登记权利人所取得的物权不相容的情况。若具备了正式登记的条件，预告登记权利人有权进行登记；在实现登记时，预告登记人可以直接请求预告登记权利人进行登记，并请求第三人为更正登记。

四、结语

不动产预告登记在当今商品房交易市场中扮演着至关重要的角色。它通

---

[1] 王泽鉴：《民法物权》，北京大学出版社2010年版，第92页。

过赋予权利人具有物权排他效力的债权请求权，有效预防不动产交易中可能出现的风险，并保障预告登记权利人将来实现不动产物权变动。尽管在立法层面，预告登记的效力尚存在不足，但综合考量法律定位、立法目的、司法实践和法律效力，可以发现限制处分说显得较为僵化，它过分强调对特定群体法益的保护。相比之下，相对无效说更能够适应现代理论的发展和现实需求。然而，预告登记保全效力模式的调整不仅涉及实体法，还可能引起程序法上的不动产登记程序的相应修改。立法层面的转变需要实体法和程序法的顺利衔接，这是一个需要长期努力的过程，而非一蹴而就。

企业招聘与背景调查中个人信息保护的制度构建与完善

章晓迪[*]

（中国政法大学 北京 100088）

摘 要：本文聚焦于企业招聘与背景调查中个人信息保护的制度构建与完善问题。深入剖析了招聘及背景调查环节中存在的侵犯求职者隐私、个人信息被滥用等现象，以及猎头与企业挖角过程中获取竞争企业员工联系方式所涉及的法律法规及法规不健全之处。通过对这些问题的探讨，提出了相应的制度构建与完善建议，旨在加强个人信息保护，促进企业招聘活动的合法合规与健康发展。

关键词：企业招聘；背景调查；个人信息保护

在当今数字化时代，企业招聘与背景调查已成为人力资源管理的重要环节，但与此同时，求职者个人信息的保护问题也日益凸显。招聘过程中，企业和猎头为获取更多人才信息，往往会收集大量求职者及竞争企业员工的个人数据，若处理不当，极易导致个人隐私泄露，不仅损害求职者的利益，也可能给企业带来法律风险。因此，构建与完善企业招聘与背景调查中的个人信息保护制度，对于维护个人权益和市场秩序具有重要意义。

一、企业招聘与背景调查中个人信息保护的现状及问题

（一）招聘与背景调查是对个人隐私的侵犯

在招聘环节，若企业或人力资源公司未依法取得人力资源服务许可证及

---

[*] 章晓迪（1986年—），女，汉族，湖北武汉人，中国政法大学同等学力研修班2023级学员，研究方向为民商法学。

相关电信业务经营许可证，便通过网络获取求职者信息，属于违规从事网络招聘服务活动。例如，广州巴德人力资源有限公司未经许可，通过爬取用人单位招聘信息、获取求职者简历来运营网络招聘服务。部分企业会要求求职者填写详尽的个人信息，除了基本的姓名、联系方式、教育背景、工作经历等与招聘直接相关的信息外，还包括一些敏感信息，如婚姻状况、家庭住址、家庭成员信息等，这些信息与工作并无直接关联，却被企业过度收集，严重侵犯了求职者的个人隐私。在背景调查过程中，企业可能会向求职者的前雇主、学校、金融机构等多方面获取信息，若信息保管和传递环节存在漏洞，求职者的个人信息就有可能被暴露给不法分子，进而被用于诈骗、骚扰等非法活动，给求职者带来极大的困扰。

（二）个人信息被用于商业目的

一些企业或第三方机构在获取求职者个人信息后，可能会将其作为商业资源进行利用，未经求职者同意将其信息出售或共享给其他公司作为广告靶子，导致求职者频繁收到各种推销短信、电话或邮件，严重干扰了其正常生活。这种行为不仅违背了个人信息收集的初衷，也违反了相关法律法规中关于个人信息使用的规定，损害了求职者的合法权益。[1]

（三）猎头与企业挖角中的法律风险及法规不健全之处

猎头与企业在到同质公司或竞争对手企业挖角时，获取竞争企业员工联系方式的行为可能涉及多种法律法规。例如，《反不正当竞争法》第9条规定，经营者不得实施侵犯商业秘密的行为，其中包括以盗窃、贿赂、欺诈、胁迫、电子侵入或者其他不正当手段获取权利人的商业秘密。竞争企业员工的联系方式等信息若被认定为企业的商业秘密，未经授权获取和使用这些信息的行为将构成不正当竞争行为。此外，《民法典》第1034条规定，自然人的个人信息受法律保护。任何组织或者个人不得非法收集、使用、加工、传输他人个人信息，不得非法买卖、提供或者公开他人个人信息。猎头与企业未经员工同意获取其联系方式，也可能侵犯员工的个人信息权。

猎头与企业在针对同质公司或者竞争对手企业进行挖角时，获取竞争企业员工联系方式这一行为，从法律法规角度来看，牵扯多方面规定。例如，在商业秘密保护方面，员工的联系方式往往与企业的客户资源、业务拓展等

---

[1] 张涛：《风险预防原则在个人信息保护中的适用与展开》，载《现代法学》2023年第5期。

有着紧密联系,可能会被认定为企业的商业秘密范畴。依据我国关于商业秘密保护的相关法规要求,未经权利人许可,以不正当手段获取商业秘密的行为属于违法。若猎头或企业通过不正当途径,比如贿赂竞争企业内部人员、非法入侵企业信息系统等方式获取员工联系方式,就可能构成对商业秘密的侵犯,违反了相应的商业秘密保护法规。

尽管现有法规对上述涉及的个人信息保护和商业秘密保护有所涉及,但在实际应用于猎头和企业挖角行为时,仍暴露出一些不健全的地方。

首先,对于竞争企业员工联系方式等信息的性质界定不够清晰。在不同行业、不同企业场景下,员工联系方式是否构成商业秘密缺乏统一明确的认定标准。有些企业可能将其视为高度机密信息,而有些企业管理相对宽松,这种差异使得在判断猎头与企业获取行为是否侵权时,容易出现争议和模糊地带,给法律的准确执行带来困难。

其次,针对猎头行业在挖角过程中的具体规范存在空白。目前尚未出台专门针对猎头行为的细化法律法规,使得猎头公司和从业人员在开展业务时,对于哪些行为是合法合规、哪些行为越过了法律红线缺乏清晰的指引,导致部分猎头在利益驱使下,可能采取一些打擦边球甚至明显违法的手段去获取竞争企业员工信息,而难以受到有效的法律约束。

最后,在涉及跨地区、跨行业的挖角行为中,不同地区的法规执行标准以及不同行业对于员工信息保护的认知差异,也使得整体的监管和法律适用变得复杂,容易出现监管漏洞,让一些侵犯个人信息和商业秘密的挖角行为有机可乘。

二、相关法律法规

(一)个人信息保护领域相关法规引用

在我国个人信息保护的法律体系中,有诸多法规对企业招聘与背景调查中的个人信息处理行为起着规范作用。例如,《个人信息保护法》全面系统地规定了个人信息处理的各项原则、个人信息主体的权利以及个人信息处理者的义务等内容,是个人信息保护的核心法规依据,在企业招聘及背景调查涉及个人信息处理时需要遵循该法所确立的框架要求。

又如,《网络安全法》中部分条款也关联到网络环境下个人信息的保护,鉴于当下企业招聘与背景调查很多都是通过网络平台进行信息收集、存储和

传输等操作,该法对于保障网络空间中个人信息的安全、防止信息泄露等方面提供了法律保障,企业的相关行为必须符合其规定。

(二)商业秘密保护相关法规引用

《反不正当竞争法》中关于商业秘密保护的规定是约束猎头与企业挖角行为中涉及侵犯商业秘密情况的重要依据。其明确了商业秘密的定义以及禁止以不正当手段获取、使用等侵害商业秘密的行为,当竞争企业员工联系方式等信息被认定属于商业秘密时,相关主体的挖角获取行为就要受该法相关条款的制约,以此维护市场竞争中的公平秩序和企业的合法权益。

三、制度构建与完善建议

(一)明确个人信息收集和使用的边界

企业应制定详细的个人信息收集和使用政策,明确规定在招聘与背景调查中可收集的信息范围仅限于与工作相关的必要信息,如学历、工作经历、专业技能、职业资格证书等,避免过度收集求职者的个人隐私信息。同时,企业在收集信息前应向求职者明确说明信息的使用目的、范围和保管期限,并取得其明确同意,确保信息收集和使用的合法性和透明度。

(二)加强信息安全管理措施

企业应建立健全个人信息安全管理制度,采取有效的技术手段和管理措施,保障个人信息的安全存储和传输。例如,对个人信息进行加密处理、设置访问权限、定期进行数据备份和安全审计等,防止信息泄露事件的发生。此外,企业还应加强对员工的信息安全培训,提高员工的保密意识和法律意识,避免因员工疏忽或违规操作导致个人信息泄露。

(三)规范猎头行业行为

政府和行业协会应加强对猎头行业的监管和引导,制定专门的猎头行业规范和职业道德准则,明确猎头在招聘与挖角过程中的行为准则和法律责任。猎头公司自身也应加强内部管理,建立健全信息获取和使用的审核机制,加强对员工的职业道德教育,提高员工的法律素养,杜绝通过不正当手段获取竞争企业员工联系方式等违法违规行为。

(四)完善法律法规和监管机制

立法机关应进一步完善相关法律法规,明确竞争企业员工联系方式等信息的商业秘密属性认定标准,以及猎头与企业在挖角过程中获取和使用此类信息的合法界限和规范程序。同时，加强对企业招聘与背景调查行为的监管力度，建立健全监督检查机制和举报投诉渠道，及时发现和处理侵犯个人信息权益的违法行为，对违法企业和个人予以严厉处罚，提高其违法成本，形成有效的威慑力。

(五) 提高求职者的自我保护意识

求职者在参与招聘与背景调查过程中，应增强自我保护意识，仔细阅读企业的隐私政策和信息收集说明，谨慎提供个人信息。如发现企业存在侵犯个人隐私的行为，应及时向相关部门举报维权。此外，求职者还应注意保护自己的个人信息安全，避免在不安全的网络环境下随意透露个人敏感信息。

论新《公司法》的股东出资加速到期制度

陈 玲*

(中国政法大学 北京 100088)

摘 要：本文针对 2023 年修订的《公司法》中股东出资加速到期制度进行了深入探讨。文章首先概述了股东出资加速到期的发展历程，随后详细阐释了其具体内容与适用情形，并针对我国实践中面临的问题进行了分析。在此基础上，提出了针对性的建议。本研究旨在揭示出资加速到期制度在确保公司正常运营、保护债权人权益等方面的重要作用，为相关法律实践提供理论支撑。

关键词：《公司法》；加速到期；公司资本

公司作为市场经济的核心参与者，其行为和利益受到《公司法》的法律约束，该法律旨在调整公司与外部民商事主体之间的关系。利益平衡是《公司法》调整民商事活动的核心原则。《公司法》通过规范公司的内部行为和保护利益相关方的权益，成为优化营商环境、维护市场秩序以及促进公司长期发展的关键工具。《公司法》（2023 年修正）通过确立股东的出资义务，以保障公司的偿债能力，为优良的营商环境建立了基础。该法强调了股东出资作为获取满足企业运营所需物质资源的必要条件，这已成为公司立法领域亟待解决的关键议题。

一、股东出资加速到期制度的发展

股东出资加速到期制度指的是，在公司面临无法偿还到期债务的情形下，

---

* 作者简介：陈玲（2000 年—），女，汉族，江苏苏州人，中国政法大学同等学力研修班 2023 级学员，研究方向为民商法学。

针对尚未达到出资期限的股东，若其出资尚未完成，将不再享有期限利益，依法应当提前履行其出资义务。当公司资产不足以偿还债务时，债权人可以要求没有缴纳出资的股东及公司成立时的其他股东或者发起人在没有缴纳出资的限度内对公司债务承担连带责任，人民法院应当依法予以支持。[1]

但公司解散以及破产情形，均为非常态的特殊情形，解决的是公司即将破产时对债权人利益的保护问题。然而实践中多数矛盾在于，暂时未解散也并未进入到破产程序中的公司，其债权人就公司没有能清偿的债务希望股东出资加速到期，而股东以其依法享有出资期限利益为由进行抗辩。《全国法院民商事审判工作会议纪要》（以下简称《会议纪要》）中明确要求"增加了股东出资加速到期的情形"，但其适用前提仍然较为严格，实践中常见的基本要求是具有"终结本次执行程序裁定"，以证明公司经强制执行措施后，仍然没有财产可供执行。而且因为《会议纪要》并不是法律及司法解释，不可以直接作为判决依据。所以，实践中债权人请求股东出资加速到期仍面临依据不足的障碍，与此同时部分法院对股东出资加速到期制度还采取更高的标准和要求。

二、股东出资加速到期制度的具体内容与适用情形

（一）公司破产情形下的出资加速到期

在公司已经进入破产程序的情形下，《公司法》（2023年修订）下的股东出资加速到期制度规定，需要股东提前履行出资义务，以确保股东出资后公司资产能够满足债权人的债权，保护债权人的合法权益。这一制度以公平原则为基础，为了防止没有出资的股东通过制度规定的出资期限规避责任，而侵害债权人的合法权益。当公司无法清偿到期债务，此时公司资产已经无法清偿所有债务时，这时候就需要股东履行出资义务，股东应当按照其约定的出资额向公司提供资金。这种制度能够对股东和债权人之间的利益冲突起到一定程度的调节和平衡作用，保证在清偿债务过程中更公平地对待债权人。这不仅能提高债权人的清偿比例，也能使债权人更快地获得自身合法权益从而加快破产清算程序的进程。此外，股东出资加速到期的实施还能对其他潜在投资者起到预警作用，促使其在进行投资时对公司整体状况进行更为审慎

---

[1]《公司法》第54条。

（二）公司解散情形下的出资加速到期

在公司自愿解散的情形下，股东加速出资制度往往比较顺畅。因为股东通常了解公司的整体状况，并在股东解散公司的决议中达成了对出资问题的共识。强制解散是由于公司违法违规或经营管理严重不到位等原因造成的，也可能是由于股东对公司财务状况不够了解或在经营理念上存在分歧所致。因此，法院和清算组必须在强制解散公司的情形下对股东加速出资制度的执行进行更严格的监督和指导以保证债权人的合法权益不受损害。

（三）公司不能清偿到期债务时的出资加速到期

一旦公司确实无法偿还到期债务，清算组应当立即通知股东要求其在一定期限内按照股东出资加速到期制度提前履行出资义务。同时清算组也应当告知股东出资应承担的法律责任以及对公司其他股东、债权人的影响等。为了增加透明度和信任感激励股东积极参与出资义务的履行清算组还应向股东提供详细的财务报告和债务清单。

清算组应当按照有关法律法规迅速向法院提交申请，对股东拒不履行出资义务的采取强制执行等措施。清算组还需要不断地与债权人沟通并将公司的清理进度及时告知以保证充分保障债权人的知情权和受偿权。在公司无力偿还到期债务的情形下，清算组应特别关注中小股东和债权人的利益。

三、股东出资加速到期制度在我国实践中面临的问题

（一）适用标准不够明确细化

在实践中，股东出资加速到期制度的适用标准是缺乏明确性的，这样导致在实践案例中难以准确判断。我国关于股东出资加速到期制度的法律法规对于"不能清偿到期债务"的定义不够具体，使得在判断公司是否不能够清偿债权人债务时存在较大主观性。而且，法律法规没有明确股东出资加速到期的条件和程序，这意味着清算组在执行程序中存在很大的不确定性，使执行工作复杂化，给债权人的合法利益带来不可预计的风险。

因为股东出资加速到期制度的适用没有明确的标准，清算组在处理有关事项时可能会受到来自股东和债权人的不同压力，从而影响其独立性和公正性。在某些情况下，股东可能会利用制度的不确定性，通过各种法律手段规避出资义务，损害债权人的利益。因此，完善相关法律法规，明确

股东出资加速到期制度的适用标准,对于保护各方权益,提高清算效率具有重要意义。

(二) 对股东权益保障考虑不足

在现行的股东出资加速到期制度中,相关法律法规对股东权益的保障考虑不足,这主要表现在两个方面。首先,股东在公司经营过程中已经按照约定履行了出资义务,但在公司面临清算时,如果制度规定过于宽松,可能会导致股东的出资被不当地提前要求履行,从而影响其投资回报和资金流动性。其次,股东在公司治理的结构中处于核心地位,其权益的保护直接关系公司治理的稳定性和风险问题。在实践中,公司的股东权益没有被充分考虑,可能会致使其权益得不到保障,股东对管理层的信任更易受到损害,甚至导致股东退出影响公司的长期稳定发展,造成一定的风险。

(三) 清算程序的复杂性与效率问题

在清算程序中,程序的复杂性可能导致清算组效率的降低。我国现行的公司清算程序涉及多个环节,公告、债权申报、资产清算等,这些阶段通常耗时较长,可能会导致清算程序变得异常漫长。此外,由于在处理各种事务时缺乏明确的指导方针和清算操作标准,清算组的工作效率可能不高。因此,简化清算程序和提高清算组效率是完善股东出资加速到期制度的重点问题之一。

(四) 清算组的独立性和专业性问题

清算组需要保证清算工作的公正高效,而且清算组的独立性和专业性是公司清算程序中的核心要素。但在实践中,清算组成员与公司存在关联关系或者缺乏足够的专业技能和经验,导致清算工作难以顺利开展。股东出资加速到期制度的核心问题之一就是需要保证清算组成员的独立性和专业性。

(五) 对债权人利益保护的不足

对债权人利益的保护,在实施股东出资加速到期制度的清算程序中显得尤为重要。确保债权人的权益得到充分的保障,常常面临信息不对称以及法律保护机制尚不完善的挑战。例如,清算组在进行资产分配时未充分考虑债权人的优先权,可能在进行清算时没有及时、全面地向债权人提供有关信息。因此,完善股东出资加速到期制度亟须解决的问题是加强债权人利益保护,保

障债权人在清算过程中的知情权和受偿权。[1]

四、完善新《公司法》股东出资加速到期制度的建议

（一）细化适用标准与规则

建议提出明确"公司不能清偿到期债务"等关键适用情形的具体量化指标，可参考国际经验并结合我国国情，从财务指标（如资产负债率、流动比率等）、经营状况（如主营业务收入、现金流状况等）等多维度构建科学合理的判断标准体系，增强制度的可操作性和确定性。针对特殊类型公司制定差异化的出资加速到期适用规则，充分考虑其行业特点、经营模式和资本运作规律，设置适当的例外条款或调整机制，确保制度在不同主体间适用的公平性和合理性。

（二）强化股东权益保障机制

建议构建合理的股东补偿机制，当股东因法定出资加速到期遭受不合理损失时，通过法定途径（如公司后续盈利分配调整、适当股权回购等）给予一定补偿，平衡股东与债权人之间的利益关系，维护股东参与公司投资经营的积极性。同时可以完善股东抗辩制度，明确股东在面对加速出资诉求时的有效抗辩事由范围，合理分配举证责任，保障股东在符合法定条件下能够充分维护自身合法权益，避免不合理的加速出资责任承担。

五、结语

股东出资加速到期制度允许在公司无法偿还债务时，要求未完成出资的股东提前履行出资义务。该制度旨在保护债权人利益，但实践中存在适用标准不明确、股东权益保障不足、清算程序复杂、清算组独立性和专业性问题以及债权人利益保护不足等问题。建议细化股东出资加速到期制度的适用标准、强化股东权益保障机制、简化清算程序、确保清算组独立性及专业性，并加强债权人合法利益保护。

---

[1] 李静宇：《认缴制下股东出资义务制度研究》，载《法制与经济》2021年第6期。

现行法律框架下关联交易的类型、规制与完善

冯彦茹*

（中国政法大学 北京 100088）

摘　要：关联交易在商业活动中普遍存在，其对公司的运营和利益相关者的权益有着重要影响。关联交易本质上是一种转移公司利益的交易，因其是公司与其关联方进行的，因此关联交易具有正当利用与不当利用两种类型。一方面，正当的关联交易有助于降低交易成本、提高运营效率、优化资源配置；另一方面，不正当的关联交易可能导致利益输送、损害公司、股东及善意第三人利益等问题。因此，对不正当的关联交易进行有效规制至关重要。多数法律体系对其采取限制或特别规制措施，而非概括性禁止。本文以我国现行《公司法》《民法典》及相关法律规定为基础，主要探讨关联交易的类型、规制及其程序审查机制，旨在为建立良好的关联交易控制规则提供理论支持与实践指导。

关键词：关联交易；类型化；法律规制；制度完善

一、关联交易的概述

依据我国《公司法》（2023 年修订）对关联关系含义的表述，我们可以理解关联交易一般是指公司与其关联方之间的交易，关联方可以是公司的控股股东、实际控制人、董事、监事、高级管理人员及其直接或间接控制的企业，以及可能导致公司利益转移的其他交易方。但是，国家控股的企业之间不仅因为同受国家控股而具有关联关系。

---

* 作者简介：冯彦茹（1980 年—），女，汉族，河北石家庄人，中国政法大学同等学力研修班 2024 级学员，研究方向为民商法学。

本文认为,"关联交易"中的"交易",其实是一种可能带有利益冲突或利益转移的自我交易,应对其进行广义理解,其表现形式不应局限于资产使用转让、货物买卖合同、资产租赁等法律行为,还应涵盖其他受控于关联方意志所作出的会对公司资金、资产和收益等能产生实质影响的行为。这种交易行为可以表现为有偿,也可以是无偿,既包括商业上的合同、交易、安排,还包括诸如提供担保、撤销、单方解除合同、抵销、行使期权等行为。

二、关联交易的类型化

关联交易的类型多样,根据交易主体和交易内容的不同,可以概括划分为以下几种类型:

(一)根据交易主体的不同进行分类

1. 公司与董事、监事、高级管理人员的关联交易

这类关联交易主要涉及公司与董事、监事、高级管理人员(以下简称"董监高")之间的交易(既包括公司与其董监高人员之间的直接交易,也包括公司与其董监高人员直接或间接控制的企业、个人以及拥有共同董事的公司之间的交易)。

2. 公司与控股股东、实际控制人从事的关联交易

控股股东或实际控制人通过控制公司的决策,与公司进行的交易。这些关联交易行为可能涉及公司资产出售、购买、租赁等,以及控股股东、实际控制人向公司提供借款或公司为其提供担保等。这些交易往往涉及大量资金和资源,对公司运营和股东利益具有重要影响。

3. 公司与其关联企业之间的交易

关联企业是指与公司之间存在投资关系或合同关系的企业。集团内部各成员企业之间,或受同一实际控制人控制的不同企业之间的交易都是关联企业之间的交易。常见的情况包括母公司、子公司、受同一母公司控制的子公司。

(二)根据交易内容分类

(1)关联买卖:公司与关联方之间签订商品买卖合同或以技术服务方式提供或接受劳务。这些表现形式是最常见的关联交易类型,如一家汽车制造企业从其控股股东旗下的零部件生产企业采购零部件。

(2)出借资金及关联往来:公司将自有资金或银行借款转借给关联方,

有时也以在买卖合同中约定支付预付款等方式为交易的关联方提供资金。比如，公司以较低的利率向关联方出借资金，或通过预付账款的形式为间接关联方提供资金支持，同时可能调节自身利润。

（3）关联担保：公司为关联方借款或买卖中的付款义务提供担保。一旦被担保方无法按期履行还款义务或支付货款，担保企业需承担还款责任。在一些企业集团中，母子公司经常互为银行贷款提供担保。这不但使公司增加了经营风险，而且也损害了公司少数股东的利益，对债权人也制造了更大的风险。

（4）关联资产交易或重组：关联方之间互相转让固定资产、股权和无形资产等行为。例如，母公司向子公司转让一项专利技术，或收购子公司资产等，关联方可能通过这种技术性手段达到剔除不良资产或调节利润等目的。

（5）租赁：包括直接出租或承租、融资租赁等方式。这种关联交易形式较为常见，如一家企业将其闲置的厂房出租给关联企业使用。

（6）委托代理：关联方之间签订合同，约定一方委托另一方代理专门事务，比如代理销售或采购货物等。在集团企业中，经常表现为集团公司为其子公司代理采购货物。

（7）使用许可：关联方之间约定乙方使用另一方专项许可的行为。比如，一方允许另一方使用其知识产权权益等。

三、现行法律对关联交易的规制

我国现行法律对关联交易的规制主要体现在《公司法》《民法典》及相关法律法规中，主要强化的是程序控制，其基础思想是限制而非禁止关联交易。以上法律主要以《公司法》为主，对关联交易的规制主要体现在以下三个方面：

1. 事前信息披露

关联交易之前的"信息披露"是保障关联交易公正公平的关键程序。我国现行法律要求关联方在进行关联交易时，必须及时、准确、完整地披露关联交易的信息，这些信息包括关联方关系的性质、交易类型、交易价格、定价政策、担保方式等。[1]通过事前信息披露，可以使公司股东、债权人等利

---

〔1〕 刘斌编著：《新公司法注释全书》，中国法制出版社2024年版，第101~102页。

益相关者能够充分了解关联交易的情况，以便做出合理的决策，从而避免利益输送和损害公司及股东利益的情况发生。例如，上市公司需在其定期报告和临时公告中详细披露重大关联交易的信息。

我国《公司法》（2023年修订）第182条规定了董监高报告义务，该规定体现的就是事前信息披露制度，即要求董监高直接或者间接与本公司订立合同或者进行交易时，应当就与订立合同或者进行交易有关的事项向董事会或者股东会报告，并按照公司章程的规定经董事会或者股东会决议通过。董监高近亲属，以及董监高或其近亲属直接或者间接控制的企业，以及与董监高有其他关联关系的关联人，与公司订立合同或者进行交易时，也适用该规定。

事前信息披露义务是审查关联交易程序是否正当的必然要求，是保障关联交易合法性的基础。

2. 公司权力机构及执行机构审议程序

除上述事前信息披露制度外，关联交易还应符合审议要求，董事会和股东会作为公司的执行机构和权力机构承担了该审议职能。我国《公司法》（2023年修订）第182条、第184条、第185条对此进行了规定，即董监高关联交易向董事会或股东会报告后，应按照公司章程的规定经董事会或者股东会决议通过。在审议过程中，关联董事或股东应回避表决，以保证决策的公正性。例如，对于重大的关联资产收购事项，须经股东会审议通过，且关联股东不得参与表决。

3. 交易整体公平性审查

虽然《公司法》（2023年修订）规定了上述事前信息披露报告义务及正当的审议程序，但是仍需要审查关联交易的整体公平性。所谓整体公平既包括公平交易程序也包括公平价格。公平交易程序包括该交易如何发动、交易架构、谈判过程、对董事披露的程度、董事同意该交易的程序以及取得股东同意的过程等；而价格是否公允应根据是否属于合理对价来进行判断，主要考量资产现价值、市场交易价值、公司经营状况、未来资产预估及其他可能影响公司资产价值认定的主要因素。交易是否具有公平性应当从整体上进行考察，且在两者均为公平的情况下，该交易才可以被认定为合法。[1]

---

[1] 林一英：《关联交易的差异化规范：方法和主体的视角》，载《中国政法大学学报》2022年第5期。

四、现行法律规制存在的问题

1. 法律规定较为原则性

如《公司法》(2023年修订)第22条只是对关联交易作了一般性的禁止性规定,未明确关联交易的内涵、效力认定标准以及损害赔偿的具体计算方法等,导致在司法实践中对关联交易的认定和处理存在一定的模糊性。

2. 信息披露及董事报告制度不完善

虽然《公司法》(2023年修订)第182条规定了关联交易的董监高报告义务,但对于需报告(事前披露)的内容、时间、方式等缺乏详细的规定,使得实践中信息披露的质量参差不齐,难以有效监督关联交易的合法性和公允性。

3. 中小股东的保护力度不足

在关联交易中,中小股东往往处于弱势地位,其合法权益容易受到侵害。现行法律虽然赋予了中小股东一定的诉权,但在实际操作中,由于诉讼成本高、举证困难等原因,中小股东的维权之路面临诸多障碍。

五、完善关联交易法律规制的建议

1. 细化关联交易的法律规定

进一步明确关联交易的定义、构成要件、效力认定标准等,增强法律的可操作性。例如,可借鉴国外先进的立法经验,对关联交易的定价机制、交易程序等作出详细规定,确保关联交易的公允性。

2. 完善事前披露制度

制定详细的信息披露(报告)规则,明确披露的具体内容、时间节点和方式等,同时,建立信息披露的监督和惩罚机制,对未如实披露或延迟披露关联交易信息的行为予以严厉处罚,提高信息披露的质量和透明度。

3. 加强对中小股东的保护

降低中小股东的诉讼门槛,完善股东代表诉讼制度,简化诉讼程序,降低诉讼成本,鼓励中小股东积极维护自身的合法权益。同时,建立中小股东的利益补偿机制,当关联交易损害中小股东利益时,可通过赔偿、回购股份等方式对中小股东进行补偿。

六、结语

关联交易的类型化与程序审查是规制关联交易的重要手段。通过明确关联交易的不同类型,能够更有针对性地制定规制措施;而严格的程序审查则可有效约束不正当关联交易的发生,保护公司和股东的利益。在实践中,应不断完善关联交易的类型化与程序审查机制,加强监管力度,提高信息披露质量,保护正当的关联交易,以促进公司的健康发展,维护市场的公平与稳定。

民营房企施工承包人撤销权构成适用之探讨

顾 建*

(中国政法大学 北京 100088)

摘 要：最高人民法院《关于适用〈中华人民共和国民法典〉合同编通则若干问题的解释》第42条至第46条，对合同的保全作了细化，特别是第43条债权人撤销不合理交易情形的列举加概括，对施工承包人而言，撤销或部分撤销民营房企与关联方交易有了明确的法律依据，普遍存在的关联方交易，将会被逐步规范。本文以民营房企为例，主要针对上述第43条的规定，结合关联方交易动机和方式，探究民营房企中的关联交易对施工承包人的债权影响、需要厘清的法律前提，讨论施工承包人行使撤销权的构成要件及路径，在实体法和程序法上如何做到衔接。

关键词：民营企业；关联交易；施工承包人撤销权

一、民营房企关联方交易损害债权人利益需厘清的法律前提

学者曾普遍认可关联交易是中性交易，也承认存在不当利用关联交易的可能性。[1]《民法典》第538条及第539条设立了合同保全，其撤销对象实际上是以关联方交易为主损害债权人利益的行为。民事主体之间没有关联关系而输送利益并不常见。民营房企（下文称"债务人"）中的施工承包人（下文称"债权人"）的债权，因债务人和关联方（下文称"相对人"）关联交易而受到影响行使撤销权前，须先厘清其适用的法律前提。

首先，《公司法》不重点保护债权人的利益，而是保护公司和股东利益。

---

* 作者简介：顾建（1968年—），男，汉族，上海长宁人，中国政法大学同等学力研修班2023级学员，研究方向为民商法学。

〔1〕董安生等：《关联交易法律控制问题研究》，中国政法大学出版社2012年版，第2页。

一般的合同交易体现了交易双方的合意，而关联交易却仅仅体现了一方的意志[1]，这就使得关联交易极易损害另一方的利益，是一种典型的利益冲突型交易。[2]关联交易的背后是控股股东"滥用"权利。关联交易，除可能导致"公司利益转移"外，在债务人责任财产不足时，还会"影响债权人的利益实现"。《公司法》在资本充实、减资、公司清算等特别情形之下，对债权人的利益保护才优先于股东利益的保护。

其次，关联方直接入库房企项目具有合法性。依照2017年修正的《招标投标法》第3条，民营资本开发的一般项目不在必须进行招标范围内，关联方可以直接入库项目，并和房企签署合同，有的作为被挂靠的承包人和指定分包人签署合同。

最后，《土地增值税暂行条例》规定"四级超额累计税率"纳税制度，房企利用关联交易调节成本以减轻其土地增值税税负已成为普遍的做法。究其背后原因，除"对房企开发成本、费用的合理与否"税务可依法裁量、房企也能因信息不对称而获退税实惠外，关联交易产生的利益转移也曾使控股股东获益颇多。在房企通过关联交易减轻税负的目标不能达成时，会导致债务人的责任财产大幅减少，债权人的债权实现受到影响。

在形成抽象概念时，其定义需要选择哪些特征根本上取决于相关学科在形成概念时想要追求的目的。[3]不同部门法规制关联交易的目的不同，自然会对其进行不同的定义。最高人民法院《关于适用〈中华人民共和国民法典〉合同编通则若干问题的解释》第42条第3款已明确，债务人与相对人存在关联关系的，不受前款规定的70%、30%的限制，以及第43条中对"债务人以明显不合理的价格"涉及的情形进行了列举和概括，是对《民法典》第539条的细化，同时还吸收了《全国法院民商事审判工作会议纪要》中关于关联方之间利益输送及公司、股东承担连带责任的精神。虽最高人民法院《关于适用〈中华人民共和国民法典〉合同编通则若干问题的解释》的出台晚于《民法典》施行日期近3年，在目前加大维护债权人的合法利益、维护经济秩序的呼声之下，实属债权人迟到的"春天"。

---

[1] 刘道远：《关联交易本质论反思及其重塑》，载《政法论坛》2007年第6期。

[2] 施天涛：《公司法应该如何规训关联交易?》，载《法律适用》2021年第4期。

[3] [德]卡尔·拉伦茨：《法学方法论》，黄家镇译，商务印书馆2020年版，第552页。

二、关联交易损害房企及债权人利益的行为方式分析

施工承包人过去难以行使第三人撤销权,除了自身原因外,法律原因上文已作分析。在新的司法解释制度下,债权人行使第三人撤销权,有必要对诈害债权的行为进行识别。债权人容易认知的房企常用的关联交易行为方式如下:

方式一:采用过路分包交易方式。债务人的控股股东收购或设立具有相应资质的总承包施工企业,形成项目公司、关联公司、实际施工承包人两层合同关系。实际施工承包人的入库规则,债务人通过邀请招标或其集团招标以公允价格中标入库。该方式下的关联交易价差利益,平均能达到不超过 30% 的幅度。

方式二:供材供应链交易方式。债务人的控股股东设立材料贸易关联公司,易于集采的工程材料,由该关联公司负责供应,形成项目公司、关联公司、实际供应商的供应链方式。

方式三:自我交易方式。债务人的控股股东收购或设立设计公司、工程监理公司、专业分包公司等关联公司,对各项目公司的相关业务,由其直接和债务人签署合同。由于建设项目的个体差异大,容易操控关联交易价差而不易被识别。

方式四:跨项目公司以物抵债交易方式。该方式曾是债务人偿还债务的普遍做法。目前,部分金融机构债权人及有些地方政府部门开始干预"跨项目公司以物抵债"行为,以减轻资产抽逃对金融机构的债权及交房民生问题的影响。

三、施工承包人行使撤销权的实现路径

认定损害债权人的债权并能请求撤销,应判断其是否同时满足 5 个构成要件:一是债务人与相对人存在关联关系;二是影响债权人的债权实现;三是受让价格高于交易时交易地的市场交易价或指导价,且"不受……30%的限制";四是债权人知道或者应当知道撤销事由之日起 1 年内行使;且自债务人的行为发生之日起 5 年内行使;五是撤销权的行使范围以"债权人的债权为限"。其中,最容易在实践中存在争议的是构成要件一、三、五。

对于构成要件一,债权人能通过查询国家企业信用信息公示系统、官方

备案企业征信机构，或者实地了解债务人项目的各参建单位背景，即可判断方式一至方式三中的相对人是否和债务人存在关联关系，原告可举证或提供信息申请法庭调查。对方式四的相对人，即使不存在直接的关联关系，也认为满足《公司法》第256条和《民事诉讼法》第67条第2款。

  对于构成要件三，首先，债务人以明显不合理的价格，和关联方之间实施的合同行为，不仅限于列举的"实施互易财产、以物抵债、出租或承租财产、知识产权许可使用"，对《民法典》第539条中"高价受让他人的财产"中的"财产"应做扩大解释。其次，对于交易时交易地的市场交易价，对于方式一、二中的实际施工承包人、供应商与相对人之间的合同价，可以直接认定为"市场交易价"，如高出于此价格，即能满足要件三。原告应提供与相对人的合同文件等，即能举证证明交易时交易地的市场交易价。而对于"受让价格"，依《民事诉讼法》第67条第2款的规定及最高人民法院《关于适用〈中华人民共和国民事诉讼法〉的解释》（涉及"商业秘密"或"当事人有恶意串通损害他人合法权益可能"的证据），人民法院应当调查收集。对于关联交易中的方式三，相对人为设计公司等关联公司，受让价格一般难以直接获取及认定。债权人应依照《民事诉讼法》第67条第2款，向人民法院申请收集债务人与相对人之间的合同文件等，并申请安排有鉴定资质的单位鉴定价格的公允性。

  对于构成要件五，《民法典》第540条中的撤销权行使范围，以债权人的债权为限，对此有不同的理解。一种理解认为，应以原告对被告享有的债权总和为限。另一种理解认为，应以保全全体一般债权人的全部债权为限度。笔者认为，应以"单个关联交易涉及的非公允部分"为限，同时以"行使撤销权的债权人的债权"为限撤销，两者取低值。理由为，债权人申请撤销超过其自身债权的标的，行使撤销权需要支付律师费用、预缴诉讼费用、耗费大量的精力，冒风险给其他债权人作嫁衣，不具有期待可能性。有学者认为，这些债权人的债权必须是在债务人的行为发生前成立的债权，而且这些债权人都是因债务人的有害行为而受到损害的债权人。但笔者认为，需要区分不同的行业，债务人的责任财产受制于项目有限的产出，如债权人的债权必须是在债务人的行为发生前成立的债权，则会出现债务人和关联方提早交易、转移利益而债权人撤销不能的情形。只要关联交易满足了"影响了债权人的债权实现"等构成要件的，均可请求人民法院撤销债务人行为中的非公允部分。细研《民法典》第 538 条及第 539 条，未规定债权人的债权必须是在债务人的行为发生前成立的债权。因为债权人提起撤销诉讼的目的是恢复债务人的责任财产以保全债权，[1]无须区分关联交易中债务人的行为和债权人的债权成立的时间，关联交易一旦有害于债权人的债权实现，则可推定关联交易非善意，不需要保护。

---

[1] 杨万明等：《〈最高人民法院关于适用〈中华人民共和国民法典〉合同编通则若干问题的解释〉重点问题解读》，载《法律适用》2024 年第 1 期。

股权代持中的股东资格认定

刘兴廷*

(中国政法大学 北京 100088)

摘 要：股权代持，是指隐名股东（又称"实际出资人"）与显名股东（又称"名义出资人"）约定，由隐名股东出资并实质享有各项投资权益，显名股东仅是代替隐名股东被登记为股东，并不实质享有股东权益的法律现象。股权代持因其隐蔽性、灵活性，在当前社会中被广泛运用。然而，这种操作模式也存在诸多问题，其中之一就是股东资格的认定。股东资格的认定不仅涉及公司内部法律关系，也涉及公司外部基于商事外观主义形成的法律关系保护。在股东资格认定问题上应当优先保护公司外部债权人利益及基于商事外观主义已经形成的法律关系，做到内外有别的认定，才能解决股东资格及权利的有效保护和平衡权利冲突问题。本文试就有限责任公司中股权代持情形下股东资格认定进行探讨。

关键词：有限责任公司；股权代持；股东资格认定

股东资格既含有财产权利内容如分红权，又包括一定的身份权益内容如行使重大决策权利等，股东资格是财产权利与身份权益相结合的一种综合性权利。股东资格与股东权利之间存在十分密切的关联。股东资格是股东享有和行使具体的股东权利的前提，即没有股东资格则不能享有股东权利。因此，股东资格的认定对于出资人来讲极为重要，尤其是对于股权代持中的隐名出资人，该种股东资格身份的认定将直接决定其有关股东权利的行使与否及股东其他权益能否得到保障。本文讨论的股权代持中股东资格的认定，强调的

---

* 作者简介：刘兴廷（1989年—），男，汉族，内蒙古包头人，中国政法大学同等学力研修班2023级学员，研究方向为知识产权法学。

即是股东的成员资格认定。

一、股东资格认定的前提应为股权代持协议有效或成立股权代持关系

股权代持协议有效是实际出资人借名投资的前提[1],否则股东资格认定便无从谈起。根据最高人民法院《关于适用〈中华人民共和国公司法〉若干问题的规定（三）》第24条第1款的规定，在股权代持情形下，如果相关股权代持协议没有法律规定的无效情形，该协议一般应当认定为有效。这是判断股权代持协议效力的基本规则。

实践中，因为股权代持一般多发生在关系较为紧密的主体之间，所以很多情况下是隐名股东与显名股东并未签订书面股权代持协议或没有类似代持合意的协议，而是仅凭口头约定便实施了代持行为。此种情况下，在隐名股东要求显名化时，显名股东如不认可双方存在股权代持关系，则隐名股东需要先证明股权代持关系的成立。此类案件在处理过程中，要处理好民商事审判与行政监管的关系，通过穿透式审判思维，查明当事人的真实意思，探求真实法律关系[2]。结合有关司法裁判的案例可知，人民法院对于代持关系的认定，关键点在于是否存在股权代持的合意。在没有合同或协议的情况下，人民法院需结合案件事实，如参与经营管理与实际出资等因素进行综合判断。仅就资金往来凭据看，现实经济活动中的资金往来存在多种可能，如果有关凭证中不能体现出交易或资金的性质，是无法直接判断资金往来背后的法律关系的，因此，若仅凭向显名股东的汇款凭证及亲属关系的证明是无法直接确认股权代持关系的，江苏省高级人民法院作出的［2024］苏民申5382号民事裁定书即据此观点进行了裁判。故对于存在代持合意的证明，隐名股东除提供出资凭证外，还需要提供行使股东权利的证据，如参与公司股东会的记录、参与公司重大决策的文件以及获取公司分配的利润等材料。因此，在无书面代持协议的情况下，隐名股东只有先证明存在股权代持关系，才能进一步要求显名化或认定其股东资格。

二、股东资格认定的审查原则

在股权代持协议有效或存在股权代持关系的情况下，隐名股东与显名股

---

[1] 任新宇:《股权代持中实际出资人权益保护研究》,载《法制与社会》2021年第1期。
[2] 辛崇华:《股权代持的判定》,载《人民司法（案例）》2022年第20期。

东之间的投资权益纠纷，属于内部纠纷，在处理公司内部关系引发的纠纷时依契约自由、意思自治原则来解决。在涉及外部关系时，方引入公司法的裁判逻辑[1]。此时，认定股东资格应遵循"双重标准，内外有别"的审查原则，即在涉及公司外部法律关系时，应遵从保护善意第三人和交易安全原则，主要以具备公示公信效力的工商登记材料作为判断是否为公司股东的主要、直接证据；而在涉及公司内部法律关系时，应遵从意思自治优先原则，即在不违反法律强制性规定的情况下，坚持实质要件优于形式要件，综合判断隐名股东是否具备股东资格。但如果隐名股东在公司的运营过程中，以股东的身份行使权利和承担义务，那么其即使未进行股东登记，也应承认其股东资格。实践中，大部分股东资格确认问题是公司内部矛盾，即在确认之诉中即要求确认是股东，此种情况下更倾向于实质审查。如果牵扯到公司以外的第三方债权人，此种情况下更倾向于形式审查，基于工商登记的公示、公信即商事外观主义原则，优先保护债权人利益。

三、认定股东资格着重审查基础关系，但办理股东变更登记还需满足特殊要求

根据我国《公司法》及其相关司法解释的立法精神，结合我国的司法实践，基础关系对于认定股东资格起到了决定性作用，其对股东资格取得或丧失有实质性影响。但即便基础关系成立，即存在合法有效的股权代持协议或当事人对于形成股权代持合意无争议的情况下，隐名股东也无法仅凭其出资、认缴出资或者受让、继受股权等证明要求直接显名化（将被代持股权从隐名股东名下变更登记至显名股东名下）。此时，还需要另外满足《公司法》中有关股权转让的特殊要求。

司法实务中，我国多数地区的司法裁判规则认为，隐名股东显名化时，股东资格的认定及股权变更登记相当于股东向股东以外的人转让股权，此时隐名股东不仅要证明存在代持的事实，还需要证明其要求显名股东或公司办理股权变更登记符合《公司法》的相关规定。按照《公司法》第 84 条第 2 款、第 3 款的规定，股东向股东以外的人转让股权，应当将股权转让的数量、

---

[1] 王毓莹：《隐名股东的身份认定及其显名路径——基于最高人民法院 76 份裁判文书的实证分析》，载《国家检察官学院学报》2021 年第 2 期。

价格、支付方式和期限等事项书面通知其他股东，其他股东在同等条件下有优先购买权。因此，此时的显名股东或隐名股东需向其他股东披露股权代持的情况，如其他股东对于办理股权变更登记不持异议或表示同意，可视为有关股权变更登记符合了《公司法》第84条的规定。

但是，在一些特殊的情形下，即便未取得其他股东出具的同意股权变更登记书面文件，在隐名股东可以举证证明其此前参与公司的经营管理且其他股东未提出异议时，人民法院也可以推定其他股东对于隐名股东实质享有公司股权是认可的，并据此认定隐名股东享有相关股权并支持其要求办理股权变更登记的请求。如隐名股东举证证明了其多次参与股东会，而其他股东对此从未提出异议等。

如果是公司股东之间存在股权代持协议，隐名股东要求对被代持股权进行显名，是否需要其他股东过半数同意？多数观点认为，公司股东之间代持股权，因不影响有限责任公司的人合性，若公司章程对此未做特别约定，隐名股东要求对被代持的股权份额进行显名的，无须其他股东过半数同意。

四、结语

综上，股东资格问题只是问题的表象，具有实际意义的还是各方主体之间的权利义务关系，实践中需要依据各方之间的权利义务关系解决各方之间的纠纷[1]。根据有关立法精神及司法实践中的主流观点，在股权代持合法有效的情况下，如隐名股东提出诉请要求人民法院确认其真实股东资格并要求为其办理工商变更登记，相当于是显名股东与隐名股东之间进行了一次股权转让并办理相应的工商变更登记。此时，由于隐名股东相当于公司原股东之外的第三人的地位，该"股权转让"还应符合《公司法》有关股东对外转让股权的要求，即必须取得其他股东过半数的同意。但是，与一般对外转让规则不同的是，此时的其他股东并不享有优先购买权。

股东资格的确认是股东行使权利、公司高效运转的基础，妥善处理股东资格确认纠纷，对于公司制度发挥应有作用具有重要的意义。在法律上

---

[1] 钱玉文：《论有限责任公司隐名股东的资格认定和法律地位》，载《中国政法大学学报》2022年第5期。

不可能禁止隐名股东和股权代持的情况下，处理隐名出资合法化和隐名股东显名化问题，需要兼顾好公司内部与外部利益，平衡公司、股东和第三人的权利义务，在不损害第三人利益的前提下，最大限度地赋予隐名股东以股东资格[1]。

---

[1] 曾祥生、苏沂琦：《论隐名股东资格认定法律制度之重构》，载《江西社会科学》2019年第1期。

论股东出资加速到期制度

王 哲*

(中国政法大学 北京 100088)

摘 要：股东出资义务是指股东按照公司章程或股东协议的规定，向公司缴纳一定数额的资本或财产的法定义务。股东出资加速到期制度在2023年修订的《公司法》出台之前就已经存在，但一直缺少上位法的明确依据，只能依照《企业破产法》《全国法院民商事审判工作会议纪要》等来弥补制度漏洞。新《公司法》（2023年修订）的出现，革新了股东出资加速到期制度，在公司无力清偿到期债务的情况下，债权人可以起诉出资期限尚未届至的股东，让其履行出资义务，此制度将成为债权人实现债权的一个重要因素。

关键词：股东出资义务；认缴制；加速到期；债权人

在现代公司法实践中，股东出资义务的加速到期问题日益凸显，尤其是在公司资本认缴制背景下，这一问题更显得复杂且重要。2013年我国取消了公司设立的最低注册资本制度，验资也不再是法定必有的程序，此举赋予了股东更大的灵活性，允许他们根据公司的发展和自身的财务状况分期缴纳出资。然后在近十年的实践当中，我们会发现有些公司的股东认缴出资金额过高，而实际缴纳金额较低，再搭配上夸张的出资期限制度，使得认缴制度成了一部分股东逃逸出资责任的工具。这种灵活性同时也带来了债权人保护的问题，使得股东信用的风险向债权人转移。

出资期限加速到期制度的演变是从《企业破产法》第35条开始，历经最高人民法院《关于适用〈中华人民共和国公司法〉若干问题的规定（二）》第

---

* 作者简介：王哲（1996年—），男，汉族，山东泰安人，中国政法大学同等学力研修班2024级学员，研究方向为民商法学。

22条、《全国法院民商事审判工作会议纪要》（以下简称《九民纪要》）第6条、最高人民法院《关于民事执行中变更追加当事人若干问题的规定》（以下简称《执行变更、追加规定》）第17条等。但上述这些法律规定对于出资期限加速到期制度的要求十分繁杂。至此，新《公司法》（2023年修订）颁布，其第54条规定："公司不能清偿到期债务的，公司或者已到期债权的债权人有权要求已认缴出资但未届出资期限的股东提前缴纳出资。"该规定系新增条文。作为完善公司资本制度的一项重要制度安排，本条规定标志着从公司法层面明确了非破产解散情形下可以适用股东出资加速到期制度；从实质意义的制度设计来看，本条是对最高人民法院2019年《九民纪要》第6条引入的股东出资义务加速到期制度的立法确认和改进。[1]

一、新《公司法》前的股东加速到期制度

自2005年开始，我国资本制度从最初严格的实缴制开始转型为认缴制，并且给认缴制一个较大的"活动空间"。《公司法》对此并未作出相应的管控措施。但是，《企业破产法》倒是有类似的规定。2008年，最高人民法院参考《企业破产法》第35条等的规则基础，通过司法解释对《公司法》的立法空白进行了弥补，针对公司解散清算这种特殊情形，制定了股东出资加速到期制度。

而在实践当中，一些股东利用"超高注册资本"+"超低实缴金额"+"超长出资期限"三板斧损害债权人利益的情况层出不穷。此时，能否将加速到期规则扩展至非破产情形下的正常存续公司中，实践分歧巨大。《执行变更、追加规定》第17条"财产不足以清偿生效法律文书确定的债务"是作为执行过程中追加未缴纳或未足额缴纳出资股东的依据。因此当前主流司法观点认为，此条文仅适用于追加出资期限届满而未完全出资股东，对于认缴出资期限未到期的股东并不适用。

2019年，最高人民法院发布《九民纪要》。虽不同于司法解释，但在全国法院审判实践中有着较强的参考和指导价值。其第6条明确规定，公司不能清偿到期债务时，以股东享有期限利益，不支持出资加速到期为原则，但有两种情形除外：（1）公司可破产但不破产的；（2）公司延长股东出资期

---

[1] 参见李建伟主编：《公司法评注》，法律出版社2024年版，第232页。

限的。

在我国相关现实问题凸显的情况下,《公司法》在法律层面没有回应,是我国立法的一处空白。而且现有规定较为分散,尺度标准并不统一,使得法院裁判时自由裁量空间较大,一定程度上造成了同案不同判的局面。

二、新《公司法》下的股东加速到期制度

新《公司法》（2023年修订）将有限公司的出资,改为了5年期限的认缴制,"全体股东认缴的出资额由股东按照公司章程的规定自公司成立之日起五年内缴足"。目前公开征求意见的国务院《关于实施〈中华人民共和国公司法〉注册资本登记管理制度的规定》,为所有存量公司设置了3年过渡期,要求存量有限公司在过渡期内将剩余出资期限调整至5年内,即存量有限公司可以有最长8年的出资期限。[1]即使新《公司法》（2023年修订）有了这样的规定,但是对于债权人来说,也是一个漫长的过程,会导致债权人和公司的矛盾加剧,浪费巨大的商业资源且忽视了公司的效率需求。这时搭配上第54条加速到期制度的规定,可以看出对前述股东出资制度的整体收紧,具有体系上的内在一致性。

第54条适用条件是"公司不能清偿到期债务"。此标准不同于历史标准,即《九民纪要》所称的第一种情形,破产标准。新《公司法》（2023年修订）的标准"不以公司现有资产是否足以偿付为标准,关键在于公司能否对于其到期债务及时清偿",[2]明显低于破产标准。

第54条的行权主体,要比以往有所改变,将公司也纳入了可以请求股东加速到期的主体之一,当然另一主体则是对公司享有到期债权的债权人。

第54条的最终表现是让未到出资期限的股东出资加速,以至于提前缴纳出资。采用的是"入库规则",也就是在股东出资加速到期后,直接向公司缴纳其应出资数额,并不是向债权人直接清偿,当然也存在一些争议,部分表明入库规则可能导致债权人缺乏主张加速到期的积极性,此处就需要后续出台配套的司法解释等相应法律文件来予以明确。

---

〔1〕 参见彭冰:《新〈公司法〉中的股东出资义务》,载《中国应用法学》2024年第3期。
〔2〕 参见徐强胜:《公司法:规则与应用》,中国法制出版社2024年版,第177页。

三、债权人如何运用加速到期新规及司法实践

股东出资加速到期是在股东期限利益与债权人期待利益之间平衡的结果。新《公司法》（2023年修订）实施前，最高人民法院《关于适用〈中华人民共和国公司法〉若干问题的规定（三）》第13条第2款即规定了债权人可以向股东主张"对公司债务不能清偿的部分承担补充赔偿责任"，但是需要满足前置程序。前置程序包括："先以基础性债权债务关系起诉公司，待强制执行程序结束后公司仍无法清偿时才能起诉股东。"[1]

债权人要求加速到期是为了自身利益，效率问题是债权人最为关注的，若经过前置程序，显属增加诉累及经济成本，最终可能得到的效果也并不是很好。而第54条对公司股东、债权人都将产生巨大影响。已经审判、进入执行程序的案件，直接追加股东为被执行人，尚未诉讼的案件以"公司+股东"为被告，将为债权人节约成本。

在要求加速到期的数额上，债权人请求加速到期的数额应当以其主债权和附加债权为限度，而不应随意扩大保护的合理限度。在要求加速到期的股东主体上，债权人请求加速到期，可随意请求任一未届期限的股东提前出资，而不必限于同等比例。[2]

在新《公司法》（2023年修订）实施之后，各地法院也陆续将第54条应用到裁判当中。债权人在起诉公司承担责任的同时，将股东也列为被告，要求股东承担责任的，也有部分法院支持了上述诉请。如[2024]粤0606民初17786号李某、某甲地产有限公司等民间借贷纠纷案件。李某与某甲公司签订《借款合同》，后某甲公司未按约定还款。因此李某将公司及股东杨某和张某在各自未出资范围内对某甲公司的债务承担责任。关于杨某、张某的责任认定，法院认为：根据新《公司法》（2023年修订）第54条规定，不能清偿到期债务是股东出资义务加速到期的唯一条件，而某甲公司作为被执行人的案件，法院穷尽执行措施无财产可供执行而终结本次执行，属于上述法律规定的公司不能清偿到期债务股东出资义务加速到期的情形，故作为股东的杨某、张某应在未出资范围内对某甲公司不能清偿的债务承担补充赔偿责任。关于

---

[1] 参见李建伟：《认缴制下股东出资责任加速到期研究》，载《人民司法》2015年第9期。

[2] 参见刘斌：《出资义务加速到期规则的解释论》，载《财经法学》2024年第3期。

第 54 条的适用，在公司、股东和债权人之间的利益衡量中，将公司资本实现和债权人权利实现置于优先顺序，让债权人权利实现得到保障。

四、结语

《公司法》（2023 年修订）新增的股东出资加速到期制度，并非一项孤立的新规，而是公司资本制度系统性改革、股东出资期限整体收紧背景下的一项内在联动制度。其规定的非破产情形下股东出资义务加速到期制度，突破了传统上仅在破产、解散等特殊情况下适用的加速到期规则，既保护了债权人的利益，确保公司债务得到及时清偿；同时也规范了公司的资本结构和股东行为，促进公司的健康发展；更兼顾了资本认缴制的效益考量和对民商事主体平等保护的价值导向。

浅析数字经济时代下反垄断法的挑战与应对

司 政*

（中国政法大学 北京 100088）

摘 要：数字经济时代的到来为经济发展带来了巨大机遇，但也对反垄断法提出了严峻挑战。本文深入剖析数字经济时代的特征，详细阐述《反垄断法》在该时代面临的困境，包括平台垄断认定困难、滥用市场支配地位行为难以界定等问题，通过完善反垄断法条文、强化监管，能够更好地适应数字经济的发展需求，防范和规制数字经济领域的垄断行为，维护市场公平竞争秩序，保障各市场主体的合法权益。

关键词：数字经济；反垄断法；平台垄断

一、数字经济时代的特征与介绍

数字经济时代下，一是数据成为关键的生产要素，通过对海量数据的收集、存储、分析和应用，企业能够实现精准营销和个性化定制，从而获得竞争优势；二是数字产品或服务的价值往往随着用户数量的增加而呈指数级增长，网络效应显著，容易导致市场集中度过高和垄断现象的出现；三是数字技术的融合性使得企业的业务边界变得模糊，跨界竞争频繁。比如科技巨头凭借其强大的技术实力和数据资源，不仅在自身核心的信息技术领域占据优势，还涉足金融、零售、医疗等多个传统行业，给传统企业带来巨大的竞争压力，同时也打破了传统行业的市场格局和竞争秩序；四是技术更新换代迅速，企业为了在激烈的市场竞争中立足，必须不断进行创新，推出新的产品、

---

* 作者简介：司政（1996年—）男，汉族，吉林长春人，中国政法大学同等学力研修班 2023 级学员，研究方向为经济法学。

服务和商业模式,这种快速的创新步伐使得市场竞争更加动态化和复杂化,对反垄断法的适用和执法提出了更高的要求。

数字经济的这些特征相互交织,共同塑造了一个与传统经济截然不同的经济生态系统,在推动经济增长、提高生产效率、改善社会福利的同时,也对现有的反垄断法律制度带来了前所未有的挑战。

二、《反垄断法》在数字经济时代所面临的困境

(一)平台垄断的认定难题

在数字经济时代,平台企业的市场结构和竞争行为呈现出高度复杂的态势,使得平台垄断的认定变得异常困难。

首先,数字平台的相关市场界定模糊。传统反垄断法中,相关市场的界定通常基于产品或服务的替代性分析,包括需求替代和供给替代。然而,数字平台往往具有多边市场的特性,其提供的服务可能涉及多个用户群体,这些用户群体之间存在着复杂的交叉网络外部性。例如,搜索引擎平台一方面为用户提供免费的搜索服务,通过广告收入盈利,其用户群体包括普通搜索用户和广告商;另一方面,平台上的内容提供商也依赖搜索引擎获取流量和曝光度。在这种情况下,确定搜索引擎平台的相关市场范围就面临着诸多挑战,究竟是仅考虑搜索服务市场,还是要综合考虑广告市场、内容分发市场等多个相关市场,目前尚无明确统一的标准和方法,这给平台垄断的认定带来了极大的不确定性。

其次,市场份额的计算方法难以适用。在传统行业中,市场份额通常依据企业的销售额、销售量等指标来计算,相对较为直观和明确。但对于数字平台企业而言,其商业模式多样,盈利方式可能并非单纯依赖产品或服务的销售,例如一些平台通过收取交易佣金、广告费用、数据授权费用等多种方式获取收入,而且平台上的用户活跃度、用户黏性、数据流量等因素对于平台的市场影响力和价值评估具有重要意义,但这些因素很难直接转化为传统意义上的市场份额计算指标。此外,数字平台的业务具有动态性和创新性,市场份额可能在短时间内发生较大变化,这也使得基于静态市场份额的传统垄断认定方法的适用性在数字经济时代大打折扣。

(二)滥用市场支配地位的界定困境

数字平台企业在拥有市场支配地位后,其滥用行为的表现形式更加隐蔽

和多样化，给反垄断执法机构的界定和监管带来了困难。

一方面，数字平台企业常常通过算法和数据优势实施差别待遇行为。例如，电商平台利用算法对不同的商家或消费者进行个性化定价，根据用户的消费能力、购买历史、浏览习惯等数据，向部分用户展示更高的价格，而向其他用户提供更高的折扣，这种差别定价行为可能损害消费者的利益，同时也破坏了市场的公平竞争环境。然而，由于算法的复杂性和数据的隐蔽性，反垄断执法机构很难获取充分的证据来证明平台企业的这种行为构成滥用市场支配地位，并且在判断这种行为是否具有正当性和合理性时，也缺乏明确的法律依据和标准。

另一方面，平台企业的"自我优待"行为也引发了广泛关注。拥有市场支配地位的平台可能会在搜索排名、流量分配、数据开放等方面偏袒自己的关联企业或自营业务，抑制竞争对手的发展。例如，某互联网巨头旗下的电商平台在搜索结果中优先展示自家的商品或服务，将竞争对手的产品置于较后的位置，使得竞争对手难以获得足够的流量和曝光机会，这种行为是否构成滥用市场支配地位，在实践中存在较大争议。因为平台企业往往会以提高用户体验、优化平台运营等理由为其行为进行辩护，而反垄断执法机构需要在保护竞争和促进创新之间寻求平衡，准确判断平台企业的"自我优待"行为是否超出了合理的界限。

（三）经营者集中审查的挑战

如今数字企业的并购活动日益频繁且形式多样，不仅包括传统的股权收购、资产收购等方式，还出现了大量的数据收购、技术收购以及通过战略投资、合资合作等方式实现的控制权变更或业务整合。例如，一些大型数字平台企业通过收购具有创新性的初创企业，获取其先进的技术和用户数据，从而进一步巩固和扩大自身的市场优势，这种收购行为往往不涉及传统意义上的大规模资产或股权交易，但却可能对市场竞争产生重大影响。然而，目前的反垄断经营者集中审查制度主要侧重对传统并购形式的审查，对于这些新型的并购行为在审查范围、审查标准和审查程序等方面尚未形成完善的应对机制，容易导致部分具有潜在反竞争效果的经营者集中行为逃脱审查。

此外，数字经济的快速发展使得经营者集中的动态竞争影响评估变得更加复杂。在数字市场中，企业的创新能力和发展潜力是决定其市场竞争力的关键因素，而一项经营者集中行为可能在短期内不会立即导致市场份额的显著变化，但从长期来看，却可能阻碍潜在竞争对手的创新和市场进入，削弱市场的创新活力和竞争压力。然而，反垄断执法机构在进行经营者集中审查时，往往难以准确预测和评估这种长期的动态竞争影响，现有的审查方法和工具在应对数字经济时代的经营者集中问题时显得力不从心。

三、反垄断法的应对策略

（一）明确数字平台相关市场界定的原则和方法

立法机构应结合数字经济的特点，制定专门适用于数字平台相关市场界定的指导原则和具体方法。例如，可以引入"双边市场理论"和"假定垄断者测试"的改良方法，综合考虑平台的多边用户群体、网络效应、数据的可获得性和可替代性等因素，更加科学合理地确定数字平台的相关市场范围。同时，通过发布指导性案例或司法解释，为反垄断执法机构和司法机关在实践中提供明确的操作指引，减少相关市场界定的不确定性。

（二）细化对滥用市场支配地位行为的认定标准

针对数字平台企业滥用市场支配地位的行为，反垄断法应进一步细化认定标准，明确各类行为的构成要件和判断依据。对于算法歧视、"自我优待"等行为，应规定具体的监管措施和处罚标准，要求平台企业承担举证责任，证明其行为的合理性和正当性。例如，在算法歧视问题上，平台企业应向执法机构披露其算法的基本原理、数据来源和使用方式，若无法证明其算法未对消费者或竞争对手造成不合理的损害，则可认定其构成滥用市场支配地位行为。同时，建立动态的行为监管机制，根据数字经济的发展变化及时调整和完善滥用市场支配地位行为的认定标准，确保法律的适应性和有效性。

（三）优化经营者集中审查制度

完善经营者集中申报标准，将数据、技术等新型资产和业务纳入审查范围，充分考虑数字企业并购对市场竞争的潜在影响，尤其是对创新竞争的影响。例如，可以设定数据资产规模、技术研发能力等指标作为补充申报标准，对于涉及关键技术领域或具有重大数据优势的并购交易，即使交易金额未达到传统的申报门槛，也要求企业进行申报。此外，建立经营者集中的事后审查机制，对于一些可能对市场竞争产生长期潜在影响的并购交易，在交易完成后的一定期限内进行跟踪评估，及时发现并纠正可能存在的反竞争行为，确保市场竞争秩序的稳定。

未经破产清算注销的有限公司债务追偿问题研究

杨隽溪*

（中国政法大学 北京 100088）

摘 要：在有限公司注销登记实践中，越来越多的公司因投资人、高管、实际控制人的各种目的而被在未经破产清算程序时注销，从而产生了诸多遗留债务。对于债权人追偿债权，有不同路径可选择，但每个路径的适用条件、对债权人的举证要求、管辖规定、追偿效果等有所区别，如何选择最优路径是债权人追偿的关键。

关键词：有限公司；破产清算；注销；债务

公司注销是公司清算程序结束后消灭公司的最后一步。根据是否在破产程序中进行，公司清算可分为破产清算和非破产清算，在此分类基础上结合实践可将公司注销分为经破产清算程序的注销和非经破产清算程序的注销。破产清算程序的启动前提为公司资不抵债，因此经过破产清算程序注销的公司，不足以清偿的部分债务同时消灭。非破产清算必须以公司财产能够清偿其债务为前提，不具有免除公司债务的效果。[1]因此，公司非经破产清算程序注销后遗留的债务，债权人可依法追偿。

一、公司注销具体情形

（一）简易注销

简易注销是合法的不经清算程序的注销，指未开业或者不存在债权债务

---

* 作者简介：杨隽溪（1992 年—），女，汉族，宁夏彭阳人，中国政法大学同等学力研修班 2024 级学员，研究方向为民商法学。

〔1〕 杨斯空、张冰玢：《自行清算而注销公司后发现遗漏权益的处理》，载《人民司法》2021 年第 23 期。

的公司依据《公司法》第 240 条的规定，经全体股东签署《公司无债务承诺书》且在国家企业信用信息公示系统公告无异议提出后进行的公司注销。

（二）经合法解散清算程序的注销

清算义务人（董事）依法在公司解散事由出现之日起 15 日内组成清算组进行清算，且清算人（清算组成员）严格履行忠实勤勉义务，依法履行清算职责，依据公司真实资产负债情况制定清算方案，将清算方案报股东会或法院（法院强制清算）确定、执行清算方案、出具清算报告并报股东会或人民法院确认后进行的公司注销。

（三）经非法解散清算程序的注销

清算义务人、清算人经违法清算程序后的注销。具体如，清算义务人违法不启动清算程序；清算人未依法履行《公司法》第 234 条规定职权；以及清算人、清算义务人存在原最高人民法院《关于适用〈中华人民共和国公司法〉若干问题的规定（二）》（以下简称《公司法司法解释二》）第 18 条、19、20 条规定的违法行为。

（四）强制注销

公司被行政强制解散（被吊销营业执照、责令关闭或者撤销）满 3 年未自行申请注销后公司登记机关依据《公司法》第 241 条规定，在国家企业信用信息公示系统公告无异议后由公司登记机关依据行政职权进行的注销。

二、遗留债务种类

（一）公司注销时已知的债务

如公司注销时正在履行的合同涉及应退还的保证金、存在欠付货款、服务费等情形的。对于该债务，清算人必须单独书面通知债权人公司解散清算事宜。

（二）公司注销时可预知的可能会形成的债务

主要指公司注销时的未决诉讼、仲裁和担保债务。对于该债务，清算人已明确知晓潜在债权人身份，有义务在清算过程中准备好处置方案，并在清算报告中予以披露。

（三）公司注销时无法知晓的债务

主要指侵权类债务，尤其知识产权类侵权是在公司注销之时无法预见的债务，对于该类债务，清算人可依法以公告方式告知公司解散清算事宜。

三、追偿路径

(一) 向公司股东追偿

第一,根据《公司法》(2023 年修订)第 240 条第 3 款,要求公司注销时全体股东清偿债务,不以股东分配所得资产及股东认缴出资额为限。适用于简易程序注销且注销时已知以及不确定债权的追偿。只要公司股东就"公司无债务"承诺不实,债权人即可要求全部股东连带清偿,即债权人只需证明债务真实且公司注销时债务已存在或者公司股东可预知债务有存在的可能性,即可要求全体股东全部清偿。

第二,以遗留债务所依据的基础法律关系要求公司全体股东清偿,同时要求未实缴出资的空转股东连带赔偿或者补充赔偿,以股东分配所得资产或者股东认缴出资额为限。适用于除简易注销之外的公司注销后遗留债务以及简易注销时无法知晓的遗留债务的追偿。虽现行法律均未就公司注销后的债务承继作出明确规定,但公司作为法人与自然人一样具有独立法律人格,自然人死亡,将产生权利义务继受的法律后果,即使无继承人或继承人放弃继承,也是继受后果的一种特殊情形,公司注销后当然地同样产生权利义务继受的后果,公司注销后资产由股东继受,债务应该由股东继受。[1]公司股东依据出资比例继受公司剩余资产,债权人有权要求公司全体股东以分配所得财产为限,按出资比例承担债务清偿责任。[2]如公司注销时存在未实缴出资的,债权人有权依据原《公司法司法解释二》第 22 条要求股东在未缴出资范围内承担清偿责任。并且,如公司存在未实缴出资股东空转股权情况,债权人可依据《公司法》第 88 条同时向认缴出资未到期的出让股东主张补充赔偿责任,向逾期未出资或出资瑕疵的出让股东主张连带赔偿责任。对于债权人而言,证明公司注销之时剩余资产情况难度更大,因此应优先选择以未实缴股东承担出资责任的依据进行追偿,如公司注销之时已实缴的再选择以股东已继受财产为限承担责任为依据进行追偿。

第三,公司股东与他人达成股权转让合意并签订书面股权转让协议但未

―――――――――

〔1〕 张尚谦:《公司遗留债权债务法律问题探讨》,载《人民司法》2008 年第 19 期。

〔2〕 闵敏、王奕博:《新〈公司法〉下公司解散清算后遗留债务的追偿路径》,载《金融市场研究》2024 年第 3 期。

在工商登记部门完成股权变更登记的，出让人不得以其已丧失股东资格为由对抗债权人，拒绝承担责任，具体可参考最高人民法院［2015］民申字第1416号民事裁定书。

（二）向公司实际控制人追偿

公司实际控制人为侵吞公司资产、逃避债务，操作公司未经合法清算注销，导致债权人利益受损的，债权人有权依据原《公司法司法解释二》第18条、第19条、第20条规定要求公司实际控制人清偿，本条路径实施的前提为有证据证明实际控制人身份，债权人的举证压力更大。

（三）向清算义务人追偿

如清算义务人存在"未及时履行清算义务"的违法行为且因此给债权人造成损失的，债权人可依据《公司法》（2023年修订）第232条第3款以及第241条第2款规定向清算义务人主张侵权损害赔偿，债权人需证明清算义务人履职瑕疵与损害结果之间存在因果关系。

对于清算义务人的责任，债权人还应考虑清算人的赔偿责任。[1]即清算组成立后，清算义务人符合《公司法》（2023年修订）第238条规定的也应当承担责任，也就是清算义务人责任也应包括清算人责任。[2]

（四）向清算人追偿

清算人存在"故意或者重大过失"行为且因此给债权人造成损失的，债权人可依据《公司法》第238条第2款规定向清算人主张侵权损害赔偿。

清算人事实上在清算阶段充当了运营中公司的董事会的角色，因此对于债权人来说，在判断清算人是否需要对其承担责任时，可参照《公司法》（2023年修订）第191条关于董事信义义务和董事对第三人责任条款。[3]

（五）向公司债务人代位追偿

公司注销后的遗留债权与遗留债务一样仍然存续，该债权参考自然人继承制度由全体股东继受。[4]如该债权尚未经公司股东以司法方式确权的，债权人可以就该遗留债权向公司的债务人代位追偿。

为提高追偿效率，债权人应当根据公司注销种类，遗留债务种类结合可

---

[1] 朱晓娟：《公司强制注销的规范定位与体系构造》，载《国家检察官学院学报》2023年第6期。

[2] 李建伟主编：《公司法评注》，法律出版社2024年版，第953页。

[3] 李建伟主编：《公司法评注》，法律出版社2024年版，第932页。

[4] 张国珍：《公司注销后的遗留债权问题研究》，载《金融文坛》2023年第7期。

追偿人的偿还能力、自身证据以及管辖法院等具体情况选择有效且最适合的一种路径进行追偿，也可以组合不同追偿路径一并进行追偿，实践中有法院将股东清偿责任与清算人赔偿责任在一案中一并判决，如［2020］京0112民初18815号案件。

四、结语

债权人虽有诸多路径进行追偿，但因当前正处于《公司法》（2023年修订）初步实施但对应的司法解释尚未出台时期，债权人可适用的法律依据目前并未完成体系化部署，如公司注销后公司债权债务继受问题的确定，公司实际控制人非法注销公司损害债权人利益的损害赔偿责任的确定，清算义务人责任包括清算人责任的确定，清算人责任认定可参照董事信义义务和董事对第三人责任条款的确定，原《公司法司法解释二》第18条至第20条中侵害债权人利益行为的损害赔偿主体以及赔偿范围的确定等，都需要通过《公司法》（2023年修订）司法解释进行明确和细化。

我国行政法法典化的研究

周逸豪[*]

(中国政法大学 北京 100088)

摘 要：行政法法典化具有必要性和迫切性，是法治化社会建设的基本要求。我国和其他国家的社会积累对行政法法典化的经验，是我国行政法法典化研究的坚实基础。本文将重点探讨行政法法典化的意义、可行性和有效路径。

关键词：行政法；法典化；法典编纂

一、我国行政法法典化的意义

(一) 推进国家法治现代化的重要方式

作为法治政府建设的核心，"依法行政"对于提升中国法治水平、提高行政法治建设水平具有极为深远的影响。[1]根据《法治政府建设实施纲要（2021-2025 年）》阐述，法治政府建设不仅是全面依法治国的关键任务，更是推动国家治理体系与治理能力现代化的主体工程，具有至关重要的支撑作用。法典编纂作为确保国家法治统一的关键举措，对于实现中华民族第二个百年奋斗目标同样具有不容忽视的重大意义。[2]

(二) 加强行政相对人队伍的建设

就我国目前所处的阶段而言，行政法规的体量庞大，由于行政人员在

---

[*] 作者简介：周逸豪（1997 年—），男，汉族，湖南安化人，中国政法大学同等学力研修班 2024 级学员，研究方向为宪法与行政法学。

[1] 张晟炜：《党的二十大党章修改对行政法法典化路径的启示》，载《西昌学院学报（社会科学版）》2023 年第 2 期。

[2] 马怀德：《行政基本法典模式、内容与框架》，载《政法论坛》2022 年第 3 期。

处理相对应的领域时，往往会牵涉各类行政法规，而不同行政人员对于同一概念的解读又有所不同，所以不管是在执法方面还是普法宣传方面，工作的进行和实施都有一定的难度，通过行政法法典化可以加强行政相对人队伍的建设，让行政人员对法律法规的理解更加透彻，从而避免出现行政相对人的法律意识较为淡薄的情况，这样就能让行政人员在执法及宣传工作中用起法律武器高效完成工作。

（三）行政法法典化的迫切需要

我国行政法领域虽然已经有了大量的法律法规，但这些法规呈现碎片化的状态，缺乏一个统一、系统的法典来整合。行政法法典化可以将这些零散的法规进行整合，形成一个完整、有序的法律体系，从而提高法律的适用性和可操作性。行政法法典化可以更加明确地规定公民的权利和义务，以及行政机关的职责和权限。这有助于减少行政机关滥用权力和侵犯公民权益的行为，从而更好地保障公民的合法权益。因此，我国应当对行政法进行法典化。

二、我国行政法法典化的可行性

（一）我国行政法体系的连续性积累

我国早在陕甘宁及早期革命根据地时期，就已经将行政行为法、机构设置和行政组织法、内部组织的规则、行政救济法都包含在内制定了一套完整的管理体系及制度，如《陕甘宁边区政务人员公约》等。这些早期的积淀让我国在成立初期就形成了一套完整的行政法律法规。到1954年，整体体系在《宪法》的基础上成形，而且有效地调整了政府和社会之间的关系。中国行政法规数量飞快地增长是在1982年《宪法》修改后到2011年这段时间，此时已经形成了具有中国特色的社会主义法律体系。[1]放眼现在，行政法的地位日益突出。经过长期的历史积累，我国行政法法典化就在眼前。

（二）现代进行过的有益尝试

在其他国家，已对行政法的法典化进行过有效尝试。比较法上的素材可为我国编纂行政法总则提供一定的经验借鉴与理论支撑。比如，《德国联邦行政程序法》《荷兰行政法通则》《西班牙行政程序法》和《韩国行政基本法》，无论是纯粹行政程序法，还是兼具实体内容的行政法总则，抑或是行政法通

---

[1] 关保英：《行政法典制定中中国行政法优良基因的存续》，载《法学》2023年第11期。

则，在一定程度上可以对我国的行政法法典化有所启示。就国内而言，曾经的最高人民法院院长周强主持的第一部地方政府规章《湖南省行政程序规定》的实施为我国日后统一推行行政程序法也提供了宝贵的经验和思路，它的实际内容包含了总则、组织法、实体法和程序法，已经初具法典化特征，这也证明我国在立法这方面做得比较完善。

(三) 编纂体系化法典的共识

近些年，许多学者对我国行政法的法典化提出了不同看法，但是主流观点的呼声比较统一。比如马怀德提出的"行政法法典化的模式选择应为行政基本法典"，这一观点认为统一行政法典模式不能成为我国行政法法典化的模式，这获得学者们的广泛认同。同时，叶必丰等人认为，我国行政法成典的方式不应同于《法国民法典》《德国民法典》的制定，应该使用编纂的方式。无论在立法还是理论研究以及司法实践方面，都为编纂通用行政法典提供了现实基础，做到一步到位编纂法典。[1]像《民法典》的顺利出台正是万千学者共同发力的结果，在国家指明的"部门行政法典+行政基本法典"双轨法典化路径下，基于学者共同认识的努力下，相信行政法的法典化也能一气呵成。

三、行政法法典化的有效路径

(一) 现阶段的不足之处

第一，行政程序的繁杂。随着行政法律关系向多极化转变，出现了诸多复杂行政过程，导致其他相关人无法感受到行政行为的合法性及正当性，同时也降低了行政效率，提高了行政成本。如何合理设计并规范这些复杂行政程序，是一个值得考究的问题。

第二，行政司法的僵局。各地对行政司法的理解不同且尚未形成规范的有机统一行政调解体系，导致仲裁与诉讼之间的衔接程度不紧密，仲裁程序无法着眼于实体，而行政仲裁是否有存在的必要，是必须思考的问题。

(二) 从内到外进行调整

第一，从内解决内部缺失问题。在我国行政组织法律规范方面，除宪法外仅有《地方各级人民代表大会和地方各级人民政府组织法》和《国务院组织法》，亟须完善组织法和编制法体系，制定《事业单位管理法》《机关运行

---

[1] 罗智敏：《通用行政法典的编纂思路与基本构架》，载《国家检察官学院学报》2024年第5期。

保障管理法》等基本法律。

第二由外解决位阶问题。譬如有的条例既在行政法中出现又在地方政府规章和地方性法规中出现。这令行政法只有形式上的位阶，却没有严格法律上的位次。虽然《立法法》的出台让行政法在一定层面上有了严格的法律位阶，但就其规范内容而论，其所属的位次仍不够明确。[1]可以通过保持法典的体系性与开放性，让所有行政行为既受合法性约束，又使行政机关能对新事项做出灵活选择。

（三）制定与时俱进的行政法典

在新时代的背景下，需要在总则的"行政程序"章节中对新技术做出相应的变化。比如，面对"一码通"服务及刷脸执法等非现场性的程序带来的"算法黑箱"及"程序公正"的问题，需要及时做出调整，补足法律的滞后性。首先，应当改变行政程序涉及的法律责任及证明形式；其次，应当根据实际情况丰富行政行为类型，最后，应当与时俱进地创新立法技术，将具有一国民族精神、时代精神的价值理念和制度实践创造性地融入内容之中。

（四）确立行政救济的补充作用

行政法法典化旨在为行政权和行政行为提供正当合法性，同时也能保护公民权益并提供救济途径。[2]可以通过将行政复议、行政诉讼、行政赔偿等制度全面整合纳入行政基本法典，并进一步完善层级监督、政府督查、预算监督、审计监督、行政问责等多种监督机制，构建起一个健全的、来自国家权力结构内部的监督体系。这将有效确保行政权力在法治轨道上运行，推动政府依法行政。[3]还可以通过适当的立法援引技术解决未来行政法法典颁布后所面临的与司法解释之间的关系问题。[4]做到由规范主义"控权"转向功能主义"授权"。

---

[1] 关保英：《论我国行政法体系发展的历史及法典化时代的来临》，载《上海政法学院学报（法治论丛）》2024年第4期。

[2] 应松年等：《行政法典编纂七人谈》，载《法学评论》2023年第1期。

[3] 王万华：《行政法典的法律规范体系定位与立法选择》，载《比较法研究》2023年第5期。

[4] 罗智敏：《论通用行政法典编纂的基础性问题》，载《政法论坛》2023年第3期。

四、结语

通过诸多学者对我国行政法法典化的研究，我国行政法法典化的未来变得清晰可见。"道阻且长、行则将至",[1]随着我国行政法的法典化的进行，相信在不久的将来，行政法法典化将成为我国法治建设的重要里程碑。

---

[1] 章志远:《中国行政基本法典编纂的理论共识》，载《学术月刊》2023年第12期。

《民法典》物业服务合同相关问题研究

陈 辉[*]

(中国政法大学 北京 100088)

摘 要：通过对《民法典》物业服务合同编的特殊性分析，结合生活实践中存在的物业服务问题，针对物业纠纷中物业费用标准不明确，物业交接混乱进行了思考，探讨通过引入物业协会等多方组织细化物业服务标准，赋予物业服务人更多权利的方式提高物业交接工作效率。

关键词：《民法典》；物业服务合同；物业交接；物业服务标准

1981年，深圳市成立了中国首家物业公司，已有43年的历史。随着房地产市场的繁荣，物业服务行业迎来了快速发展期。2003年国务院正式颁布《物业管理条例》（以下简称《条例》），2020年公布的《民法典》正式将物业服务合同纳入典型合同。在新的形势下多方利益纠结多种原因并存下，物业服务合同纠纷逐步成为社会热点问题之一。

一、物业服务合同的特殊性

《民法典》顺应时代潮流，将物业管理转变为物业服务，从理念上做出了更新，在保障业主的合法权益，化解社会矛盾，完善社区法治等方面有着重要的意义。物业服务合同是物业服务人为业主提供服务的一种诺诚、有偿、双务的典型合同，根据时间顺序上的先后可以分为：前期物业服务合同，物业服务合同以及不定期物业服务合同。

前期物业服务合同不仅对参与签订合同的双方产生约束，更突破了合同的

---

[*] 作者简介：陈辉（1987年—），男，汉族，天津人，中国政法大学同等学力研修班2024级学员，研究方向为民商法学。

相对性原则，对小区服务范围内的业主产生法律约束。前期物业服务合同对业主的约束力源自其他业主对建设单位订立的前期物业服务合同的概括承受。[1]前期物业合同的解除根据《民法典》第940条的规定，以业委会或者业主与新物业服务人订立的物业服务合同生效为终止条件，这种以一份合同的效力决定另一份合同效力的立法模式，突破了合同相对性与债权无因性理论。[2]物业服务合同对物业管理内容、服务要求、收费标准、违约责任等作出了约定。业主共同生活在一个物业服务区域，根据《民法典》第271条的规定，个体业主的意思融入整体的意思中，合同订立体现了小区整体业主的集体意志。不定期物业服务合同服务期限届满之后，业主与物业服务人未续签也未解除合同。根据合同履行治愈规则，物业服务人提供了事实上的物业服务，此时双方之间合同继续有效，变为不定期服务合同。

二、物业服务合同在实践中存在的问题

（一）物业服务收费标准不明确

2004年1月，《物业服务收费管理办法》（以下简称《办法》）正式实施，各地也纷纷制定各自行政区域内物业服务收费管理办法。办法距今已有20年，现行有效的地方办法中与《民法典》的规定也多有不一致之处。另外，《办法》仅从原则与定性方面对物业收费作了要求，并未作定量上的细化要求，无法对实践中物业服务标准及对应的单价作有效指导。全国范围内各地区的经济发展程度，物业服务水平等也存在较大差异，导致《办法》无法在收费幅度上统一。

经笔者调查发现，在经济较发达的江浙沪区域物业费单价普遍在1.5元/平方米以上，而在一些偏远县区物业费单价基本不会超过1.0元/平方米，另外相邻的两个小区之间由于选聘的物业服务人不同或建成年代略有差异其物业费单价可能差距在1.0元/平方米以上，但是综合对比两个小区的物业服务情况，并未有对应不同价格的官方的评估与评价的差异。部分小区同一物业

---

[1] 参见最高人民法院民事审判第一庭编著：《最高人民法院建筑物区分所有权、物业服务司法解释理解与适用》，人民法院出版社2009年版，第255页；刘兴桂、刘文清：《物业服务合同主体研究》，载《法商研究》2004年第3期；姚辉、段睿：《物业服务合同履行的相关法律问题研究》，载《法律适用》2010年第1期。

[2] 参见周辉斌：《论〈民法典〉第940条之解释与适用》，载《时代法学》2022年第6期。

服务人，一期、二期、三期建成的楼盘之间物业服务价格却相差巨大。物业服务合同作为一种有偿合同，价格与价值的偏离是目前司法实践中物业费拒缴的常见理由之一，同样也是物业纠纷案件中值得深入研究的部分。

(二) 物业交接工作制度模糊

《条例》第 38 条规定物业服务人有做好交接工作的义务。小区更换物业服务人的现象时常出现，在新旧物业服务人交接之际容易出现相互推诿扯皮的现象。[1]实践中经常出现业主通过业主大会选聘新物业服务人后，旧物业服务人因物业费欠收、对业主选聘新物业服务人程序存在异议等原因拒绝退出小区，这不仅严重违反了《条例》的要求，也违反了契约规则，并且因为不交接或者交接不到位，造成小区重要共用设施设备等材料的丢失，更侵犯了小区业主的合法权益。业主与旧物业服务人存在合同关系，其要求旧物业服务人履行职责具有正当性。

(三) 对物业服务人监管不足

日常生活中物业公司的监管单位有政府房管局下属物管科、街道办事处。这些政府部门在物业服务监管中，往往只注重定期检查和抽查，缺乏多元化的监管手段，难以全面有效地监管物业服务人。物业服务涉及小区设施设备等管理的各个方面，监管部门缺乏专业的技术人才和法律人才，导致监管力度和效果大打折扣。另外，多部门的监管有时政令不一或监管部门内部意见相左，不仅起不到监管作用反而使物业服务人无所适从。

三、物业服务合同规范完善的对策建议

(一) 完善标准与制度建设，着眼纠纷的多元化解决方案

针对物业服务费用无法量化问题，笔者认为物业服务业务协会应当被赋予相关的权利和义务，与各地政府监管部门建立长效协助机制，制定符合本区域特点的服务与收费标准。将物业服务做模块化拆分，制定不同收费价格下各部分工作的量化标准，将业主满意度与费用挂钩，建立物业服务人瑕疵惩罚机制，业主欠缴费用解决机制等制度建立。

由政府监管部门负责主导，街道办事处协助，联合物业服务协会，管控好小区服务的标准化工作，将长期不合规不合格的物业服务人赶出去，让恶

---

[1] 参见杨彬：《物业服务合同纠纷的产生原因及解决对策》，载《法制博览》2023 年第 22 期。

意不履行缴费义务的业主得到法律引导，形成物业生态的正向运转。扭转当前社会中大多数物业服务人"轻服务、重收费"的情况，同样也要端正部分业主"享受多、缴费少"的心理。

(二) 增加新物业人的代位权诉讼及相关权利

物业工作交接是一项具有复杂性、专业性的工作。作为政府监管部门的房管局物管科和街道办事处以及小区业委会，没用足够的时间，也没有相应的专业性。可以尝试赋予新物业服务人推进小区物业交接工作的权利。一方面，旧物业服务人不履行交接义务属于合同违约是一种债权关系，另一方面，新物业服务人基于新合同为小区提供物业服务也是一种债权关系。将《民法典》第535条的债权人代位权扩展到物业服务领域，允许新物业服务人代位行使业主委员会的权利。[1] 新物业服务人在业主方怠于行使权利时，可以行使与业主相同的请求权，要求旧物业服务人及时撤场并做好交接。这样不仅有利于交接工作更有效推进，而且能够避免因旧物业服务人对交接不专业导致相应交接工作出现纰漏侵害业主的利益。

另外，笔者认为应当完善小区物业撤场预警机制，撤场小区由新/旧物业服务人提前申报政府监管部门，由监管部门牵头组织安排撤场工作，明确撤场工作计划，避免出现旧物业服务人不撤出或者突然撤出给小区的物业服务带来的冲击。应当从制度层面上明确预警制度的适用情形，物业服务人应当遵循的法定程序以及违法所要面临的法律后果。

(三) 加强政府对物业服务人的监督

对物业服务人的监督应当从以下几个方面进行：第一，完善现行的物业服务人市场准入制度，加强对物业服务人的事前资格审查，强化对物业服务人的服务水平评估维度与力度，明确违规处罚后果。第二，明确物业服务人市场退出机制，淘汰一批市场上不合格的物业服务人，净化物业服务行业的风气。第三，强化物业协会的作用，借鉴外国经验，让渡一部分政府职能给行业协会，由行业协会负责物业行业专业人员的考核和管理等，国家和政府制定相应的法律法规，既能创造良好的行业环境又能对行业进行有效监督。

---

[1] 参见陈子涵、王依凡：《我国物业服务合同规范的不足与完善——以法释〔2020〕17号司法解释为切入口》，载《上海房地》2023年第5期。

诚实信用原则的适用研究

吴 琳[*]

(中国政法大学 北京 100088)

摘 要：诚信原则是民商法中的基本原则之一，是民商事领域的"帝王条款"，由于我国民商法对诚信原则的规定并不明确，加之诚信原则本身的抽象性和天然的伦理性等特点，引发了我国司法实践对诚信原则适用的不同声音，本文基于诚信原则在我国司法实践中的适用难题，现结合实际情况，就诚信原则适用问题进行初步讨论与剖析。

关键词：诚实信用原则；司法适用；禁止权利滥用

一、诚实信用原则的发展

大陆法系民法以罗马法作为起源，如以古罗马建城作为起算点，大陆法系民法迄今已有2800年的历史。在漫长的历史进程中已经形成完善的理论体系。现代民商法中的诚实信用原则脱胎于罗马法中的诚信、善意，具体体现在诚信诉讼和诚信契约中。[1]近现代民法立法史中诚实信用原则的适用范围经历了不断扩大的演变过程。在人类历史上第一部民法典——《法国民法典》（1804年）中，诚实信用原则只适用于"契约的履行"，后来不断扩展到"债务履行"，最后上升为20世纪初的《瑞士民法典》（1907年），成为民法典的基本原则。第二次世界大战后，随着战后各国经济的复苏，科学技术的突飞猛进，经济发展中不同阶级之间、同一阶级之间的内部利益冲突激化，以及

---

[*] 作者简介：吴琳（1987年—），女，汉族，甘肃敦煌人，中国政法大学同等学力研修班2023级学员，研究方向为经济法学。

[1] 徐国栋：《客观诚信与主观诚信的对立统一问题——以罗马法为中心》，载《中国社会科学》2001年第6期。

现代民商法为了更好地适应现代市场经济的发展，各国在经济活动中逐渐重视道德规范的调节功能、诚实信用原则的依赖作用以及法官在案件审理中主观能动性的发挥等方面的问题。诚信原则在这样的背景下被扩大了适用范围，最终在民法的全域范围内成为"帝王规则"。我国将诚信原则纳入立法，从《民法通则》《合同法》到《民法典》，都对我国的民事活动、立法活动和司法实践起着指导作用。

二、诚实信用原则的内涵

诚实信用原则要求市场经济活动中的当事人进行民事活动时应恪守诚信，怀抱信赖之心。就本质而言，诚实信用原则是道德观念、规则的法律化，是权利义务人双方必须遵循和适用的基本准则，如未信守将不发生权利行使和义务消灭的法律后果。[1]诚实信用，是市场经济活动中形成的道德规则，要求民事主体在市场经济活动中恪守诺言，诚实不欺，为一切市场经济参加者不得损害他人利益和社会公共利益的"诚实商人"的道德标准。[2]诚信原则在《民法典》中是从法律层面引导人们讲诚信，在道德层面约束人们的活动。对社会人而言，民商法不仅是一种法律规则，也是判断一个人道德水平的重要依据，在民商法中，关于诚实信用原则虽没有明确的行为模式，却是衡量民事主体及立法、司法机关行为的重要标准，所以每个人在从事民事活动时，必须做到诚实信用，保证在不损害他人利益基础上规范地行使自身权利，履行自身的义务。[3]

三、诚实信用原则在我国司法适用中的问题

我国现行法律体系中，涉及民商事的相关法律有400多部，诚信原则在很多法律内容中都有提及，甚至将其上升到指导地位，但对于诚信原则在民商法中的规定并不全面、明确、准确，在其内涵和概念的界定上，各方的看法并不一致。这就造成了人们在对诚信原则的认知上没有形成统一标准，在实践过程中也存在着争议，现有的法律规范中尚缺乏配套的细则来保护实际

---

[1] 梁慧星：《民法总论》，法律出版社2017年版，第276页。
[2] 梁慧星：《诚实信用原则与漏洞补充》，载《法学研究》1994年第2期。
[3] 马晓晓：《关于民商法中诚实信用原则的内涵及其完善路径的研究》，载《法制博览》2019年第31期。

执行过程中的诚信原则,造成实际执行操作中的诚信原则适用并不顺畅。

一个普通的民商事案件从案件事实发生、产生争议到当事人计划提起诉讼,法院受理案件、审理、作出判决到执行,当事人实施的行为立法不能事无巨细进行全面规定,一些当事人在民商事活动中通过不诚信的行为获取额外利益,特别是在诉讼过程中,案件卷宗无法将当事人主观想法或当事人在诉讼过程中隐蔽性、技巧性、策略性非诚信行为一一展现。例如虚假诉讼、恶意诉讼、拖延诉讼等。部分当事人在诉讼中还会通过虚假陈述、前后陈述矛盾(反言)、伪造证据(如在执行程序中伪造租赁合同)、证据突袭、恶意启动鉴定程序等方式获取不正当利益。实践中,当事人在诉讼过程通过不诚信的行为损害他人或公共利益而达到自身目的,但是一些不诚信的当事人为拖延诉讼程序实现自身目的。

例如,原告起诉后,即使合同中明确约定送达地址,被告也通过各种方式拒绝签收法院送达的诉讼文件,甚至部分代理人为配合当事人达到拖延诉讼程序的目的,在提交授权手续时有意遗漏必要文件,导致代理人因代理手续不完备而无法签收相关诉讼文件,但是在开庭时又可以提供完备的授权资料,甚至在法官前往有被告当事人名称标志的办公地址送达时现场工作人员仍然会百般推诿,导致送达困难;另外,不少当事人尽管无任何依据也会提起管辖权异议,保全异议等,尽管对驳回异议有预期,但是仍然通过该方式拖延诉讼。笔者遇到最为极端的案例为,一个案件有四名被告,其中前三名被告送达用尽各种方式进行拖延送达,最后一名被告始终无法送达,法院通过公告送达向最后一名被告送达开庭通知书,然后公告 60 天期间(2019 年)第四名被告未提出异议,在答辩期间届满前最后一天通过 EMS 向法院寄送管辖权异议申请书,导致案件迟迟未能进入实体审理阶段,后因卷宗移送等多重影响,导致 2018 年 9 月立案的案件,在 2021 年 2 月中旬才正式开庭,然后在诉讼的三年期间,被告通过各种方式对资产进行转移,待原告收到生效判决启动执行程序时,被告名下已无可供执行财产。即一方当事人在诉讼程序中通过自身的不诚信行为获得的巨大利益,造成诚信当事人一方遭受重大损失。

四、诚实信用原则适用的完善建议

我国目前法治环境不断改善,法官专业度持续提升,但是因为立法的滞后性导致在四百多部民事法律规范中，对诚实信用原则具体细节、实施方式规定并不清晰、完备，特别是对当事人在民商事活动中不诚信的行为惩罚性措施不足，非诚信行为受到的惩罚远低于其可能获得的利益，因此在司法实践中，当事人为获取更大利益采取不诚信行为比比皆是。基于目前我国司法实践现状，建议我国在后续立法中加强对诚实信用原则具体适用的配套法律法规，特别是对诉讼程序中的非诚实信用行为进行规范，对明确认定的不诚信行为加强惩治措施。

五、结语

诚实信用原则是通过指导民事主体合理行使权利、履行义务，从而达到社会秩序、经济秩序稳定的民事当事人之间、民事社会之间的利益平衡，从而实现对民事主体之间、当事人与社会之间利益的平衡。随着社会的发展，许多国家在司法实践中已将真实陈述义务、禁止诉讼权利滥用、诉讼促进义务、禁止反言等纳入立法，希望未来我国在立法中也能够根据我国司法实践完善我国立法，为民商法"帝王条款"诚实信用原则的适用创造良好的法律土壤。

论行政复议与行政诉讼合法性审查的协调统一

许倩倩*

（中国政法大学 北京 100088）

摘 要：2023年修订的《行政复议法》以法律的形式确定了行政复议为化解行政争议的主渠道这一定位，行政诉讼应主动适应并积极推进行政复议主渠道功能的发挥。司法实践中，相对人出于对行政复议结果公正性的疑虑和担忧，往往优先选择行政诉讼进行维权。协调统一行政复议与行政诉讼对行政行为的合法性审查的裁决标准，有助于增强行政相对人对行政复议制度的信心与信任，支持行政复议主渠道的功能定位。据此，提出联合出台指导意见、联合发布典型案例、设置专业复议官的建议，促进行政复议、行政诉讼审查标准的统一，以支持行政复议主渠道功能的充分发挥，完善行政争议解决体系。

关键词：行政复议；行政诉讼；合法性审查

一、引言

2023年修订的《行政复议法》以法律的形式确定了行政复议为化解行政争议的主渠道这一定位，我国争议化解体系逐步从"大信访、中诉讼、小复议"朝着期望的"大复议、小诉讼、小信访"局面前进。行政诉讼应主动适应并积极推进行政复议主渠道功能的发挥。[1]如何在新法构建的以行政复议为主渠道的行政争议解决体系内继续完善行政诉讼与行政复议的衔接，对于充分发挥二者各自的优势、合理配置行政救济资源、实现实质性解决行政争

---

* 作者简介：许倩倩（1986年—），女，汉族，湖南郴州人，中国政法大学同等学力研修班2023级学员，研究方向为宪法与行政法学。

[1] 耿宝建：《行政争议实质化解理论与实践探索》，载《中国法律评论》2024年第3期。

议仍然具有重要意义。

二、行政复议与行政诉讼的审查内容

行政复议与行政诉讼都是行政纠纷解决体系中的重要纠纷解决制度。行政诉讼是由司法系统的人民法院主持下对行政行为的合法性进行审查的活动。《行政诉讼法》第6条规定："人民法院审理行政案件，对行政行为是否合法进行审查。"在行政诉讼中，法院对被诉行政行为原则上只作合法性审查，对于被诉行政行为的适当性问题，则不属于司法审查对象。[1]

行政复议相较行政诉讼，由行政系统内部的上级行政机关作为复议机关，不仅对行政行为的合法性，也对行政行为的合理性进行全面审查。很多情况下当事人主张的不仅仅是合法性，往往还涉及合理性问题，而法院只能就明显不当的行政行为进行确认，个案与其他案件相比是否合理，多大程度上的合理，往往难以在诉讼中进行审查。而行政复议则可以对合理性问题进行审理，且不局限于明显不当，实现最大限度地解决纠纷。[2]

行政诉讼与行政复议都会对行政行为的合法性进行审查，在这一范围内上重合，它们的共同目标都是对行政行为的合法性进行审查并解决行政争议。

三、合法性审查协调统一的价值与意义

在完善的行政争议解决体系中，非诉讼纠纷解决机制应当挺在前面，而行政诉讼应当是最终的纠纷解决手段。行政复议制度与行政诉讼相比较，具有周期短、效率高、成本低等便民利民的天然优势，但在"自由选择为原则、复议前置为例外"的格局下，原行政诉讼一审案件数量是行政复议的1.5倍。[3]由此可知，在同样情况下，相对人往往优先选择了行政诉讼进行维权。导致这种情况的重要的原因之一，是相对人对行政复议结果的公正性的疑虑和的担忧。

改善这种情况，使行政相对人建立对行政复议制度的信心与信任，让行

---

[1] 章剑生：《行政诉讼"解决行政争议"的限定及其规则——基于〈行政诉讼法〉第1条展开的分析》，载《华东政法大学学报》2020年第4期。

[2] 牛延佳：《行政复议与行政诉讼衔接视角下的行政争议实质性解决》，载《苏州大学学报（哲学社会科学版）》2022年第6期。

[3] 马怀德：《行政复议前置的法理与适用》，载《法律适用》2024年第5期。

政相对人认识并相信行政复议能够达到与行政诉讼的一样甚至更好的效果，关键是要形成行政复议合法性审查的统一裁决标准，使其对合法性审查的审查效果与行政诉讼中达到一致。当行政相对人认识到行政诉讼与行政复议是依照统一的审理标准审理，且将得出一致的审理结果后，自然更愿意优先选择更高效的行政复议。

四、对协调统一合法性审查的建议

（一）联合出台指导意见

2021年12月，司法部发布《关于审理政府信息公开行政复议案件若干问题的指导意见》（以下简称《指导意见》），并由国务院办公厅转发各省级人民政府、各部委及直属机构，用以指导政府信息公开类的行政复议案件，规范行政复议机关审理政府信息公开类行政复议案件，也为司法机关审理同类行政诉讼案件提供参照。《指导意见》是由行政系统进行由上而下的分发，或有益于行政复议机构的统一裁判标准，但对于司法系统审理行政诉讼的影响，尤其是统一行政诉讼与行政复议的审理标准是有限的。在对《指导意见》的解读中提到，对于政府信息公开案件的观点、认识分歧问题愈演愈烈，实际情况中同案不同判的问题也存在于行政诉讼中，不仅不同法院、不同法官之间同案不同判，甚至同一个法官在不同时期亦存在同案不同判的现象。[1]

因此，对于相关行政行为的合法性审查，效果更好的应是由最高人民法院会同司法部联合发布，这某种程度上解决了单一部委发布的《指导意见》对行政诉讼的影响力不足的问题，统一行政复议和行政诉讼对合理性审查的裁决指南。具体来说，可参考最高人民法院与最高人民检察院、公安部联合发布违法犯罪等一系列指导意见的工作流程，可在深入调研、充分论证的基础上，由最高人民法院起草相关指导意见，广泛征求全国法院、复议机关在具体工作中的问题和意见，进一步明确相关行政行为的合法性审查中法律适用、政策把握、办案要求等相关问题。

（二）联合发布典型案例

行政诉讼的主要功能，不是解决数量庞大的行政纠纷，而应是通过对典

---

〔1〕 后向东、赵建基：《准确理解和适用政府信息公开行政复议案件审理规范——解读〈关于审理政府信息公开行政复议案件若干问题的指导意见〉》，载《中国司法》2022年第1期。

型行政纠纷的裁判，为其他纠纷解决提供处理样本，也为当事人自行解决纠纷提供合理预期，为行政机关执法和复议提供镜鉴，达到"抓前端、治未病"的效果。[1]

"一个案例胜过一沓文件。"典型案例具有极强的宣传教育和示范引领作用，对于促进法律适用的统一性和公正性具有重要意义。通过联合发布指导性案例，同时为各级人民法院和行政复议机构提供了合法性审查的统一参考和借鉴，有助于提高审理的质量和效率，更重要的是有助于减少行政诉讼和行政复议在合法性审查中的差异、同案不同判的现象。同时，典型案例也为行政相对人提供了后续行政诉讼可能的预期，使其能够更好地了解和预测法律后果，增加行政复议合法性审查结果的可信度，进一步增强行政复议中合法性审查结果的公信力。

（三）设置专业复议官

行政复议在程序特征上兼具行政性和司法性，是"类似法院的司法裁决行为"，行政复议的司法性类似于行政诉讼的特性，是复议和诉讼共有的特征。要想使得行政复议的合法性审查达到与行政诉讼合法性审查裁决结果一致的效果，关键是要由实质上具备行政行为合法性的专业裁决团队进行裁决。可参照法官选任与培养要求，设置更专业法律知识和法律思维的行政复议官。

五、结语

行政诉讼应当是最终的行政纠纷解决机制，但不是首选的。要充分发挥行政复议主渠道的功能，提高行政复议制度的利用度，应以提升行政复议制度有效化解行政争议的能力为基础，如果行政复议不能实质化解行政争议，公民不服复议决定仍然会向人民法院提起诉讼。[2]行政复议在有效化解行政争议能力中，要向着"司法化"的方向进行适度的调整。[3]行政诉讼应主动适应，积极促进行政复议、行政诉讼标准的统一，以支持行政复议主渠道功能的充分发挥，完善行政争议解决体系。

---

[1] 耿宝建：《行政争议实质化解理论与实践探索》，载《中国法律评论》2024年第3期。
[2] 王万华：《完善行政复议与行政诉讼的衔接机制》，载《中国司法》2019年第10期。
[3] 周佑勇：《我国行政复议立法目的条款之检视与重塑》，载《行政法学研究》2019年第6期。

诚实信用原则与公序良俗原则的对比适用研究

陈旭娜*

（中国政法大学 北京 100088）

摘 要：法律的产生是为了调整社会秩序，且发展到现在基本都是制定法，但仍存在其无法触及并作详细规定的中间部分，针对这部分，根植在社会文明、民族性格里的伦理道德理念具有补充功能。诚实信用原则调整的是行为人与相对人之间的利益，体现的是私人之间的利益均衡；公序良俗原则调整的是行为人与绝大多数公众之间的利益，体现的是私人与公众、社会、国家之间的协调平衡。诚实信用原则与公序良俗原则正式入法具有指导搭建"中间部分"秩序的作用，对比研究两项原则之间的适用具有实践性意义。

关键词：诚实信用原则；公序良俗原则；法律适用

社会道德与法律联系密切，诚实信用原则与公序良俗原则作为两者的主要交叉领域，有着不言而喻的重要性。在当代中国，如何在商事领域应用诚实信用原则与公序良俗原则经常成为一般法律工作者的疑问。就此，笔者准备从两项原则的中外历史起源与发展、我国确立原则吸收的先进民法理论出发，比较两项原则适用区别与产生的法律效果。

一、诚实信用原则与公序良俗原则的起源与发展

在私法领域，早在汉代以前，秦朝就有从法律上对私法自治进行限制。《睡虎地秦墓竹简·金布律》："布袤八尺，福广二尺五寸。布恶，其广袤不如式者，不行。金布。"意思是布的尺寸未达指定标准，是次品，不得上市交易

---

* 作者简介：陈旭娜（1987年—），女，汉族，广东人，中国政法大学同等学力研修班2023级学员，研究方向为民商法学。

流通。《睡虎地秦墓竹简·工律》："（假）器者，短长、广夹必等。"意思是计量器具具有相关的统一标准。张家山汉简《奏谳书》之二十一记载"奸者，耐为隶臣妾，捕奸者必案之校"。意思是通奸男女要受到惩罚。从这些具体的规则可以看出，秦律在立法层面已经嵌入了道德理念，是诚实信用道德、善良风俗道德在法律的应用领域的具体展现。自秦以后，汉代到清代，中华法系在立法层面遍布体现诚实信用、善良风俗的具体规则。

自古以来，我国深受儒家"为政以德"的影响，实行外法内儒的治国施政思想。外法内儒系中国从汉代到清代国家政权实行的一系列国家政策的内在指导思想，此套指导思想影响了古代社会的方方面面，两三千年社会思想惯性潜移默化影响现当代，相关的"德法"兼容下的规矩塑造了现当代民族性格、社会文明与运行秩序。

我国自古以来就有对诚实信用原则和公序良俗原则的具体体现，而从立法上将两项道德逐渐确认为原则的是罗马法与近现代的西方相关法律。在罗马法中，诚实信用原则被称为"善意"（bona fides），具有法律原则的功能。一些学者认为，诚实信用原则起源于罗马法的"一般恶意抗辩"（cexceptio doligeneralis）[1]。在立法层面，诚实信用原则最早由 1804 年《法国民法典》确认在合同法上适用，随着近现代各国在立法层面逐渐确认诚实信用原则，诚实信用原则适用领域扩大，被称为"帝王条款"。

"按照罗马法学家的看法，所谓公序，即国家的安全、人民的根本利益；良俗，即人民的一般道德准则……"[2]公序良俗可以拆分成公共秩序和善良风俗。公共秩序的意思在学者中被普遍认可为"公共利益的好处"，意味着任何合法行为，若是侵害公众利益、社会利益、国家利益的时候，应被禁止。而善良风俗简称良俗，是指社会全体成员普遍认可、遵循的一般性道德准则。《德国民法典》《日本民法典》《瑞士民法典》都有条款规定，违反善良风俗的法律行为无效。近现代西方传统大陆法系在立法层面逐渐确认了公序良俗原则，且进行了效力性的限制。

我国《民法典》具有自身特色的立法技巧，从法律层面确认了我国传统社会道德伦理均予以认可的善良民族性格，同时在应用层面，吸收近现代先

---

〔1〕 王利明：《论公序良俗原则与诚实信用原则的界分》，载《江汉论坛》2019 年第 3 期。

〔2〕 王利明：《论公序良俗原则与诚实信用原则的界分》，载《江汉论坛》2019 年第 3 期。

进的民法理论，把两项原则的适用领域进行精细化分工，让具有立法价值的条文进入可操作的适用领域。

二、我国立法确立的诚实信用原则与公序良俗原则

诚实信用原则位于《民法典》第 7 条，公序良俗原则位于《民法典》第 8 条，两个原则在第一编总则部分，与平等、自愿、公平等具有社会道德价值理念受到同等的法律重视。我国从立法层面认同了自己的文化，也通过吸收先进的民法解释理论把诚实信用原则、公序良俗原则法制化，并且总结出了两项原则的核心要义。

德国民法在解释论上根据整体类推的思维方式得出诚实信用原则——在法律上的特别关联领域中，行为人须顾及相关人利益，也就是论证出诚实信用原则系具有上位的、宽泛的概念。"我国《民法典》第 7 条诚实信用原则在表述上即覆盖全部'民事活动'领域，内容高度抽象概括，其中'诚信''秉持诚实，恪守承诺'的文义都可理解为要求主体在民事活动中不能以自己利益为唯一考量而是要顾及利益相关人。"[1]

相对于诚实信用原则，公序良俗原则不以法律上的特别关联领域为界限，强调的是行为人不得违背公共秩序及坚守最低的伦理道德底线。"我国《民法典》第 8 条……该条覆盖全部'民事活动'领域，内容高度抽象，无明确的要件和效果；此为上位的、宽泛的公序良俗原则。"[2]

三、诚实信用原则与公序良俗原则的对比适用

诚实信用原则与公序良俗原则在法律实施中具有指导法律解释、法律推理，弥补法律漏洞和限制自由裁量权在合理范围内的功能。可以从适用范围、保护对象、适用标准、法律效果方面进行比较，进而区分二者之间的实践适用。

---

[1] 于飞：《基本原则与概括条款的区分：我国诚实信用与公序良俗的解释论构造》，载《中国法学》2021 年第 4 期。

[2] 于飞：《基本原则与概括条款的区分：我国诚实信用与公序良俗的解释论构造》，载《中国法学》2021 年第 4 期。

(一) 适用范围：是否具有法律上的特别关联

拉伦茨曾把诚信原则归入与法律有"特别关联"的领域，[1]而对善良风俗则没有作此限制。诚信原则从历史起源、中外发展路径走来，是从商事交易领域扩展到民法、诉讼法等领域，其针对的是行为人的相对人，也就是说扩展的领域只要具有"特殊关联"即可应用诚信原则。而公序良俗原则强调的是社会上普罗大众普遍认可且遵循的社会秩序，其面向的是一切人或者说公共的利益，意味着违背公序良俗侵犯到了公共利益，进而不对行为人的行为要求具有法律上的"特殊关联"。

(二) 保护对象：针对什么样的保护对象

诚实信用原则和公序良俗原则均为私法自治做了限制，而这种限制恰恰是为了保护社会秩序、经济活动的稳定。诚信原则核心保护对象是行为人的相对方，公序良俗原则的核心保护对象则包括了第三人及公共利益。

(三) 适用标准：行为人的审慎程度

诚实信用原则对行为人的行为标准要高于公序良俗原则。遵守诚信是对行为的较高要求，而不违反公序良俗则是对人的最低伦理道德底线要求。不是说，诚信原则具有天然更高的标准要求，而是公序良俗提供拒绝一切践踏社会底线的法律限制。行为标准高，容易违反但后果较轻，意味着行为人提高警惕，在针对特别关联的相对人时候，行为人具有的审慎义务可以避免出现较轻的后果，进而维持行为的秩序；而行为标准低，不容易违反但后果较重，意味着行为人只要按照一般善良理性人的思维进行内容审查，就不容易触犯，也就不会出现后果较重的情形。

(四) 法律效果：违反原则的民事法律行为产生的法律后果

诚实信用原则是对当事人行使权利、履行义务的方式提出的限制性要求。若违反诚实信用原则，则针对这次行为行使权利、履行义务不会产生相应的法律后果。针对诚实信用原则的具体化，我国《民法典》设置了许多具体的规则，例如欺诈行为会被撤销、合同的情势变更与不可抗力等，从而赋予相对方救济方式，以免除行为人不诚信行为带来的影响。

公序良俗原则在于否定法律行为的效力，即让违反该原则的法律行为无效，无效的意思是此行为在法律意义上自此不存在。某个行为或者约定被认

---

[1] 于飞：《公序良俗原则与诚实信用原则的区分》，载《中国社会科学》2015 年第 11 期。

定为违反公序良俗则该行为或者约定无效。我国《民法典》第143条规定，民事法律行为有效不违背公序良俗。针对行为人违背最低的伦理道德标准，从行为的效力上进行了强制性限制，旨在保护更多人的利益，从而否定行为人践踏社会秩序的行为。

精神损害赔偿制度研究

冯 阳*

(中国政法大学 北京 100088)

摘 要：精神损害赔偿是《民法典》侵权责任编中的重要组成部分，旨在保护自然人的人格权和精神权益。其主要体现在《民法典》第 1183 条中，精神损害赔偿制度的建立，不仅不会有损自然人的人格尊严，相反能彰显民法的人文关怀精神，其适用范围包括人身权益的直接侵害、特定物的侵害以及违约责任下的侵害等情形，司法实践中还涉及一些特殊情形。本文通过对精神损害赔偿制度的研究，分析现行法律和实践中的问题，提出明确适用标准、加强司法指导、协调法律规定的建议，以促进精神损害赔偿制度的完善和更有效的实施。

关键词：《民法典》；精神损害赔偿；侵权责任；人身权益

一、精神损害赔偿制度的历史脉络

在 1949 年以前，精神损害赔偿制度曾在我国存在过。其最早可追溯至最终并未施行的《大清民律草案》，1949 年后因废除了国民党执政时期所通过的《六法全书》，同时，受当时苏联法学理论的影响，认为承认精神损害赔偿就意味着对人格的商品化，有损尊严，从而导致该制度在中国法律发展中的缺位。[1]

随着我国社会的快速发展及受域外法理论的影响，对人格不能商品化的理念有了崭新认识，精神损害及赔偿的态度从完全否定转为逐步接受。1986

---

* 作者简介：冯阳（1994 年—），女，汉族，贵州黔西人，中国政法大学同等学力研修班 2024 级学员，研究方向为民商法学。

〔1〕 胡平：《精神损害赔偿制度研究》，中国法制出版社 2004 年版，第 2 页。

年通过的《民法通则》第 120 条明确规定了公民的三项人格权遭受侵犯时被侵权人有权主张赔偿损失，通说认为，这一规定为精神损害赔偿留下了适用空间。[1] 1993 年最高人民法院在《关于审理名誉权案件若干问题的解答》中首次提出了"精神损害赔偿"这一概念。最高人民法院于 2001 年公布的《关于确定民事侵权精神损害赔偿责任若干问题的解释》（以下简称《精神损害赔偿司法解释》）系统地确立了精神损害赔偿制度，2009 年《侵权责任法》第 22 条进一步扩大了适用范围，但对侵害人身权益的特定物是否适用未作规定，在此基础上 2021 年实施的《民法典》对该制度的适用情形及认定做了进一步完善。

二、精神损害赔偿制度的适用情形

（一）人身权益的侵害

所谓人身权益的侵害，包含对人格权益或者身份权益的侵害。自然人的人身权益主要包括生命健康权、名誉权、隐私权和人格尊严等权益。

1. 生命健康权的侵害

生命健康权的侵害是该制度的重要适用领域。根据《精神损害赔偿司法解释》的规定，因生命健康等人格权利遭受非法侵害时，被侵权人可以向人民法院请求赔偿精神损害。

2. 名誉权、隐私权的侵害

在当今网络日益发达的背景下，恶意诽谤或泄露个人隐私信息的行为层出不穷，这导致受害人名誉受损或隐私权被侵犯。名誉权、隐私权的侵害也会对受害人造成严重的社会评价影响和心理压力。此类侵权行为不仅会影响其社会地位，还可能会对其心理健康造成持久性伤害。例如，在叶某等诉某信息公司名誉权纠纷案件中，被告人通过其自媒体账号发布对叶挺烈士歪曲历史事实真相的短视频，造成不良社会影响，降低了其社会评价和烈士形象的贬损，法院最终判定侵权人支付高额精神损害赔偿，以弥补受害人近亲属因虚假信息扩散而遭受的巨大精神压力和社会评价损失。

---

[1] 余延满：《我国〈民法通则〉并未规定精神损害赔偿制度——〈民法通则〉第 120 条新解》，载《法学评论》1992 年第 3 期。

3. 性侵害案件中的精神损害

在性侵害案件中，尤其是涉及未成年人时，精神损害是一个重要且复杂的问题。近年来，司法机关在处理性侵害未成年人案件时，开始更加重视该制度的适用问题。过去法律规定，在刑附民案件中，权利人因侵权行为遭受精神损失而提起的赔偿主张，人民法院不予受理。但在 2021 年施行的最高人民法院《关于适用〈中华人民共和国刑事诉讼法〉的解释》中增加了"一般"二字，由此为这一制度的适用开了一道口子，允许司法机关在特定情况下进行探索和尝试。

(二) 特定物的侵害

根据《民法典》的规定，对附有人身权益的特定物实施了侵害后，受害人有权请求精神损害赔偿。这一规定源于《精神损害赔偿司法解释》第 1 条，旨在保护特定物上的"人身权益"。司法实践中，与自然人人身权益紧密相关的物品如纪念碑、画像等理应被认定为此处的特定物，[1]基于"物"的范畴比较广泛，因此对该法条的适用仅限于与人格或身份权益紧密相关的物品，且侵权人主观过错必须达到故意或者重大过失的程度，同时，此处的"侵害"宜理解为特定物的永久性灭失或者毁损，以防止精神损害赔偿的滥用。

(三) 间接精神损害赔偿

间接侵权是指侵权行为导致的受害人民事权利的间接损害，主要表现为财产上的损失、人格利益损害及精神痛苦。实践中，一般以侵权人需要承担责任为前提，例如，拐卖妇女儿童等非法行为导致了监护关系的脱离、血缘情感的淡漠，此情况下监护人或者近亲属可以主张精神损害赔偿，法院将根据侵权人具体情况，如过错程度、目的方式、后果严重性等予以考量。

(四) 特殊情形的精神损害赔偿

在某些特殊情况下，精神损害赔偿的适用存在争议，尤其是当企业或法人作为主体提出精神损害赔偿请求时。通常认为，法人或企业没有情感和精神需求，无法遭受精神痛苦，因此不应获得精神损害赔偿。然而，在某些特殊情形下，例如商誉严重受损或遭到恶意诽谤时，企业可能会因公众形象的受损而承受巨大压力和经济损失。这种情况下，虽然不能严格定义为精神损害，但法院可能会通过扩大解释，使企业间接受到的"非物质损害"得到赔

---

[1] 黄薇主编：《中华人民共和国民法典侵权责任编释义》，法律出版社 2020 年版，第 62 页。

偿。[1]

三、精神损害赔偿制度的完善建议

(一) 明确适用范围与标准

现行《民法典》对于精神损害赔偿的适用范围和标准缺乏足够的明确性和细化规定,导致实践中的不确定性较高。精神损害的发生往往带有主观性,如何界定适用条件、计算赔偿金额,成为法官在裁量时面对的主要难题。为了增强这一制度的可操作性,立法应当进一步细化精神损害赔偿的适用条件,规定哪些情形下受害人可以请求精神损害赔偿,以减少案件裁判的随意性和不平衡现象。[2]

(二) 加强司法实践指导

精神损害赔偿在司法实践中的自主裁量空间较大,且不同地区、不同法官在类似案件中的处理结果差异明显、同案不同判。这种现象容易导致司法不公,影响当事人对司法的信任。为此,最高人民法院应当出台明确的司法解释,针对不同类型的精神损害案件提供统一的裁判标准,尤其是对精神损害程度的认定、赔偿数额的计算等关键问题给出指导。建立案例指导制度,通过典型案例为全国法院提供参考,规范法官在精神损害赔偿案件中的裁量权。例如,在某些高知名度的名誉侵害案件中,最高人民法院可以根据实际案例提供赔偿金额的指导标准,从而避免不同地区人民法院在处理类似案件时产生巨大差异,提升司法的公平性和一致性。[3]

(三) 促进法律协调统一

精神损害赔偿的适用往往会涉及多个法律的规定,因此,在法律制定或修订过程中,应特别注意各部法律之间的协调性,避免出现法律冲突或重叠。现行法律中,某些条文对精神损害赔偿的规定存在交叉与不一致现象,可能导致法律适用混乱。为进一步完善精神损害赔偿制度,立法者应考虑在修订

---

[1] 王玄览:《医疗损害案件中精神损害赔偿司法适用研究——以〈侵权责任法〉实施后海南省医疗损害案件为例》,载《中国卫生法制》2019年第6期。

[2] 汤敏:《〈侵权责任法〉第二十四条的理论与实践》,中国政法大学出版社2018年版,第210页。

[3] 于明秀等:《医疗损害诉讼中的精神损害赔偿额度标准研究——以〈侵权责任法〉实施后北京市医疗损害诉讼为例》,载《中国卫生法制》2017年第6期。

过程中明确法律的适用界限，并确保不同法律在对精神损害赔偿的规定上保持一致，以防止因不同法律体系的规定差异而导致受害人救济权利的损害。

四、结语

精神损害赔偿制度的建立是我国民事立法的重要里程碑，彰显了我国对自然人精神层面权益保障的高度重视，该制度既保护受害人人身权利，又对潜在侵权行为起到威慑作用。随着社会发展，精神损害赔偿的适用范围日益扩大，侵权行为的多样性对法律提出更高要求。

不安抗辩权与预期违约的比较研究

黄昱栋[*]

(中国政法大学 北京 100088)

摘 要：不安抗辩权和预期违约分属于大陆法系和英美法系，我国《民法典》吸收了两大法系的不同制度，在第527条、第528条、第563条、第578条对不安抗辩权和预期违约制度作出了相关规定，但二者在法律适用和法律后果上存在一定差别。本文旨在分析不安抗辩权和预期违约制度的异同，并提出相关完善建议使这两种制度更具有区分性，使这两种制度进一步融合，彰显中国特色。

关键词：不安抗辩权；预期违约；比较分析

我国1999年颁布的《合同法》规定了不安抗辩权和预期违约制度，《民法典》对相关规定完全继受。不安抗辩权是大陆法系抗辩权体系下的立法构造，[1]在《德国民法典》《法国民法典》等大陆法系的民法体系中均有规定。预期违约属于英美法系拒绝履行体系下的立法构造，是指"于协议有效成立后至履约到期到前，一方必定、明确地声明他将不履协议或一方依客观事实预感另一方到期将不履行协议"[2]。这两种制度在我国的民法体系中同时出现，也不同于大陆法系和英美法系对不安抗辩权和预期违约制度的规定。

---

[*] 作者简介：黄昱栋（1997年—），男，汉族，广东湛江人，中国政法大学同等学力研修班2024级学员，研究方向为民商法学。

[1] 韩鑫磊：《〈民法典〉履行抗辩权条款的体系解释》，载《河南财经政法大学学报》2022年第5期。

[2] 李明龙：《论预期违约与不安抗辩权的比较取舍》，载《法制与社会》2018年第8期。

一、不安抗辩权和预期违约概述

(一) 不安抗辩权

《民法典》第527条和第528条规定了不安抗辩权,在有先后履行顺序的双务合同中,后履行的当事人有丧失或者可能丧失债务履行能力的情形时,先履行债务的当事人可以中止履行。该规定虽然借鉴了大陆法系中关于不安抗辩权的规定,但也有与其不同之处,《德国民法典》《法国民法典》中不安抗辩权的法律后果为当事人有拒绝履行的权利,而我国规定为当事人有中止履行,并可以解除合同的权利。[1]不安抗辩权的构成要件为:当事人基于同一双务合同互负债务。只有基于同一双务合同互负债务时,才可能发生不安抗辩权。单务合同、不完全双务合同,均不发生不安抗辩权;当事人互负的债务有先后履行顺序。如果当事人互负的债务没有履行先后顺序,则不成立不安抗辩权;后履行的当事人有丧失或者可能丧失债务履行能力的情形。

(二) 预期违约

《民法典》第563条第2项和第578条规定了预期违约制度,在履行期限届满前,当事人一方明确表示或者以自己的行为表明不履行主要债务,当事人可以解除合同并请求其承担违约责任。预期违约是英美法系中根据判例建立起来的制度,分为明示违约和默示违约,其保护的是当事人所预见的期待利益,现已被《联合国国际货物销售合同公约》《国际商事合同通则》等国际条约吸收采用。[2]我国的预期违约包含了履行期尚未到来和履行期虽已到来但尚未届满的情形。

二、不安抗辩权和预期违约的异同

(一) 不同之处

第一,法律后果不同。不安抗辩权赋予当事人中止履行的权利,当对方当事人在合理期限内仍然没有履行且没有提供担保时,当事人才可以解除合同并主张违约责任。预期违约则直接赋予当事人解除合同,主张违约责任的

---

[1] 谭丽:《不安抗辩权与预期违约制度之比较研究》,载《法制博览》2018年第9期。

[2] 周新军、熊鎏、鲁嫣然:《CISG、PICC对预期违约的划分与我国《民法典合同编》的制定》,载《湖北科技学院学报》2020年第1期。

权利。

第二,行使方式不同。在行使不安抗辩权时,需由一方当事人证明另一方可能丧失履行债务的能力。而主张预期违约的当事人需证明对方已经明确表示或通过行为表明不会履行债务。

第三,适用情景不同。在双务合同中,先履行债务的一方当事人可以行使不安抗辩权,而预期违约没有此限制,各种类型的合同中的各方当事人均可以适用。

第四,性质不同。[1]不安抗辩权属于抗辩权,是一种形成权,是权利人依单方意思表示就能使民事法律关系发生、变更与消灭的权利,但是必须通过行使才能产生效力。预期违约是一种请求权,权利人不能对权利标的进行直接支配,而只能请求义务人配合。

(二)相同之处

不安抗辩权和预期违约是两种重要的法律制度,主要目的都是为了保护合同中的一方当事人的合法权益。这两种制度都允许当事人在合同履行期限尚未届满之前,就已经可以行使相关的权利。不安抗辩权允许一方在对方出现可能无法履行合同义务的情况下,提前采取措施保护自己的利益。而预期违约则是指在合同履行期限到来之前,一方明显表现出不履行合同义务的意图或行为,使得另一方可以提前采取行动。这两种制度的行使最终都可能导致合同的解除,即合同不再继续履行。行使这些权利的一方还可以要求对方承担相应的违约责任,以弥补因对方违约行为给自己造成的损失。

三、不安抗辩权和预期违约存在的问题

我国《民法典》同时规定了不安抗辩权和预期违约。不安抗辩权规定在合同编第四章合同的履行中,预期违约分别规定在合同编第七章合同的权利义务终止和第八章违约责任中。这两个制度规定在不同的章节中,但我国对不安抗辩权的扩张和预期违约的限缩,导致这两个制度在实践中的实际效果趋同。实践中,当事人的行为往往充分体现出合同的鼓励交易原则,不会轻易解除合同,只希望对方能够按照合同约定履行债务,以保证自己的合同利

---

[1] 朱奕:《不安抗辩权与预期违约制度比较与立法选择》,载《湖南工程学院学报(社会科学版)》2020年第3期。

益得到实现。从这方面看来，不安抗辩权使用率可能更高，但当事人主张预期违约的证明责任更低，更容易成功，而主张预期违约往往也只是让对方履行合同义务而非为了解除合同。不安抗辩权和预期违约的杂糅适用使得二者存在矛盾。

预期违约的核心目的在于促进交易流程和提升合同执行效率，而不安抗辩权则关注如何维护负有先履行义务的债权人的期望，确保合同能够顺利地得到执行，这种关注点实际上增加了后履行义务方的责任和压力。在行使不安抗辩权时，先履行义务的一方必须拥有确实的证据来支持其行为，而预期违约中允许债权人在对方明显表现出不会履行义务的行为或通过明确的声明表明其不履行义务的意图时采取行动，在这种情况下，债权人有权终止合同，并且可以要求对方赔偿因此而产生的损失。

关于不安抗辩权与预期违约之间的争议，主要存在三种不同的观点。第一种观点认为，应当仅保留不安抗辩权制度，这一制度足以应对合同履行过程中可能出现的不确定性，能够保护当事人的合法权益。第二种观点则主张只保留预期违约制度，预期违约制度能够更有效地预防和解决合同履行中可能出现的风险，从而更好地保护当事人的合法权益。第三种观点认为，不安抗辩权和预期违约制度应该并存，这两种制度各有优势，可以相互补充，共同为当事人提供更为全面的法律保护。

四、不安抗辩权和预期违约的完善建议

首先，通过解释来明确"适当担保"的具体含义，包括规定担保的方式、范围和期间等，以确保在实务中能够具体化，保护后履行义务方的合法权益不受损害。通过明确这些细节，可以为合同双方提供清晰的指导，减少因解释不一致而产生的纠纷。

其次，进一步明确不安抗辩权和预期违约制度的适用条件。应对这两种制度进行区分，确保在实务中能够准确适用。特别是要具体规定在两种制度下当事人的举证责任，即明确在何种情况下，哪一方需要提供证据来证明其主张，以及这些证据应当达到何种证明标准。通过这样的规定，为解决纠纷提供清晰的法律依据。

最后，应当明确区分不安抗辩权和默示违约。[1]可以将不安抗辩权中转移财产、抽逃资金，以逃避债务的情形排除，这样在法律适用的过程中，对该情形直接适用预期违约的相关规定。这不仅能够避免法律适用上的混淆，还能使先履行义务的一方能够更快地通过其他方式来弥补损失。

五、结语

通过对不安抗辩权和预期违约的比较分析，可以看出不安抗辩权和预期违约有许多相似之处。分属于不同法系的不同制度能够同时出现在我国《民法典》中，表明两大法系相类似制度正在不断融合，互相吸收优点，这是立法的一大趋势，也是中国特色社会主义法律体系区别于大陆法系和英美法系的具体表现。可以参考和借鉴国外成熟的法律体系和实践案例，结合我国的实际情况，从而形成一套具有中国特色的法律体系。

---

[1] 严伟：《对不安抗辩权与预期违约的比较研究》，载《法制博览》2024年第26期。

公司实际控制人认定研究

李 瑞*

(中国政法大学 北京 100088)

摘 要：随着公司股权结构的日益复杂和多元化，实际控制人在公司治理与运营中扮演着极为重要的角色，且其往往隐藏在公司背后，对公司的经营决策等重大事务产生决定性影响。然而，在实际生活中公司实际控制人规则运用乏力，很多实际控制人不承担相应的法律责任，主要原因在于原告举证困难和司法适用的不确定性。

关键词：公司法；实际控制人；控制标准

无论是在公司正常运营过程中的合规监管，还是在公司出现纠纷、并购重组等特殊情境下的责任界定，实际控制人的认定都成了关键的前置性问题。准确认定实际控制人有助于确保公司治理结构的有效性和稳定性，防止内部权力失衡和控制不当。

一、公司实际控制人的理论内涵

(一) 概念界定

根据《公司法》(2023 年修订) 第 265 条第 3 款的规定，实际控制人被定义为"通过投资关系、协议或者其他安排，能够实际支配公司行为的人"。实际控制人是否控制公司与股权比例无关，股权控制仅是其实现控制的一种方式，特别是股东协议在实践中的大量运用改变了控制权的分配格局，更是

---

* 作者简介：李瑞 (1989 年—)，男，汉族，山东人，中国政法大学同等学力研修班 2023 级学员，研究方向为民商法学。

为实际控制人控制公司提供了更多选择。[1]与控股股东不同，控股股东往往基于其持有的较高比例股权而对公司拥有控制权，而实际控制人可能凭借多种非股权因素实现对公司的控制。从实际控制人支配公司行为的具体途径看，包括投资关系、协议或者其他安排。[2]例如，通过复杂的多层股权架构设计，间接持有公司大量表决权股份；或者通过与其他股东签订一致行动协议，整合分散的表决权从而掌控公司决策等。

（二）认定标准

第一，股权控制标准。股权在一定程度上仍然是判断实际控制人的重要依据之一。即使并非直接控股股东，如果通过间接持股、代持等方式能够对公司的股权表决权产生决定性影响，也可能被认定为实际控制人。

第二，协议控制标准。包括一致行动协议、表决权委托协议等。当多个股东之间签订一致行动协议，约定在公司决策事项上保持一致行动时，协议各方共同构成对公司的实际控制力量。

第三，人事等控制标准。能够决定公司董事会、监事会等重要治理机构成员的任免，或者对公司董事会决议、日常经营管理、重要人事安排、员工薪酬、财务管理、资金调拨、印章与证照管理、主要供货或销售渠道、关键知识产权或其他重要资源具有支配性影响力的主体，[3]往往也被视为实际控制人。

二、公司实际控制人认定的实务分析

（一）实务中的认定难点

第一，股权结构复杂导致的模糊性。在一些大型企业集团或跨国公司中，股权结构呈现出多层嵌套、交叉持股的复杂局面。例如，某集团公司旗下可能拥有数十家子公司，各层级之间的股权关系错综复杂，且存在大量的间接持股和相互持股情况，这使得在判断谁是真正的实际控制人时，需要穿透多

---

[1] 周游、林晟：《重构公司法实际控制人规则论纲》，载蔡建春、王红主编：《证券法苑》（第37卷），法律出版社2023年版，第123~139页。

[2] 朱宇：《关于公司实际控制人定义的思考》，载https://www.chinacourt.org/article/detail/2021/12/id/6461685.shtml，最后访问日期：2021年12月3日。

[3] 朱宇：《恪守公司法基本原理科学确定实际控制人》，载https://www.spp.gov.cn/spp/llyj/202112/t20211227_539807.shtml，最后访问日期：2021年12月27日。

层股权结构进行深入分析。

第二，隐名股东与股权代持现象。隐名股东和股权代持在商业实践中较为常见，隐名股东出于各种原因（如避税、规避监管、商业保密等）选择不直接显名于公司股东名册，但却通过与显名股东的私下约定，实际享有股东权益并可能对公司施加控制。在这种情况下，如何识别隐名股东并确定其是否为实际控制人成为一大难题。

第三，一致行动协议的不确定性。一致行动协议在实际执行过程中可能存在诸多变数。一方面，协议各方可能因利益分歧而违反协议约定，导致原本认定的实际控制格局发生变化。另一方面，一致行动协议的签订可能存在不规范、不完整甚至欺诈等情形，使得在认定实际控制人时难以依据该协议作出准确判断。

第四，特殊目的公司与结构化主体的控制认定。随着金融创新的不断发展，特殊目的公司和结构化主体在商业活动中大量涌现。这些主体的设立往往具有特定的商业目的，如资产证券化、风险隔离等，其治理结构和控制方式与传统公司存在较大差异。在认定这些主体的实际控制人时，传统的认定标准可能并不完全适用。

（二）典型案例分析

"宝万之争"中的实际控制人认定争议。在万科股权之争中，宝能系通过大量购入万科股份，一度逼近控股股东地位，与万科原管理层产生了激烈的控制权争夺。在这一过程中，关于万科实际控制人的认定成为各方争议的焦点。万科管理层认为，尽管宝能系在股权上不断增持，但公司的经营管理决策仍由管理层主导，且公司存在分散的股权结构和健全的治理机制，不存在单一的实际控制人。而宝能系则主张其通过股权收购已具备对万科的实际控制能力。这一案例反映出在股权结构相对分散且存在强势管理层的情况下，实际控制人的认定不能仅仅依据股权比例，还需综合考量公司的治理模式、管理层的历史影响力以及股东之间的博弈关系等多方面因素。

三、公司实际控制人认定的完善建议

（一）完善法律法规与监管制度

第一，进一步细化公司实际控制人的认定标准和程序，明确在不同股权结构、治理模式和商业情境下的认定依据。例如，对于股权代持、一致行动

协议等特殊情况，制定具体的审查规范和证据要求，减少认定过程中的模糊性和不确定性。

第二，加强对特殊目的公司、结构化主体等新型商业组织形式的立法规范，针对其控制特点制定专门的认定规则，确保在金融创新过程中公司实际控制人的认定有法可依。

第三，强化监管部门的监管权力和责任，建立健全实际控制人信息披露制度。要求公司在定期报告、重大事项披露中详细说明实际控制人的情况，包括其身份信息、控制方式、控制链条等，并对虚假披露或隐瞒实际控制人信息的行为制定严厉的处罚措施。

（二）强化公司内部治理与信息披露

第一，公司应建立健全内部治理机制，明确股东会、董事会、监事会等治理机构在识别和监督实际控制人方面的职责和权限。

第二，加强公司内部的信息管理与审计监督，确保公司能够准确掌握实际控制人的相关信息。公司内部审计部门应定期对股权变动、关联交易、一致行动协议等情况进行审计，发现异常及时进行调查核实并向董事会和监管部门报告。

第三，提高公司信息披露的透明度和质量，不仅要按照法律法规要求披露实际控制人的基本信息，还应主动披露可能影响实际控制人认定的重大事项，如股权质押、重大资产重组等，以便投资者和监管部门能够全面了解公司的实际控制状况。

（三）加强司法实践与案例指导

法院在审理涉及公司实际控制人认定的案件时，要基于责任承担的灵活决策，[1]充分考虑公司的股权结构、治理模式、商业交易习惯等多种因素，综合运用多种证据进行判断，避免简单地依据单一标准作出认定。

最高人民法院应加强对公司实际控制人认定案例的整理与研究，及时总结归纳典型案例的裁判要点和认定思路，形成具有指导意义的案例库。通过发布指导性案例，为各级人民法院在审理类似案件时提供参考，统一司法裁判尺度，减少因不同法院对实际控制人认定标准理解不一致而导致的同案不同判现象。

---

[1] 周游：《实际控制人识别标准的差异化实践与制度表达》，载《政法论坛》2024年第1期。

四、结语

公司实际控制人的认定是公司治理与商法领域的重要研究课题，无论是在理论层面的深入探索还是在实务操作中的具体应用，都具有极高的复杂性和挑战性。准确认定实际控制人对于维护公司的稳定运营、保护股东和其他利益相关者的合法权益、促进资本市场的健康发展具有不可替代的重要作用。通过不断完善法律法规与监管制度、强化公司内部治理与信息披露以及加强司法实践与案例指导等多方面的努力，逐步构建起科学合理、严谨规范的公司实际控制人认定体系，将有助于解决当前在认定过程中面临的诸多难题，推动公司治理水平的提升和商法制度的不断完善。

居住权与抵押权并存的权利实现问题研究

苏 洋[*]

(中国政法大学 北京 100088)

摘 要： 为从立法层面贯彻党的十九大关于"多途径保障人民的住房需求"之精神，《民法典》增设了居住权制度。《民法典》仅用六个条文为居住权作了原则性规定，但在具体实践中，关于居住权与抵押权能否并存、权利的实现顺位如何，《民法典》及相关司法解释均未给予回应。本文拟对上述问题进行初步探讨，以期为居住权相关制度的补充与完善提供参考。

关键词： 居住权；抵押权；权利实现

2021年1月1日起施行的《民法典》，首次引入了居住权制度，旨在贯彻实施党的十九大提出的"多主体供给、多渠道保障住房制度"[1]的基本要求。居住权制度规定在《民法典》物权编，通过六个条文确立了居住权的概念、性质、设立、消灭等相关要义。整体而言，居住权制度承袭了罗马法中人役权制度的部分属性，在满足特定主体居住需求的同时，更注重实现用益目的。由于居住权的客体主要为不动产（住宅及附属设施），抵押权客体亦可以是不动产，当二者在权利标的物上存在重叠时，适用何种法律规则并无明文规定。因此，本文拟就居住权与抵押权能否并存于同一不动产之上，以及如何妥善实现各自权利的问题展开研究。

---

[*] 作者简介：苏洋（1987年—），女，蒙古族，内蒙古通辽人，中国政法大学同等学力研修班2024级学员，研究方向为民商法学。

[1] 《习近平：决胜全面建成小康社会 夺取新时代中国特色社会主义伟大胜利——在中国共产党第十九次全国代表大会上的报告》，载 http://www.xinhuanet.com/politics/2017-10/27/c_1121867529.htm，最后访问日期：2017年10月18日。

一、居住权的设立要件

居住权的确立方式有三种，即通过合同、遗嘱、法院生效裁判确立。根据《民法典》第 367 条、第 368 条的规定，当事人采用书面形式订立居住权合同，居住权自登记时设立。然而，以遗嘱和生效裁判确立的居住权自何时生效，目前尚存争议。

关于遗嘱设立居住权，《民法典》第 371 条规定，参照适用登记生效主义。第 230 条规定，因继承取得物权的，自继承开始时发生效力。从法律效力上看，《民法典》第 230 条是对继承的特别规定，原则上应当优先适用。实践中多数案例也采用此观点，如北京市第三中级人民法院在［2024］京 03 民终 3960 号案件中认定："被继承人死亡后，继承人因物权变动而取得居住权，此时登记并非居住权的设立要件。因而，以遗嘱设立居住权的，不适用《民法典》关于居住权自登记时设立的规定。"然而，以遗嘱方式设立居住权通常只有涉及遗嘱内容的当事人知悉，外人无从知晓，且居住权和所有权归不同主体分别享有，为确保居住权人的自身权益，建议及时办理登记，以产生公示的法律效果。

《民法典》第 229 条规定，法律文书或征收决定可导致物权变动，这种变动包括物权的设立、变更、转让和消灭。司法实践中，往往是一方当事人怠于履行自己协助办理居住权登记的义务，导致另一方当事人诉诸法院要求对居住权进行确认。为了充分保障居住权人的居住利益，提高司法审判效率，应当采用裁判生效即设立居住权的判断标准。

二、居住权与抵押权并存设立的可行性

《民法典》第 399 条列举了禁止抵押的财产，并未包括设立居住权的不动产。从物权种类上看，居住权属于用益物权，抵押权属于担保物权，两种物权支配内容不同，不违反一物一权原则，可以相容。[1]从构成要件上看，居住权是为满足居住权人的生活居住需要而设立，重心在于对不动产的占有、使用价值，权利的行使以实际占有不动产为前提；抵押权是为担保债权的实现而设立，重心在于对不动产的交换价值，权利的行使以债务履行期限届满

---

［1］叶金强：《担保法原理》，科学出版社 2002 年版，第 143 页。

而债权人未受清偿为前提,不要求实际占有不动产。因此,居住权与抵押权可在同一不动产上并存设立。

三、居住权与抵押权并存设立时的权利实现

当居住权和抵押权在同一个不动产上并存时,二者在权利的实现上是否有先后之分,如何保障和平衡二者,以上问题引发了学界广泛讨论与研究。原则上,基于物权的直接支配性和排他性,相容物权间成立在先的物权优先于成立在后的,[1]居住权和抵押权作为物权,理应遵循这一规定。随着物权变动模式的发展,未经公示的物权不具有对抗第三人的效力,又因物权公示时间一般晚于其成立时间,于是"成立时间在先、权利在先"修正为"公示时间在先、权利在先"原则。[2]由于以合同设立的居住权与不动产抵押权均自登记时设立,二者并存时,以登记时间先后确定权利实现位序即可。特殊的是,涉及遗嘱设立居住权及生效裁判设立居住权时如何排序。以遗嘱设立居住权为例,要看被继承人的死亡时间与抵押权登记时间孰先孰后,时间在先的,权利顺位便在先。

(一) 居住权设立在先,抵押权设立在后

当居住权先于抵押权设立时,居住权的权利实现顺序优先于抵押权。然而,后设立抵押权时是否需要经过先居住权人同意,对此,居住权是对他人住宅享有的占有、使用的权利,如果所有权人设立抵押权需经居住权人同意,则扩大了居住权的权能范围,不符合物权基本原则。但考虑到居住权具有很强的人身属性,居住权人往往与房屋所有权人较为熟悉,房屋变价必定导致房屋所有权人发生变更,对居住权人的生活造成一定影响。由此,后设立抵押权时,应对先居住权人履行通知义务。

对于在先居住权而言,由于抵押权不要求移转物的占有,故抵押权的存在不会对居住权人享有的用益权能产生任何减损,且实现抵押权并不导致居住权法定消灭,因此,实现抵押权时应当附带居住权一并转让,以确保在先设立的居住权利不受损害。

---

[1] 陈华彬:《物权法教程》,首都经济贸易大学出版社 2008 年版,第 69 页。

[2] 高圣平、范佳慧:《不动产上抵押权与利用权的冲突与协调》,载《山东大学学报(哲学社会科学版)》2020 年第 6 期。

对于嗣后设立的抵押权而言，虽然在先设立的居住权不能阻却抵押物的司法拍卖，但可能影响到抵押物的变现价值。建议债权人在接受房产作为抵押物前，调查清楚该房产是否已设立居住权及居住权的设立期限是否过长，避免将来房产难以变价，影响债权的实现。

（二）抵押权设立在先，居住权设立在后

抵押权设立后，可以继续设立居住权，自不待言。需要思考的是，后设立居住权是否需要经过抵押权人同意。转让抵押物这种程度的处分行为都不需要经过抵押权人的同意，举重以明轻，设立居住权这种比转让行为程度更轻的处分行为更无须经过抵押权人的同意。[1] 后设居住权影响抵押物价值的，抵押权人需考虑是否请求抵押人提供与减少的价值相应的担保，或者请求债务人提前清偿债务，从该点出发，后设定居住权时，应当通知先抵押权人。

关于抵押权和居住权如何平衡，在抵押权人未行使抵押物优先受偿权之前，居住权即届满，居住权自然不会对抵押物价值产生不利影响；若居住权存续期限较长，实现抵押权时居住权还没有消灭，居住权就可能阻碍抵押权的顺利实现。最高人民法院《关于人民法院民事执行中拍卖、变卖财产的规定》（2020年修正）第28条规定，拍卖财产上原有的用益物权，不因拍卖本身而消灭，但该权利继续存在于拍卖财产上，对在先担保物权的实现有影响的，应当依法将其除去后进行拍卖。由于居住权属于用益物权的一种，应当受该司法解释约束，据此，后设立居住权影响先设立抵押权实现的，人民法院应当依法将居住权涤除后进行拍卖。实践中，若不按此处理，则抵押人全然可以设立抵押权后再行设立居住权，以此损害抵押权人权益，干扰正常的市场秩序。因此，在先设立抵押权的抵押物拍卖时应视情况决定是否涤除在后设立的居住权。

对于居住权人而言，因抵押权合法公示，其可通过查询不动产登记簿了解房产抵押情况，若接受在已抵押房产上设立居住权，需自行承担相应风险。

四、结语

居住权的本质是有限的使用权，抵押权的本质是在债务人无法履行清偿

---

[1] 单平基：《居住权与抵押权的并存及优先位序》，载《东方法学》2023年第6期。

义务时对债权人予以损失弥补的物权救济。[1]在自然状态下,居住权与抵押权并存不必然导致二者在权利行使层面的冲突,只有在抵押权实现时二者之间的对抗性才得以凸显,权利冲突之时,需要尽可能平衡居住权人和抵押权人的利益。当前,尚无明确的法律规范对居住权与抵押权之间的优先位序及冲突解决机制作出回应,为统一司法裁判尺度,期待通过司法解释的形式将立法空白补充完善。

---

[1] 骆小春、王维茗:《民行交叉视域下居住权与抵押权的权利冲突与协调》,载《中国矿业大学学报(社会科学版)》2024 年第 4 期。

浅析《民法典》公平责任原则

杜亚红*

(中国政法大学 北京 100088)

摘　要：本文就公平责任原则概述、依照法律适用的情形、公平责任与过错责任、无过错责任的对比、公平责任的规范进行分析，并对公平责任的经典案例作详细阐述。通过《侵权责任法》第 24 条和《民法典》第 1186 条之对比，进一步探讨《侵权责任法》第 24 条在审判实践中被扩大适用以及过大的自由裁量权导致的争议和问题，并在此基础上对《民法典》第 1186 条的"依照法律"规定作必要的限缩。

关键词：公平责任；《侵权责任法》；《民法典》

一直以来，理论界和实务界对公平责任的性质、适用情形、制度功能等存在一定程度争议，《侵权责任法》第 24 条颁布施行后，各方对公平责任的理解和适用争议更大，审判实践领域也产生了扩大适用公平责任等问题。《民法典》颁布后，对公平责任之前的争议做了回应，其中第 1186 条对《侵权责任法》第 24 条作出实质性修改，从本质上看，是将"公平责任"条文由司法中可独立适用的裁判规则改变成不可独立适用的一项指引性规范，也就是说，由一项可以直接适用的条款，转变成只有"依照法律的规定"才可适用的指引性规定。因此，有必要对公平责任的相关规定作进一步阐述。

一、公平责任原则概述及依照法律规定适用的情形

我国关于公平责任的规定从《民法通则》第 132 条，到《关于贯彻执行

---

* 作者简介：杜亚红（1980 年—）女，汉族，湖北武汉人，中国政法大学同等学力研修班 2024 级学员，研究方向为民商法学。

《中华人民共和国民法通则〉若干问题的意见（试行）》第157条，再到《侵权责任法》第24条的重申，最终形成《民法典》第1186条，无疑可以看出立法者对公平责任的适用作了一定的限缩和修正。就法理而言，无过错则无责任，也就不用承担侵权的法律后果，从实际出发，没有过错的人谁又愿意承担责任呢？在高空抛物造成他人损害的案件中，实际造成他人损害的只有行为人，但是因为找不到真正的行为人而让建筑物的无关使用人承担他人造成的损害，出于道德上的同情可以给予惨遭伤害的被害人经济帮助，但说他们负有责任，这无疑会使人感到冤屈，从心理上无法接受。因此立法者在立法时也综合考虑各方立场和意见，对此作了一定的修正，于是有了现在的规定。而且作出修正后，明显限制了法官的自由裁量权，也大幅度缩小了公平责任的适用空间。[1]

从侵权责任编整体来看，公平责任并非被作为一项独立的归责原则予以适用，而是将其作为补充适用的规则。其一，从体系上看，《民法典》侵权责任编承袭了《侵权责任法》的规定，在第1165条、第1166条专门规定了过错责任原则和无过错责任原则，本条规定并未与上述两条规定在一起，不宜将本条规定称为归责原则。上述两个条款实际上形成了归责原则的闭环，能够涵盖所有的侵权行为类型，特别是在有第1165条第1款关于过错责任的一般条款作为兜底条款适用的情况下，这两条关于归责原则的规定是周延的。其二，本条规定的公平责任只适用于少数行为导致损害的情况，不具有普遍性，尤其是本条规定将公平责任的适用空间限缩在狭小的"法律规定"的情形下，即：(1)《民法典》第1190条第1款规定的完全民事行为能力人对自己的行为暂时没有意识或者失去控制造成损害有过错的，应当承担侵权责任，没有过错的，对受害人适当补偿；(2)《民法典》第1254条第1款关于高空抛物中给受害人的经济补偿；(3)《民法典》第182条第2款、第3款关于紧急避险中对受害人的经济补偿；(4)《民法典》第183条关于见义勇为中受益人对受害人的补偿；(5)《民法典》第1188条关于监护人尽到职责时的被监护人对受害人的赔偿。[2]

---

〔1〕参见最高人民法院民法典贯彻实施工作领导小组主编：《中华人民共和国民法典侵权责任编理解与适用》，人民法院出版社2020年版，第202~204页。

〔2〕参见最高人民法院侵权责任法研究小组编著：《〈中华人民共和国侵权责任法〉条文理解与适用》，人民法院出版社2010年版，第186页。

"法律规定"的情形导致本条适用范围更加限缩，其适用范围显然只有在造成实际损害时，不包括精神损害以及人格权、名誉权等损害的赔偿。其既不符合过错责任原则的普遍适用性，也不符合无过错责任的特殊性。

二、《民法典》第1186条的规范分析

公平分担损失的规定是侵权责任编根据司法实践作出的特别规定，其不同于过错责任，也不同于无过错责任。过错责任要求行为人有过错，而公平责任要求行为人没有过错；过错责任行为人往往要根据过错程度承担损失，而公平责任分担行为人要根据实际情况给予受害人补偿。无过错责任是无论行为人是否有过错，只要其符合法律特殊规定，行为人必然承担责任；无过错责任只有在法律规定的情形发生时才承担责任；承担无过错责任有时候需要填平受害人的所有损失，有时候需要承担不超过某个限额的损失。[1]

三、公平责任经典案例分析

医生电梯内劝阻吸烟案中，医生杨某进入小区电梯后，发现一名老人（段某某）正在抽烟，杨某劝老人不要在电梯内抽烟，于是两人发生争执，后老人因心脏病发作去世。段某某的妻子一纸诉状把杨医生告上法庭，诉请为杨医生向其赔偿损失400 000余元。一审法院审理认为，杨某的行为与段某某的死亡之间并无必然的因果关系，但段某某确实在与杨某发生言语争执后猝死，依照《侵权责任法》第24条的规定，根据公平原则，判决杨某补偿田某某15 000元，驳回田某某其他诉讼请求。田某上诉，二审法院经审理后认为，杨某劝阻段某某在电梯内吸烟的行为未超出必要限度，属于正当劝阻行为。杨某没有侵害段某某生命权的故意或过失，虽然从时间上看，杨某劝阻段某某吸烟行为与段某某死亡的后果是先后发生的，但两者之间并不存在法律上的因果关系。因此，杨某不应承担侵权责任。于是二审法院以一审判决适用法律错误，并损害社会公共利益为由，改判驳回了原告田某某的诉讼请求。另外，该案后来申请再审中，法院坚持了二审判决的立场。[2]

---

[1] 参见最高人民法院民法典贯彻实施工作领导小组主编：《中华人民共和国民法典侵权责任编理解与适用》，人民法院出版社2020年版，第206~207页。

[2] 参见河南省郑州市中级人民法院［2017］豫01民终14848号民事判决书；河南省郑州市中级人民法院［2018］豫01民申957号民事裁定书。

从上述案例可见，法院支持补偿、赔偿的裁判，被指变相放纵了"谁闹谁有理""谁伤谁有理"的不良风气。对此，从法律角度讲，上述案例涉及"公平责任"的适用问题，相关法院对公平责任的适用条件产生错误理解，比如不存在法律上的因果关系能否适用公平责任或者适用公平责任是否需要法律上的因果关系；公平责任与过错责任归责原则的适用混乱等。虽然二审及时对判决进行了纠正，但正如上文分析中的《侵权责任法》第24条表述"可以"的规定一样，如果自由裁量权过大，在不加限制情况下，客观上容易导致公平责任被扩张适用，从而不当扩大补偿范围。

四、结语

《侵权责任法》第24条以不确定因素作为构成要件，导致公平责任在适用中引起较大争议，法官自由裁量过多，以"公平责任"为裁判规则作出的判决反倒使社会效果不好，也对侵权归责体系造成了弱化。经过立法沿革以及司法实践，《民法典》第1186条对其做出修改，依照该条规定，"公平责任"不属于独立的归责原则，公平责任条文由一项直接适用的条款，转变为只有"依照法律的规定"才可适用的指引性规定，[1]这一举措无疑是对精准适用该条款给出了指导，建议对《民法典》第1186条应当尽量作出限制其适用范围的解释，同时也可以加强最高法指导性案例的推出，实现同案同判，从而进一步加大"公平责任"的司法公信力。

---

[1]参见黎平、郭燕如、程建平：《公平责任司法适用的现实困境与规则重构》，载《重庆交通大学学报（社会科学版）》2024年第4期。

公司证照返还之诉实证研究

陈载宇*

(中国政法大学 北京 100088)

摘　要：近些年来全国公司证照返还纠纷案件增多，本文通过对司法实践中裁判案例的研究，分析纠纷产生的原因，总结本类案件在审理过程中的难点和问题，从而对公司如何防范公司证照返还纠纷提出建议。

关键词：公司证照；公司法；公司治理

随着中国经济与社会的发展，新登记与注册的公司与日俱增，公司类纠纷案件数量与涉案标的总额逐年增多，公司证照返还纠纷时有发生。法律没有规定公司证照的明确范围，一般认为在狭义范围内包括印章类、证件类，但在实践中往往范围更广，对公司有特殊意义的财产在一些裁判案例中都被认为属于公司证照。[1]公司证照返还纠纷是《民事案件案由规定》第八部分第 21 条下的三级案由。

一、公司证照返还纠纷产生的原因

(一) 公司法定代表人变更

公司法定代表人变更的情况包括公司原法定代表人被免除职务或离职，原法定代表人拒不归还持有的公司证照，从而引起公司证照返还纠纷。公司通过按公司章程规定的流程召开股东会决议等方式变更法定代表人，但未及时进行工商登记或原法定代表人不配合进行变更登记，这种情况易引发纠纷产生。

---

* 作者简介：陈载宇（1998 年—），男，汉族，河北沧州人，中国政法大学同等学力研修班 2024 级学员，研究方向为民商法学。

〔1〕参见孔丽：《公司证照返还纠纷之实务问题浅析》，载《上海法学研究》集刊 2021 年第 7 卷。

《公司法》第35条规定公司法定代表人变更应当办理变更登记。公司变更法定代表人的,变更登记申请书由变更后的法定代表人签署。这一规定有效解决了此类公司证照返还的纠纷。

(二)公司证照被不合理占有

第一,证照持有人扣留公司证照会影响公司利益。《公司法》第180条规定,董事、监事、高级管理人员对公司负有忠实义务和勤勉义务。虽然公司的法定代表人、股东、出资人或实际控制人等相关人员有权持有、保管公司证照,但不得扣留公司证照影响公司的正常经营,损害公司利益。例如在金某某与华赛公司公司证照返还纠纷案中,公司董事金某某将公章、营业执照等公司证照私自扣留,法院审理后认为金先生没有履行作为高管的职责,其行为影响了公司的经营和利益,金先生应返还扣留的公司证照。[1]

第二,公司清算时不将公司证照归还。公司证照是公司合法经营的凭证,是公司清算的过程中不可或缺的重要资料。《公司法》第234条规定,清算组在清算期间可以行使代表公司参与民事诉讼活动的职权。在周某与无锡思尔科技有限公司公司证照返还纠纷案中,江苏省高级人民法院审理后认为,公司已经进入清算程序,周某作为公司董事应将公司证照交付给清算组作清算之用。[2]

(三)公司证照被用作担保等用途

公司证照以担保、抵押等原因交付他人时引起的纠纷。在广州市天河区石牌饮水思源酒家与广州顺盛物业管理有限公司公司证照返还纠纷案中,被上诉人因拖欠租金将公司证照交给顺盛物业作为担保物,广州市中级人民法院认为,涉案证照具有"债的担保"性质,且拖欠租金尚未结清,故不支持顺盛物业向被上诉人返还证照。[3]

二、公司证照返还纠纷的实务问题

(一)公司证照范围的界定

公司证照的范围应如何界定在实践中存在一些争议。本文在对相关裁判

---

[1] 参见武祎、耿瑞璞:《公司董事私扣公章证照,公司起诉要求返还获支持》,载《中关村》2020年第10期。

[2] 参见江苏省高级人民法院[2020]苏民终26号民事裁定书。

[3] 参见广东省广州市中级人民法院[2017]粤01民终1434号民事裁定书。

案例进行总结归纳后认为，公司证照往往不局限于狭义上的证件类、印章类等，还包括广义范围内的与公司日常经营相关、对公司有特殊意义的各类财产或物品，但司法实践中需要明确提供此类资料的具体名称、数量等信息。例如法院认为，银行开户许可证、银行 U 盾等属于公司证照，且对于公司能举证出具体资料名称和数量的公司证照，法院支持被告返还，而不能提供确定名称和数量的资料，法院不予支持。[1]

（二）案件管辖地确认

由于《民事诉讼法》第 27 条并未明确表示"公司证照返还纠纷"包括其中，因此在裁判案例中还有一种观点认为，公司证照返还纠纷属于侵权纠纷，应根据《民事诉讼法》第 29 条按照侵权纠纷确定案件的管辖地。[2]目前公司证照返还纠纷的裁判中，对案件管辖地应如何确定没有明确统一的观点。侵权行为地大部分情况下与公司住所地相同，所以原告可以选择公司住所地的人民法院提起诉讼。

（三）诉讼主体资格认定

《民事诉讼法》第 51 条规定，法人由其法定代表人进行诉讼。在许多案件中，因公章缺失无法在起诉状上加盖印章，由法定代表人签字提起诉讼，法定代表人是公司意志的代表，有权以公司名义提起诉讼。[3]当实际的法定代表人与工商登记的法定代表人不一致时，由于公司证照返还纠纷系公司内部纠纷，往往以能反映公司真实意思的主体为适格原告。[4]除此之外公司股东、清算组负责人等得到公司授权、维护公司利益的主体也能被认为是适格原告。《公司法》第 189 条规定了股东代表诉讼制度，但在实践中股东代表公司提起诉讼要注意遵循前置程序的要求。

（四）案由确定

一般认为返还公司公章、证照的案件案由依据《民事案件案由规定》（2020 年）是公司证照返还纠纷。实践中，有时也与其他几种案由相关联，

---

[1] 参见广东省广州市中级人民法院［2019］粤 01 民终 8681 号民事裁定书。
[2] 参见上海市高级人民法院［2020］沪民辖 256 号民事裁定书。
[3] 参见谢平：《公司印鉴之争纠纷涉及法律问题探讨》，载《法制与经济》2015 年第 10 期。
[4] 参见沈严、温占敏：《代表公司诉请证照返还的主体认定》，载《人民法院报》2017 年 5 月 18 日。

如返还原物纠纷、合同纠纷等。[1]公司证照属于公司所有物,具体该将此类案件案由确定为公司证照返还纠纷还是返还原物纠纷没有统一观点,这也与诉讼中返还对象是否能界定为公司证照有关。例如法院认为,返还物涉及公司营业执照正本、副本、行政公章、合同专用章、财务专用章、法定代表人私章及工商银行U盾的,案由应被确定为返还原物纠纷。上海市第一中级人民法院认为:"原告诉请标的物主要用于反映公司的权利外观的,应确认为公司证照返还纠纷;原告诉请的标的物主要用于反映财产价值的,应确认为返还原物纠纷。"[2]

(五)举证要点

《民事诉讼法》第67条第1款规定,当事人对自己提出的主张,有责任提供证据。在公司证照返还纠纷中,原告有举证公司证照被非法占有的责任,需包括证明公司证照的存在性、公司证照被被告占有、被告无权占有公司证照几方面。举证证据可以分为直接证据或间接证据,直接证据包括被告签字确认的接收收据、持有证明和被告使用过证照的证明等;间接证据可以是向被告索要证照的相关文件、聊天记录等,由于原告地位天然不利、公司日常管理不够规范严格等原因,此类证据较难举证。证明被告无权占有公司证照一般依据召开的股东会决议文件、公司的章程规定等。

三、公司防范和处理证照返还纠纷的建议

第一,重视公司证照的保留和存放,完善公司证照的管理制度,确定公司证照的持有人将公司证照存放在保险箱、有监控摄像头的地方,方便后期举证。当公司证照需要交付他人使用或保管时,应当收取其签字确认的接收收据或交接证明。

第二,完善有关法定代表人变更、股东会决议的公司章程,完善公司内部治理结构。严格遵循法律法规和公司章程任免法定代表人并召开股东会决议。当变更法定代表人时,新的法定代表人应及时通过相关程序办理工商变更登记。

---

[1] 参见孔丽:《公司证照返还纠纷之实务问题浅析》,载《上海法学研究》集刊2021年第7卷。

[2] 上海市第一中级人民法院:《公司证照返还纠纷案件的审理思路和裁判要点》,载https://spjf.a-court.gov.cn/xxfb/no/court/docs/202402/d_4007502.html,最后访问日期:2024年8月20日。

第三，发现公司证照遗失、被盗后及时报警处理。公司证照返还纠纷发生后，积极严谨寻求相关证据，合理选择提起诉讼的法院所在地，在起诉前可以与当地法院立案庭进行沟通，征求当地法院的意见。

四、结语

公司证照的保管属于公司内部管理的事宜。公司证照返还纠纷一般涉及公司内部的权力争夺，在没有具体公司章程规定、董事会或股东会决议作为参考时，法院不宜直接干涉公司内部管理。因此，公司需完善自身治理结构、公司章程，保证自身合法利益不受侵害。法院在裁判此类案件时，应妥善适用民法、公司法等法律以达到公正裁判。[1]

---

[1] 参见王国鑫：《浅议公司证照返还纠纷的路径选择》，载《法制与社会》2016年第33期。

论网络服务格式合同的法律规制及完善

杨安琪*

(中国政法大学 北京 100088)

摘 要：网络服务合同通常由网络服务提供者预先拟定，用户在使用服务前必须接受，无法就合同内容进行协商。这种格式合同的广泛使用，虽然提高了交易效率，但也引发了诸多法律问题，尤其是弱化了合同双方的意思自治，违背了合同公平交易原则。基于网络服务格式合同的特性及我国法律现状，建议从订入控制和效力控制入手，通过公权力及服务提供者的适当介入、类型化分级规范格式条款、健全合同效力评价机制三个方面，完善网络服务格式合同的法律规制。

关键词：网络服务格式合同；订入控制；效力控制

一、网络服务格式合同的存在背景

网络服务格式合同因其高效便利的特性而广泛应用于网络服务领域。与传统纸质合同相比，电子合同的签订和修改更加便捷，大大降低了交易成本，提高了交易效率。电子商务产业具有自然垄断的规模经济效应，电商企业利用市场控制力形成格式合同的专断，商人与用户之间会出现严重的信息不对称，这种信息不对称加剧了格式条款的广泛使用。现行法律对网络服务格式合同的规制不足，也一定程度上导致了网络服务格式合同在网络服务领域广泛存在。

---

* 杨安琪：(1992年—)，女，汉族，黑龙江人，中国政法大学同等学力研修班2024级学员，研究方向为民商法学。

二、网络服务格式合同带来的法律问题

（一）违背意思自治原则

网络服务格式合同条款数量众多，即便用户可以公开查询全部条款内容，但想要了解所有的格式合同条款几乎是不可能的。当用户已经默认接受格式合同是获得服务的必要前提，便会因阅读、理解成本过高而理性忽视格式条款的内容。同时，接受或拒绝这种强制决策方式在很大程度上剥夺了用户的选择权，限制或削弱了用户的缔约自由，这与民法中的意思自治原则相违背[1]。意思自治原则强调民事主体有权按照自己的意愿进行民事活动，而签署网络服务格式合同的用户往往无法表达自己的意愿。

（二）公平交易权受到损害

网络服务因交易环境的虚拟性，导致用户群体庞大和广泛，在缔约过程中网络服务提供者并不会对用户的特征进行调查，而往往是在不评估用户接受理解能力的情况下进行无差别对待，这便使得网络服务格式合同的内容很容易超出用户的平均理解水平。网络服务提供者往往利用自己的市场垄断地位，在合同中设置免责条款，以限制或免除未来运营过程中可能出现的责任。网络服务合同中还存在加重用户责任、限制用户权利的格式条款，如个人信息授权条款、单方变更权、限制或删除账号等惩戒性条款，这些都使得用户的公平交易权受到严重损害。

三、网络服务格式合同在我国的法律规制现状

目前我国法律对网络服务格式合同的规制主要体现在《民法典》《电子商务法》和《消费者权益保护法》中。《民法典》第 496 条至第 498 条作出了框架性规定，但合同编典型合同中并未对此进行详细规定。《电子商务法》第 49 条在格式合同的成立上对经营者通过格式条款排除合同成立的约定作了效力规制，但并无其他条款的效力规制。《消费者权益保护法》对法律规定经营者应尽到提示说明义务的重大利害关系内容进行了具体列举，但所涉条款仅此一条，对网络服务格式合同的规制力度微乎其微。

---

[1] 吴双：《论电子商务合同格式条款的法律配置：问题、进路与方法》，载《东北大学学报（社会科学版）》2022 年第 5 期。

网络服务格式合同是随着互联网技术的发展和数字经济的兴起而出现的产物，从目前三部法律的立法背景和价值作用角度看，《电子商务法》的出台和实施，标志着我国电子商务领域立法的完善，为电子商务的规范发展提供了法律环境，促进了电子商务的健康有序发展。因此，网络服务格式合同的法律规制通过完善《电子商务法》，进行专门化调整更符合立法背景和调整内容。

四、网络服务格式合同的法律规制和完善途径

（一）订入控制的完善路径

订入控制[1]是指格式条款的内容是否能够进入到合同中，对当事人产生约束力，可以让行政机关、网络经营者自身适当介入，再通过细化说明提示义务多方面完善，弥补立法和司法上的缺陷。

（1）行政机关介入。首先，由各地区市场监督管理局设置专门审查部门，要求网络服务提供者对格式合同进行预先备案审查，对与用户有利害关系的条款进行指示并强制作重点提示说明。其次，为用户设置发声渠道，行政机关可以设置举报投诉窗口，接收用户主张的在备案审查外的利害关系条款，经过综合评估进一步确定网络服务提供者的提示说明义务。最后，在长期的备案审查及收集的意见和投诉中，形成各行业的网络服务格式合同示范文本，从根本上解决订入控制的问题。

（2）网络服务提供者介入。网络服务提供者与用户的市场地位实际上是造成二者信息不对称，导致格式合同违背意思自治、损害公平交易权的本质原因，要想从根本上解决此问题，就要把网络服务提供者与用户通过人为干预手段尽可能放在一个平等的位置上。可以让服务提供者根据自身行业，去评估确定用户对格式合同条款应有的平均认知水平，服务提供者负有审查用户真实身份、判断认知水平与服务是否匹配、衡量用户风险承受能力的义务，并基于此对用户进行分类，对不同类别的用户进行不同程度的说明提示，让用户尽可能充分理解格式条款的内容。

（二）效力控制的完善路径

效力控制是指对格式合同条款的效力进行法律评价，可以通过对格式合

---

[1] 吕冰心：《论网络格式合同条款的特性与规制》，载《法学杂志》2022年第3期。

同条款分类分级评价、健全合同条款效力评价机制，实现对格式合同效力控制的完善。

（1）类型化分级条款规范效力控制。《民法典》已经对要实现效力控制的条款做了初步说明，即免除或者减轻服务提供者责任、加重用户责任、限制用户主要权利的条款，可以在此基础上对格式合同中的通常条款进行类型化，分类后再进行分级规范。对于免除或者减轻服务提供者责任的条款作为一类，在此类别下对条款进行分级，从减免责任最严重到最轻微设置一级到三级。以单方变更权条款举例，根据审查服务提供者约定可单方变更的内容和情形是否合理、变更前对用户的知情同意权如何保护等，将该条款划分为一级至三级。一级条款属于严重违背意思自治或背离公平原则，属于绝对无效条款；二级条款并非当然无效[1]，需要综合考量市场地位、行业背景、格式条款制定目的等情况，对条款效力进行法律评价；三级条款合法有效，属于"合理"范畴，可以正常适用。格式条款的分类分级更清晰地展现了条款背后的价值内核，也能为司法裁判提供更加具体可操作的依据。

（2）健全格式合同条款效力评价机制。[2]目前格式合同条款的效力评价机制并不完善，《民法典》规定的合同效力包括有效、无效、效力待定和可撤销，这些类型涵盖了合同效力的不同状态，明确了合同在当事人之间产生法律约束力的不同情形。但对于格式条款的效力规定却仅限于有效和无效两种情形，虽然格式合同也能适用合同效力的法律规定，但对于条款纷繁复杂的网络服务格式合同而言，通过整体评价合同效力去评价某个条款的效力显然不合适。因此，应健全格式合同条款的效力评价机制，对效力待定和可撤销的格式条款进行详细规定，以完善格式条款的效力控制。

---

[1] 陈文兴、张羽芊：《大数据背景下点击合同不正当格式条款的规制路径探析》，载《北京邮电大学学报（社会科学版）》2024年第3期。

[2] 王华：《网络服务合同格式条款法律规制的不足之处与完善路径》，载《法制博览》2023年第16期。

现行婚姻无效制度研究

周玉洁*

(中国政法大学 北京 100088)

摘 要：为了规范婚姻秩序，实行有效的婚姻制度就显得至关重要，而婚姻无效制度是婚姻制度的基石。婚姻无效制度自《婚姻法》（2001年修正）正式确立，到《民法典》出台，经历了实质性的变革，其在不断地适应社会发展需要，但还存在一些缺陷需要解决。

关键词：婚姻无效；婚姻关系；《民法典》

2001年4月，《婚姻法》修正案首次正式将婚姻无效的情形列入法条，我国婚姻无效制度进入历史舞台，虽有不完善之处，但有效填补了制度空白。2021年1月1日，《民法典》及最高人民法院《关于适用〈中华人民共和国民法典〉婚姻家庭编的解释（一）》（以下简称《婚姻家庭编解释（一）》）的施行，再次对我国婚姻无效制度进行了突破性变革。

一、婚姻无效制度的进步

婚姻无效制度的概念在学界尚未有定论，根据《民法典》婚姻家庭编的相关规定，笔者对婚姻无效制度相关条款的变更进行分析，并根据自己的理解，认为婚姻无效制度指的是当出现法定特殊情形时即不具备法定结婚条件时，经确认后婚姻自始便不具备效力的制度。

（一）婚姻无效的情形由四种减为三种

2001年修正的《婚姻法》第10条规定了婚姻无效的四种情形分别是：

---

* 作者简介：周玉洁（1999年—），女，汉族，山东威海人，中国政法大学同等学力研修班2022级学员，研究方向为民商法学。

重婚、有禁止结婚的亲属关系、有不应当结婚的疾病、未达到法定婚龄。《民法典》婚姻家庭编中将"婚前患有医学上认为不应当结婚的疾病,婚后尚未治愈"这一婚姻无效情形删除,转而将其作为可撤销婚姻的一种情形。因此,现行婚姻无效制度中规定的情形只有重婚、有禁止结婚的亲属关系、未达到法定婚龄三种。

这一制度的变更实际上是保证了患病人具有与其他公民同等的结婚的权利,随着医疗技术的发展,很多疾病变得可以治愈或者虽不能治愈但不影响正常生活,且患病并非病人本人的主观意愿,因此剥夺其结婚的权利未免过于残忍。这一制度的变更无疑是更具人性化、尊重人权的体现,只要结婚双方自愿同意,疾病将不再是阻碍他们的门槛。

同时,为了保护未患病方的合法权益,避免"骗婚"惨案,《民法典》将患有重大疾病的情形赋予了可撤销性。夫妻之间负有婚前如实告知义务,已经知道自己患有严重疾病的一方必须在登记结婚前将自己的真实疾病告知另一方,如果一方故意隐瞒严重疾病,被隐瞒的一方有权向法院申请撤销婚姻。在尊重患病人婚姻权的同时保障其伴侣的知情权,协调、维护双方的利益,无疑是婚姻无效制度在立法上的一项重大变革。

(二)婚姻无效案件的司法处理程序变更

最高人民法院《关于适用〈中华人民共和国婚姻法若干问题的解释(一)〉》(已失效,以下简称《婚姻法司法解释(一)》)中第7条至第16条规定,无效的婚姻虽然自始无效,但需要经过宣告程序,而非当然无效。[1]《民法典》在原规定的基础上,将"申请宣告婚姻无效"改为"请求确认婚姻无效",将"申请人、被申请人"改为"原告、被告"。"宣告婚姻无效"在之前实践中大部分均是按照特殊程序处理,而《民事诉讼法》中规定的适用特殊程序处理的案件中并无"宣告婚姻无效",此项变化有助于婚姻无效制度与《民事诉讼法》在实践中相配合使用。"申请人、被申请人"变"原告、被告"这一表述的变化也反映了当事人在司法程序中地位的变化,由特殊程序变为普通程序,有助于法律统一适用。

同时,《民法典》中删除了《婚姻法司法解释(一)》第9条规定的"有关婚姻效力的判决一经作出,即发生法律效力"的规定。此修改与上述将

---

[1] 周鑫:《我国无效婚姻制度探析》,载《西南石油大学学报(社会科学版)》2012年第4期。

婚姻无效案件确定适用普通程序审理的修改相呼应，在司法程序上从原来的一审终审（特殊程序）改变为二审终审（普通程序），确认婚姻无效案件当事人从此拥有了上诉权。

（三）增加婚姻无效案件中无过错方的损害赔偿权

无效婚姻损害赔偿规定首次见于《民法典》第1054条第2款，该条款是《民法典》婚姻家庭编新增的对无效和可撤销婚姻中无过错方合法权益的保护规定，可谓是婚姻家庭法领域的重大创新和发展。[1]无效婚姻的无过错方在"婚姻"中付出了时间、金钱和精力，无效婚姻双方当事人同居期间取得的财产无法协议分割的情况下，按照照顾无过错方的原则进行判决。这一规定体现了虽然无效的婚姻自始没有法律效力，但财产分割原则趋近于离婚中照顾无过错方的分割原则。[2]

（四）删除确认婚姻无效案件的时效要求

最高人民法院《关于适用〈中华人民共和国婚姻法〉若干问题的解释（二）》（已失效）第5条规定，夫妻一方或者双方死亡后1年内，可以向人民法院申请宣告婚姻无效，而《婚姻家庭编解释（一）》删除了"一年内"的时效规定。

二、现行婚姻无效制度的缺点

根据《婚姻家庭编解释（一）》第9条规定，有权请求确认婚姻无效的主体，包括婚姻当事人及利害关系人，其中，利害关系人包括：以重婚为由的，为当事人的近亲属及基层组织；以未到法定婚龄为由的，为未到法定婚龄者的近亲属；以有禁止结婚的亲属关系为由的，为当事人的近亲属。

三、完善我国婚姻无效制度的建议

（一）拓宽认定婚姻无效的情形范围

伦理道德是中华文明中的重要思想，《民法典》婚姻家庭编的一个基本原则为道德伦理，[3]无效婚姻的其中一个情形为近亲结婚，可是实践中存在大

---

[1] 夏吟兰：《婚姻家庭编的创新和发展》，载《中国法学》2020年第4期。
[2] 邵永乐：《论无效婚姻的损害赔偿》，载《法治研究》2024年第3期。
[3] 杨丽：《婚姻法中的婚姻无效与撤销制度研究》，载《法制博览》2018年第34期。

量比近亲结婚更为过分的情形，例如养父母与养子女、继父母与继子女、儿媳妇与公公、女婿与岳母等，这些情况更应当被禁止。虽然以上列举的人员间不存在事实上的血缘关系，但这种关系远不能被世人所接受，亦不应当被法律所接受，拟制的血缘关系也应当被保护。因此，笔者认为婚姻无效的情形不应当过于宽泛，使得婚姻似儿戏，亦不应当将其限制的过于狭隘，使之形同虚设，应当随着社会的发展而改进，划定合理的范围，规范公民的婚姻行为。

（二）拓宽有权申请确认婚姻无效的主体范围

婚姻无效制度不仅仅是为解决私人纠纷，更多具有社会公益色彩，是为维护社会秩序，那么婚姻无效制度如果像合同无效制度一样将主体局限于当事人及少量利害关系人，无疑存在不合理的地方。例如，以重婚为由申请确认婚姻无效，主体为当事人及当事人的近亲属和基层组织，笔者认为前一任合法婚姻的配偶亦应当有权申请，其为利益受损者，在当事人及其近亲属及其他主体不进行主张的情况下，应有权主动出击，拿起法律的武器维护自身合法权益。

（三）加强法治宣传和法治教育

虽然我国经过持久不懈的努力，法治建设已经取得了一定的成就，但往后要走的路还有很长，特别是在偏远落后、重男轻女的地区，宣传正确的婚姻制度刻不容缓。加强法治教育宣传，防患于未然，提前采取措施远比事后补救更加有效。

四、结语

《民法典》婚姻家庭编则具有浓厚的伦理性色彩，在处理婚姻问题时不得不考虑人的因素。婚姻有效是一切之前提，因此婚姻无效制度是婚姻制度中较为重要的一环，应当重视起来，不断发展优化，适应社会需要，以推进我国法治建设。

未成年人网络隐私保护研究

赵凤美*

（中国政法大学 北京 100088）

摘 要：随着"十四五"规划的持续推进，我国乘上了科技时代的快车，互联网+技术日益改变着我们的生活，为我们带来便利的同时也带来了相关风险，其中如何保护与尊重未成年人网络隐私的问题日渐尖锐。本文将在现有国内外法律背景下，根据未成年人面对的大环境进行讨论，并试图提供以法律形式尊重与保护未成年人网络隐私的解决方案。

关键词：未成年人；网络隐私；法律保护

一、网络隐私权的定义

民法典规定隐私权就是一个自然人在私人的生活安宁、私密空间、私密活动以及其他不愿为他人知晓的私密的信息的权利，[1]网络隐私权即为隐私权在网络空间下的延续。根据《民法典》相关规定，未成年人主要指不满18周岁的自然人，未成年人网络隐私权保护就是针对未成年人这一特殊主体，对其知情权、支配权、控制权等相关隐私权在互联网空间内进行规范和保护。

二、未成年人网络隐私保护在我国司法实践中存在的问题

（一）过度的商业化会导致未成年人隐私的过度暴露

《爸爸去哪儿》的热播，让娱乐圈找到了流量密码，大量营销有关未成年

---

* 作者简介：赵凤美（1999年—），女，汉族，河北衡水人，中国政法大学同等学力研修班2024级学员，研究方向为民商法学。

[1] 陈菁：《我国未成年人网络隐私权保护》，载《西藏民族大学学报（哲学社会科学版）》，2013年第4期。

人的一举一动吸引观众眼球，将未成年人隐私过早暴露于聚光灯下。正如明星之子 Jasper（陈某廷，影视演员陈小春与应采儿的儿子）在演讲中提到的，起初他很喜欢待在大屏幕上，后来意识到一些不对，时时刻刻对着他的摄像机让他觉得一举一动都必须完美；后来，他无法忍受那种令人难受的凝视，这种审视带来巨大的压力，以至于陷于焦虑。可见，将未成年人隐私过早暴露于网络中会影响他们正常的成长和发展。2021年10月8日，国家广播电视总局出台《未成年人节目管理规定》，该规定对专门录制明星子女的节目进行了较大限制，许多正在热播的亲子档节目被紧急叫停，这一举动很好地保护了未成年人隐私权。然而日常生活中，有些父母利用子女推销产品、做广告的现象屡见不鲜，亟待规范。

（二）监护权与隐私权冲突导致未成年人权益被侵害

未成年人的监护人对未成年人具有监护权，目的是保护未成年人的合法权益。但在日常生活中，监护人私拆未成年人的信件、偷看未成年人日记、翻看未成年人书包等私人物品等，这些都侵犯了未成年人的人格尊严和合法权益。未成年人作为自然人，享有不受他人侵害的合法权利，监护人侵犯其隐私权的行为不利于未成年人隐私观念的形成及对个人相关合法权利的保护。而在现有法律规定中，并没有明确监护权与隐私权之间的界限，导致未成年人隐私被其监护人侵犯时，未成年人难以主张自己的权利，甚至诉讼也只能由监护人代为启动相关程序。

（三）未成年人的特殊性会导致其隐私意识的缺乏

信息时代下，未成年人上网人数持续增长。2023年《第5次全国未成年人互联网使用情况调查报告》显示，2022年未成年人上网规模已突破1.93亿，未成年人互联网普及率增长到97.2%，基本达到饱和状态[1]。而未成年人由于年龄和经验的限制，往往缺乏对网络风险的认识和防范能力。在网络世界，未成年人抱着好玩的心态寻找新鲜和刺激，甚至在虚拟世界寻求现实世界无法满足的安全感和虚荣感，这使得他们更倾向于在网络上分享个人信息，来获得认同感和归属感。与此同时，未成年人由于年龄和经验的限制，往往不会意识到隐私权已被侵害，缺乏对网络风险的认识和防范能力。

---

[1]《中国互联网信息中心发布第52次〈中国互联网络发展状况统计报告〉》，载《国家图书馆学刊》2023年第5期。

（四）网络环境的复杂性导致未成年人容易泄露隐私

在网络空间中，未成年人和成年人享有一样的地位，但未成年人往往由于年龄和阅历的局限而不能意识到其中可能存在的危险。未成年人在网上冲浪时往往会更加追求新鲜刺激，出于对未知事物产生好奇而误点击一些包含不良信息（如色情暴力）文字图片等，导致价值观出现偏差。同时，未成年人对于风险的识别性差，当遇到不良商家或非法分子提供的设计个人信息的问卷或表格时，出于好玩的心态无脑填写，导致其个人隐私的泄露，甚至被用于商业用途、广告等。

三、未成年人网络隐私保护制度的国内外实践

（一）国内对未成年人的保护现状

2023年10月，国务院发布《未成年人网络保护条例》，进一步细化未成年人个人信息特殊保护制度，完善未成年人个人信息法律保护体系。[1] 该条例着重保护8周岁以下的未成年人的客观性隐私权，对8周岁以上的未成年人，除保护其客观性隐私权外，还增加对其个性发展方面的保护，从而更好地呵护其健康成长。一般来说，客观性隐私权主要是对未成年人及其家庭成员信息的保护，如未成年人个人姓名、年龄、身体状况、健康情况等，还包括监护人及其他家庭成员的姓名、工作情况、社会关系等，以防止这些基本信息被非法采集和不正当利用，从而给未成年人及其家庭成员带来困扰甚至危险。八周岁以上的未成年人增加对其个性发展的保护，如保护其个人日记本、私人物品、私人空间等，但该条例对于监护权与隐私权的行为界限并没有明确说明。

（二）国外对未成年人的保护实践

大数据时代，未成年人网络信息安全问题已经成为各国日渐重视的话题，从而形成以美国为代表的分散立法和以德国为代表的统一立法两种模式，[2] 日本在吸纳统一立法和分散立法的基础上形成了混合立法模式，旨在更好地保护未成年人隐私。美国通过出台《儿童在线隐私保护法》保障在校学生教育记录的信息安全，规定了网络运营者应当在合理的时间内未获得父母同意

---

[1] 白文丹：《教育数字化中未成年人个人信息保护研究》，载《智慧法治》集刊2023年第3卷。

[2] Family Educational Right to Privacy Act.

或信息保留时间超过合理限度的情况下删除未成年人信息，并将行业自律制度与安全港计划结合，促进业内互相监督约束，并由行业对违反规定的经营者公开报告，对消费者进行补偿，向美国财政部自愿付款等措施进行惩罚，有效打击了违法经营者，从而维护未成年人合法权益。与此同时，欧盟也通过出台《一般数据保护条例》对数据控制者、第三方进行约束，规定其在追求利益时不能与未成年人的利益产生冲突，包含验证监护人身份和监护人同意的途径，同时给予数据主体对数据的擦除权和限制处理权，设立了专门监管机构与数据处理者、控制者相互合作，实现个人信息安全的有效维护。

四、尊重与保护未成年人网络隐私的完善方案

（一）制定专门性保护法律，构筑防火墙

目前我国有关未成年人网络隐私保护的法律条文不够具体且过于零散，导致发生未成年人网络隐私侵权案件发生时，法官只能参考成年人隐私保护的相关法律条文，对未成年人的网络隐私不能取得很好的保护作用。在如此大背景下，各国都在相继出台专门法律保护未成年人网络隐私，我国制定专门性保护法律很有必要，且势在必行，以更好地适应当下快速发展的互联网世界，构筑保护未成年人网络隐私的防火墙，让未成年人网络隐私被侵犯时有法可依，完善现有法律体系，最终实现法治社会。结合各国立法实践，根据未成年人特点分年龄段进行相应限制，既有效保护又不全部隔绝，实现尊重与保护的平衡。

（二）相关行业加强自律，承担相应社会责任

将立法和行业政策相结合，是美国安全港计划的尝试。作为一种有效的强制性机制，安全港计划被用于独立评估主体经营者遵守自律计划指南的情况。作为企业，应自觉加强儿童在线隐私保护合规义务，明确网络运营者对未成年人个人信息的专项保护义务是企业合规义务的重要组成部分。随着"未成年人模式"的普及，互联网企业应积极开发更为科学实用的"未成年人模式"或"青少年专区"，自觉建立未成年人保护企业专项制度，构建保护屏障。

（三）强化政府监管，严格执法、严惩违法

第一，设立未成年人网络隐私保护的专门机构，全权负责未成年人网上隐私的安全。同时建立一站式平台对未成年人身份进行识别，有效阻断未成

年人可能接触到的危险。

第二,开设热线,接待投诉,鼓励举报。对不同年龄段的未成年人分门别类进行法律援助,分别就其需求进行相应的权益保护。

第三,经常开展专项严打活动。设立相关节日并定期进行排查有关风险,打造长期机制有效保障未成年人网络隐私权。

委托合同任意解除权排除条款的解释学研究
——以有偿委托和无偿委托的区分适用为视角

庄 重*

(中国政法大学 北京 100088)

摘 要：委托合同的任意解除权，作为一种特殊的合同解除权利，其行使并不受限于法定或约定的具体事由；同时，双方当事人也可以以特约的方式对任意解除权进行排除或限制。是否应当或在何种情形下能够按照意思自治原则，认可委托合同双方当事人对于排除任意解除权设立的特约，何种情况下应当确认委托合同的任意解除权不可通过特约方式排除，需要具体区分有偿委托和无偿委托分别讨论。

关键词：任意解除权；有偿委托；无偿委托

关于委托合同中任意解除权排除条款的效力问题，在学术界一直存在争议。支持该条款有效的观点认为，依据民商法中的意思自治原则，委托合同双方有权在合同中约定排除任意解除权。此类约定并未抵触法律、行政法规的强制性规范。特别是在商事委托合同中，委托方更加倾向于信赖受托人的市场口碑、业务能力和财务状况，而非简单基于人身信赖关系。支持无效论的观点则主张，任意解除权是《民法典》第934条中明确赋予合同双方当事人的权利，不允许双方通过合同约定事先放弃。在司法实践中，对于委托合同中任意解除权排除条款的效力认定，不同法院亦作出不同判决。例如，最高人民法院在[2015]民一终字第226号民事判决中明确认定事先排除任意解除权的特别约定有效。而江苏省南京市中级人民法院在[2018]苏01民终

---

* 作者简介：庄重（1985年—），女，汉族，安徽蚌埠人，中国政法大学同等学力研修班2024级学员，研究方向为民商法学。

1723 号民事判决中判定排除任意解除权的特别约定无效。

一、委托合同任意解除权的文义解释

委托合同的解除方式可归结为两类：一类是因一般合同终止的共通原因而终结；另一类则是依据《民法典》第 933 条的规定，由当事人一方行使任意解除权，或因一方当事人死亡、丧失民事行为能力、破产等情形，导致无法继续履行委托合同。

《民法典》第 933 条不仅赋予了委托合同双方当事人任意解除权，还明确了在有偿委托和无偿委托两种情形下，行使任意解除权的一方需要承担的不同赔偿责任。[1]该条文并未明文禁止双方当事人通过合同约定排除或限制这一权利。同时，从法条性质上看，该规定并非效力性强制性规定，不会直接导致合同整体或部分无效。《民法典》第 934 条指出委托合同终止的原因虽包括多种情形，但"当事人另有约定或者根据委托事务的性质不宜终止的除外"。这一规定为任意解除权排除条款提供了明确的法律依据。通过对比这两条规定，可以得出结论：尽管法律赋予了委托合同双方当事人任意解除权，但双方亦可通过合同约定来排除或限制这一权利，此类约定具有合法性，并受法律保护。

《民法典》第 933 条对有偿委托合同与无偿委托合同在解除后的损失赔偿方面作出了不同规定：在无偿委托合同中，合同解除方仅需赔偿因解除时间不当而产生的直接损失；而在有偿委托合同中，除直接损失外，合同解除方还需赔偿被解除方的预期收益。《民法典》对有偿委托合同任意解除权的限制相较于无偿委托合同更为严格。因此，在适用任意解除权及排除条款时，应依据委托合同有偿与无偿的不同情形来确定任意解除权排除条款的适用范围和程度。

二、委托合同任意解除权的体系解释

任意解除权在委托合同中的存在，主要基于两大核心要素：一是历史层面的考量，即委托行为往往具有无偿性；二是委托合同的本质特征，即明确

---

〔1〕 范博文：《委托合同约定排除任意解除权条款的适用》，载《决策探索（下）》2021 年第 9 期。

的人身信赖性，这一特性显著区别于其他类型的合同。[1]委托合同所依托的信用关系，本质上具有相当的动态性和不稳定性，当双方当事人的信任基础削弱时，赋予当事人解除合同的权利，成为维护合同自由与公平正义的必要之举。上述原因均植根于委托合同的"无偿性"这一根本属性。由于当事人之间不存在对等的给付义务，基于功利主义原则（Utilitarian Principle），此类合同对当事人的实质性约束力显著减弱。因此，相较于有偿合同，委托合同的当事人更容易从合同义务中解脱出来，行使任意解除权。

随着商业活动与社会交往的日益深化，委托合同不再局限于传统的民事领域，更多地渗透进了商事范畴，形成了有偿委托的普遍趋势。在商事委托合同的缔结过程中，委托人选择受托人的主要依据，往往不再是双方之间的人身信赖关系，而是更注重受托人的商业信誉、经营能力以及所能带来的利益交换。这种转变反映了委托合同从人身信赖向商业利益导向的深刻变迁。在商事委托中，受托人为履行委托事务，通常有成本投入，[2]若此时仍允许委托人行使任意解除权，可能会将受托人置于非常不利的地位，而由于未来收益的不确定性，《民法典》第933条中规定的委托人对被委托人预期收益的赔偿也相应地不易确定，使得被委托人的损失更难以弥补。为规避这一潜在风险，双方当事人在合同中约定任意解除权排除条款，不仅是对合同履行风险所作出的特殊安排，更是意思自治原则的体现。[3]这种约定，既符合商业逻辑，也体现了法律对合同双方自主决策权的尊重，且不存在否定其正当性的充分理由。[4]

三、委托合同任意解除权的目的解释

从目的解释的视角出发，委托合同任意解除权的设置，旨在维护合同自由，降低不必要的履约成本，并确保双方利益得到妥善保护。而任意解除权的排除条款，则是为了增强合同的稳定性，平衡双方权益，并满足特定情境下的需求。

---

〔1〕 仲伟珩：《有偿委托合同任意解除权的法律适用问题研究》，载《法律适用》2020年第17期。

〔2〕 赵童：《论有偿委托合同排除任意解除权约定的效力》，载《南都学坛》2022年第3期。

〔3〕 赵童：《论有偿委托合同排除任意解除权约定的效力》，载《南都学坛》2022年第3期。

〔4〕 最高人民法院［2013］民申字第2491号民事裁定书。

在无偿委托中,任意解除权的存在显得尤为合理。由于合同约束力相对较弱,维系双方关系主要基于信任。一旦信任基础不复存在,继续履行合同便失去了意义。若双方事先约定排除任意解除权,但信任已破裂,合同双方可能因互不配合而无法履行合同,却又受限于合同条款,难以解脱。与有偿委托相比,无偿委托不涉及复杂的经济利益交换,因此不存在超越合同自由的更高价值期待。当合同双方因信任缺失而拒绝合作时,合同形如虚设,却仍需受其约束,这无疑是对合同自由的背离。因此,可以认为,在普通民事委托合同中,约定排除任意解除权的行为,其法律效力应被基本否定。[1]

有偿委托合同相较于无偿委托,其特点在于更侧重利益交换而非单纯的人身信赖,合同双方,尤其是受托方,在执行过程中需承担相应的履约成本,这构成了有偿委托的一个重要特征。如若允许任意解除合同可能会导致合同关系的不稳定,给双方带来不必要的经济损失。因为有偿委托合同的双方对合同执行结果均有明确的预期利益,合同关系的稳定和合同的持续履行是实现这些利益的关键。

有偿委托合同的双方可能拥有不同的利益诉求和风险承受能力。为了确保合同的公平履行,双方需要通过合同条款在公平、合理的基础上实现利益平衡;有偿委托合同往往还涉及商业机密、技术秘密等敏感信息,这要求双方对合同的解除条件进行更加严格的限制。通过明确的合同条款,双方得以更有效地保护自己的合法权益,防止因合同解除而引发的潜在风险。因此,在有偿委托合同中,应当认可合同双方当事人基于意思自治而约定的任意解除权排除条款。[2]

四、结语

在我国民法体系采取民商合一的情形下,虽然《民法典》第 934 条为任意解除权排除条款提供了法律依据,但在司法适用中,委托合同任意解除权排除条款应当根据委托合同是否有偿具体区分适用范围。在无偿委托合同中,认为任意解除权排除条款无效符合我国民法的立法基础,也不会对基于人身

---

〔1〕崔建远、龙俊:《委托合同的任意解除权及其限制——"上海盘起诉盘起工业案"判决的评释》,载《法学研究》2008 年第 6 期。

〔2〕武腾:《委托合同任意解除与违约责任》,载《现代法学》2020 年第 2 期。

信赖而建立委托关系的双方当事人造成实质性损害；而在有偿委托合同中，由于合同当事人双方建立委托关系的目的是追求合同履行完成能够获得的预期利益，因此从保护合同稳定性、平衡双方当事人利益的角度考虑，应当承认合同双方意思自治，通过双方当事人共同约定排除或限制任意解除权。

企业商标侵权风险及防范策略

何敏仪*

(中国政法大学 北京 100088)

摘　要：随着市场竞争的加剧，商标作为企业品牌的重要标识，其价值日益凸显，商标侵权行为也愈发频繁，给企业带来了巨大的经济损失和品牌声誉损害，研究商标侵权风险及防范策略具有现实紧迫性。丰富商标侵权风险防范的理论研究，可以为企业知识产权管理提供理论支持。同时也能帮助企业识别商标侵权风险，制定有效的防范策略，保护企业品牌，提升企业的市场竞争力。

关键词：商标侵权；企业风险防范；体系化策略

一、商标侵权的常见形式

商标直接侵权的常见形式有三种：第一，假冒商标，是指未经商标注册人许可，在同一种商品上使用与其注册商标相同商标的行为。一般表现形式为完全复制商标标识、使用与商标注册人相同的商标字体、图案等。第二，仿冒商标，是指未经商标注册人许可，在同一种商品或者类似商品上使用与其注册商标近似的商标，或者在类似商品上使用与其注册商标相同或者近似的商标，容易导致混淆的行为。如典型的"康帅博"与"康师傅""六禾核桃"与"六个核桃"等。第三，反向假冒，是指未经商标注册人同意，更换其注册商标并将该更换商标的商品又投入市场的行为。包括摘除他人商标，换上自己的商标进行销售（显性反向假冒）；摘除他人商标在无商标的情况下

---

* 作者简介：何敏仪（1988—），女，汉族，广东广州人，中国政法大学同等学力研修班2023级学员，研究方向为知识产权法学。

销售（隐性反向假冒）。[1]本文以这三类商标侵权为例讨论企业商标侵权的产生原因与防范策略。

二、商标侵权风险产生的原因

企业商标侵权风险的产生存在多方面原因。第一，侵权人方面部分侵权人因为法律意识淡薄，缺乏对商标法律的了解，同时为了获取高额利润，从而生产销售了侵权商品，侵犯他人商标权。而另外有部分企业是为了在市场竞争中占据优势，故意模仿、抄袭他人的知名品牌商标。第二，企业自身方面。一方面，企业商标保护意识不足，对商标的重要性认识不够，没有及时进行商标注册，或者在商标注册后缺乏商标保护意识。[2]另一方面，企业内部商标管理制度不完善，商标使用不规范，容易给侵权人可乘之机。还有部分企业没有建立有效的商标监测机制，无法及时发现商标侵权行为，导致侵权行为持续发生，给企业造成更大的损失。第三，外部环境方面。首先，商标侵权行为具有隐蔽性、多样性和流动性等特点，市场监管部门难以及时发现和查处。其次，互联网的快速发展为商标侵权提供了新的渠道和手段，网络商标侵权行为更加难以监管和防范。另外现有的商标法律法规在某些方面存在滞后性，不能完全适应新形势下商标侵权防范的需要。

三、企业防范商标侵权风险的策略

（一）商标监测

企业应该建立商标监测机制。包括内部监测团队组建，设立专门的商标监测部门，配备专业的商标监测人员，明确其职责和工作流程。监测团队负责对市场上的商标使用情况进行全面监测，及时发现侵权行为。除了内部监测团队外，企业还可以委托专业的商标监测机构进行监测。这些机构具有专业的监测技术和丰富的经验，能够提供更全面、更准确地监测服务。

企业也可借助技术手段进行监测，包括互联网搜索引擎、商标监测软件等工具，对网络平台、电商平台等进行商标监测。通过设置关键词、关键词

---

[1] 刘润涛：《商标识别功能研究》，法律出版社2022年版，第222页
[2] 中规（北京）认证有限公司编著：《企业知识产权风险标准化管理》，知识产权出版社2021年版，第9页。

组合等方式,实时监测网络上可能出现的商标侵权信息。[1]同时也可利用大数据分析市场上的商标使用数据,挖掘潜在的侵权线索。通过对海量数据的分析,可以发现商标侵权行为的规律和趋势,为企业提前采取防范措施提供依据。

企业可定期安排人员对线下市场进行走访,了解市场上同类产品的商标使用情况。同时也可以与商标调查机构合作,重点关注竞争对手的产品商标,以及可能出现的假冒、近似商标等情况。

企业也可开通消费者反馈渠道,如客服热线、在线客服、社交媒体等,收集消费者对产品商标的反馈信息。消费者往往能够第一时间发现商标侵权行为,企业可以通过这些反馈及时采取措施。

(二)商标布局

自用商标应及时进行国内注册。企业应及时将自己使用的商标向商标局申请注册,取得商标专用权。同时也应根据具体情况,进行国际注册拓展。针对有国际业务拓展需求的企业,应根据业务布局,在相应的国家和地区进行商标注册。

除了核心类别外,还可以进行跨类别注册。企业可以对与自己商标近似的商标,在不同类别商品上进行防御性注册。例如,某知名饮料品牌除了在饮料类别注册商标外,还可以在食品、餐饮、日用品等其他相关类别进行注册,防止他人在这些类别上注册相同或近似商标。[2]

除了主要商标外,也可进行联合商标注册。企业可申请注册与主商标相似的联合商标,形成商标保护群。联合商标可以是主商标的变形、近似字体或图案等,通过联合商标注册,进一步扩大商标保护范围。

商标注册后,企业要持续关注商标在市场的使用情况和法律状态。及时办理商标续展、变更等手续,确保商标的持续有效保护。

(三)法律维权

企业遭遇商标侵权时,应马上进行证据收集和固定。包括收集侵权商品的实物、照片、视频等证据,证明侵权行为的存在。可以通过购买侵权商品、

---

[1] 王涵、王子君:《企业商标侵权及其行政监管问题探究》,载《企业科技与发展》2021年第6期。

[2] 张伟伦:《企业集团如何做好品牌管理和商标布局?——专访美的集团高级知识产权顾问王明红》,载《中国贸易报》2023年10月31日。

公证购买等方式获取侵权商品证据。收集侵权商品的销售凭证、销售记录、销售合同等证据，证明侵权行为的规模和范围。这些证据对于计算侵权赔偿金额具有重要意义。收集侵权人在广告、宣传册、网站等宣传资料中使用侵权商标的证据，证明侵权行为的主观故意和对消费者的影响。

证据收集完后，企业可选择行政投诉或者法律诉讼。行政投诉一般包括向市场监管部门、知识产权管理部门等进行投诉。可根据侵权行为的性质和严重程度，选择合适的投诉渠道。[1]投诉前应进行材料准备，包括投诉书、侵权证据、商标注册证等。投诉书应明确说明侵权行为的事实、理由和投诉请求。在行政投诉过程中，企业要积极跟进投诉处理进展，与相关部门保持沟通协调。及时补充证据材料，配合调查工作，确保投诉能够得到有效处理。企业也可以选择法律诉讼。根据侵权行为的性质和损害程度，提出停止侵权、赔偿损失、消除影响、恢复名誉等诉讼请求。合理计算赔偿金额，提供充分的证据支持。在诉讼过程中，企业要积极配合法院的审理工作。及时提交证据材料，参加庭审活动，对侵权行为进行充分的举证和说明。同时，要关注诉讼中的各种法律程序和时间节点，确保诉讼顺利进行。

无论是选择行政投诉或是法律诉讼，企业都可以在过程中与侵权人进行协商。协商可以在侵权行为发生初期进行，也可以在行政投诉或法律诉讼过程中进行。在协商过程中，企业要明确协商的内容和要求，如停止侵权行为、赔偿损失、销毁侵权商品等。同时，要根据侵权行为的性质和损害程度，合理确定赔偿金额。协商达成一致后，双方应签订书面的协商协议，明确双方的权利和义务。协议应详细列明侵权行为的事实、赔偿金额、履行方式、违约责任等内容，确保协议的法律效力。

（四）加强企业内部风险管理

企业可通过以下途径增强员工商标意识。第一，商标知识培训。企业应定期组织商标知识培训活动，邀请商标专家、律师等为员工讲解商标法律法规、商标侵权案例、商标保护策略等内容。通过培训，提高员工对商标重要性的认识，增强员工的商标保护意识。第二，企业商标文化建设。将商标保护纳入企业文化建设中，营造尊重知识产权、保护商标的良好企业氛围。通过企业文化建设，使员工自觉遵守商标管理制度，积极参与商标保护工作。第三，

---

[1] 王凌岩：《应对商标侵权的六条维权途径》，载《中华商标》2017年第8期。

建立商标使用规范。企业应制定严格的商标使用规范，明确商标的使用范围、使用方式、使用标准等内容。商标使用规范应涵盖商标在产品包装、宣传资料、网站、社交媒体等各个使用场景。第四，建立商标使用审核机制。建立商标使用审核机制，对商标的使用进行严格审核。在产品包装设计、宣传资料制作、广告发布等环节，都要经过商标管理部门的审核，确保商标使用符合规范要求。第五，完善商标管理制度。企业应建立健全商标管理制度，明确商标管理的责任部门和责任人。商标管理制度应包括商标注册、商标使用、商标保护、商标监测、商标维权等各个环节。[1]加强对商标管理制度的执行和监督，确保制度的有效落实。定期对商标管理制度的执行情况进行检查和评估，发现问题及时整改，不断完善商标管理制度。

四、结语

商标作为企业核心无形资产，承载着品牌价值与市场信任。在全球化竞争与数字经济背景下，商标侵权风险呈现出隐蔽性高、跨区域性强、损害后果不可逆等特点。企业若忽视商标保护，可能面临高额赔偿、商誉贬损乃至市场份额流失等多重危机，甚至因侵权纠纷陷入长期诉讼困境。企业需通过注册布局优化、侵权监测机制完善、员工知识产权培训等策略，构建"预防—监测—应对"全流程风控体系，同时强化法律维权能力。唯有将商标保护提升至战略高度，方能实现品牌价值的可持续增值与市场竞争优势的稳固。

---

[1] 周晓生：《论企业商标管理制度的完善》，载《哈尔滨商业大学学报（社会科学版）》2008年第6期。

彩礼返还的酌定事由和适用困境

崔恒伟*

(中国政法大学 北京 100088)

摘 要：该文旨在探讨彩礼返还的酌定事由及其在司法实践中的适用困境。彩礼作为中国传统婚俗的一部分，其返还问题一直是婚姻家庭纠纷中的热点，主要争议的焦点是彩礼返还的酌定事由以及目前司法实践中关于彩礼返还相关问题的一些实际操作中的适用困境，以及如何去避免发生类似问题和在以后的司法活动中如何才能更大限度地保证公平，例如应当保留相关证据、更全面的相关司法解释等。

关键词：彩礼返还；酌定事由；司法实践；婚姻家庭

一、彩礼的历史发展

彩礼的起源可追溯至上古时期，最初以实物（如鸟兽）作为聘礼。周代"六礼"中的"纳征"标志着彩礼风俗的正式确立，男方向女方提供聘礼，体现了婚姻的物质基础和社会约定。随着时代的发展，彩礼的内容和形式也发生了变化，从上古的实物如鹿、布匹，到周代的玉帛俪皮，再到汉代的黄金，彩礼内容随时代变化而变化。宋代以后，随着商品经济的发展，彩礼中金银首饰增多，明清时期更注重金银和金钱，彩礼的现实价值凸显。近现代，彩礼形式转向礼金与象征财富的物品（如"三金"），直至现代，彩礼金额大幅上升，出现"天价彩礼"现象。

---

* 作者简介：崔恒伟（1990年—），男，汉族，北京人，中国政法大学同等学力研修班2024级学员，研究方向为民商法学。

二、彩礼返还的酌定事由

根据最高人民法院《关于适用〈中华人民共和国民法典〉婚姻家庭编的解释（一）》第 5 条规定，当事人请求返还按照习俗给付的彩礼的，如果查明属于以下情形，人民法院应当予以支持：

（一）未办理结婚登记手续

共同生活时间是决定彩礼返还的关键因素之一。如果双方共同生活时间较短，法院可能会支持彩礼的返还。例如，双方共同生活仅一年多时间，给付方不存在明显过错，相对于其家庭收入来讲，彩礼数额过高，给付彩礼已造成较重的家庭负担，同时，考虑到终止妊娠对女方身体健康亦造成一定程度的损害等事实，判决酌情返还部分彩礼。[1]

（二）双方虽办理结婚登记手续但并未共同生活

同样依据上述司法解释，办理结婚登记手续但并未共同生活的，彩礼应当返还。在确定返还数额时，法院会考虑以下因素：

1. 结婚登记后未共同生活的时间长短：如果登记后很快就决定离婚且未共同生活，返还的比例可能较高；如果登记后有一定时间间隔才提出离婚且未共同生活，法院可能会根据具体情况酌定减少返还数额。

2. 彩礼的用途：如果彩礼被用于筹备婚礼、购买婚后生活用品等合理用途，可能会影响返还数额。

3. 双方的过错程度：如果一方存在过错导致无法共同生活，在确定彩礼返还数额时可能会有所考虑。

（三）婚前给付并导致给付人生活困难

这里的"生活困难"一般是指依靠个人财产和离婚时分得的财产无法维持当地基本生活水平。法院在判断是否生活困难时会综合考虑多种因素，如给付人的收入、家庭状况、当地生活水平等。

1. 生活困难的程度：如果给付彩礼后，给付人及其家庭陷入严重的经济困境，返还的比例可能较高；如果只是一定程度的经济压力，返还数额可能会相应减少。

2. 彩礼在导致生活困难中的作用：如果彩礼数额巨大，且是导致给付人

---

[1] 金眉：《论彩礼返还的请求权基础重建》，载《政法论坛》2019 年第 5 期。

生活困难的主要原因，返还数额可能会较多；如果还有其他因素导致生活困难，法院会综合考虑确定返还比例。

三、彩礼返还在我国的适用困境

（一）法律规定的模糊性与实践的冲突

彩礼，一个具有中国特色、拥有数千年历史渊源，新中国成立后历经贫穷和意识形态的批判，至今仍活在当下中国人生活中的习惯，法律对其应当秉持怎样的价值评价，在纠纷发生时建构怎样符合中国人生活之理的制度，仍是我们今天的立法与司法远未解决的问题。

我国最高人民法院《关于适用〈中华人民共和国民法典〉婚姻家庭编的解释（一）》第5条规定了彩礼的返还制度，但规定较为模糊，在实践的适用上存在问题。例如，对于"婚前给付并导致给付人生活困难"的情况，法律并没有明确"生活困难"的具体标准，导致法官在裁判时有很大的自由裁量权，这在实践中频频发生，甚至可能会有故意杀人的悲剧发生。让百姓心里有法可依，遇到相关事情不至于不知所措。该类型的适用困境是目前常见的，如何避免此类情况的发生是目前法律相关领域人员值得深思的问题，笔者认为该类冲突在司法实践中无法完全避免，但是可以尽量通过呼吁完善相关立法和司法解释，缩小自由裁量权，更多地公布相关指导案例等方法去规避此类问题。

（二）"共同生活"的认定混乱

在司法实践中，如何认定"共同生活"成为一个难点。《最高人民法院关于审理涉彩礼纠纷案件适用法律若干问题的规定》第5条提到，双方已办理结婚登记且共同生活，离婚时一方请求返还按照习俗给付的彩礼的，人民法院一般不予支持。但是，如果共同生活时间较短且彩礼数额过高的，人民法院可以根据彩礼实际使用及嫁妆情况，综合考虑彩礼数额、共同生活及孕育情况、双方过错等事实，结合当地习俗，确定是否返还以及返还的具体比例。这里的"共同生活时间较短"缺乏具体标准，导致实践中难以操作。例如在[2024]京0102民初1619号判决中，法院认定虽未登记结婚，但是依旧认定为了共同生活。又例如[2021]苏0585民初1686号民事判决中关于共同生活的认定"双方虽然已经办理结婚登记，但从后续拍摄婚纱照、筹备婚宴的情况看，双方仍在按照习俗举办婚礼仪式的过程中。双方当事人婚姻关系仅存续不到三个月，其间双方工作、生活在不同的城市，对于后续如何工作、居住、生活未形成一致的规划。双方虽有短暂同居经历，但尚未形成完整的家庭共同体和稳定的生活状态，不能认定为已经有稳定的共同生活"，这就表明存在着司法认定混乱的情况，什么叫共同生活以及共同生活到什么程度才算共同生活，比如偶尔住在一起并未将生活必需品共同放置是否应该叫作共同生活？又比如长期低频率居住是否应当在司法实践中认定为共同生活？这都是法官以及相关司法人员在实际司法工作中遇到的困境。

并且很多当事人在婚姻初期并未想过会发生不好的结果，所以更不会去收集相关证据，可能出现矛盾的情况已经无法收集任何证据，以至于在诉讼中无法还原事情的真实情况导致了司法实践和法律规定无法很好地适用。

（三）彩礼和借婚姻索取财物之间难以区分

彩礼是民间习俗，并未被法律明文禁止，不具有违法性，而借婚姻索取财物则是违法行为，被法律明文禁止。区分借婚姻索取财物与给付彩礼的主要标准，一是看当事人意愿，彩礼属于自愿馈赠，而借婚姻索取财物是违背当事人意愿的强迫行为；二是依习俗认定，彩礼本质是婚约习俗，民众一般会遵从和认可，而借婚姻索取财物则缺乏认同感。

《民法典》将"禁止借婚姻索取财物"作为法律条款明确后，对假借婚姻名义索取财物的行为有了准确的定调，为受害人的维权提供了有力的法律武器，对非法侵害他人婚姻自由的行为起到震慑作用。但是其规定禁止借婚姻索取财物，但在实际操作中，如何界定"借婚姻索取财物"存在困难。特别是在彩礼数额较高的情况下，是否构成"借婚姻索取财物"并不明确。由于不同地区、不同风俗、不同家庭条件如何去界定该行为是目前司法实践中的一大困难。由于在我国很多地区的老旧制度中彩礼设置过高，并且相关倡导目前仅是停留在了宣传层面，并在实际审判中很难去实行下去。就构成了目前虽然我们在《民法典》中有相关规定，但是在实践中又存在着种种困难。

（四）彩礼返还数额的确定问题

在实践中，彩礼返还数额的确定是一个难题。彩礼的数额往往较大，且涉及财产分割，如何公平合理地确定返还数额，需要综合考虑多种因素，包括双方的过错、共同生活的时间、彩礼的实际使用情况等。

而目前在笔者经历的很多的婚约纠纷在实际的案例中，双方当事人可能由于证据保存的不当或者由于气愤或是说因为当时没有想到过能有对簿公堂的情况等原因使得相关证据缺失，那么在实际判决中可能很难去真正证明具体的过错和时间，更难还原真实情况。以上情况在目前司法实践中还是非常常见且目前比较常发生的适用困境。

(五) 法律与习俗的冲突

彩礼作为中国传统婚礼中的一项重要习俗，近年来在一些地区与法律规范产生了不和谐。彩礼的给付往往被视为男方对女方的赠与，但在某些情况下，彩礼的给付可能被视为一种买卖婚姻的形式，这与婚姻法的规定相违背。法律对于彩礼的规定与地方习俗之间存在冲突，特别是在一些地区彩礼数额较高的情况下，法律规定难以得到有效执行。尤其是在一些传统观念较为深厚的地区。应该加强对农村居民的法律教育，提高他们对婚姻法的认识和理解。

专利恶意诉讼的法律规制

吴瑞芳*

（中国政法大学 北京 100088）

摘　要：专利恶意诉讼作为一种滥用知识产权和诉讼权利的行为，严重损害了司法公正、市场竞争和创新环境。本文通过分析专利恶意诉讼的概念特征、法律规制现状及其危害性，提出了完善立法、加强司法和构建多方协作机制等建议，旨在构建更加完善的法律规制体系，有效遏制专利恶意诉讼行为，维护良好的知识产权保护环境，促进创新驱动发展战略的实施。

关键词：专利权；创新保护；专利恶意诉讼；法律规制；权利滥用

近年来专利恶意诉讼现象频发，部分权利人在利益的驱使下不当利用专利保护制度，使之成为侵害他人合法权益的工具。当下司法实践中对专利恶意诉讼的认定标准不一，判赔标准不同，赔偿金额过低，导致专利恶意诉讼不能得到有效遏制，严重影响了正常的市场竞争秩序和司法公正。专利恶意诉讼不仅浪费司法资源，还阻碍了企业的创新发展，成为亟待解决的法律问题。

一、专利恶意诉讼的概念界定

专利恶意诉讼是知识产权恶意诉讼的一种。关于知识产权恶意诉讼的本质，理论界有不同的观点，存在"侵权行为说"[1]、"权利滥用说"[2]、"折

---

* 作者简介：吴瑞芳，女，汉族，浙江义乌人，中国政法大学同等学力研修班2023级学员，研究方向为知识产权法学。

[1] 刘迎霜：《恶意诉讼规制研究——以侵权责任法为中心》，载《华东师范大学学报（哲学社会科学版）》2020年第1期。

[2] 徐明：《我国商标恶意诉讼的司法规制优化研究——以民事抗辩权为展开进路》，载《知识产权》2020年第11期。

中说"[1]之分。本文认为"侵权行为"与"权利滥用"并不是非此即彼的对立关系，而是事务的一体两面。知识产权恶意诉讼始于权利滥用，引致侵害后果，体现的是一种侵权行为。[2]其本质特点是滥用权利提起诉讼的当事人具有追求损害他人合法权益、实现自身不正当利益的恶意。[3]

具体到专利恶意诉讼，是指当事人出于不正当目的，滥用专利权或诉讼权利，故意提起缺乏事实和法律依据的专利侵权诉讼，以达到干扰竞争对手、谋取不正当利益或损害他人合法权益的行为。这种行为不仅违背了专利制度设置的初衷，也严重损害了司法公正和市场秩序。

二、专利恶意诉讼的构成要件

由于专利恶意诉讼既是一种诉权滥用行为，也是一种侵权行为，对其的认定，应遵循侵权诉讼的四要件进行判断，即从"主观过错、客观行为、损害后果、因果关系"四要件切入进行分析。第一，发起专利诉讼的行为人主观上具有恶意，即明知自己的行为缺乏合法依据仍故意为之。对专利诉讼"恶意"的认定，要求行为人具有不诚实的心理状态，具有积极侵害他人权益的动机，这也意味着不具有这种心态的过失行为，即便是重大过失，也不能被认定为具有恶意。[4]同时，市场竞争本身是一种争夺市场资源、抢占商业机会的行为，其天然具有对抗性，也必然会导致一方利益的损害，但损害本身并不能作为是与非的价值判断标准，不能因为有损害结果就简单反推行为人主观具有恶意。第二，行为人客观上实施了滥用专利权或诉讼权利的行为，通常表现为提起的诉讼缺乏法律上或事实上的根据。第三，该行为造成了损害后果，如损害了他人的合法权益、浪费了司法资源等。第四，该损害后果与客观行为之间具有因果关系。

判断行为人提起的专利侵权诉讼是否构成恶意诉讼，除了从上述四要件

---

[1] 姚建军：《知识产权滥诉的认定标准以及责任承担》，载《法律适用》2023年第7期。

[2] 2004年《最高人民法院民三庭关于恶意诉讼问题的研究报告》指出："恶意诉讼，一般指故意以他人受到损害为目的，无事实根据和正当理由而提起民事诉讼，致使相对人在诉讼中遭受损失的行为。"

[3] 冯晓青：《知识产权行使的正当性考量：知识产权滥用及其规制研究》，载《知识产权》2022年第10期。

[4] 张馨宇：《反不正当竞争法对专利恶意诉讼的规制研究》，东北财经大学2020年硕士学位论文。

进行判断以外,还需要综合考量当事人的认识因素与目的因素,在审查专利诉讼是否缺乏权利基础和事实依据的基础上,综合考量包括原告是否具备专利法律的认识能力、诉讼请求、起诉时机、诉讼风险、诉讼策略、造成当事人之间利益失衡的程度等因素[1],而不以诉讼结果作为判断依据。

三、专利恶意诉讼的法律规制

我国现行法并未针对专利恶意诉讼出台专门的法律法规,规制专利恶意诉讼行为的法律法规散见于不同的部门法与司法解释及政策文件中。当下,我国主要通过《民法典》《专利法》《反不正当竞争法》《民事诉讼法》等多部门法对专利恶意诉讼进行规制。《民法典》上的诚实信用原则、禁止权利滥用原则以及侵权行为一般条款为规制专利恶意诉讼提供了法律依据。《专利法》规定了专利权行使的边界,明确了滥用专利权的法律责任。在《反不正当竞争法》视角下,专利恶意诉讼可以纳入不正当竞争行为的范畴。《民事诉讼法》则对滥用诉讼权利的行为进行了规制。随着2011年"因恶意提起知识产权诉讼损害责任纠纷"作为独立案由类型增加进了《民事案件案由规定》,同时该规定细化了"因申请知识产权临时措施损害责任纠纷"的案由类型,增加了不当申请财产保全、证据保全损害责任等案由,近年,越来越多的当事人主动发起了因恶意提起知识产权诉讼损害责任诉讼,这对遏制知识产权恶意诉讼起到了重要的作用。

我国规制专利恶意诉讼的法律规定相对分散,同时更多的是依赖于诚实信用原则和禁止权利滥用等原则性的条款来约束专利恶意诉讼行为,司法实践中存在专利恶意诉讼认定标准不统一、判赔标准不同,处罚措施过轻等问题。当事人受恶意专利诉讼侵害而遭受的间接经济损失如丧失商业机会、上市进程受阻、资金链中断、以及可得利益的损失难以得到相应的救济,造成行为人恶意诉讼获利机会远大于受罚风险,违法成本远低于可得收益的失衡状态,这种不合理现状亟待改变。针对现行法律规制体系的不足,本文提出以下完善建议。

第一,完善相关立法,明确专利恶意诉讼的认定标准和法律责任。可以考虑在《专利法》中增设专门条款,对专利恶意诉讼的定义、构成要件及法

---

〔1〕 参见最高人民法院〔2023〕最高法知民终2044号民事判决书。

律后果作出明确规定。第二，明确损害赔偿的范围，提高司法裁判的一致性与可预测性。鉴于当下各地法院裁判标准不一，建议明确可赔偿直接损失的范畴，因被害人应对专利恶意诉讼提起无效宣告，提起恶意诉讼损害赔偿纠纷之诉之间存在着必然的因果关系，建议将相关程序的律师费及必要费用均纳入其中。同时，在有证据证明的情况下，支持并扩大对商业损失等间接损失的赔偿范围。第三，扩大惩罚性赔偿制度的适用范围，将情节严重的专利恶意诉讼纳入适用范围。提高对专利恶意诉讼的处罚力度，扩大并统一侵权损失的赔偿范围，对情节严重造成利益严重失衡的恶意诉讼适用惩罚性赔偿，以此增加恶意诉讼行为的违法成本，起到震慑作用。第四，加强对专利权人权利基础的审查。我国民事诉讼法规定了证据交换程序，由于实用新型与外观设计专利未经过国家知识产权局的实质审查而授权，其专利权天然存在某种程度的不稳定性，尽管《专利权评价报告》不是法院受理诉讼案件的必要条件，《专利权评价报告》也不是专利权无效的当然证据，但对于专利权人用实用新型或外观设计专利进行维权时，可在庭前证据交换阶段要求权利人主动提供《专利权评价报告》的机制，否则承担相应的不利后果，以督促专利权利人施以正当维权所必须履行的审慎注意义务。第五，构建多方协作机制，形成规制合力。如将恶意诉讼行为纳入企业失信惩戒黑名单，建立知识产权行政部门、司法机关、行业协会和企业之间的信息共享和协作机制，及时发现和制止专利恶意诉讼行为。

董事会中心主义下的董事会权力构造

李 倩*

(中国政法大学 北京 100088)

摘 要：本文旨在探讨董事会中心主义下的董事会权力构造，通过对董事会中心主义的历史演变，分析其在公司治理中的作用、现状、不足，并提出强化董事会职权、提升董事会成员专业素养、增强董事会独立性和透明度、完善公司治理准则以及强化风险管理和内部控制等完善建议，以优化公司治理机制，促进企业可持续健康发展。

关键词：董事会中心主义；董事会权力构造；董事会作用

随着全球市场宏观环境的快速变化和商业竞争的日渐激烈，这就需要不断优化公司治理结构来提升企业的竞争力。传统的股东会中心主义治理模式已逐渐显露出其局限性，无法有效应对现代企业面临的复杂挑战。董事会中心主义作为公司治理结构的新趋势，强调董事会在公司经营管理中的核心地位，有助于提升公司的决策效率和治理水平。

董事会中心主义（Board-Centered Corporate Governance）是指将董事会置于公司运营和管理的核心地位，强调董事会在公司战略制定、经营决策、风险管理等方面的决定性作用。在这种模式下，董事会不仅作为股东会的执行机构，"董事会还作为独立的组织存在，拥有业务执行权、经营决策权和公司的对外代表权等多项独立的权利"。[1]

---

* 作者简介：李倩（1987年—），女，满族，河北廊坊人，中国政法大学同等学力研修班2023级学员，研究方向为民商法学。

[1] 林岚岚、张平、王卓：《中小企业人才培训外包模式选择》，载《合作经济与科技》2008年第4期。

一、董事会中心主义的历史演变

1. 股东会中心主义阶段

在公司发展的初期阶段,股东会中心主义是公司治理的主流模式。这一模式强调股东作为公司所有者的绝对权威地位,公司的所有重大事项都要由股东会决定。然而,随着公司规模的扩大和股权结构的分散化,股东会中心主义逐渐显露出其局限性。

2. 董事会中心主义趋势

随着市场经济的快速发展和公司治理理论的日臻完善,以董事会为中心的治理模式逐渐成为公司治理的新趋势。这一模式强调董事会在公司经营管理中的核心地位和作用,赋予董事会更大的决策权和自主权。"在强调董事会独立经营决策权力的同时,要保留股东会对公司重大事项的决定权,从而确保股东会对公司的有效控制,保护股东的合法权利。"[1]

二、董事会中心主义下的董事会权力构造

1. 决策权

在以董事会为中心的治理模式下,董事会拥有公司的最终决策权。这包括制定公司战略、确定经营方针、批准重大交易等关键事项,以确保公司的经营和发展方向符合股东和公司的整体利益。

2. 监督管理权

董事会负责监督公司内部管理层,确保公司管理层的行为符合公司的利益和公司治理准则。通过制定相关政策和程序,董事会能够监督管理层的日常工作,包括财务、运营和合规事务的管理。同时,董事会还负责建立风险管理体系,制定风险管理策略,确保公司面临的风险在可控范围内。

3. 治理准则制定权

董事会负责制定公司治理准则,为公司建立一套清晰、全面的治理结构。这些准则包括董事会的职责、权利、义务以及决策程序等,确保董事会在决策和监督过程中的独立性、透明度和责任性。

---

[1] 谢兵:《公司治理中股东会与董事会权力配置研究》,厦门大学 2014 年硕士学位论文。

4. 财务监督与报告权

董事会负责审议公司的财务报告，包括年度、中期、季度等公司财务报表。董事会确保财务报告的准确性和完整性，并对其进行独立的审核和批准。此外，董事会还负责对公司的财务状况进行监督，确保公司的财务表现符合法律、法规和公司章程的要求。

5. 高级管理人员选聘与评估权

董事会负责选聘和解除公司高级管理人员的职务。通过制定相关政策和程序，董事会确保选聘和解聘过程的公正、透明和合规。同时，董事会还负责对高级管理人员的业绩进行评估，并根据评估结果做出相应的决策。

6. 股东沟通与权益保护权

董事会负责与股东进行沟通，确保股东的权益得到保障。董事会定期向股东报告公司的经营状况、财务状况和其他重要信息，解答股东的问题，并接受股东的意见和建议。同时，董事会还需要处理股东的投诉和纠纷，维护公司的声誉和股东的信任。

7. 股息政策制定权

董事会负责制定公司的股息政策，决定是否向股东派发股息以及股息的金额和时间安排。在平衡股东利益和公司未来发展需求的基础上，董事会制定符合公司实际情况的股息政策，确保公司的财务状况稳健并符合股东的期望。

三、董事会中心主义下的权力构造现状及不足

1. 现状分析

在全球范围内，董事会中心主义已成为公司治理的主要模式。不同国家根据其公司发展的现状采取不同的公司治理体系，但普遍强调董事会在公司治理中的核心地位。在美国、英国等发达国家，董事会中心主义得到了充分的发展和应用，形成了较为完善的董事会权力构造体系。

早期，我国公司治理模式倾向于股东会中心主义，但随着公司规模的扩大和治理结构的完善，董事会中心主义逐渐成为趋势。我国《公司法》等有关法律法规为董事会权力的行使提供了法律基础。近些年来，我国《公司法》不断完善和修订，进一步强化了董事会的地位和权力。例如，《公司法》（2023年修订）中，明确提出了董事会作为公司执行机构的地位，并赋予其更广泛的职权，包括制定公司战略、决定重大交易、监督管理层等。同时，

《公司法》（2023 年修订）中增加了"公司章程或者股东会可以授权董事会在三年内决定发行不超过已发行股份百分之五十的股份""公司章程或者股东会授权董事会决定发行新股的，董事会决议应当经全体董事三分之二以上通过"等条款，增加了董事会可以行使股东会授予的其他权力，拓宽了董事会职权边界。这样就使得董事会与股东会之间的权力分配从静态的、僵化的形态转换为动态的、可延伸的形态，不再保留董事会对股东会负责的论断，大大增强了董事会的独立性，确立了董事会的权力中心地位。

2. 存在的不足

尽管董事会中心主义在提升公司治理效率、保护股东权益等方面发挥了重要作用，但仍存在一些不足之处。首先，"新《公司法》中关于经营管理权归属不明导致股东会和董事会之间权责分配的论域不清；对股东会和董事会职权采取列举式规定，仍未明确剩余控制权的归属"。[1]其次，部分公司董事会职权虚化，实际决策权往往被管理层所掌握。比如在一些公司中，董事会与公司内部的经理层权力界限存在模糊不清、交叉重叠等情况。这导致董事会难以明确界定自身的职责范围，也无法对经理层形成有效的监督和制约。当经理层拥有过多的权力时，董事会就可能被架空，实际决策权因此落入管理层手中；还可能是因为董事会缺乏对公司经营管理活动的过程参与和过程监控，导致其作用空泛。在一些情况下，董事会成员甚至可能对公司业务缺乏深入了解，无法做出有效的决策。最后，董事会成员的履职能力参差不齐，影响了董事会的整体效能。此外，如何确保董事会的独立性和公正性、如何加强董事会的监督职能、如何提升董事会的决策效率等，这些问题需要企业在实践中不断探索和完善。

四、完善董事会中心主义下董事会权力构造的建议

1. 强化董事会职权

通过立法手段进一步加强董事会的职权，保证董事会在公司经营决策中的中心位置。明确董事会在战略制定、经营决策、风险管理等方面的最终决定权，使董事会成为公司真正的决策中心。

2. 提升董事会成员履职能力

加强董事会成员的选拔和培训，提高其履职能力。建立严格的董事会成

---

[1] 马可欣：《权力动态配置下的董事会中心主义》，载《北京社会科学》2024 年第 8 期。

员选拔和任用机制，确保董事会成员拥有丰富的专业知识和先进的管理经验。同时，加强对董事会成员的持续培训和教育，提高其适应市场变化和应对复杂问题的能力。

3. 构造监督型董事会

"董事会的监督是一种公司内部机构的监督，其主要针对承担公司经营管理责任的高级管理人员的履职行为。"[1]在公司法单层制模式下，"董事会的监督职能须将传统的董事监督职能和传统的监事监督职能进行整合，形成新的单层制董事与董事会监督职能或职权"，[2]建立独立的董事会监督机制，确保董事会在决策和监督过程中的独立性。加强董事会的透明度建设，定期向股东和社会公众披露董事会的工作情况和决策结果。

4. 完善公司治理准则

制定和完善公司治理准则，为董事会提供明确的决策依据和行为规范。公司治理准则应涵盖董事会的职责、权利、义务以及决策程序等方面内容，确保董事会在决策和监督过程中的独立性、透明度和责任性。同时，加强对公司治理准则的宣传和培训，提高公司全员的企业经营管理意识。

5. 强化风险管理和内部控制

建立健全的风险管理和内部控制体系，以便董事会更好地加强对风险管理的监督和指导，确保公司在面临各种风险时能够及时有效地应对。同时，加强对内部控制的监督和评估，确保公司内部控制制度的健全和有效执行。

五、结语

董事会中心主义作为公司治理的主流模式，在提升公司治理效率、保护股东权益等方面发挥了重要作用。然而，其在实际应用中仍存在一些不足之处。通过强化董事会职权、提升董事会成员专业素养、增强董事会独立性和透明度、完善公司治理准则以及强化风险管理和内部控制等措施，可以进一步完善董事会中心主义下的董事会权力构造体系，推动公司治理现代化进程的不断深入。

---

[1] 王谨：《公司治理下的董事会职权体系完善研究》，载《法学杂志》2022年第2期。

[2] 沈朝晖：《单层制公司董事会监督功能构造》，载《政法论坛》2022年第4期。

建立著作权及商标权交叉保护壁垒的实操方法

廖 欢*

（中国政法大学 北京 100088）

摘 要：在企业知识产权建设中，往往需要考虑将知识产权的保护范围扩大使企业的知识产权保护请求更容易、便捷地得到法院的支持。知识产权领域的交叉竞合保护是全方位的，本文旨在探讨著作权登记与商标权申请及权利保护竞合问题，使企业能以最小的成本在力所能及的范围之内，获得有效的、最大的保护范围。

关键词：著作权；商标；知识产权

一、著作权及商标权的概述

根据我国的《著作权法》，著作权意义上的作品是指文学、艺术和科学领域内具有独创性并能以一定形式表现的智力成果。按照我国《著作权法》，作品主要类型有九种，本文主要讨论的是其中的美术作品、建筑作品及工程设计图、产品设计图、地图、示意图等图形作品和模型作品，因为该两种著作权可能被申请为商标标识。

根据我国《商标法》的规定，商标权是商标所有人对其商标所享有的独占的、排他的权利，是民事主体在特定的商品或服务上以区分来源为目的而享有的权利。根据《商标法》规定任何能够将自然人、法人或者其他组织的商品与他人的商品区别开的标志，包括文字、图形、字母、数字、三维标志、颜色组合和声音等，以及上述要素的组合，均可以作为商标申请注册。

---

* 作者简介：廖欢（1985年—），女，汉族，江西赣州人，中国政法大学同等学力研修班2023级学员，研究方向为知识产权法学。

并不是所有的图形商标都可以获得著作权的保护。著作权保护的作品必须具有独创性。比如耐克第 25 类商标 ，由于他已经申请了商标并且持久使用，同时该商标知名度也足够大，可以获得《商标法》的保护，但是我个人认为这个商标比较简单，不具有独创性，不能得到《著作权法》的保护。也并不是所有的美术作品、建筑作品及图形作品和模型作品，都能申请为商标。《商标法》第 10 条、第 11 条等法律规定不得作为商标使用的标志，不代表这些被禁止作为商标使用的作品不能得到著作权保护。

本文所讨论的是可以申请为图形商标、三维标志的著作权作品与商标的交叉竞合保护。

二、著作权及商标权保护壁垒的构建

著作权与商标权如何构建保护壁垒，才能让企业在市场竞争过程中获得更充分的保护呢？本文认为，著作权的登记以及商标注册申请是保护壁垒构建的基石也是关键要素，有权利基础，才有被保护的可能。根据知识产权申请登记的特征，初步建立知识产权保护壁垒及知识产权库大概需要 3 年的时间，企业在运营的过程中，应当有意识地将与产品相关的商标及著作权进行登记申请。

根据我国《著作权法》第 2 条第 1 款"中国公民、法人或者非法人组织的作品，不论是否发表，依照本法享有著作权"之规定，著作权一旦完成就自动获得著作权，无论是否进行著作权的登记。因此著作权可以向国家登记机构进行登记，同样如果由创作者的独创作品发布在微博、朋友圈、抖音等社交媒体上，一样可以证明创作者是著作权人。但是仅仅通过上述渠道的发布，如果发生侵权，权利人就需要大量举证、取证，相关证据是否具有法律效果，还需要考虑所发布的网页时间是否可以被篡改等诸多因素。尤其是本文所讨论的作为商标使用的著作权作品，往往比较简单，如想在诉讼中减轻举证的难度，提高举证效力，降低举证成本，增加举证的可信度，务必对相关著作权进行登记。

商标必须在申请注册成功获得商标注册证据之后才能获得商标法的保护。本文所讨论的图形著作登记的同时，必须向国家知识产权局在经营的指定产品上申请商标注册。商标一共分成 45 类，每一类有不同的组，每一组上有不同的商品。在商标注册申请时，应当注意将企业经营使用的产品与可能经营

使用的产品都进行注册。而在实践过程中，人们常会对商标独占、排他的权利有所误会，因此在商标申请选择组别的时候也会造成误会。比如在第 30 类 3012 组"粉丝（条）"上注册"白家"商标，不代表可以直接使用在方便粉丝上，如果需要使用在"方便粉丝"产品上，还需在第 3009 组上进行商标注册，如果没有在该组别上注册便不能将"白家"商标使用在方便粉丝上。商标注册申请相当于房屋建设的基石，商标在注册申请时不要遗漏应注册的类别及商品，只有把基石铺垫得足够牢固，在日后的市场搏杀中始终屹立不倒。

三、著作权登记平台及商标注册申请

如何选择著作权保护平台以及商标注册申请平台呢？在实践过程中，成本往往是企业考虑重要因素。尤其是初创企业及小企业，如果登记成本过高，会给企业造成比较大的负担，不利于知识产权保护壁垒的建立，直接后果便是小企业一直无法建立知识产权屏障。企业在进行著作权登记时，应当结合自身的需要，选择合适的登记机构，降低知识产权建设保护的成本。

（一）关于著作权的登记平台

公众所熟知的登记平台为中国版权登记中心，大家普遍认为该登记机构权威性高。实际上，著作权在哪里登记都一样，不会因为平台大小的原因而影响著作权人的权利。推荐的平台还有浙江省版权保护与服务网、贵州省版权登记平台，这两个平台特点是费用低，效率相对中国版权登记中心高，服务周到。贵州省版权登记平台将"最快仅需 1 个工作日获得贵州省版权局官方证书"标注在显著位置，浙江省版权保护与服务网获得登记证书的时间也在 30 天内。在登记费用上，浙江省版权保护与服务网、贵州省版权登记平台这两个平台也有明显的优势。

（二）商标电子申请有全国唯一的电子平台——中国商标网[1]

企业可以自行申请，也可以委托代理机构申请，申请前应当先行检索查询近似商标，以免耽误时间。在中国商标网中，图形检索使用图形编码，根据所需要申请的图形要素编码进行检索比对。代理机构一般使用商业软件检索起来相对方便，常用的软件有"白兔""摩知轮"等。美术作品、图形作品和模型作品除了可以申请注册成平面商标，还可以申请注册成三维商标。

---

[1] 参见 https://sbj.cnipa.gov.cn/sbj/index.html，最后访问日期：2024 年 12 月 9 日。

比如冰墩墩图形，就以六面正投影的方式申请了三维商标，使该商标获得三百六十度无死角的保护。

四、著作权与商标权的保护特点及选择

在什么情况下，一枚图形商标既可以获得著作权保护，又可以获得商标权保护呢？在有独创性的图形商标作品完成，商标申请成功之时，图形商标便同时可以获得《著作权法》及《商标法》的保护，达到保护竞合状态。权利人根据实际情况，选择适合的案由提起诉讼。

（一）著作权救济的特点

著作权作品定义多样，独创性判断困难，判决金额比较低，著作权权利包括17项，因此著作权本身就具有很强的迷惑性对专业要求高，对于未受著作权专业法律教育的权利人来说，操作起来容易出现判断失误。但是著作权的优点是权利登记成本较低，不分商品类别，打击面广，保护期限长，排除侵权效果非常好。

（二）商标权救济的特点

商标诉讼权属明确、权利清晰、稳定性强、行使权利简单易操作、成本相对比较低，判决金额处于专利与著作权中间位。但商标权又有局限性，权利人只能在注册类别的商品上主张权利，对于未注册的商品，不可以主张侵害商标权。如果是跨类别关联性弱，将无法得到商标法的保护。

（三）根据著作权与商标权的特点

如果侵权方同时侵犯商标权和著作权的情况下，应当优先选择侵害商标权的案由。侵权商标权案件操作非常简单，只需要企业有商标权利、他人实施了侵权行为方面的证据的即可构成一个案件；有权利人在举证的时候会证明企业的知名度等证据，这些证据有更好，没有也不影响案件的成立。

举个例子，比如北京菲特兰装饰设计有限公司2022年07月18日注册的43类第66017079号麻六记图形""这枚商标，麻六记主营的业务有饭店餐馆，容易使用在陶瓷、瓷器等上面。如果有人将图形""制作在陶器上，北京菲特兰装饰设计有限公司选择用43类商标权对侵权行为进行打击使用在陶器的侵权行为，是没有办法获得法院支持的，菲特兰公司援引《著作权法》进行救济诉讼，排除侵权是可以获得法院支持的。

（四）权利人可以同时以侵害著作权、侵害商标权为由提起两个诉讼

正常情况下法院是会受理的，但是由于这两个诉讼所侵犯权利竞合，因此在判决金额上也会加以考虑，两个案件与一个案件判决金额大致相同，因此没有多大必要增加工作量。

五、著作权登记与商标权申请保护研究的意义

在我国企业的知识产权保护实践中存在大量的商标漏注册类别、漏商品注册，权利保护水平低，辛辛苦苦创立的企业，因知识产权保护的缺失导致无法挽回的损失。同时，也有诸多企业在企业知识产权建设之初因为资金限制无法寻求更好的知识产权解决方案，因知识产权限制企业的成长。本文所提到著作权登记与商标权申请交叉竞合的保护是知识产权领域内所有的竞合保护中成本最低、效果良好的一种方式。

知识产权所有保护方案最终目的是在诉讼案件判决中能获得法院支持，如果不能达到此目的，所有的申请都将失去意义。因为知识产权所涉及的知识繁杂，虽然宗旨一致，但将专利、商标、著作权保护的内容侧重点又完全不同，解决方案也不相同，导致知识产权交叉竞合保护研究一直停留在初级水平，影响企业无法获得良好的知识产权整体的保护方案。

六、结语

在当今企业知识产权建设中，著作权与商标权的交叉竞合保护显得尤为重要。通过著作权登记和商标权申请，企业可以在不同的法律框架下获得保护，从而构建起全方位的知识产权保护壁垒。著作权自动产生，但登记可以增强权利的稳定性和举证的便利性。商标权则必须通过注册来确立，其保护具有明确的商品类别限制，但权利行使相对简单且成本较低。

企业在选择著作权登记和商标注册平台时，应考虑成本效益，选择既经济又高效的服务。同时，企业应根据自身产品特点，全面考虑商标注册的类别和组别，避免因类别遗漏而失去保护。在侵权行为发生时，权利人可以根据不同的权利特点选择著作权或商标权进行诉讼，或者同时提起两个诉讼，但需注意判决金额可能会有所考虑。

此外，知识产权的交叉竞合保护是成本较低且效果良好的保护方式，对于我国企业尤其是初创企业和中小企业来说，具有重要的实践意义。通过深

入研究和实践,企业可以更好地完善知识产权保护策略,避免因知识产权保护不足而造成的损失,同时也促进了企业的健康持续发展。希望更多的学者和实践者关注并参与到知识产权交叉竞合保护的研究中,为企业的知识产权建设提供更加全面和深入的指导。

论中小股东知情权之查账权

张建岳*

(中国政法大学 北京 100088)

摘 要：股东知情权对于保障股东尤其是中小股东利益至关重要。新《公司法》（2023年修订）明确规定，股东有权查阅和复制公司章程、股东会会议记录、董事会会议决议、监事会会议决议和财务会计报告。股东可以要求查阅公司会计账簿。股东要求查阅公司会计账簿的，应当向公司提出书面请求，说明目的。

关键词：知情权；查账权；会计账簿

在我国公司治理实践中，股东可通过召开股东会、对董事监事和高管进行质询、事后提起诉讼等方式对公司进行监督，对财务的监督主要通过行使查账权来实现。股东查账权是指股东依法享有的查阅或者复制公司特定财会资料的权利，构成股东知情权的重要内容。股东行使查账权具有多重意义，既能帮助其了解公司的财务状况和经营成果，为股东决策的制定和调整提供重要依据，同时也有助于股东对公司财务进行监督，防止管理层通过财务造假来损害股东等相关主体的合法利益。因此，财会监督是查账权行使的基本目的，股东行使查账权不仅代表股东个人利益，更维护着公司整体利益，具有公益权的性质。

一、中小股东知情权与查账权相关理论分析

知情权是广大优秀法律从业者在对于公司法进行研究以及剖析过程当中

---

* 作者简介：张建岳（1982年—），女，汉族，山东聊城人，中国政法大学同等学力研修班2023级学员，研究方向为经济法学。

所抽象出来的理论概念，其并非立法概念。虽然我国在《公司法》当中对于股东所有权知悉公司有关信息作出了充分的明确规定，但是也并未明确提到股东知情权等词汇。除此之外，在我国《公司法》当中并没有出现股东知情权这一概念，只分别提出了股东查阅权以及股东质询权，因此可以适当地将股东知情权概括为股东查阅权以及股东质询权，所以，股东知情权所指的并非某个单一概念，而是分别包括了以上二者。股东知情权包含了哪些权利随着对《公司法》的不断深入解读也会产生一定的差异。股东知情权需要保障股东获取公司相关信息的权利，使股东能够充分了解公司的生产经营情况，例如：股东有权利享有对于公司财务报告以及相关文件的查阅权利，同时也有权利知晓公司的财务状况、重大事件决策等，对于公司内部章程、股东名册以及股东大会的会议记录也享有知情权。除此之外，无论股东是被动接受公司信息还是主动获取公司信息，都可以将其归纳为股东知情权当中的一种。从本质上讲，股东的知情权是从股东查阅权以及股东质询权当中发展而出，加大力度保障股东的知情权不但维护了股东的合法权益，同样也能确保股东充分根据企业的生产经营情况而制定相应的投资决策，是推动我国社会法制化建设与发展的重要一环，同样也能够使股东对于公司发展信息拥有更加全面性和系统性的掌握，因此充分保障股东知情权是确保股东合法权益不受侵害的最为关键性一步。[1]

二、中小股东查账权存在的必要性

中小股东的弱势地位决定了股东查账权存在的必要性。法律推定中小股东要求公司提供财务文件以供审查是具有正当理由的，因为中小股东相对于整个公司来说处于弱势地位。公司作为一个整体在与股东发生法律纠纷时具有强大的举证能力。[2]中小股东查账的目的和理由通常由公司判断。公司如果不能提出事实和证据证明股东的查账请求具有不当目的，就必须提供中小股东相应的查阅公司账簿的便利，这种举证责任的倒置是为了保护处于弱势地位的股东权益。中小股东大多不涉及公司经营层面的事务，相对于决策者更能独善其身，更单纯地希望公司盈利良好、分红增加，对于监督公司决策

---

[1] 徐晓磊：《股东知情权与查账权的保障措施》，载《法制博览》2022 年第 18 期。
[2] 叶林：《股东权利及其实现机制》，载《扬州大学学报（人文社会科学版）》2013 年第 5 期。

作用更突出。所以说中小股东的查账请求权对于保护公司利益、制约大股东、维护中小股东自身利益都有重要的作用。

三、中小股东行使查账权的步骤

第一，书面申请。首先向公司提出查账的书面申请，详细说明查阅公司账簿的原因和需要查看的会计账簿的时间段。一般股东当面提交申请书的，公司应在收到申请后15日内做出书面答复；通过邮寄提交的，公司应在收到申请书后15日内做出书面回复。申请股东须留下一份申请书复印件及邮寄凭证作为将来可能发生矛盾时的诉讼证据。

第二，查账权时间的规定。在有限责任公司没有证据证明进行查账会产生负面效应的情况下，公司不得拒绝股东的查账请求。公司如果拒绝查账请求或在规定期限内未给予明确答复，股东可以公司为被告提起诉讼，请求法院强制公司提供账簿查阅。在起诉状中，股东应明确查阅账簿的种类、时间并准备好证明查账目的的正当性的资料、查账申请书、邮寄凭证、公司的签收凭证、公司的书面拒绝通知等作为证据。

以上查账请求权的行使途径，属于法律程序上的步骤，可以加强股东权利的立法保护，将股东权利及其行使方式以法条形式确定下来。

四、中小股东查账权的完善

新公司法对股东查账权进行了调整，完善了股东的财会监督权，对提升公司财会监督效能具有积极意义。由于股东查账权的行使涉及权利保障与限制的诸多实体与程序问题，新公司法施行后，需要进一步解决查账权在实际行使中的相关问题，为财会监督效能的提升提供坚实保障。

首先，需要进一步提升对"不正当目的"的认识，保障监督功能的实现。股东要求查阅公司会计账簿和会计凭证的，必须受"正当目的"的限制，这是诚信原则在股东查账权方面的体现，构成查账权是否善意和合理行使的实质性校验标准，为股东查账权行使划定了合理边界。司法实践中，如果股东向法院起诉要求实现自己的查账权利，公司不能证明股东有"不正当目的"可能损害其利益的，将承担不利的诉讼后果。因此，在司法实践中合理界定"正当目的"的范畴对于股东正确行使查账权具有决定性意义，尤其是将会计凭证明确纳入查阅范围和查账权引入穿越行使制度后，公司和股东之间的利

益平衡更为重要，必须对"正当目的"进行清晰具体的定义。但"正当目的"属于主观性很强的要件，对目的正当与否的界定存在极大的不确定性，在适用时容易引发争议，通常只能由法官在个案中根据不同的具体情况判定股东查阅目的的正当性。

最高人民法院《关于适用〈中华人民共和国公司法〉若干问题的规定（四）》（2020年修正）第八条规定了股东具有"不正当目的"的情形，包括股东存在与公司的竞争关系、为了向他人通报、曾向他人通报并通过行使查阅权获取信息进而损害公司利益，具有以上情形的，公司可以拒绝股东查阅会计账簿等相关文件资料。采用反面列举形式对"不正当目的"进行界定，更有利于提高法院的审查效率。但随着司法实践的情况愈发复杂多变和新公司法对股东查账权的强化，新公司法施行后，应进一步明晰"不正当目的"的一般构成要件和审查判断标准，同时根据司法实践经验不断丰富对"不正当目的"具体情形的认识和把握，强化对查账权财会监督功能的理解。例如，最高人民法院《关于适用〈中华人民共和国公司法〉若干问题的规定（四）》（2020年修正）关于"不正当目的"的认定情形和判断标准是否同样适用于股东要求查阅会计凭证的情形？认定的标准是否会因为会计凭证的原始性、敏感性而有所放宽？母公司股东对子公司穿越行使查账权的"不正当目的"认定情形是否又有不同？[1]

其次，需要厘清实践中出现的其他相关争议问题，为财会监督效能的发挥提供切实保障。例如，对于查账权主体资格的认定，隐名股东、继受股东是否能够对公司行使查账权在实践中存在争议。最高人民法院《关于适用〈中华人民共和国公司法〉若干问题的规定（三）》（2020年修正）仅规定了隐名股东享有投资权益，并未涉及查账权行使的具体规则，应当进一步制定相关配套措施，保障隐名股东、继受股东财会监督权力。同时，为保障股东查账权行使的可操作性，应当对公司内部的财会资料管理提出新要求，保证各项财会资料管理提出新要求，保证各项财会资料的保存形式便于股东查阅和复制。此外，对于新规定的查账权穿越行使制度，是否需要对股东和母子公司之间的利益平衡做出特殊规定，母公司股东对非全资子公司是否能够

---

〔1〕 李美云：《有限责任公司股东会计账簿查阅权问题研究——兼对〈公司法司法解释四（征求意见稿）〉评析》，载《中国政法大学学报》2013年第4期。

行使查账权，仍需根据该制度在未来司法实践中产生的效果进一步考量[1]。

五、结语

股东账簿查阅权的行使是一把双刃剑。形式得当，会增加股东与经营者的信任度，通过维护股东与经营者的利益，从而促进有限责任公司的发展。行使不当，会加剧股东与经营者的对抗，产生冲突，从而损害公司利益，不利于公司长远发展。在实践中应结合各有限责任公司实际情况，找出合理平衡股东与经营者在查账权行使中冲突的有效路径，弥合双方分歧，共同提高公司治理的效率与效益。

---

[1] 胡明霞：《财会监督视角下的股东查账权：基于新公司法的思考》，载《财务与会计》2024年第9期。

民法典时代忠诚协议效力认定的二元进路
——契约自由与公序良俗的动态衡平

方 冬[*]

(中国政法大学 北京 100088)

摘 要：在民法典时代背景下，忠诚协议效力认定实质是法律对婚姻关系的重新定义。本文通过构建"类型化审查+比例调控"的二元框架，试图破解当前司法困境：承认适度的契约自由，允许无过错方通过财产补偿条款获得救济；设置公序良俗防线，防止婚姻关系过度商业化。未来改革需要立法、司法、社会协同发力，在制度层面明确裁判规则，在技术层面完善量化标准，在理念层面引导理性缔约。

关键词：忠诚协议；法律效力；夫妻忠诚义务；司法实践

一、实证困境：裁判分歧的类型化图谱

（一）效力认定的三阶光谱

当前司法实践中，法院对忠诚协议的效力认定呈现"支持、否定、折中"的"三阶光谱"，同案不同判现象突出。

1. 全效力模式

广东省中山市中级人民法院的判决中[1]，妻子持有"忠诚协议"，规定婚外情导致离婚时，财产归另一方。法院认为，即使夫妻忠实义务并非权利义务规范，但夫妻可自愿将道德义务转化为法律义务。只要协议不违反法律禁止性规定和公序良俗，法律应承认其效力。夫妻忠诚协议体现了夫妻双方

---

[*] 作者简介：方冬（1993年—），男，汉族，广东深圳人，中国政法大学同等学力研修班2022级学员，研究方向为民商法学。

[1] 广东省中山市第二人民法院［2013］中中法民一终字第71号民事判决书。

对性自由的自愿限制，符合婚姻法原则和精神。

2. 全否定模式

实务中大部分法院持有这种观点，认为忠诚协议属于情感道德范畴，法律不赋予强制执行力，应当本着诚信自觉自愿履行，不允许通过协议来设定人身关系，也就不能作为财产分割或赔偿的直接依据。如广州市荔湾区人民法院审理的案件中，[1]夫妻离婚后，男方因伤害女方而承诺支付8万元补偿，但未完全履行。女方因此起诉要求履行，但法院认为该保证书为忠诚协议，应自觉履行，故不支持女方请求。

3. 折中修正模式：司法裁量介入

邵东市人民法院则开辟了第三条道路。[2]法官确认了100万元精神损害赔偿金的效力基础，认为这是双方忠实义务的体现，未违反法律禁止性规定。然而，法官同时认为以道德义务为交换条件的协议不能确定具体民事权利义务。因此，根据相关司法解释，精神损害赔偿数额被酌情定为20万元。这种处理方式既尊重了契约自由，又防止了不公平结果。

(二) 争议焦点的三维透视

三类裁判路径折射出深层次的法律适用困境，具体表现为三大矛盾：

1. 法律依据的"左右互搏"

《民法典》合同编允许协议自由（第464条），但婚姻家庭编强调伦理属性（第1041条）。当夫妻将"忠诚"写入协议时，本质上触发了财产法与身份法的规则冲突。北京某基层法院法官直言："审这类案件就像同时打开两本操作手册，却得到相反的指令。"

2. 价值理念的"天平倾斜"

支持判决看重契约精神，认为民事行为应为自愿承诺负责；反对判决则担忧将婚姻异化为"商业交易"。

3. 技术操作的"无尺可量"

赔偿金额认定缺乏统一标准，导致裁判差异悬殊。实践中的同类案件，一般法院支持的赔偿额为5万元至10万元，但也有个别案例支持50万元以上。

---

[1] 广州市荔湾区人民法院［2022］粤0103民初12253号民事判决书。
[2] 邵东市人民法院［2021］湘0521民初3143号民事判决书。

二、法理困境：双重维度的规范冲突

（一）契约自由维度的扩张可能

法律人对忠诚协议的态度分歧，本质上是将婚姻关系"契约化"还是"伦理化"的路线之争。

1. 混合契约说的突围

《民法典》第464条为"身份协议参照合同规则"提供突破口。该条款明确规定，婚姻、收养、监护等身份关系协议，可以参照适用合同编规定。王利明教授认为忠诚协议中纯粹的财产处分条款（如房产归属、金钱赔偿等）可纳入契约规则调整。[1]但契约化的扩张遭遇现实阻力。笔者对公开的有关忠诚协议的判决的统计分析显示：仅有18%认为约定有效，大部分法院均认为忠诚协议属于情感道德范畴，法律不赋予强制执行力，不能作为财产分割或赔偿的直接依据。

2. 意思自治的实践变形

契约自由理论在婚姻领域面临"水土不服"。实践中大部分的忠诚协议签署于婚姻危机阶段（如一方出轨后求原谅），此时当事人的意思表示真实性存疑，这揭示出婚姻缔约的特殊性：情感绑架、信息不对称等因素可能扭曲契约自由的理想模型。

（二）公序良俗维度的限制边界

当契约自由撞上婚姻伦理，司法不得不面对"法律该不该给爱情标价"的灵魂拷问。

贺剑教授认为将精神忠诚转化为违约金计算公式，如同给爱情安装"计价器"，本质上是对婚姻的"降维"。[2]但反对声音同样强烈。实践中多数法官认为"财产赔偿是对无过错方的必要救济"。实务界流行着"法律不管道德，但要管背信"的折中论调，试图在伦理禁区与权利救济之间开辟中间道路。

---

[1] 王利明：《体系化视野下〈民法典〉婚姻家庭编的适用——兼论婚姻家庭编与其他各编的适用关系》，载《当代法学》2023年第1期。

[2] 王长军等：《承诺净身出户的性质与效力》，载《人民司法》2023年第7期。

三、路径探索：司法衡平的技术突破

（一）动态平衡

1. 规范转换技术：从违约金到损害赔偿的司法解释

在司法实践中，法院常通过"规范转换"将忠诚协议中的违约金条款纳入《民法典》第1091条"损害赔偿"范畴，但需满足"重婚、与他人同居"等重大过错要件，此举既避免直接否定协议效力，又通过法定要件限制赔偿范围，防止滥用惩罚性条款。然而，该技术的局限性在于，仅能覆盖严重违反忠实义务的行为，对一般婚外情难以适用，导致部分无过错方权益保护不足。

2. 裁量调控技术：比例原则下的经济衡平

在确定赔偿金额时，通常参照人身损害赔偿规定。但夫妻忠诚义务中的精神伤害难以量化，且实际中精神损害赔偿通常在5万元至10万元之间，这对于弥补婚姻家庭投入的时间和精力是不够的。一些法院会根据《民法典》第1087条，在财产分割时偏向无过错方，以此作为补偿。

（二）比较法的镜鉴与启示

1. 法国模式的警示：惩罚性赔偿的禁止与本土化调适

《法国民法典》第1382条规定了禁止惩罚性赔偿，认为情感损害无法量化，过度金钱化可能扭曲婚姻本质。我国司法实践可借鉴其"补偿优先"理念，结合国情调整：对"重大过错"允许适度惩罚性赔偿，对一般过错仅支持补偿性赔偿，避免裁判僵化。

2. 美国经验的扬弃："合理期待标准"的本地化改造

加州法院审查婚前协议忠诚条款时，采用"合理期待"标准，确保条款公平。我国可借鉴此标准，审查忠诚协议时考虑赔偿与过错行为的社会影响、双方经济状况相匹配，并保障人身自由（如探望权、婚姻自由）。司法解释可明确"合理期待"要素，如婚龄、收入比例、过错情节等，提高裁判可操作性。

四、制度建构：二元价值的衡平方案

（一）类型化效力认定体系

忠诚协议的效力认定需以"书面形式+不涉及人身权+补偿性质"为核心

要件。仅约定财产补偿（如"一方出轨则离婚时补偿对方50万元"）且未限制人身权利的协议可认定为有效，因其符合《民法典》第1065条关于夫妻财产约定的形式要求。此外，协议内容需体现"补偿性"而非"惩罚性"，例如赔偿金额应与实际损失（如精神损害、家庭财产减损）具有合理关联性，避免异化为情感交易的筹码。

涉及限制离婚自由或处分子女抚养权的条款应直接认定无效。例如，约定"出轨方不得提出离婚"的条款违反《民法典》第1041条婚姻自由原则；而"过错方丧失子女抚养权"的约定则与第1084条"最有利于未成年子女"的裁判标准相冲突。此类条款因侵犯基本人格权与身份权，属于《民法典》第153条"违背公序良俗"的无效情形，司法机关须严格审查并排除适用。

（二）比例原则的梯度适用

协议目的须以维系婚姻关系或补偿损害为核心，而非单纯惩罚过错方。可借鉴《德国家庭法》第1353条"婚姻共同生活义务"，要求赔偿条款不得脱离婚姻伦理目标。

可设置按照家庭年收入的百分比的弹性上限，避免赔偿金额与过错后果严重失衡。例如，若家庭年收入为50万元，补偿20%即10万元既能体现过错方责任，又可防止其陷入经济困境。此标准需结合过错程度动态调整：重婚、同居等重大过错可接近上限，而一般婚外情则适度下调。

赔偿金额不得导致过错方无法维持基本生活，需与民法典第1090条"经济帮助制度"衔接。例如，[2021]湘0521民初3143号案中，法院将赔偿金从100万元调整至20万元，就是考虑到当地社会经济水平、一方的承受能力等酌情确定。

（三）立法论层面的制度补强

1. 司法解释建构：统一裁判尺度

建议最高人民法院在婚姻家庭编司法解释中增设"忠诚协议效力审查指引"，明确有效要件、无效情形及赔偿标准。例如，可规定"涉及人身权利的条款无效""补偿性赔偿以实际损失为基础，不得超过家庭年收入30%"等细则，终结当前基层法院"同案不同判"的乱象。

2. 配套机制创新：市场化救济路径探索

可试点"婚内侵权责任保险"，将忠诚协议赔偿纳入保险范围。投保人支付保费后，若发生违约行为，由保险公司按约定赔付，既降低当事人诉讼成本，又避免直接执行夫妻共同财产引发的矛盾。此类机制需与民政部门、保险机构协同设计，确保条款符合公序良俗。

农村留守老人养老法律问题研究

宁雅君 *

(中国政法大学 北京 100088)

摘 要：近年来随着农村土地规模化、机械化生产改革，所需耕种人数锐减，剩余大量劳动力转移，迫于经济压力，留守在农村的老人及子女面临着无人看顾、需求无法满足等亟待解决的问题。本文旨在从法律权益保障方面研究农村留守老人养老问题。这一群体人数庞大，但因生活地区经济欠发达、基础设施建设不完善。

关键词：养老；留守老人；权益保障

以改革开放为时间节点，改革开放前我国的产业结构以农业为主，成年劳动力都留在乡镇、农村进行基础农业劳作，随着改革开放，国家对产业结构进行改造，我国逐渐从一个农业国家逐渐发展成为产业门类丰富、产业体系不断完善的经济大国。在这一改革进程中，随着产业发展、生产需要，大批农村劳动力向城市转移，而年迈老人被留守在农村，"出门一把锁，回家一盏灯"几乎是这一群体的真实写照。他们的孤独寂寞与无助是无穷无尽的，而这正是农村留守老人的一个个缩影。而随着经济发展、土地改革以及计划生育政策的后续影响，老龄化群体将不断堆积，老龄化社会也将持续，其中农村留守老人这一特殊群体的养老问题迫在眉睫。

一、农村留守老人养老环境现状研究

农村家庭普遍是有两个或两个以上的多孩家庭，随着经济发展，微薄的

---

* 作者简介：宁雅君（1998 年—），女，汉族，山东青岛人，中国政法大学同等学力研修班 2023 级学员，研究方向为民商法学。

农业耕作收入无法再负担家庭开支,家中青壮年劳动力出现向省会城市及东部沿海经济发达省份转移的情况。由于受教育程度低及大都无专业技能,无法谋求高收入工作,务工收入低无法负荷将老人小孩接来身边一起生活的成本,且工作时间长接到身边也无法照料。大部分老人出于传统思想故土难离或怕给子女添负担、不适应城市生活等原因,选择主动留在农村独自生活或看顾孙辈,也有一部分老人的子女逃避赡养义务,导致生活困难养老问题无法落实。老年人身体机能老化,长期独自生活衣食住行多有不便,我国虽然通过《宪法》及《老年人权益保障法》来保障农村留守老人养老权利,但对他们的健康需求、安全需求、消费需求、出行需求、交际需求、知识需求仍是保障不足或是立法空白的,政府和社会对农村留守老人这一特殊的庞大群体不够重视,其生存现状令人十分担忧。

二、农村留守老人面临的法律问题

1. 政策空置或落实不到位、面临监管难、责任主体不明确等问题

农村留守老人长期独自生活,活动范围狭窄,交流减少,极易导致出现心理和精神问题,一组全国性社会调查显示,农村留守老人自杀率是全国平均水平的 10 倍,是全球水平 4 倍多高居世界第一[1];在《老年人权益保护法》颁布实施后,我国大部分省、自治区、直辖市都制定了《老年人权益保护实施办法》,有一些地区还制定了相关的地方性法规,但一些农村村落偏远,村领导班子年纪相对较大,对政策理解不到位或落实缓慢,上级机关政府对权力划分不够明确,经常出现监管重叠或缺失的情况,都是导致政策有名无实的原因。

2. 法律强制力较弱、道德约束力收效甚微

《宪法》第 22 条、第 40 条、第 47 条都对老年人合法权益作出明确规定,然在实际应用中,子女对老年人的赡养仍以道德约束为主,对义务主体约束力不强,老人法律意识淡薄,出现子女不尽赡养义务及弃养情况只能自认倒霉,或出于传统观念觉得丢人并不愿让外人知道,并不会主动寻求驻村干部或法律帮助。少数寻求帮助的农村留守老人在法律判决调解下也只能得到子

---

〔1〕 刘燕舞主编:《华中村治研究》(2017 年第 2 期 总第 3 期),社会科学文献出版社 2017 年版,第 17 页。

女经济上的供养。在法律法规中明确要求对老年人进行救助帮扶的机构组织更是"不拒绝不主动不承诺",针对这种消极现象监管部门的处罚大多只有约谈训诫,无法对政策实施起到正面效果。

3. 社会保障体系不够完善

近年来少数外出务工的农村劳动力将农村户口转为城市户口,可享受城镇职工待遇,但老人没有社保,没有退休金,收入靠土地,收入少且不稳定,加之老年人节俭观念深入骨髓,"小病靠扛大病靠拖",以致小病拖成大病。而体量小的村落通常没有村诊所、医院或邻近几个村仅有一个村镇医院,驻村医生福利待遇低,生活环境不便利导致这一岗位出现巨大缺口。驻守医生医疗水平普遍不高,药品种类不全、护理人员缺失,只能简单诊治普通病症,向上级医疗机构转运不便,这也导致一部分老人会放弃或消极治疗。

三、完善农村留守老人养老法律保障的对策和建议

1. 分散偏远地区区域集中养老,增加养老服务形式

由于村与村之间距离较远较分散,增加了监管帮扶难度,需要更多人手入村到户增加了人员成本,不利于政策的实施,如果能把一个区域内的老年人集中起来养老,成本降低的同时还能提高养老服务质量,和同龄人在一起生活不再枯燥乏味,丰富了精神世界不易产生心理问题。少数不愿离家的老人,乡镇村应做好进村入户工作的深度和广度,与110、120、119设立联动机制,在老人家中设置一键报警装置以提升独居安全水平;进村移动网络信号确保通畅,由国家进行适当补贴,通信公司对留守老人进行通话优惠服务,让老人与子女沟通倾诉没有消费顾虑。

2. 招商引资增加乡镇就业机会

从源头解决老人无人陪伴的情况,政府牵头根据本村特点发展特色产业,吸引符合自身发展需要的企业参与投资建设,增加就业岗位提升待遇水平;在税收、土地使用等方面出台激励措施,让更多年轻人回村创业就业,增加对老年人的陪伴和照料,是对老年人最好的关怀。

3. 以强制力保障法律实施、加大处罚力度、增加惩治条款

子女作为赡养老年人的主要义务群体,单靠道德约束来保障义务的实施是不够的,应在原有法律规定基础上增加惩治条款,使违法成本增加约束力加强,以确保法律法规实施效果。对法律法规中规定的机关单位社会机构等

确立责任主体、实施标准、实施效果等，若出现消极应对的情况应对责任主体做出罚款停职等处罚。

4. 健全社会保障制度、完善相关法律法规

针对农村留守老人养老法律问题的研究，我们需要深入探讨如何通过健全社会保障制度和完善相关法律法规来提高这一特殊群体的养老保障水平。

首先，我们应该重视提高农村养老保险覆盖面。目前，虽然我国已经建立了基本养老保险制度，但在农村地区的覆盖率仍然较低。为了解决这一问题，政府应该加大投入，扩大农村养老保险的覆盖范围，确保更多的农村留守老人能够享受到养老保险带来的福利。

其次，提高养老金待遇是保障农村留守老人生活质量的重要方面。目前，农村养老金的标准普遍低于城市，导致许多农村留守老人生活困难。因此，政府应该适当提高农村养老金的发放标准，以满足他们的基本生活需求。

最后，老年人疾病护理期长是农村留守老人面临的另一个重要问题。医疗资源分布不均，农村地区的医疗设施和医疗服务水平相对较低，导致农村留守老人在疾病护理期间得不到及时有效的医疗服务。为了解决这一问题，政府应该加强农村医疗卫生服务体系建设，提高农村医疗服务水平，确保农村留守老人能够获得及时有效的医疗护理。

针对农村留守老人的法律法规还有待完善。《老年人权益保障法》虽然为老年人的权益提供了一定的保障，但专门针对农村留守老人的法律法规还不够完善。因此，政府应该加快立法进程，出台专门针对农村留守老人的法律法规，以更好地保障他们的权益。

四、结语

综上所述，针对农村留守老人养老法律问题的研究需要从提高农村养老保险覆盖面、提高养老金待遇、加强老年人疾病护理和完善针对农村留守老人的法律法规等方面入手，以提高这一特殊群体的养老保障水平。政府应该采取积极措施，加强社会保障制度建设，完善相关法律法规，确保农村留守老人能够享受到公平、合理的养老保障。农村留守老人养老问题需要我们所有人的关注和努力，让我们尊重老年人、关爱老年人、帮助老年人，让他们在晚年生活中享受到尊严和幸福。

浅谈知识产权侵权的行政、刑事救济之必要性

吕悦然 *

（中国政法大学 北京 100088）

内容摘要：面对知识产权被侵犯的情况，越来越多的权利人已不再局限于道德谴责、舆论反抗，而是更多地寻求法律的帮助，对此，本文浅谈知识产权侵权的行政、刑事救济之必要性，通过探讨知识产权侵权后如何维持救济途径的平衡，以期达到理想的社会效果。

关键词：知识产权侵权；市场经济秩序；救济途径；民事诉讼；行政执法

一、我国知识产权侵权民事救济的现实压力

2011年4月22日，第十一届全国人大常委会第二十次会议审议通过了《关于进一步加强法制宣传教育的决议》。近年来，在党中央、全国人大、国务院以及地方各级党委、人大、政府的正确领导和有力监督下，全国人大常委会决议得到全面贯彻落实，法治宣传教育工作取得了显著成效。这也令新一代青年学生从认识世界之初就同步接触着法律概念、培养着法律意识。在学习和运用法律的层面，我国社会中尤其是青年群体，对于自身权利的认识程度、对于维护自身权利的重视程度，也都越来越强烈。如此一来，在当前的民事领域内，纠纷的产生和成诉呈现出逐年增长的态势，也就成了一个不可否认的事实。

与之紧密相关的是，受到商业利益的推动，经济市场上侵犯商标权、专

---

* 作者简介：吕悦然（1996年— ），女，山东滨州人，中国政法大学同等学力研修班2022级学员，研究方向为知识产权法学。

利权、各项著作权，以及不正当竞争行为的发生也层出不穷。笔者始终认为，知识产权在众多权利类型中属于较为"年轻化"的一类，不仅体现在其因形式多种多样且不断产生新的变化而无法被精准定义，同时也体现在它无穷的创造性上。知识产权的"年轻化"，不仅意味着它几乎可以接纳一切新出现的事物、搭上一切新型载体的便车，也意味着其颇受青年群体的关注，相关权利有更多被维护、被积极执行的可能。

随着人们维权意识的增强，侵权行为的发生导致越来越多的权利人通过民事诉讼程序进行救济、维护自己的合法权益。而与此同时，网络社区和交流平台的规模化也为权利人进入民事程序提供了强有力的支持，受新型自媒体对年轻人日常生活的影响，大量的权利人在咨询过专业人士后，会将自己的维权经验进行总结，发表在如微博、小红书、知乎、贴吧等平台上，以期尽可能多地帮助身边同样被侵犯了知识产权的权利人进行维权，也呼吁越来越多的权利人重视自身的权利、打击恶意竞争行为。

如此一来，民事诉讼成为越来越多权利人的维权方式，而民事审判庭也因大量诉讼、人手不足、成本过高等因素，压力倍增。本着为人民服务的精神，成为知识产权民事诉讼"重灾区"的基层人民法院也积极采取各项措施配合审理知识产权案件，如阿里巴巴总部所在地杭州市余杭区人民法院专设未来科技城法庭审理与淘宝、淘宝特价版、天猫等注册地在杭州市余杭区的购物平台相关的知识产权纠纷案件；还有因案件数量过多而曾对管辖进行统合指定的上海市（拼多多购物平台主体上海寻梦信息技术有限公司注册地），在2019年至2022年间将涉及拼多多平台的知识产权纠纷案件统一指定由上海市徐汇区人民法院管辖。

在经济发达、贸易往来频繁的长三角地区、珠三角地区、各港口城市等地，因知识产权侵权纠纷案件而压力倍增的基层法院比比皆是。这也导致实务中，案件数量激增、法官精力有限，知识产权案件需排队处理；受审限所制约，"知识产权案件重灾区"的诉讼流程均被迫首先进入诉前调解程序，整个案件周期自原告递交立案材料起需一至两年甚至三年时间才能正式立案处理，而如此巨大的时间成本，只能由权利人承担，且无法就此向侵权人主张任何赔偿。

知识产权民事救济的这一现实困境，导致知识产权案件进入民事诉讼流程后效率低、成本高，也导致权利人维权难度的增加。而当这样的现象出现并呈现日益发展的态势时，更是会间接导致侵权行为人的侵权行为更加肆无忌惮，如此一来，社会主义市场经济的稳定性和正向增长必将受到阻碍。

二、社会主义市场经济的良好秩序需要行政、刑事执法的支持

技术的发展离不开模仿和创新，但是在借鉴的过程中，在先权利极易被恶意侵犯。尤其是在经济下行时期，为了迅速降低成本、提高收益，会有越来越多的侵权行为人试图钻法律的漏洞，采取制假售假、搭便车等不正当竞争行为扰乱市场秩序。面对明显恶意的侵权行为人，注重公平、自愿的民事救济途径已经无法对其产生作用。

笔者在实务中遇到过多个案例，虽然没有相应判决体现具体内容，但在办案过程中通过与当事人沟通，了解到一些隐藏在案件背后的信息。这些案件中，有大量的实际侵权行为人系使用家中高龄老人身份信息开设网店、销售侵权产品的，调解过程中，实际侵权行为人明确表示拒绝处理此事，并宣称即使权利人拿到胜诉判决、向法院申请执行，也无非是让"无辜"老人成为"老赖"。类似这样的侵权行为，已经在依托网店运营、直播带货等电子商务领域众多行业内形成了完整的产业链。前几年，在刑事、行政领域对知识产权违法犯罪行为打击力度尚不算大的时候，侵权行为人甚至会直接前往文化程度较低的偏远山村，四处收购高龄孤寡老人的身份证，直接用于注册网店、制假售假等违法行为，其目的无非是将风险转嫁他人、将收益收入囊中。权利人通过民事途径的维权对于实际的侵权行为人无法形成任何有效的震慑力，甚至会因时间、经济成本过高而困难重重；对于实际侵权人来讲，违法犯罪行为的成本、风险都极低，没有任何让渡的权力对自己形成制约，没有被强制限制个人人身、财产的严重后果，至于道德、舆论的压力，因没有强制力而无人在意。

人民法院在审理案件、裁量判赔金额时，需要考虑的不仅是权利人的损失、侵权行为人的侵权程度、侵权行为人的获利，有时候还要考虑最终责任承担主体的履行能力、最终责任承担主体的心理承受范围。甚至在不那么开放、经济发展程度不高的城市的基层法院，办案法官甚至要考虑自己的判决是否会影响侵权行为人整个家庭的和谐生活，对于那些年事已高、明明没有实施侵权行为、只是身份信息被不肖子女借用"顶包"分担风险，从而被迫成为案件被告人的侵权行为人，法官也要考虑自己的判决是否会造成他们一时承受不起而酿成轻生的惨剧。遗憾的是，这些隐藏在判决之后的考量，仅仅是国家对司法系统的要求，而根源上的"不侵权"理念和与之相关的配套措施，却尚未成为全社会的共同责任和导向。

与此同时，市场中还存在一批对法律尤其是知识产权相关专门法一知半解的"打擦边球"的主体。他们对于自身的权利意识较强，但认识不到对他人合法权利的侵权行为的严重性，常常采取不正当竞争行为扰乱市场秩序，但对权利人的警告不闻不问、非暴力不合作。如近年来热度攀升的义乌小商品市场中的"高仿"乱象、前些年火遍大江南北的"江南皮革厂""莆田系"等，它们的存在确实对于我国经济市场尤其是消费方面产生了较高的推动作用。但毋庸置疑的是，这些在市场发展期中发挥重要作用的行径，是无法长期存在的，当市场发展成熟，必将产生正确的、公平的秩序加以维护。我国的劳动密集型时代已经过去，在华为走向世界、技术创新更迭的当下，我国迈入知识密集型的同时，更应该加强对国内知识产权的保护力度，通过行政、刑事执法对侵权行为人产生一定的震慑作用势在必行。

三、结语

我国目前对于知识产权领域的秩序的维护力度，较之过往相比确实有所提升，但笔者认为，依托政府、具备一定强制执行力的行政、刑事救济途径，更应当与时俱进，各级执法部门更应该加强行政执法力度，维护权利人的知识产权、打击恶意侵权行为，维护社会主义市场经济秩序。

通过积极执行没收侵权产品、警告、罚款等措施，严厉打击刑事犯罪，让恶意侵权的行为人彻底认识到违法的严重性、后果的持续性，让权利人的维权行动不再被迫流于形式、受到阻碍，让各基层人民法院的知识产权审判庭"喘口气"，让民事审判流程不再因案件数量激增而拖延、增加不必要的诉前流程。希望不久的将来，我国对于知识产权行政、刑事救济途径的重视，可以加快推进更高效率、更多公平、更加良性循环的市场环境。

浅析新《公司法》第 20 条的理论及实践发展

吕文清 *

（中国政法大学 北京 100088）

摘　要：2023 年修订的《公司法》第 20 条对企业社会责任的内涵和要素进行了优化，首次将企业公布社会责任报告这一倡导性规范纳入《公司法》，契合全球化影响的复杂背景，企业必须更加关注外部性风险因素以实现公司治理优化及可持续发展。但企业社会责任规则体系的搭建及具体工作的开展仍然处于转型阶段，企业在转型过程中面临各方面的压力和风险，《公司法》及相关法律规范如何助力企业平稳过渡，将成为在法学实证研究中的重要课题。

关键词：企业社会责任；利益相关者；环境、社会与公司治理（ESG）

2023 年 12 月 29 日，《中华人民共和国公司法》由第十四届全国人民代表大会常务委员会第七次会议修订通过，并自 2024 年 7 月 1 日起施行。《公司法》修订工作建立在为适应实践发展，不断完善公司法律制度等宏观政策背景下，其中第 20 条在对以往《公司法》中"社会责任"条款的立法精神进行沿革的同时，第一次在法律文件中从"保护利益相关者的利益"的角度要求企业承担社会责任。笔者认为这是企业社会责任法律责任化[1]的体现，随着《公司法》中"企业承担社会责任"相关规范的内涵和要素更加具体，将更加契合近年来在全球化影响加剧的宏观环境下企业面临的转型风险和挑战，在未来的立法及司法实践中，应当还有不断延展丰富的空间。

---

* 作者简介：吕文清（1991 年—），女，汉族，云南昆明人，中国政法大学同等学力研修班 2023 级学员，研究方向为经济法学。

〔1〕蒋建湘：《企业社会责任的法律化》，载《中国法学》2010 年第 5 期。

一、新《公司法》第 20 条的立法沿革及相关法律制度依据

在 1999 年修正的《公司法》至 2004 年修正的《公司法》中，主要在第 14 条、第 15 条规定公司经营应当"遵守法律，遵守职业道德，加强社会主义精神文明建设，接受政府和社会公众的监督""公司的合法权益受法律保护""公司必须保护职工的合法权益"。此种规定在一定程度上具有要求企业承担社会责任的倾向，但主要还是考虑维护企业合法权益的内部需求。

自 2005 年修订的《公司法》在第 5 条第 1 款明确了"公司从事经营活动，必须遵守法律、行政法规，遵守社会公德、商业道德，诚实守信，接受政府和社会公众的监督，承担社会责任"后，这一条款一直保留至 2018 年修订的《公司法》中，并在第 5 条第 2 款规定"公司的合法权益受法律保护，不受侵犯"。可以理解为在此阶段，"企业社会责任"作为一个义务性规范被正式确立，并与"公司的合法权益"进行了区分。

2023 年修订的《公司法》，将以往《公司法》中有关企业社会责任的义务性条款作了更细化的拆分，其中第 16 条规定了职工利益保护，第 17 条规定了公司职工工会，第 18 条规定在公司中设立中国共产党的组织，第 19 条规定了公司守法经营及道德义务，第 20 条规定了企业社会责任。此种立法技术处理说明，自 2005 年明确了"企业社会责任"这一概念后，企业在生产经营活动中已经围绕此命题开展了大量的实践工作，积累了很多有益经验，使得这一概念体系内涵得到了极大丰富，使得立法能够将"企业社会责任"提炼出来，形成一个独立的原则性条款。

《公司法》（2023 年修订）第 20 条第 1 款规定："公司从事经营活动，应当充分考虑公司职工、消费者等利益相关者的利益以及生态环境保护等社会公共利益，承担社会责任。"第 2 款规定："国家鼓励公司参与社会公益活动，公布社会责任报告。"根据学术通说[1]，第 1 款是对企业承担社会责任的义务性规范，具有一定的强制力，第 2 款则更偏向于倡导性规范，目前在国内实践中，主要针对上市公司，由中国证监会统筹沪深北交易所推进上市公司可持续发展报告编制指南的相关工作。

《公司法》（2023 年修订）第 20 条第 1 款中提出了"利益相关者"的概

---

[1] 李建伟主编：《公司法评注》，法律出版社 2024 年版，第 72~75 页。

念,此概念在企业社会责任这一话题下,可见于企业可持续发展信息披露的一些国际组织的倡议中。[1]将"利益相关者"这一概念纳入我国的法律规定中,体现出我国在支持企业走出去及不断完善自身建设过程中,对全球化发展趋势给予了密切关注,并且已经从本国国情出发,做出积极的应对及调整。

二、企业社会责任理论发展沿革简述

2024年6月4日,为全面贯彻党的二十大精神,推动中央企业在新时代高标准履行社会责任,国务院国有资产监督管理委员会发布了《关于新时代中央企业高标准履行社会责任的指导意见》(以下简称《意见》),《意见》在坚持和加强党对社会责任工作的全面领导的总体要求下,从企业诚信经营、提升产品服务质量、落实安全生产、保障职工权益、推进绿色发展和区域协调发展、支持公共事业发展、积极参与并落实全球发展倡议、切实加强环境、社会和公司治理(ESG)工作等多个方面对中央企业履行社会责任的内容范围提出了一系列具体要求,并在第六章特别明确规定了中央企业履行社会责任的组织保障。相对于以往的政策文件而言,《意见》对于"企业社会责任"这一概念范畴包含的内容有了更加充分的阐述,在具体分类上也更加倾向于从已识别的不同"利益相关者"角度对企业承担社会责任的方式方法进行针对性的细化,体现出我国企业通过二十年左右的时间在优化法人治理结构、探索现代公司治理过程中逐步积累宝贵实践经验和提炼的理论成果。

三、企业承担社会责任面临的困境和挑战

虽然企业承担社会责任已成为新时代企业发展过程中必须攻克的命题,但基于企业营利性的本质、主营方向的限制、外部市场不稳定因素、对资源的依赖性和上下游供应链的管理成本等,企业承担社会责任在现实中仍面临诸多挑战和难题。

1. 企业需要根据自身经营范围和发展战略确定"利益相关者"[2]。上文中引用的《意见》所列举的利益相关者主要包括消费者、公司员工、周边社

---

[1] 《GRI通用标准》,载 https://www.globalreporting.org/how-to-use-the-gri-standards/gri-standards-simplified-chinese-translations/,最后访问日期:2025年2月6日。

[2] 陈宏辉、贾生华:《企业社会责任观的演进与发展:基于综合性社会契约的理解》,载《中国工业经济》2003年第12期。

区、自然环境等,从公司治理理论的角度,利益相关者可能还包括公司债权人、董事、监事、税务、审计、商业伙伴等,对于一个企业而言,判定"利益相关者"是开展有效风险评估、进行有效公司治理、制定合乎发展需求的战略规划的重要基础。这项工作需要企业对自身主营业务及所依赖的战略资源及上下游供应链合作伙伴开展全面的评估,对企业统筹规划的能力提出了极高的要求,并且要求处在上下游的具有合作关系的企业实现有效沟通协作甚至观念意识上的协同。

2. 企业社会责任在具体法律规定中并不是一个完全新生的概念,在《劳动合同法》《环境保护法》《消费者权益保护法》《产品质量法》等划定为经济法领域的法律中,已经对企业因自身违法行为导致相对方遭受损失的法律责任后果进行了规定,但企业社会责任的外延仍有扩大的趋势,可能已超出成文法规定的范畴。通过完善公司治理,企业可以通过内部管理和外部承诺的方式在一定范围和程度上实现自我约束和风险隔离的目的,但如何确定企业自我管理和对外宣示的范围,与前述对"利益相关者"的判定一样,都具有不小的难度,不仅需要对公司风险有充分的评估,还需要综合考虑相关成本问题。

四、结语

在全球化影响的大背景下,企业承担社会责任应是大势所趋,另外受环境、社会及公司治理(ESG)投资分析理论的影响,绝大多数企业在将ESG理念引入公司决策的过程中都无法规避转型风险,如何从法律制度层面为企业顺利转型提供有力支持,将成为未来立法及法律实践的重要课题。

滥用股东权利在审判实务中认定的相关问题

宋 燕[*]

(中国政法大学 北京 100088)

摘 要：随着我国社会经济的发展，衍生出各式各样股东滥用权利损害其他股东利益及债权人利益的行为。伴随《公司法》（2023 年修订）的实施，因股东滥用权利引发的案件纠纷数量剧增，审判实务中如何衔接适用新法，如何认定股东滥用权利面临着新的挑战。

关键词：股东；滥用权利；表现形式；损害利益

股东与公司是相互独立的两个主体，公司是具有独立人格的组织体，但公司的设立及成立后公司意思的形成和对外表示都需要借助自然人（股东）之手完成，此刻股东便可能直接成为运营公司的操盘手。在自身利益最大化的驱动之下，股东极有可能利用其对公司的控制权滥用公司独立人格和有限责任的保护，将利用公司名义实施的行为所产生的消极影响转移给其他股东或相关债权人。在审判实践中，股东滥用权利的行为、方式、手段和情形更为复杂多样，具体情形和认定标准应该如何把握，成为实务纠纷中的突出问题。

一、滥用股东权利认定的规范依据

《公司法》自 1993 年颁布以来，先后进行了六次修改，以适应不同时期的经济发展需求。《公司法》（2023 年修订）坚持以习近平新时代中国特色社会主义思想为指导，全面贯彻落实党中央重大决策部署，立足我国基本国情，

---

[*] 作者简介：宋燕（1981 年—），女，汉族，四川越西人，中国政法大学同等学力研修班 2024 级学员，研究方向为民商法学。

深入总结实践经验，吸收司法实务、证券金融监管实务、市场监管及公司登记实务的有益成果，在完善公司资本制度和公司治理结构，加强股东权利保护，强化控股股东、实际控制人和董监高责任等诸多方面的制度创新。[1]

诚实信用原则是世界公认的民商事活动的基本准则，禁止权利滥用亦是该准则的应有之义。《民法典》第7条、第132条中都明确规定，人们在从事生产生活过程中，应当遵循诚信原则，信守承诺，不得有滥用民事权利的行为，不得滥用权利从而损害第三方合法权益。

最高人民法院《关于适用〈中华人民共和国民法典〉总则编若干问题的解释》第3条对此亦有规定，对于违反诚实信用原则滥用民事权利的行为，人民法院可以根据具体滥用权利的行为，结合行权的时间和目的，考虑行权对象和行权方式等因素，并综合审查该行为对相关权利人的损害程度作出认定。怀着损害国家利益、社会公共利益、他人合法权益的目的作出的民事行为，为社会规范和法律规范所不能容忍，应当认定该行为构成滥用民事权利。审判实务中，该滥用行为依法不发生法律效力，对行为相对人不产生法律约束力。若因滥用民事权利造成损害的，还应当依照《民法典》的有关规定承担相应的侵权责任。

《公司法》第20条还对公股东义务作出了进一步要求，公司股东行使股东权利的方方面面应符合诚信原则，要求股东遵守法律、行政法规和公司章程，严格依法行使权利，股东在行使股东权利时不得滥用公司法人独立地位和股东有限责任，不得以损害公司或者其他股东和相关权利人的利益为目的行权，股东因滥用权利给公司或者其他股东和相关权利人造成损失的，依法应承担赔偿责任。

二、判定股东滥用权利的理论基础

股东滥用权利的本质是侵权。禁止滥用权利原则肇始于古罗马地役权制度中有关相邻关系的规定，彼时即存在"不得过分或恶意行使权利"的格言。[2]《德国民法典》第226条明确规定"权利的行使，不得专以加损害

---

〔1〕 刘贵祥：《关于新公司法适用中的若干问题》，载《法律适用》2024年第6期。
〔2〕 刘权：《权利滥用、权利边界与比例原则——从〈民法典〉第132条切入》，载《法制与社会发展》2021年第3期。

于他人为目的",首开禁止权利滥用的立法先河。[1]

《民法典》规定,民事主体从事民事活动,应当遵循诚信原则。股东滥用权利是指公司股东故意违反法律或者章程的规定,不正当地行使股东权利。[2] 公司法赋予股东广泛的权利,本着权利义务对等的原则,公司股东在享有各项权利的同时,负有正当行使权利的义务。其正当行使权利受法律保护,滥用权利将受到法律制裁。股东在行使权利时法律有关的规定,不得损害公司和其他股东的利益。[3]

三、滥用股东权利在我国审判实务中的认定困境

一些公司股东,尤其是居于控股地位的大股东,往往利用其在公司经营管理、股东会表决权等方面的优势地位,滥用股东权利,利用自己的股东地位,为了追求私利不正当地行使股东权利,这种行为不仅损坏公司利益,实际上也损害了其他股东的利益,同时还可能损害公司债权人的利益。这种行为为法律所禁止,理应应当受到法律的制裁,股东滥用权利应当承担相应的法律责任。从现有裁判规则和人民法院案例库中的相关判例看,审判实务中面临着哪些行为属于股东滥用权利、当事人该如何举证、法院如何认定三方面的困境。

(一)股东滥用权利的表现形式

第一,滥用知情权。股东在公司享有众多权利,其中知情权能有效辅助股东了解公司经营管理状况、财务状况及其他与股东密切相关的情况。我国《公司法》(2023年修订)对股东知情权作出明确规定。比如,股东可在投票表决前查阅相关资料副本,并可运用相关资料副本维护公司和自身合法权益。尤其对公司会计账簿或会计凭证的知情权明确为,股东只对其享有查询的权利而不享有复制的权利,目的在于防止股东滥用权利。第二,滥用表决权。具有利益关系的股东或控股大股东利用自己持股优势,滥用其控股地位,以多数决定的方式对公司增资扩股、股东出资期限等有利自身利益的事项进行表决,损害其他小股东利益,同时造成公司债权人的利益受损。但《公司法》

---

[1] 朱庆育:《民法总论》,北京大学出版社2016年版,第525~526页。
[2] 唐青阳主编:《公司法精要与依据指引》,北京大学出版社2010年版,第59页。
[3] 雷兴虎:《公司法学》,北京大学出版社2012年版,第181页。

(2023年修订）第20条并未明确规定表决权滥用是否构成决议瑕疵，其中仅规定了股东滥用权利可能需要承担的损害赔偿责任。这也导致审判实务中对股东表决权滥用行为的认定和处理存在不确定性，如何在司法实践中保障股东的合法表决权，并防止资本多数决的滥用，成为裁判者在实务中平衡各方利益的考量和挑战。第三，滥用自益权。《公司法》（2023年修订）赋予股东分红权、剩余财产分配请求权、优先购买权、异议股东回购请求权等多项自益权，为股东维护自身权益提供了指引。自益权属于股东自有财产权，其行使只与股东自身利益相关，较少与公司或其他股东形成冲突，但该权利被滥用而损害他人利益并不少见。比如，在现实中，股东本应按照实缴出资比例分红，但部分股东变相分配利润、隐瞒或转移公司利润，此时该如何救济？第四，滥用诉权。比如股东恶意诉讼，因个人利益冲突或情绪不满，随意反复诉讼，从而增加各方的诉累和成本。因此各国均对诉权进行限制，或者设置前置程序防止公司受到股东的恶意诉讼，或者采用集团诉讼防止无休止的诉讼等。[1]

（二）相关权利人的举证问题

相关权利人的举证线索往往来源于下列渠道：企业信用信息公示系统、企查查、年报、工商内档、官网宣传、招聘网站等第三方网站宣传、业务手册、规章制度、名片、合同、往来函件、财务审批流程、供应商管理系统、办公地点、另案事实认定、股东会决议、董事会决议、银行转账、招投标文件、现场调查（执行查封）、其他债权人处获取信息、股权类协议、证明亲属关系的户籍信息、证人证言、聊天记录、人事任免决定，等等。

在审判实务中，如何从上述渠道获取有效证据，要举示多少证据，证明力要达到何种程度，方可证实股东存在滥用权利的行为，切实损害了公司和其他股东及其他相关权利人的权益，也成为实务中困扰权利人举证的难题。

（三）滥用股东权利的认定标准和滥用权利的责任承担

股东滥用权利主要表现为股东与公司人格混同、股东过度控制和支配两方面。《全国法院民商事审判工作会议纪要》对此均有明确和详细表述。认定公司与股东是否构成人格混同，最根本的判断标准是公司是否具有独立意思和独立财产，这里需要把握一个度，这个度就是哪些方面混同，混同了多少。

---

［1］ 邓峰：《普通公司法》，中国人民大学出版社2009年版，第414页。

回到《公司法》（2023 年修订）第 20 条第 3 款的规定上来，就是要达到"滥用"的程度，达到"严重"损害公司债权人利益的程度。"滥用"如何界定？一次权利滥用行为，往往不足以被认定为滥用，常常需要行为持续、反复和交叉。其次，如何认定债权人利益受损"严重"，评判标准如何？如果未达"严重"损害债权人利益的程度，损害结果与股东"滥用"行为之间并无因果关系，也不能否认公司人格。另外，股东是否滥用权利对公司进行过度支配与控制，仍需要把握一个度，这个度依然源自《公司法》（2023 年修订）第 20 条第 3 款的规定。因此，要认定股东"过度支配与控制"并对公司债务承担连带责任，需要同时具备两个构成要件，一是股东控制权要达到"滥用"的程度，二是该行为要达到"严重"损害公司债权人利益的程度。如何适用本条第 2 款规定的横向否认，是审判实践中的难点。有滥用股东权利的行为出现时，还要充分考虑该行为的恶意程度和行为所导致的损害结果。审判实务中，如何认定，认定标准该如何把握，便成为困扰裁判者的一大问题。

四、结语

公司一旦被某一股东滥用控制权，就不再具有独立意思和独立财产，其独立人格就会沦为工具，如仍然恪守公司独立人格，就会严重损害公司债权人利益，此时应当否认公司人格。审判实践中，在母子公司、一人股东公司、夫妻公司等公司场景下，各主体之间存在多重特定关联性，极易发生多种形式的混同或控制支配。此时如果债权人主张权利受到损害，需要初步举证证明关联主体之间存在混同或股东存在滥用控制权行为，此时裁判者应该重点审查是否存在人格混同或滥用控制行为的事实，是否实际损害了其他股东或相关债权人权利。但根据研究发现，法院在裁判说理时大都未对股东"滥用股东权利"行为进行解释，多采取"行为+后果"的表述方式，往往能依据法条指引找到股东滥用权利行为的种种表现，但在说理阐述中很少出现"滥用股东权利"的表述，这也说明实务界对何谓"滥用股东权利"尚未形成明确的统一认识。

医药购销领域商业贿赂行为认定分析

唐建科 *

（中国政法大学 北京 100088）

摘　要：商业贿赂行为形式多样，对其认定存在诸多争议，准确界定行贿主体、受贿主体、行贿手段及其目的性，对于避免泛化商业贿赂，保护正常商业行为具有重要意义。医药购销领域商业贿赂行为认定涉及行贿主体和受贿主体的认定，特别是涉及经营者的"工作人员"认定、经营者"证明该工作人员的行为与为经营者谋取交易机会或者竞争优势无关"的标准，如何准确界定"利用职权或者影响力影响交易"的主体，避免主体范围过于宽泛等一系列问题，值得在理论和实践中加以斟酌后认定。在涉及商业贿赂手段的具体认定问题上，应当优先适用《药品管理法》这一特别法的规定，体现和贯彻国家在医药领域反商业贿赂的政策取向，并同时考虑行为手段的目的性要件。

关键词：商业贿赂；不正当竞争；回扣；医药购销

医药购销领域商业贿赂严重扰乱市场竞争秩序，随着《反不正当竞争法》《药品管理法》的相继修改，以及行政执法和司法审判工作的持续深化，对有关争议问题逐渐形成共识，但仍有一些问题值得继续研究，本文拟对其中部分问题进行分析并尝试提出意见。

一、商业贿赂主体认定

（一）行贿主体的范围问题

作为药品管理领域的基础法律，《药品管理法》除将药品生产、经营企业

---

* 作者简介：唐建科（1984年—），男，汉族，河南安阳人，中国政法大学同等学力研修班2023级学员，研究方向为经济法学。

列为潜在行贿主体外，还将医疗机构也纳入行贿主体范围。作为反不正当竞争领域的基础法律，《反不正当竞争法》将工作人员的贿赂行为推定为经营者行为，但同时给经营者提供了自证清白的机会，即证明有关行为与经营者谋取交易机会或者竞争优势无关。这一规定充分考虑了经营者与其工作人员的行为和利益并不总是完全一致的现实情况。不过在实践中，对于上述规定的适用，可能存在至少如下问题：

1. 如何界定"工作人员"的范围。具有劳动关系的员工属于工作人员一般没有争议，但对于以其他方式为经营者工作甚至合作的人员是否都能涵盖在内存在争议。例如，某些个人与医药企业实际是业务合作关系，但为了推销药品，通常会以企业员工名义对外开展工作，在此过程中实施的行贿行为能否认定为经营者行为。对此，可以参照民法中的表见代理理论，只要有合理的外观（例如行为人持有委托授权证明、员工证等），使得交易相对方有理由相信行为人能够代表医药企业，即可认定为医药企业的行贿行为。除非有证据证明交易相对方明知行为人与医药企业的真实法律关系。

2. 经营者如何举证证明行贿行为系个人行为而非经营者行为。对此尚无权威的规定，但一些司法案例中采用的方法可供参考。例如，在兰州市中级人民法院审理的一起某公司员工侵犯公民个人信息罪案件中[1]，某奶粉企业六名员工为推销奶粉，通过拉关系、支付好处费等手段，多次从医院工作人员手中非法获取孕产妇的个人信息，被判侵犯公民个人信息罪。而本案未被认定为单位犯罪的原因在于，公司在本案中提供了公司宪章、员工培训教材、培训记录、承诺书、政策与指示、关于与卫生保健系统关系的图文指引等，证明其内控制度和有关政策禁止对外行贿或非法收集公民信息。该公司的做法值得经营者借鉴。

（二）受贿主体的范围问题

1. "利用职权或者影响力影响交易"的主体认定。在商业活动中，能够影响交易的主体非常广泛，其中许多问题不是反不正当竞争法适宜解决的，如通过给付公职人员、社会组织甚至竞争对手好处的方式影响交易。这就决定了商业贿赂必须限于经营活动领域，第三方必须是经营活动领域的主体，其范围必须特定化。如果笼统地规定"利用职权或者影响力影响交易的单位

---

[1] 甘肃省兰州市中级人民法院［2017］甘01刑终89号刑事裁定书。

或者个人"会使其范围太宽,且无法操作。[1]

2. 交易相对方能否成为受贿主体。《反不正当竞争法》将受贿对象的范围重点表述为三类影响交易相对方的单位或者个人而非交易相对方本身,有力遏制了长期以来行政执法实践中泛商业贿赂化的趋势和现象,保护了正常的商业行为。但从《反不正当竞争法》第7条第2款的规定看,并未完全放弃将交易相对方作为受贿主体的可能性,尽管该条款仅从正面要求支付和接受折扣、佣金的双方均应当明示并如实入账,并未直接规定如在账外暗中给予回扣、佣金属于商业贿赂,但完全可以推定出这样的结论。并且《药品管理法》第88条也明确禁止在药品购销中给予、收受回扣或者其他不正当利益。

3. 医院属于何种类型主体的问题。对于医院属于交易相对方抑或利用职权或影响力影响交易的单位,以及医院工作人员属于交易相对方的工作人员抑或利用职权或影响力影响交易的个人的问题,存在较大的争议。2018年,国家市场监管总局在《关于进一步加强反不正当竞争执法工作的意见》中,将医院和学校定义为具有公共管理和服务职能的主体,将医疗机构作为在利用投放设备捆绑耗材销售等行为中利用职权或者影响力影响交易的单位,而非交易相对方。理论界也有观点认为,公立医院的地位比较特殊,因其属于事业单位,从其使用财政拨款购买药品及耗材的角度,可以将其视为国家的代理人,进而可以被视为有影响力的第三人。然而,照此逻辑,同样具有公共管理和服务职能的供水、供电、供气等单位也存在收受交易相对方除折扣返利以外其他的商业利益时成为受贿主体的可能,《反不正当竞争法》鼓励交易创新、避免将创新的市场行为泛化为商业贿赂的目的可能仍然无法实现。

二、商业贿赂手段的认定问题

(一)关于回扣的问题

关于回扣的规定最早源于1993年《反不正当竞争法》的规定,2017年修订后的《反不正当竞争法》删除了"账外暗中给予或收受回扣的即以行贿或受贿论处"的规定,而2019年修订的《药品管理法》仍保留了"回扣"的

---

[1] 孔祥俊:《论反不正当竞争法修订的若干问题——评〈中华人民共和国反不正当竞争法(修订草案)〉》,载《东方法学》2017年第3期。

表述。"回扣"的本质是以利益输送达到排除竞争、谋求利益的目的的行为方式，作为一种破坏市场竞争秩序的常见手段，其当然包括在《反不正当竞争法》第7条"财物或其他手段"之中。[1]此外，相对于《反不正当竞争法》，《药品管理法》是医药领域的特别法，体现了国家在医药领域反商业贿赂的政策取向，在涉及医药领域的商业贿赂案件中应当优先适用《药品管理法》的规定。

（二）关于折扣和佣金的问题

对于折扣和佣金，有学者认为二者均为市场经济中的合法行为，将二者纳入商业贿赂的规制范围令人难以理解。[2]《反不正当竞争法》允许经营者销售或者购买商品时，以明示方式给对方打折扣。经营者给对方打折扣的，必须如实入账。中央治理商业贿赂领导小组在《关于在治理商业贿赂专项工作中正确把握政策界限的意见》中强调应区分折扣与商业贿赂的界限，认为在账外暗中给予、收受回扣的，属于商业贿赂。即回扣与折扣的区别在于是否明示、如实入账。可以看出，对于折扣行为的认定也要区分是否如实入账，如未如实入账，仍会被认定为贿赂行为。另外，对于佣金收取方是否必须具有法定经营资格，佣金收取方是否会因不具有法定经营资格而被认定为商业贿赂也存在一定的争议。

三、行为的目的性问题

《反不正当竞争法》明确规定了商业贿赂须"以谋取交易机会或者竞争优势"为目的。例如，医药购销领域常见的投放医疗设备行为，行为本身并不违规，但如果是以捐赠、投放、借用设备的名义，最终达到绕过招投标、锁定最低采购量、排除其他竞争者进入相关市场、提高价格的反竞争目的，则应当认定为商业贿赂。再如学术会议赞助，企业按规定对会议或参与医生提供资金资助并不违规，但若对虚构的会议提供赞助资金，或者假借参会之名实际进行旅游，或者将赞助行为与医药产品销售挂钩，则属于为了争取交易机会或者竞争优势而给付对方利益的商业贿赂行为。

---

[1] 卜永昊：《医药行业商业贿赂行为分析》，载《武汉冶金管理干部学院学报》2024年第3期。

[2] 侯利阳：《论商业贿赂行为的类型化处理——兼论〈反不正当竞争法〉相关条款的修订》，载《法学》2024年第5期。

值得注意的是,"谋取"二字表明只要求具备主观意愿而不要求已经达成交易或获得优势的客观现实,这使得认定商业贿赂手段范围不再限于与交易本身直接相关的回扣、折扣、佣金等,那些不与具体交易相关联的行为,如"客户关系日常维系""长期感情投资"而提供的好处的行为,被认定为商业贿赂的可能性加大。

论建设工程居间合同的给付义务认定

徐清雪[*]

（中国政法大学 北京 100088）

摘 要：建设工程领域由于市场信息和资源的不对称，建设工程居间业务在工程项目中普遍存在，但对建设工程居间合同的给付义务缺乏探讨。从居间行为与给付义务因果关系的角度看，委托人对居间人的给付义务需存在合法有效的建设工程居间法律关系，同时存在一定的因果关系。建设工程居间合同法律关系的合法有效性除须符合《民法典》第153条规定之外，还须遵守《建筑法》《招标投标法》等相关法律法规，不得扰乱建筑市场正常秩序、不得违反公平、公正、诚实信用原则等。通过规范建设工程居间合同签订与履行、明确双方权利义务边界，并加强相关部门对居间行为进行全程监管、健全建设工程居间合同备案制度，达到规范建设工程居间市场行为，促进建设工程领域的健康发展、保护居间人的合法权益之目的。

关键词：建设工程；居间合同；给付义务

一、建设工程居间合同的法律定义

建设工程居间合同，是指合同主体一方将通过各种资源获取到的工程信息，有偿提供给另一方，为其提供订立合同的机会或者提供订立合同的媒介服务，按照合同约定收取费用的行为。居间合同是指居间人根据委托人的要求为委托人与第三人订立合同提供机会或进行介绍，而委托人须向居间人给付约定报酬的协议。居间合同具有双务、有偿、诺成等特征。建设工程居间

---

[*] 作者简介：徐清雪（1992年—），女，福建厦门人，中国政法大学同等学力研修班2024级学员，研究方向为民商法学。

合同具有双务、有偿、诺成等特征。在建设工程居间合同中，居间人的权利主要包括报酬请求权和费用偿还请求权。根据建设工程合同约定，居间人在居间促成约定并产生有效结果时才可请求给付报酬。居间人的义务包括报告订约机会或者提供订立合同媒介的义务、忠实义务、负担居间费用的义务、隐名和保密义务以及在一定情形下的介入义务。委托人的主要义务包括支付居间报酬的义务和偿付费用的义务。建设工程居间合同的特殊性在于其合同标的是介绍订约的劳务，居间人在委托人与第三人订立的合同中既非当事人，亦非任何一方的代理人，而是中间媒介人。

二、建设工程居间合同法律效力对给付义务的影响

建设工程居间合同在法律适用上具有特殊要求。在目前司法实践中建设工程居间合同可能因多种原因被认定为无效，包括但不限于：

1. 违反《招标投标法》第 3 条、第 4 条规定，将依法必须进行招标的建设工程项目化整为零或者以其他任何方式，达到可以规避招标的目。例如，在［2019］宁 0104 民初 16710 号案例中法院即以"根据《中华人民共和国招标投标法》第三条、第四条规定，该工程是必须进行招标的项目，任何单位和个人不得将依法必须进行招标的项目化整为零或者以其他任何方式规避招标。原、被告采取介绍方式获取案涉工程，违反了法律的强制性规定"为理由认定建设工程居间合同无效。

2. 违反《招标投标法》第 5 条规定，居间合同内容约定违反了公平、公正和诚实信用原则，扰乱了建筑市场的正常秩序，损害了其他参与招投标活动当事人的合法权益，也将导致合同无效。在［2017］云民申 666 号案例中，法院即以"本案《居间合同》系周某贤为四川龙达公司与发包方订立合同提供撮合服务的媒介居间，协议中约定的内容违反了公平、公正和诚实信用原则，扰乱了建筑市场的正常秩序，损害了其他参与招投标活动当事人的合法权益"为理由认定建设工程居间合同无效；

3. 违反《招标投标法》第 48 条第 1 款规定及《民法典》第 791 条第 2 款规定，将建设工程项目违法转包、违法分包或承包人没有建筑施工资质的，如居间人不能为没有建筑施工资质的单位及个人介绍承揽建设工程，否则居间合同无效。该情形因违反法律的强制性规定，破坏了建筑市场的秩序，损害社会公共利益，导致建设工程居间合同成为无效合同。在［2023］豫民再

773号案例中，法院即以"简某兵明知某丁园艺公司并非案涉项目的中标人，仍积极撮合某丁园艺公司将案涉项目转包给陈某全，陈某全作为没有建筑施工资质的承包人，仍积极要求简某兵为其提供订立合同的机会及服务，双方的行为均违反法律的强制性规定，破坏了建筑市场的秩序，损害社会公共利益"为理由认定建设工程居间合同无效；

4. 违反《建筑法》第26条、第29条规定，将工程分包给不具备相应资质条件的单位或分包单位将其承包的工程再分包的强制性规定。最终导致相关的居间合同无效。在［2023］京01民终12442号案例中，法院即以"案涉承诺书拟促成的乔某等四人实际承接工程的合同目的及内容，已违反了我国建筑法等相关规定中的资质要求及分包单位不得再分包的强制性规定"为理由认定建设工程居间合同无效。

对于居间人通过非法手段干涉招投标程序的居间行为则是明确禁止的。[1] 除上述情形之外，居间人在交易双方间实行斡旋、提供回扣、行贿等暗箱操作的违法犯罪行为，使得委托人中标，也会致使合同无效。在无效合同情况下，各方责任需根据具体情况确定。

对建设工程居间合同被认定无效后的后果，根据《民法典》第157条之规定，居间人因该居间行为取得的财产，应当予以返还；不能返还或者没有必要返还的，应当折价补偿。委托人或者居间人有过错的，应当赔偿对方由此所受到的损失；各方都有过错的，应当各自承担相应的责任。在居间人未能提供其他证据证明为介绍案涉项目而实际支出了交通、住宿、餐饮等合理且必要费用或存在实际损失的情况下，则应全额返还已收取的居间费用。在［2023］豫民再773号案例中，法院即以"尽管简某兵完成了《居间协议承诺书》约定的提供工程信息、居间介绍义务，并称该110万元是为介绍案涉项目而支出了交通、住宿、餐饮等费用，但未提供其他证据证明有实际支出或存在实际损失，故简某兵应全额返还陈某全已向其支付的居间费110万元"为理由仍支持委托人要求退还居间费110万元的诉讼请求。在委托人对合同无效具有过错的情况下，主张资金占用的利息无法得到法院支持。居间人如有证据证明在居间活动中代委托人垫付的费用，在居间合同无效后可向委托人主张支付。

---

［1］ 王士贵、于四伟：《投标居间合同之效力认定》，载《人民司法（应用）》2015年第13期。

三、居间行为与给付义务的因果关系

（一）居间成功的标准认定

从参考案例中可以看出，建设工程居间成功与否的判断依据通常有以下两个方面：一是委托人指定的施工单位与建设单位签订了建设工程的施工合同或是虽未签订书面居间合同但结合其他证据可以证明实际上成功引荐委托人与建设单位洽商本工程的合作事项，并最终促成双方签订建设工程合同；二是委托人指定的施工单位进场实施约定项目工程。若只是满足第一项条件，建设工程项目虚假或项目工程并不合法存在，而无法进场实际施工，则可能导致居间合同目的无法实现，不能视为居间成功，且将因此产生解除居间合同的相关法律问题。

（二）因果关系的判定方法

居间合同中对"居间成功"有所定义，有的是指促成中标、签订合作协议，有的是指完成标的所有权的转移，不能一概而论，因此对居间成功不能想当然地下定义。[1]从参考案例中可以看出，确定居间行为与建设工程合同履行结果之间的因果关系需要综合考虑以下两个因素。首先，要看居间人是否为委托人提供了真实有效的项目信息和订立建设工程合同的机会。如果居间人只是提供了一些虚假或无关紧要的信息，而委托人最终是通过其他渠道与第三方签订建设工程合同，那么就不能认定居间行为与建设工程合同签订的结果之间存在因果关系。其次，要考虑居间人在促成合同签订过程中的作用程度。如果居间人仅仅是介绍了双方认识，而后续的合同谈判、签订主要是由委托人与第三方独立完成，那么居间行为与建设工程合同结果之间的因果关系可能就比较弱。反之，如果居间人在交易双方间进行了积极的斡旋、协调，为建设工程合同的签订起到了关键作用，那么因果关系就比较强。例如，在一些案例中，居间人不仅为委托人提供了准确的招标信息，还协助委托人制作投标文件、参与合同谈判，最终促成了合同的签订，这种情况下就可以认定居间行为与合同结果之间存在明显的因果关系。

---

[1] 狄行思：《招投标中居间合同的效力及相关问题研究》，载《成都理工大学学报（社会科学版）》2019年第2期。

四、建议

(一) 规范合同签订与履行

从相关案例可以看出,建设工程居间合同的签订必须严格遵守法律法规,确保居间合同的合法性。当事人在签订合同时,应明确合同的主体、居间事项、报酬支付条件及必要费用承担等关键条款,避免因合同约定不明确而引发纠纷。在合同履行过程中,各方应严格按照合同约定履行自己的义务,不得从事违法违规行为。例如,居间人不得为没有建筑资质的单位及个人介绍承揽建设工程,不得在交易双方间实行暗箱操作等违法犯罪行为。

(二) 明确权利义务边界

建设工程居间合同当事人应明确自己在合同中的权利义务。居间人应如实提供项目信息,积极促成合同签订,并在合同签订后履行必要的协助义务。委托人应按照合同约定支付报酬,如有费用偿付义务,也应在合理范围内履行。同时,当事人应清楚合同无效的情形及法律后果,避免因自身过错导致合同无效,从而承担不必要的损失。在合同签订和履行过程中,当事人可以咨询专业法律人士,以确保自己的权益得到充分保障。

(三) 加强对建设工程居间合同的监管力度

相关部门可以建立健全建设工程居间合同备案制度,对居间行为进行全程监管,及时发现和处理违法违规行为。同时,加大对违法违规居间行为的处罚力度,提高违法成本,维护建筑市场的秩序。此外,还可以通过建立建设工程居间服务平台,规范居间市场。平台可以提供真实、准确的工程信息,为居间人和委托人提供便捷的服务。同时,平台可以对居间人的行为进行评价和监督,提高居间服务的质量和水平。

专利法上捐献原则的适用

张思宇 *

(中国政法大学 北京 100088)

摘 要: 捐献原则在专利侵权判定中具有重要地位。目前捐献原则在适用中存在捐献范畴和范围认定不统一、侵权判定规则不明确、自由裁量权限过大等问题,亟待在充分借鉴其他国家相关司法经验、深入总结我国司法实践中的问题的基础上,对捐献原则在《专利法》上的适用进行系统性研究。本文将围绕捐献原则的概述、适用、存在问题和完善意见四个部分展开研究。

关键词: 捐献原则;公开;专利侵权;公众利益

捐献原则是将说明书中披露但未在权利要求中公开的技术方案贡献给社会,社会公众可以按照公开的信息进行自由使用。当前,适用捐献原则的侵权判定案件日益增多,而相比于已经具有相对成熟完整理论的发达国家,尤其是美国,我国对捐献原则仅规定了最基本的概念,对其如何适用,包括适用规则、适用范围等均未形成完善的规定,因此,对《专利法》上捐献原则的适用的探讨已经成为司法领域关注的问题。

一、捐献原则的概述

(一) 捐献原则的基本概念

捐献原则,是指在说明书或附图中公开但未载入权利要求中的技术方案,被视为自动"捐献"给公众,不被纳入专利权的保护范围,他人使用不被认定为侵权。[1] 如果专利申请人在说明书中记载了某个特定技术方案,同时

---

* 作者简介:张思宇(1992年—),女,汉族,河北唐山人,中国政法大学同等学力研修班2021级学员,研究方向为知识产权法学。

[1] 王迁:《知识产权法教程》,中国人民大学出版社2016年版,第237页。

没有将其纳入或试图将其纳入权利要求的保护范围中，这种情况下，可以推定专利申请人没有对上述方案主张权利，而是将上述方案无偿捐献给了公众。

（二）捐献原则和专利法的其他相关原则的关系

在侵权判定时，捐献原则和等同原则可以认为是权利要求的两种不同的解释规则。对于未记载在权利要求中、而公开在说明书中的技术方案，等同原则主张，只要该技术方案与现行的权利要求为实质性相似并且满足显而易见的规定，那么应根据等同原则的条款，将其纳入专利保护的范围。从上述内容可以看出，等同原则并不区分记载于说明书的技术方案和其他未出现在申请文件中的方案。而捐献原则对二者考虑不同，并未给予记载在说明书而未保护在权利要求中的技术方案以"实质性相似"比对的空间，直接将其排除在专利权保护范围之外。由于捐献原则主要是用于规制专利权人滥用等同原则的问题，所以捐献原则实际上是在此种情形下，对过度不当适用等同原则的一种矫正。[1]

捐献原则与禁止反悔原则均以诚实信用原则为精神内核，都是滥用等同原则，避免任意扩大专利权范围而导致对公共利益的过度侵害限制，使某些特定技术方案直接被排除在专利保护范围之外，其法律效力表现为，某些技术方案形成主张等同技术权利的形式。禁止反悔原则与捐献原则均从保障社会公共利益出发，确保公众对专利权范围和专利制度宣传的知情权。但是捐献原则与禁止反悔原则在专利侵权认定中作为两个独立规则仍然存在着各自的独特性与差异性。[2]

二、捐献原则的适用

（一）捐献原则的适用范围

捐献原则起源于美国司法创造，1881年美国最高法院审理米勒案时，为了约束原告以扩大型再颁专利来扩张专利权保护，最高法院指出："对于某一特定装置或装置组合（实施例）之权利请求和专利权人对于类似专利权利请求之其他装置及装置组合之权利请求之忽视在法律上为公众所捐赠。在一个

---

〔1〕 杨孛：《专利法上捐献原则的适用研究》，西南政法大学2017年硕士学位论文。
〔2〕 徐兴祥：《专利侵权判定研究》，中国政法大学2011年博士学位论文。

宣言中，专利权人不提倡的不是其发明就是向公众捐赠。"[1]

最高人民法院《关于审理侵犯专利权纠纷案件应用法律若干问题的解释》第 5 条规定："对于仅在说明书或者附图中描述而在权利要求中未记载的技术方案，权利人在侵犯专利权纠纷案件中将其纳入专利权保护范围的，人民法院不予支持。"[2]在最高人民法院民事审判第三庭负责人的回答媒体提问时，他也采纳了美国的研究者们的看法，即申请人在寻求授权的过程中会对技术方案和特征尽可能采用下位概念，以缩小其保护范围，并在说明书和附图部分提供更多的实施例。然而，一旦获得了授权，他们可能会借由等同原则利用说明书中的内容将保护范围进行扩大。这种情况对于其他人来说是极度不利的。

(二) 捐献的范围

明确捐献的范围的问题是司法实践上的挑战之一。主要原因是在于它需要使得知识产权所有者和公众利益之间达到平衡。关于捐献的范围的界定有三个不同的方式：第一种方式被称为捐献的最小范围。按照这个理论来看，应把确认作为捐献的内容理解成与其文字表达完全一致的形式，而不应该是等同原则中类似或等同关系。第二种方式被称为捐献的中等范围。第二种观点认为，除了与专利权人捐献的内容字面相同的技术方案外，那些与专利权人捐献的内容等同的实施例同样可以认定为捐献的范围。第三种方式被称为捐献的最大范围。这一主张是由美国原联邦巡回上诉法院的雷德法官提出，当某一专利文件中，技术方案仅记载在说明书中而未在权利要求中进行限定，则上述方案及等同的可预见的技术方案，都被认定为专利权人无偿捐献给公众。这里的可预见方案包括了未来可以预见的等同方案与现有技术方案等同的方案。在未来的可预见的等同方案都不适用等同原则而适用捐献原则的情况下，那现在已经存在的和捐献的技术方案类似的方案就没有任何必要给予保护了。

---

[1] 李雨峰、陈聪：《专利捐献原则的重构——从当然捐献到推定捐献》，载《电子知识产权》2018 年第 7 期。

[2] 陈聪：《专利法上捐献原则的适用》，载《人民司法》2023 年第 1 期。

三、捐献原则在我国专利制度中的问题

（一）立法层面

配套法律法规不够健全。尽管适用捐献原则的案件日益增多，但我国对捐献原则已有规定只是最高人民法院《关于审理侵犯专利纠纷案件应用法律若干问题的解释》第5条，未能全面概括捐献原则具体应用。相关的配套法律法规缺失，直接导致了各级人民法院对此类案件的裁判规则各不相同，对规则的理解也存在差异，自由裁量上存在过大的空间，直接造成一审判决复议率高，公众对相关案件的判决预期低。

救济制度的缺失。捐献原则虽然在我国正式确立已近十年多了，但是时至今日也没有配上相应的救济手段。在说明书或者附图中披露技术方案，没有记录到权利要求书，其理由一方面存在专利权人有意如此限定的情况，另一方面可能是撰写人在准备申请文件时疏忽或者专利写作太难，甚至专利撰写人与专利申请人之间分工合作造成信息沟通不平等。专利实审程序或者无效程序下专利权人发现自己本应列入权利要求书的某些技术方案疏漏于说明书或者附图之中，专利权人没有合适的措施可以对非故意的技术方案不准确进行救济行为。现行制度中没有给出专利权人通过说明、解释等方式纠正问题的实施空间，以致权利人甚至因其不可抗拒之理由所造成之疏漏亦不能予以纠正。

（二）司法层面

我国现有司法解释规定及司法判例习惯，尚未对捐献方案所调整客体的特定标准，适用范围及适用范畴做出详细规定，因此裁判尺度无法统一。法院司法审判过程中，法官只能自由裁量，过大的自由裁量权导致不同法官认定理念与意见的显著差异性，致使关于捐献原则司法裁判的可预期性大打折扣。[1]

四、我国专利法捐献原则在适用上的完善意见

（一）健全捐献原则及相关制度规则

明确捐献原则中捐献范畴和范围。我国应用捐献规则审理的专利侵权案件数量有限，实用新型专利所占比例较大，这说明实用新型专利同样存在因

---

[1] 李雨峰：《论专利公开与排他利益的动态平衡》，载《知识产权》2019年第9期。

权利要求书与说明书所记载的技术方案而导致的专利侵权判定的情况。[1]捐献规则的适用范围应是只记录在说明书或者附图上的技术方案字面意义，而非字面意义上的等同技术。如果捐献范围中包含了具体技术方案中的等同成分，则权利人本可借由等同原则将上述内容列入权利保护范围，上述做法极可能造成捐献方案中的等同方案也被归属于捐献规则中捐献范围，不再获得专利权保护，且捐献范围不确定程度会随之上升。

确立捐献原则的限制机制。对于我国的专利权人来说，捐献规则较国外更为苛刻。为避免机械地适用捐献规则导致权利人权益不正当受损的问题，我国应当尽早确立相关的救济措施。扩大型再颁专利制度可以克服捐献规则对专利权人过分苛刻的消极影响，并为专利权人提供改过机会。[2]虽然扩大型再颁专利制度是美国专利侵权实践中的产物，与我国制度并不能直接适用，但研究我国捐献原则适用情况可以发现，我国也应当对专利授权后是否能够增加更正程序进行研究。

（二）完善捐献原则在司法中的运用

厘清权利要求阐释的路径选择机制等。我国专利申请人之间差异化明显，专利代理人水平参差不齐，对要求保护的技术的理解程度、申请文件的撰写水平都将对权利要求的限定产生影响。所以，不同权利要求书要达到权利人的真实意思与社会公众专利可预见性的均衡，就需要根据案件的具体情况有针对性地运用不同解释路径。依据权利要求、说明书及附图以及被控侵权产品的相互关系，可具体划分为以下几种类型：（1）被控侵权技术是否落在权利要求书所载范围内，当权利要求书所记意义清晰且该领域一般技术人员在理解上不存在歧义时，则采取字面解释；（2）被指控侵权的技术落在权利要求书所记录的范畴内，而在权利要求书的表达中有歧义，自造词或者不同于一般理解时，则采字面解释加说明书和附图辅助解释相结合的方式；（3）被控侵权的技术与权利要求中保护的技术方案实质上相似，而并没直接被记载在申请文件范围中；（4）被指控侵权的技术没有落在权利要求范围内，而在说明书范围之中，使用捐献原则，而不再用等同原则。

---

[1] 王舒婷：《专利法中的捐献规则研究》，中南财经政法大学2020年硕士学位论文。

[2] 唐春、仼鹏：《再颁制度指引下的我国专利再授权制度构建》，载《电子知识产权》2019年第7期。

五、结语

在科技高速发展的今天，专利制度的应用对保护发明和创新起到了重要的作用。捐献原则作为专利侵权案件中重要的判定原则，为了更好地平衡专利权人与社会公众的利益，需要正确和合理地适用捐献原则。

尽管当前捐献原则在我国立法及司法方面仍存在不健全的问题，相信随着我国专利制度的不断完善，捐献原则的适用标准、适用范围等将得到进一步完善和细化，为我国科技发明和创新的保护提供有力支撑。